BIBLIOTHÈQUE
DE PHILOSOPHIE CONTEMPORAINE

4302

LA
PERSONNALITÉ HUMAINE

SA SURVIVANCE

SES MANIFESTATIONS SUPRANORMALES

PAR

F. W. H. MYERS

TRADUCTION ET ADAPTATION
(Autorisées par Mme Ve Myers)

Par le Dr S. JANKELEVITCH

PARIS
FÉLIX ALCAN, ÉDITEUR
ANCIENNE LIBRAIRIE GERMER BAILLIÈRE ET Cie
108, BOULEVARD SAINT-GERMAIN, 108

1905

LA PERSONNALITÉ HUMAINE

A LA MÊME LIBRAIRIE

Les hallucinations télépathiques, par MM. GURNEY, MYERS et PODMORE. Traduit et abrégé des « *Phantasms of the living* », par L. MARILLIER, maître de conférences à l'École des Hautes Études. Préface de M. Ch. RICHET, professeur à la Faculté de médecine de Paris. 4ᵉ édition. 1 volume in-8° de la *Bibliothèque de philosophie contemporaine*. 7 fr. 50

Les phénomènes psychiques. RECHERCHES, APPLICATIONS, MÉTHODES, par J. MAXWELL, docteur en médecine, avocat général à la Cour d'appel de Bordeaux. Préface du Pʳ Ch. RICHET. 2ᵉ édition. 1 volume in-8° de la *Bibliothèque de philosophie contemporaine*. . . . . 5 fr.

PUBLICATIONS PÉRIODIQUES

Journal de psychologie normale et pathologique. Directeurs : Dʳ Pierre JANET, Professeur au Collège de France ; Dʳ Georges DUMAS, Chargé de cours à la Sorbonne. Deuxième année, 1905. Paraît tous les deux mois par livraisons de 100 pages environ, avec figures dans le texte. — Conditions d'abonnement : un an 14 fr. ; le numéro, 2 fr. 60.

Annales des sciences psychiques. RECUEIL D'OBSERVATIONS ET D'EXPÉRIENCES. Directeur : M. le Dʳ DARIEX. Fondées en 1891. — Les *Annales des sciences psychiques* paraissent tous les deux mois depuis le 15 janvier 1891. Chaque livraison forme un cahier de quatre feuilles in-8 carré, de 64 pages, renfermé sous une couverture. Elles rapportent, avec force preuves à l'appui, toutes les observations sérieuses qui leur sont adressées, relativement aux faits soi-disant occultes de *télépathie*, de *lucidité*, de *pressentiment*, de *mouvements d'objets*, d'*apparitions objectives*. En dehors de ces recueils de faits, sont publiés des documents et discussions sur les *bonnes conditions pour observer et expérimenter*, des *analyses*, des *bibliographies*, des *critiques*, etc. — Conditions d'abonnement : un an, 12 fr. ; la livraison, 2 fr. 50.

LA
PERSONNALITÉ HUMAINE

SA SURVIVANCE

SES MANIFESTATIONS SUPRANORMALES

PAR

F. W. H. MYERS

TRADUCTION ET ADAPTATION

(Autorisées par Mme Ve Myers)

Par le Dr S. JANKELEVITCH

PARIS

FÉLIX ALCAN, ÉDITEUR

ANCIENNE LIBRAIRIE GERMER BAILLIÈRE ET Cie

108, BOULEVARD SAINT-GERMAIN, 108

1905

DÉDIÉ
À

HENRY SIDGWICK

ET A

EDMUND GURNEY

PRÉFACE

—

Le livre que je me décide enfin à publier n'es* qu'un exposé partiel d'un sujet en plein développement et que j'avais pendant longtemps espéré pouvoir traiter d'une façon plus parfaite. Mais à mesure que la connaissance se complète, la vie s'en va, et j'ai voulu profiter des années qui me restent pour fournir, avec ce manuel très imparfait, ma contribution à un domaine de recherches dont la nouveauté et l'étrangeté exigent absolument une systématisation provisoire, dans l'espoir qu'en suggérant de nouvelles recherches et une accumulation de nouvelles données, elle sera bientôt remplacée et surpassée. Peu de critiques de ce livre se rendront mieux compte que je ne le fais moi-même, de ses défauts et de ses lacunes ; mais peu nombreux sont aussi ceux qui aient jusqu'ici saisi toute l'importance des faits sur lesquels ce livre s'appuie. -

Un grand nombre de ces faits ont déjà été publiés dans *Phantasms of the Living* ; un plus grand nombre encore dans les « Comptes Rendus de la Société de Recherches Psychiques » ; mais ces faits sont loin d'avoir acquis droit de cité dans la conscience scientifique moderne. Je suis convaincu qu'on s'étonnera un jour de ce que la promulgation de ces faits ait été abandonnée à un écrivain disposant de si peu de loisirs et d'un bagage scientifique aussi incomplet.

Si ce livre possède une valeur quelconque, il le doit en grande partie à des esprits autres que celui de son auteur. Son existence, en premier lieu, dépend de celle des deux amis dévoués et collaborateurs inappréciables à la mémoire desquels je le dédie.

La part qui revient à ces confrères regrettés, Henry Sidgurick et Edmond Gurney, tout en formant par sa nature et sa quantité l'élément essentiel de ce livre, ne peut être définie d'une façon exacte et complète, en présence des changements survenus depuis leur mort. Il est certes possible de mesurer jusqu'à un certain point le degré de leur collaboration, en ce qui concerne la revision de mes propres travaux préalables, les expériences faites en commun et les pensées et découvertes originales. De longues citations empruntées à dessein à Edmond Gurney ont pour but de montrer le degré d'intimité qui, jusqu'à sa mort, nous liait dans nos travaux. Mais le bénéfice que j'ai retiré de cette association présente encore un autre caractère, plus profond. Le but qui nous a guidés dans cette étude consistait à faire ressortir la nécessité, le besoin d'un soutien moral intime. Un isolé, un excentrique ou un homme qui ne vit qu'avec des individus dont l'intelligence est inférieure à la sienne trouvera peut-être qu'il est facile de travailler avec assurance à une œuvre dont il sait d'avance que la masse de ses contemporains l'ignorera ou la méprisera. Mais le travail est plus difficile pour un homme qui se sent rattaché par de nombreux liens à ses semblables, qui désire vivre avec des esprits égaux ou supérieurs au sien. Un tel homme ne peut dédaigner la désapprobation explicite ou implicite de ce groupe important de personnes dont il avait appris à estimer les opinions concernant d'autres sujets.

Je n'ai pas besoin de dire que l'attitude du monde scientifique, du monde intellectuel tout entier, était à cette époque-là beaucoup plus caractérisée qu'actuellement. Aujourd'hui encore j'ecris ayant pleine conscience du peu de valeur qu'on attache généralement aux études que je poursuis. Aujourd'hui encore, un livre portant sur un sujet de ce genre doit s'attendre à provoquer non seulement des critiques légitimes et justifiées, mais aussi le dédain et le ressentiment qu'excitent naturellement toute nouveauté et toute hétérodoxie. Mais je ne me propose pas d'ériger en acte de courage une entreprise dans laquelle la génération suivante verra peut-être la chose la plus naturelle du monde. « Nihil ausi nisi vana contemnere », tel sera certainement le compliment le plus flatteur qui sera adressé à ce qui nous paraît être notre indépendance hardie. Mais la reconnaissance m'oblige de dire que, tout en ayant pu penser, dans mon for intérieur, « faire preuve de courage en méprisant les choses vaines », je n'aurais jamais osé appliquer mes connaissances d'amateur à une publication de cette envergure, si mon respect pour les jugements de mes deux amis n'avait augmenté quelque peu ma confiance en moi-même. Leur faveur et leur amitié qui ont fait de la part que j'ai moi-même prise à ce travail un véritable plaisir font que je considère la publication de ce livre comme un vrai devoir.

Je dois encore des remerciements à un autre collègue disparu, à mon frère, le Dr A.-T. Myers, F. R. C. P. qui m'a aidé pendant des années dans toutes les questions médicales soulevées au cours de ce livre.

Je dois beaucoup de reconnaissance aux correspondants qui ont fourni les récits originaux et à la « Société de Recherches Psychiques » qui m'a autorisé à les utiliser. Mais je dois laisser au livre lui-même le soin d'indiquer avec plus de détails tout ce que je dois à tant d'hommes et de femmes et quelle est l'étendue du travail et de l'intérêt qui dans ce livre se trouvent exposés et présentés.

Ce livre est en effet un exposé plutôt qu'une démonstration. Mes humbles forces ne m'auraient pas permis de résumer la masse de données déjà réunies dans les seize volumes des « Comptes rendus », dans les neuf volumes du « Journal », dans « Phantasms of the Living », et dans d'autres livres et collections manuscrites. Cette branche de la connaissance demande, comme toutes les autres, à être étudiée avec soin par ceux qui désirent la comprendre et la faire avancer.

Ce que je me suis proposé de faire ici, c'était de rendre cette connaissance plus assimilable en la coordonnant sous une forme aussi claire et intelligible que le permettaient et mes ressources personnelles limitées et la nature des faits eux-mêmes.

F.-W.-H. Myers.

NOTE DES ÉDITEURS

—

La préface inachevée est formée de plusieurs passages qui à différentes reprises ont été écrits par l'auteur, mort le 17 janvier 1901. En 1896 il s'arrangea de façon que l'achèvement du livre soit confié au Dr Hodgson, s'il venait lui-même à mourir avant sa publication. En même temps il confia la revision générale des épreuves, en la chargeant encore de quelques autres détails, à Miss Alice Johnson, du Newnham College, à Cambridge, qui s'était trouvée ainsi associée au Dr Hodgson dans les travaux que nécessitait l'achèvement du livre. C'est à elle que revient la plus grande part du travail accompli. Au moment de la mort de l'auteur, les chapitres I à IV, une partie du chapitre VII et tout le chapitre VIII se trouvaient en première épreuve, le reste du chapitre VII et le chapitre X étaient prêts pour l'impression. La substance du chapitre IX a été presque entièrement écrite, et n'avait plus besoin que d'être mise au point. Nous indiquons dans le texte l'endroit où s'arrête la partie de ce chapitre continue aux chapitres précédents (le reste en ayant été écrit par fragments).

Richard HODGSON.
Alice JOHNSON.

AVANT-PROPOS DU TRADUCTEUR

—

Le nom de M. Myers est déjà connu, en partie, en France, grâce à la traduction faite par M. Marillier d'un livre qu'il a écrit en collaboration avec Edmond Gurney et Podmore, sous le titre de *Phantasms of the Living*[1]. Il a été de son vivant un des membres les plus actifs et les plus dévoués de cette *Société de Recherches Psychiques* » qui, fondée en 1882 sur l'initiative de F.-M. Barrett (de Dublin) et de J. Romanes, prit bientôt une extension et une importance tellement grandes qu'elle vit figurer, parmi ses membres, un grand nombre d'illustrations scientifiques, littéraires et politiques d'Angleterre et des États-Unis. MM. Henry Sidgwick, Balfour Stewart, William Crookes, William James, A.-J. Balfour, etc., ont été tour à tour présidents de cette société, dont le but a été défini par son premier président, dans son discours d'inauguration : il s'agissait de porter un peu de lumière, en le soumettant à l'examen objectif et scientifique, tout ce groupe de faits connu sous le nom de mesmérisme, spiritisme, télépathie, transmission des pensées, etc. « Tout le monde, disait M. Sidgwick, s'accorde à reconnaître que l'état actuel des choses, en ce qui concerne les faits en

---

[1]. En français l'ouvrage a été publié chez F. Alcan, sous le titre *Hallucinations télépathiques*, préface de M. Ch. Richet.

question, constitue un véritable scandale dans notre siècle éclairé. Les discussions relatives à la réalité de ces phénomènes, dont on ne saurait exagérer l'importance scientifique, si le dixième seulement de ce qui a été affirmé par des témoins crédules pouvait être reconnu comme vrai, ces discussions sont éminemment regrettables et n'aboutiront à aucun résultat, tant que le public cultivé gardera à l'égard de ces phénomènes une attitude d'incrédulité, alors que beaucoup de témoins compétents se déclarent convaincus de leur réalité et que tant d'autres sont profondément intéressés à ce que la question soit enfin résolue... Nous devons accumuler faits sur faits, ajouter des expériences à des expériences, ne pas nous quereller avec des incrédules à propos de la véracité de tel ou tel fait isolé, mais baser notre conviction sur l'évidence totale qui semble découler de l'ensemble des faits... Nous devons placer les incrédules devant le dilemme suivant : ou admettre que les phénomènes sont inexplicables, pour eux tout au moins, ou accuser les investigateurs de mensonge ou de friponnerie, de cécité ou d'oubli, c'est-à-dire de défauts intellectuels et moraux qui ne sont compatibles qu'avec l'idiotie absolue[1]. »

Pour ne laisser aucun doute sur la façon dont la *Société* entendait examiner et étudier les phénomènes dont il s'agit, il a été stipulé que « le fait d'appartenir à cette *Société* n'impliquait aucune façon particulière et fixée d'avance d'expliquer ces phénomènes, ni la croyance à l'action, dans le monde physique, de forces autres que celle- reconnues par les sciences physiques ».

---

1. Les détails concernant la *Society for Psychical Research* sont empruntés à la brochure publiée par un des secrétaires de la Société, M. E. T. Bennett, sous le titre: *The Society of Psychical Research, its rise, progress. A sketch of its work*. London, Brimley Johnson, 1903.

Le travail accompli par la *Société* dans l'espace de quelques années a été énorme : accumulation de faits et documents, leur examen et analyse, leur confrontation et comparaison, interrogation de témoins, investigations concernant leur bonne foi, leur véracité, leur état physique, intellectuel et moral et, consécutivement, élimination de faits mensongers ou même douteux, maintien de ceux qui paraissaient incontestables, vérification de ces derniers par le recours à l'expérimentation, à leur évocation artificielle chez des sujets appropriés. Les documents se rapportant à ce travail et les résultats qui en découlent se trouvent consignés dans les seize volumes des « Proceedings of Society for Psychical Research », dans les neuf volumes du « Journal of Society for Psychical Research » et dans « Phantasms of the Living ». Les matériaux accumulés dans ces recueils étaient de nature à tenter un esprit généralisateur et synthétique qui, placé devant tous ces phénomènes dûment constatés d'altérations de la personnalité, d'apparitions, de hantises, de possession, d'extase, d'hallucinations, etc., ne pouvait ne pas se poser la question de savoir si tous ces phénomènes n'avaient pas une cause commune, ne découlaient pas d'une loi générale ou d'un principe supérieur, sinon mystérieux et caché, tout au moins difficile à constater, plus ou moins probables.

C'est cette question que se posa M. Myers et, soumettant les faits qu'il avait à sa disposition à un nouveau travail de revision et d'analyse, il se proposa d'en tirer toutes les conclusions qu'ils lui semblaient comporter. L'ouvrage dont nous offrons aujourd'hui aux lecteurs français une adaptation française constitue le fruit de ce travail de nombreuses années que l'auteur avait à peine eu le temps d'achever.

Cet ouvrage constitue bien, malgré l'affirmation contraire

de M. Myers, une démonstration plutôt qu'un simple exposé. C'est un essai de synthèse philosophique basée sur un ensemble de faits dont les philosophies antérieures n'ont les plus souvent tenu compte que dans une mesure tout à fait insignifiante ; et c'est exclusivement à ce titre que nous l'offrons aux lecteurs français. A eux de juger ce qu'il y a de définitif ou de prématuré dans cette synthèse ; si, comme l'a dit M. Oliver Lodge, elle constitue vraiment « un des schémas de l'existence les plus vastes, les plus compréhensifs et les mieux fondés qu'on ait jamais vus » ou si, comme le dit M. William James, la notion du moi subliminal qui forme la base du système, « a besoin, pour être acceptée par la prochaine génération de psychologues, d'un nombre de faits plus grand que celui qui a suffi à son auteur ».

S. J.

LA PERSONNALITÉ HUMAINE

CHAPITRE PREMIER

INTRODUCTION

Dans la longue histoire des efforts faits par l'homme en vue de comprendre son milieu et de se rendre maître de ses propres destinées, il existe une lacune ou une omission tellement singulière que, quoique nous fassions plus tard pour expliquer ce fait, sa simple constatation aura toujours l'air d'un paradoxe. Tant il est vrai que l'homme n'a jamais songé à appliquer aux problèmes qui l'intéressent de la façon la plus intime, les mêmes méthodes de recherche qu'il a trouvées si efficaces en les appliquant à tous les autres problèmes.

La question qui importe le plus à l'homme est celle de savoir s'il possède ou non une âme immortelle, ou, pour éviter le mot *immortelle* qui appartient au domaine de l'infini, si sa personnalité implique un élément quelconque susceptible de survivre à la mort corporelle. Les terreurs les plus graves, les espoirs les plus hardis qui aient jamais été capables d'opprimer et de stimuler les esprits mortels, ont toujours été liés à cette question.

D'un autre côté, la méthode que notre race a trouvée la plus efficace au point de vue de l'acquisition des connaissances est de nos jours familière à tout le monde. C'est la méthode de la science moderne, le procédé qui consiste à

MYERS.

interroger la nature sans passion ni parti pris, d'une façon patiente et systématique, par une expérimentation minutieuse et un enregistrement de résultats qui permettent de deviner les vérités les plus profondes d'après les indications souvent les plus légères. Cette méthode est aujourd'hui suivie dans tout le monde civilisé et, quoique dans certaines directions les expériences se montrent difficiles ou douteuses, les faits rares et incomplets, la science poursuit lentement son œuvre et attend son moment, se refusant à retomber dans la tradition ou à se lancer dans la spéculation, parce que les petits chemins sont les seuls qui conduisent à des découvertes mémorables, à des vérités indiscutables.

Cette méthode, disons-nous, n'a jamais été appliquée au problème capital concernant l'existence, les facultés et la destinée de l'âme humaine, et pourtant une pareille omission n'est nullement basée sur la conviction générale de l'insolubilité du problème en question. Sans doute la formule agnostique, je dirais presque la superstition scientifique, qui se résume dans les mots *ignoramus* et *ignorabimus* compte aujourd'hui des adhérents parmi quelques savants ; mais elle n'a jamais constitué, pas plus aujourd'hui qu'autrefois, la croyance générale du genre humain. Il existe depuis deux mille ans, dans la plupart des pays civilisés, une croyance d'après laquelle la survivance après la mort corporelle aurait été indiscutablement prouvée par certains phénomènes qui a un moment donné ont été observés en Palestine ; et en dehors même de la croyance chrétienne, les hommes, guidés soit par la raison, soit par l'instinct, soit par la superstitution, ont toujours cru qu'il existait certains phénomènes spirituels témoignant d'une vie dont les limites dépassaient la vie que nous connaissons.

Mais aucun de ceux qui, pour des raisons vagues ou définies, croient que la question peut être résolue ou qu'elle a déjà reçu sa solution, grâce à l'observation humaine et à des faits objectifs, n'a fait jusqu'ici de tentative sérieuse pour établir un accord entre cette croyance et les données scientifiques. Ils ne se sont pas suffisamment occupés à lui fournir des confirmations, des explications, des analogies ; ils ont plutôt confiné leurs convictions relatives à ces questions capitales dans un compartiment isolé de leur cerveau, compartiment consacré à la religion et à la superstition, non à l'observation et à l'expérimentation.

Le but de ce livre, comme l'a été dès le début celui de la Société de Recherches Psychiques, grâce à laquelle j'ai pu réunir la plupart des documents rassemblés ici, est de montrer ce qui peut être fait pour supprimer cette cloison artificielle de séparation qui excluait jusqu'ici du domaine scientifique les problèmes dont la solution a précisément le plus grand besoin des procédés et méthodes scientifiques.

Je dois dire auparavant que le mot *scientifique* signifie pour moi une autorité à laquelle je me soumets moi-même, non un modèle que j'aurais la prétention de réaliser. La science dont je parle ne peut être qu'une science *naissante*, non pas un de ces vastes systèmes de connaissances réunies, à l'achèvement desquels des milliers de spécialistes travaillent aujourd'hui dans leurs laboratoires, mais quelque chose comme un de ces systèmes à ses humbles débuts, lorsque quelques moines cherchaient les propriétés des « métaux nobles » ou que quelques bergers chaldéens étudiaient la situation des étoiles fixes.

Je ne me propose de donner ici que le simple rudiment socratique de ces organismes de la pensée exacte, les premiers préliminaires axiomatiques de tout progrès durable.

Je voudrais voir introduire dans la discussion des problèmes les plus profonds concernant la nature et la destinée humaines, la même largeur d'esprit, la même recherche de l'évidence objective, la même analyse critique des résultats qu'on apporte généralement dans la discussion relative à la nature et à la destinée de la planète sur laquelle se meuvent les hommes.

On m'accordera peut-être que, malgré le truisme apparent de cette proposition, ceux qui y adhèrent abordent un domaine de recherches plus vaste et plus bizarre que celui auquel ils sont habitués et dépassent les limites étroites dans lesquelles, en vertu d'une ancienne convention, les partisans des différentes solutions de ces questions avaient jusqu'ici l'habitude de se confiner.

Un bref exposé de certains faits historiques connus rendra mon opinion plus claire. Recherchons d'abord comment il se fait que tandis que les uns considèrent le problème de la survivance de l'homme soluble à l'aide de preuves suffisantes et que d'autres trouvent les preuves traditionnelles ordinairement alléguées insuffisantes, aucun effort sérieux n'ait été fait ni d'un côté ni de l'autre, pour rechercher s'il ne serait pas possible d'envisager d'autres preuves plus récentes.

Pour nous, la cause en est bien simple : pour une race dont toutes les pensées sont attachées aux besoins immédiats de la vie, l'importance capitale de ce problème central avait de tout temps barré le chemin à son examen méthodique et scientifique.

Il existe certaines croyances dont l'humanité n'a pas le temps d'attendre la vérification. « Que dois-je faire pour être sauvé ? » Voilà une question autrement urgente que celle de la cause des marées ou celle des taches du soleil.

L'homme a besoin d'une conviction ferme concernant ce qu'il doit craindre ou espérer de la part du monde invisible. Les croyances surgissent en raison directe de ce besoin de croyance et pour pouvoir se maintenir elles réclament une sanction unique ; et avec ces croyances spécifiques naît aussi l'habitude générale de considérer tout ce qui concerne le monde invisible comme *tabou,* comme échappant à l'observation et à l'examen ordinaires.

Passons des généralités à l'histoire réelle de la civilisation de l'Occident. A une époque où des croyances rituelles, locales, disséminées, solutions partielles de problèmes cosmiques, se détruisaient mutuellement par simple contact et fusion, un événement se produisit qui, dans les brèves annales de la civilisation humaine à ses débuts, peut être considéré comme unique. Une vie a été vécue au cours de laquelle la réponse la plus sublime que le besoin de direction morale éprouvé par l'homme ait jamais reçue a été corroborée par des phénomènes que tout le monde considère comme miraculeux et dont la Résurrection a été l'expression culminante. Il serait illégitime de ma part d'avoir recours, en faveur de mon opinion, aux arguments fournis par ces phénomènes et cette Résurrection. J'ai fait appel à la science et dois procéder selon la science, en ce sens qu'il serait inconséquent de ma part d'invoquer ce que la science, au sens strict du mot, considère comme une tradition de l'âge pré-scientifique. Mais nous savons que cette grande tradition, en tant que fait, a gagné l'adhésion et la foi de la plupart des esprits européens. Les résultats complexes qui ont suivi ce triomphe du christianisme ont été discutés par un grand nombre d'historiens. Mais un résultat qui nous apparaît ici sous une nouvelle lumière a été que l'Église chrétienne, la religion chrétienne sont devenues pour l'Europe les représentants et les gardiens accrédités de tous les phénomènes se rapportant au monde invisible. Tant que le christianisme a été dominant, tous les phénomènes qui semblaient dépasser l'expérience se trouvaient absorbés dans son domaine et étaient considérés comme les indications secondaires de l'activité de ses anges et de ses ennemis. Et lorsque le christianisme commençait à être sérieusement attaqué, ces manifestations secondaires ont été perdues de vue. Les prêtres trouvaient plus prudent de défendre leurs propres traditions et intuitions, au lieu de s'aventurer dans la recherche des preuves indépendantes en faveur de l'existence d'un monde spirituel. Leurs assaillants s'efforçaient de renverser les remparts de l'orthodoxie, ignorant l'existence de certaines places fortes isolées qui ne faisaient pas partie de la ligne de défense principale.

Entre temps, les lois de la nature suivaient leur voie accoutumée. Comme toujours, elles révélaient des choses qui ont déjà été révélées une fois, et même de temps à autre quelque merveillé, plus semblable aux histoires d'autrefois qu'on n'avait soin de l'avouer, se glissait entre la surperstition d'un côté et l'indifférence méprisante de l'autre. Sorcellerie, mesmérisme, swedenborgianisme, spiritisme apparurent successivement, entre tant d'autres phénomènes de moindre importance, comme pour témoigner de la nécessité d'une enquête plus vaste. Quelques mots à propos de chacun de ces quatre mouvements suffiront ici pour montrer leur connexion avec le sujet qui nous occupe.

LA SORCELLERIE. — L'enseignement qui découle de la sorcellerie en ce qui concerne la valeur du témoignage humain est d'autant plus remarquable qu'il a été plus longtemps et plus complétement méconnu. La croyance aux sorciers passait pendant longtemps comme l'exemple le plus frappant de l'ignorance et de la folie humaines ; et dans un livre relativement aussi récent que l'*Histoire du rationalisme*, de Lecky, le déclin soudain de cette croyance populaire est cité comme un signe de disparition irrésistible de l'erreur et de l'ignorance sous l'influence de l' « atmosphère intellectuelle » d'une époque plus éclairée. Mais depuis que des expériences, pratiquées en France à partir de 1880, ont montré à quoi une femme hystérique est capable de croire sous l'influence de la suggestion extérieure ou de l'auto-suggestion, on commença à comprendre que les phéno-mènes de la sorcellerie étaient ce que les phénomènes observés à la Salpêtrière auraient semblé être aux malades, si elles étaient restées seules à l'hôpital, en dehors de toute intervention médicale. Et Edmond Gurney, après avoir dans *Phantasms of the Living*, soumis toute la littérature sur la sorcellerie à une analyse plus minutieuse que celle dont on l'avait jugée digne jusqu'alors, fut à même de montrer que, au point de vue pratique, toutes les dépositions de première main, faites spontanément, c'est-à-dire n'ayant pas été pro-voquées par la torture, peuvent avoir été *vraies* ou consi-dérées comme telles par les déposants, représentant la con-viction de personnes saines (quoique souvent hystériques) qui étaient seulement coupables d'avoir confondu des hallu-cinations produites par l'auto-suggestion avec des faits de la vie réelle. Et même les régions insensibles des sorcières étaient sans doute réellement anesthésiques, représentant ainsi un symptôme aujourd'hui bien connu, les *zones analgésiques* des malades de Pitres et de Charcot. La sorcellerie a été en réalité une expérience psycho-pathologique gigan-teste et cruelle pratiquée par les inquisiteurs sur l'hystérie, mais pratiquée à l'aveugle, sans qu'il fût possible d'en utili-ser les résultats.

MESMER. — De nouveau les possibilités latentes de la
« suggestion », quoique sous un autre nom et associées à
beaucoup d'éléments étrangers, revirent le jour avec le mouvement inauguré par Mesmer, à la fois inventeur et charlatan.
Cette fois encore l'époque n'était pas suffisamment mûre, et
l'opposition scientifique, quoique moins formidable que
l'opposition religieuse qui envoyait les sorcières au bûcher,
fut encore assez puissante pour arrêter de nouveau la
science naissante. C'est à peine si un troisième effort a reçu
meilleur accueil dans notre génération, et de nos jours
l'hypnotisme et la psycho-thérapie, dans lesquels tout fait
bien attesté de sorcellerie et de mesmérisme trouve, sinon
son explication, tout au moins son analogie, sont en train de
s'imposer comme une méthode assez parfaite de soulage-
ment de misères humaines.

Cette brève esquisse du développement, on dirait par des
impulsions successives, dans une atmosphère de méfiance et
de découragement, d'un groupe de tendances et de facultés
mentales et de sensibilités reconnues aujourd'hui comme
existant réellement et souvent salutaires, est parallèle à
l'histoire du développement, au milieu de difficultés analogues, d'un autre groupe de facultés ou de sensibilités
dont l'existence toujours contestée, si elle était établie fermement, aurait pour l'humanité une importance encore
plus grande.

A aucune des époques que nous connaissons, ni avant ni
après l'ère chrétienne, les séries de manifestations d'extase
ou de possession, de communication présumée avec un
monde supérieur, n'ont cessé d'exister entièrement. Parfois, comme à l'époque de sainte Thérèse, les extases de ce
genre constituaient pour ainsi dire le fait central ou culminant du monde chrétien. Je ne m'occuperai pas ici de ces

expériences. Les preuves qui existent en leur faveur sont d'un caractère éminemment subjectif, et elles seront plus à leur place dans une discussion ultérieure relative au degré de confiance qu'on peut accorder à l'interprétation donnée par les personnes intéressées de leurs propres phénomènes.

Mais au milieu de ces longues séries se trouve l'histoire pour ainsi dire exceptionnelle d'Emmanuel Swedenborg. On sait que dans ce cas paraissent avoir existé des preuves objectives excellentes aussi bien de clairvoyance et de téles- thésie que de communication avec des personnes décédées ; et nous ne pouvons que regretter que le philosophe Kant qui était convaincu en partie du don supranormal de Swe- denborg[1], n'ait pas poussé plus loin une analyse qui valait au moins toutes les autres auxquelles il avait appliqué son esprit supérieur. Mais, indépendamment de ces preuves objectives, le fait en lui-même était assez intéressant pour arrêter plus longtemps l'attention. Il m'est impossible de discuter ici le mélange bizarre, que présentent les révéla- tions de Swedenborg, de littéralisme servile et de spécu- lation exaltée, d'orthodoxie pédantesque et de hardiesse qui lui permettait de regarder et de voir bien au delà de ce qui était accessible à son époque. Il suffit de dire ici que si Socrate a fait descendre la philosophie du ciel sur la terre,

---

1. Je me suis permis de composer le mot *supranormal* pour l'appliquer aux phénomènes qui se trouvent *au delà de ce qui arrive ordinairement*, c'est-à- dire en vertu de lois psychiques que je suppose inconnues. Ce mot est donc formé par analogie avec *anormal*. Par phénomènes anormaux nous désignons non des phénomènes contraires aux lois naturelles, mais ceux qui nous pré- sentent ces lois sous une forme inusitée et inexplicable. De même un phéno- mène supranormal n'est pas pour moi celui qui *dépasse* les lois de la nature, car un tel phénomène n'existe pas à mon avis, mais celui dans lequel se manifestent des lois *supérieures*, au point de vue psychique, à celles qui agissent dans la vie ordinaire. Et par *supérieur* (au sens physiologique ou psychique du mot) j'entends ce qui appartient à une phase plus avancée de l'évolution.

Swedenborg, dans un sens un peu différent, l'a de nouveau fait remonter au ciel, en créant la notion de la science du monde spirituel, aussi sérieusement, quoique d'une façon moins persuasive, que Socrate a créé l'idée de la science du monde tel que nous le connaissons. Swedenborg fut le premier à qui le monde invisible apparut avant tout comme un empire de lois, comme une région où règnent non seulement l'émotion vague et l'adoration immobile, mais encore un progrès défini résultant de relations définies entre causes et effets, de lois fondamentales présidant à l'existence et aux rapports spirituels que nous serons à même de saisir et de formuler un jour. Pour ma part, je ne considère Swedenborg ni comme un prophète inspiré ni comme un commentateur digne de confiance de ses propres expériences, mais comme un précurseur illustre de cette grande science, à laquelle nous nous proposons d'apporter notre contribution.

Le pionnier suivant, heureusement encore vivant parmi nous, que je dois mentionner dans cette brève notice, est le célèbre physicien et chimiste, sir W. Crookes[1]. De même que Swedenborg a été le premier homme de science illustre qui ait nettement conçu le monde spirituel comme un monde de lois, de même sir W. Crookes a été le premier homme de science qui ait sérieusement essayé de prouver par des expériences d'une précision scientifique les influences réciproques qui existent entre le monde spirituel et le nôtre et leur interpénétration continue. Mais alors que Crookes se contenta d'établir certains faits supranormaux, sans consentir à aller au delà, il s'est trouvé un groupe de personnes

---

1. D'autres savants éminents (je n'ai qu'à citer le grand nom de Alfred Russel Wallace) étaient également convaincus de la réalité de ces phénomènes étranges ; mais ils n'ont pas vérifié cette réalité avec le soin nécessaire (Richard Granvil, John Wesley, Samuel Johnson, etc.).

qui ont fondé sur ces faits et d'autres analogues, un schéma de croyance connu sous le nom de spiritualisme moderne, ou spiritisme. Les chapitres qui suivent montreront tout ce que je dois aux observations faites par les membres de ce groupe, et on y verra en même temps que plus d'une fois mes conclusions coïncident avec celles auxquelles ils sont arrivés antérieurement. Et pourtant cet ouvrage constitue dans une grande mesure une réfutation critique du principal dogme spiritiste dont M. A.-R. Wallace est en ce moment le partisan le plus illustre, et d'après lequel tous ou presque tous les phénomènes supranormaux seraient dus à l'action d'esprits de personnes décédées. Je crois au contraire qu'ils sont dus pour la plupart à l'action d'esprits incarnés, soit de celui du sujet lui-même, soit d'un agent quelconque. Mais, malgré les différences spéculatives qui nous séparent, je suis d'accord avec lui pour ne pas désirer que ce que je considère comme une branche de la recherche scientifique, découlant naturellement de nos connaissances actuelles, dégénère en une croyance sectaire. C'est, je crois, en grande partie à l'adhésion irraisonnée dégénérant souvent en une crédulité aveugle que nous devons le peu de progrès fait par la littérature spiritiste et les encouragements que les esprits scientifiques ont tiré d'un grand nombre de cas manifestement frauduleux pour se déclarer hostiles à l'étude de phénomènes enregistrés et défendus par des moyens et procédés si contraires à la science.

Je ne sais quel degré d'originalité et d'importance attribueront ceux qui viendront après nous à la contribution que nous avons apportée à la solution des problèmes dont il s'agit. Aux environs de 1873, alors que le matérialisme qui avait fini par envahir jusqu'à nos côtes était pour ainsi dire à son apogée, un petit groupe d'amis, réunis à

Cambridge, ont acquis la conviction que les profondes
questions en litige méritaient une attention et un effort plus
sérieux que ceux qui leur ont été consacrés jusqu'ici. Je
trouvais pour ma part qu'aucune tentative digne de ce nom
n'a encore été faite pour déterminer si nous sommes capables ou non d'apprendre quelque chose concernant le monde
invisible; et j'ai acquis la conviction que si quelque chose
de ce monde pouvait être connu de façon que la science
puisse adopter et maintenir cette connaissance, ce n'était ni
à la suite de l'examen de la tradition ni à l'aide de spéculations métaphysiques, mais tout simplement par l'expérience
et l'observation, par l'application aux phénomènes qui se
passent en nous et autour de nous des mêmes méthodes de
recherche exacte, impartiale, réfléchie auxquelles nous devons notre connaissance du monde visible et palpable.
Quelques-uns de mes lecteurs d'aujourd'hui verront peut-
être là un truisme, d'autres un paradoxe. Mais, truisme ou
paradoxe, cette pensée rendait nécessaire un effort qui, à
notre connaissance, n'a pas été fait avant nous. Les recherches qui s'imposaient ne pouvaient se borner à la
simple analyse de documents historiques ou des origines
de telle ou telle révélation du passé. Ces recherches devaient
porter avant tout, comme toute recherche scientifique au
sens strict du mot, sur des faits objectifs réellement observables et reposer sur des expériences que nous puissions
répéter aujourd'hui, avec l'espoir de les dépasser demain.
Il ne pouvait s'agir que de recherches basées, pour employer
un terme ancien, sur l'hypothèse uniformiste, c'est-à-dire
sur la proposition que, *si un monde spirituel existe, et si ce
monde a été, à une époque quelconque, susceptible de se manifester et d'être découvert, il doit en être de même de nos jours.*

C'est par ce côté et en partant de ces considérations

générales que le groupe dont je faisais partie avait abordé
le sujet. Nos méthodes, nos principes, tout était à faire.
Faisant de notre mieux pour découvrir des preuves, réunis-
sant autour de nous un petit groupe de personnes désireuses
de nous aider dans la recherche des phénomènes obscurs
concernant la nature et l'expérience de l'homme, nous
avons été à la fin assez heureux pour découvrir sur un point
défini et important un accord entre les données expérimen-
tales et les données spontanées. Nous avons été amenés à
croire qu'elle n'était pas exempte de vérité, cette thèse qui
depuis Swedenborg et les premiers mesméristes a été formulée souvent, mais d'une façon superficielle et inefficace,
et d'après laquelle des communications peuvent s'établir
d'esprit à esprit, sans l'intermédiaire des organes des sens
connus. Nous avons trouvé que le facteur par l'intermédiaire duquel se produisaient les communications de ce
genre, déjà susceptible d'être discerné à l'aide d'expériences appropriées dans des occasions ordinaires, semblait
s'associer à un facteur plus actif et en tout cas plus reconnaissable, se manifestant dans des moments critiques ou à
l'heure de la mort. Edmond Gurney, le collaborateur et ami
inappréciable, dont la perte, en 1888, a été pour nous une
source de découragements profonds, avait exposé ces données dans un grand ouvrage, *Phantasms of the Living*, dans
la préparation duquel Podmore et moi n'avons joué qu'un
rôle secondaire. Les quinze années qui se sont écoulées
depuis la publication de ce livre ont accru les données
dont disposait Gurney et montré (j'ose l'affirmer) la valeur
générale de l'ensemble de preuves et d'arguments qui ont
servi de matériaux à son ouvrage.

Elle est en effet d'une importance capitale, cette doctrine de la télépathie qu'on peut considérer comme la pre-

mière loi qui s'offre à la curiosité humaine et qui, tout en
opérant dans le monde matériel, est, à mon avis tout au
moins, une loi du monde spirituel ou méta-éthéré. Je tâcherai
de montrer au cours de cet ouvrage, sur des exemples
nombreux, combien sont importantes les conséquences qui
découlent de la doctrine des communications interspiri-
tuelles directes et suprasensorielles. Parmi ces conséquences, la plus importante est le jour que jette cette
découverte sur la nature intime de l'homme et sur la possibilité de sa survivance après la mort.

Nous avons découvert graduellement que les récits ayant
trait aux apparitions au moment de la mort, et témoignant
d'une communication suprasensorielle entre le mourant et
l'ami qui le voit, nous conduisent directement, sans aucune
solution de continuité apparente, aux apparitions survenant
après la mort de la personne vue, sans que le sujet ait eu
connaissance de cette mort, ces apparitions étant ainsi dues
non à l'émergence d'un souvenir latent, mais à l'action persistante de l'esprit de la personne décédée. La tâche qui
nous incombait immédiatement après était de collectionner
et d'analyser les données de cette catégorie et de beaucoup
d'autres, en vue de prouver la survivance spirituelle de
l'homme. Mais après avoir poursuivi cette tâche pendant
quelques années je me suis rendu compte que le passage de
l'action de l'esprit incarné à celle de l'esprit désincarné était
de nature à paraître trop brusque. Au fur et à mesure que
s'accumulaient les preuves en faveur des apparitions, on se
rendait compte que les apparitions de vivants formaient
avec les apparitions de morts une série continue. Mais toute
la masse de preuves qui, à première vue, tendaient à montrer la survivance de l'homme était d'un genre beaucoup
plus complexe. Ces preuves consistaient par exemple en

grande partie en manifestations parlées et écrites se tradui-
sant par l'intermédiaire de la main et de la voix de la personne vivante, mais tendant à faire croire qu'elles tiraient
leur origine d'un esprit désincarné. A ces manifestations
prises dans leur ensemble, aucun critère satisfaisant n'a été
appliqué jusqu'ici.

C'est en considérant les cas de ce genre que je vis clairement qu'avant de pouvoir affirmer avec certitude que tel
groupe de manifestations implique une influence d'outre-
tombe, il était nécessaire de soumettre les facultés de la
personnalité incarnée de l'homme à une analyse plus profonde
que celle dont les psychologues peu au courant des données
nouvelles les ont jugées dignes.

Ce ne fut que lentement et comme poussé par la nécessité que j'ai abordé une tâche qui, pour être remplie complètement, demandait des connaissances et des capacités au
delà de ce à quoi je pouvais prétendre. L'esquisse vraiment
sommaire qui constitue le fruit de mes efforts n'est à mes
yeux qu'un essai préparatoire précédant un traitement plus
complet et plus profond du même sujet que le nouveau
siècle recevra, j'en suis convaincu, de mains plus compé-
tentes. Ce livre aura déjà eu un grand succès s'il peut rapidement être dépassé par un meilleur ; car ce sera là une
preuve que je ne me trompais pas en affirmant que le traitement sérieux de ces questions n'est que le complément et
la conclusion inévitables du processus lent par lequel
l'homme a successivement ramené dans le domaine de la
science tous les groupes de phénomènes accessibles, —
tous, sauf celui-ci.

J'aborde, sans autre préambule, l'examen des facultés
humaines telles qu'elles se manifestent dans les différentes
phases de la personnalité, dans l'espoir d'en retirer des

éléments qui nous permettront de mieux comprendre ces phénomènes peu connus. J'éviterai autant que possible dans cette discussion tout ce qui est du domaine de la métaphysique ou de la théologie. J'éviterai la théologie parce que, ainsi que je l'ai déjà dit, je considère que dans des arguments fondés sur l'expérience et l'observation je n'ai pas le droit de faire appel à des considérations traditionnelles ou subjectives, quelle que soit leur importance. Pour des raisons à peu près analogues je ne veux ni commencer l'exposé de l'idée de la personnalité par un résumé historique des opinions philosophiques que différents penseurs ont professées relativement à ce sujet, ni spéculer moi-même sur des matières qui ne sont pas susceptibles d'une preuve objective. Je ne ferai que résumer aussi brièvement que possible deux opinions sur la personnalité humaine qui ne doivent pas être séparées, à savoir l'ancien point de vue du bon sens, qui est encore celui de la masse du genre humain, et le point de vue plus récent de la psychologie expérimentale qui considère la personnalité humaine ou animale comme un ensemble composé ou « colonial ».

Le passage suivant, emprunté à un ouvrage autrefois très en faveur : « *Essai sur les facultés intellectuelles de l'homme* », par Reid, exprime le premier de ces points de vue :

« La conviction que tout homme possède de son identité, aussi loin que remontent ses souvenirs, n'a pas besoin, pour être renforcé, du secours de la philosophie, et aucune philosophie n'est capable de l'affaiblir sans avoir déterminé au préalable un certain degré de folie... Mon identité personnelle implique par conséquent l'existence continue de cette chose indivisible que j'appelle *moi*. Quel que soit ce *moi*, il est quelque chose qui pense, réfléchit, résout, agit et souffre. Je ne suis ni pensée, ni action, ni sentiment ;

je suis quelque chose qui pense, agit et souffre. Mes pensées, actions et sentiments changent à tout moment ; ils ont une existence successive, non continue ; mais le *moi* auquel ils appartiennent est permanent et conserve une position invariable à l'égard de toutes les pensées, de toutes les actions et de tous les sentiments qui se succèdent et que j'appelle miens... L'identité d'une personne est une identité parfaite ; là où elle est réelle, elle n'admet pas de degrés, et il est impossible qu'une personne soit en partie la même, en partie différente, parce qu'une personne est une *monade*, c'est-à-dire indivisible. L'identité appliquée aux personnes ne souffre aucune ambiguité, n'admet pas de degrés, de plus ou de moins. Elle est la base de tous les droits et de toutes les obligations et de toutes les responsabilités, et sa notion et fixe et précise. »

Par opposition avec ce passage, nous citerons celui qui forme la conclusion de l'essai de M. Ribot sur « les maladies de la personnalité ».

« C'est l'organisme et le cerveau, sa représentation suprême, qui est la personnalité réelle, contenant en lui les restes de tout ce que nous avons été et les possibilités de tout ce que nous serons. Le caractère individuel tout entier est inscrit là avec ses aptitudes actives et passives, ses sympathies et antipathies, son génie, son talent ou sa sottise, ses vertus et ses vices, sa torpeur ou son activité. Ce qui en émerge jusqu'à la conscience est peu au prix de ce qui reste enseveli, quoique agissant. La personnalité consciente n'est jamais qu'une faible partie de la personnalité physique.

« L'unité du moi n'est donc pas celle de l'entité *une* des spiritualistes qui s'éparpille en phénomènes multiples, mais la coordination d'un certain nombre d'états sans cesse renaissants, ayant pour seul point d'appui le sentiment vague de notre corps. Cette unité ne va pas de haut en bas, mais de bas en haut ; elle n'est pas un point initial, mais un point terminal.

« Cette unité parfaite existe-t-elle ? Au sens rigoureux, mathématique, évidemment non. Au sens relatif, elle se rencontre rarement et en passant. Chez un bon tireur qui vise, ou un habile chirurgien qui opère, tout converge physiquement et mentalement. Mais notons le résultat ; dans ces conditions, le sentiment de la personnalité réelle disparaît, l'individu conscient étant réduit à une idée, en sorte que la parfaite unité de conscience et le sentiment de la personnalité s'excluent. Nous revenons, par une autre voie, à la même conclusion : *le moi est une coordination*. Il oscille entre ces deux points extrêmes où il cesse d'être : l'unité pure, l'incoordination absolue.

« Le dernier mot de tout ceci, c'est que le consensus de la conscience étant subordonné au consensus de l'organisme, le problème de l'unité du moi est, sous sa forme intime, un problème biologique. A la biologie d'expliquer, si elle le peut, la genèse des organismes et la solidarité de leurs parties. L'interprétation psychologique ne peut que la suivre[1]. »

Voici deux manières de voir, dont une suggérée par notre conscience interne, l'autre par l'observation qui n'admet pas de réplique, et paraissant incompatibles. Les partisans de la notion : « le moi est une coordination », c'est-à-dire de la psychologie expérimentale, ont franchement abandonné toute notion d'unité, de vie indépendante de l'organisme, d'âme humaine en un mot. Les partisans de l'unité du moi, d'un autre côté, s'ils n'ont pas toujours été suffisamment

---

1. Th. Ribot, *Les maladies de la personnalité*, 9ᵉ éd., p. 170-172, Paris, F. Alcan.

explicites dans leur *négation* de l'opinion opposée, se sont contentés de l'*ignorer*. Aucun effort que je sache n'a été fait pour réconcilier les deux opinions opposées par une synthèse plus profonde. Et si je crois avoir fait dans le présent ouvrage un effort dans cette direction-là, ce n'est pas en rapiéçant les vieux arguments métaphysiques usés. C'est là une besogne dont je n'aurais pas été capable, mais j'ai tout simplement pensé que nous étions en possession de nouvelles données qui permettent de considérer la question sous un jour nouveau et même de clore la controverse immédiate par un jugement en faveur des *deux* parties plus décisif que celui qu'on pouvait espérer. D'un côté, et en faveur des partisans de la coordination, on peut dire que toute leur décomposition du moi en ses éléments constitutifs, tout ce qu'ils invoquent d'observation positive et d'expérience objective, doit être maintenu sans réserves. Laissons-les pousser leur analyse aussi loin qu'ils voudront, laissons-les descendre, s'ils le peuvent, jusqu'à ces derniers et infinitésimaux éléments psychiques dont est faite la structure complexe, composite, « coloniale » de l'homme. Ils auront fait là un travail qui aura de la valeur et de l'importance. Seules les conclusions *négatives* de cette école se trouveront fortement entamées. Une recherche plus profonde, plus hardie dans la direction même qu'ils préconisent montre qu'ils se sont trompés en affirmant que l'analyse ne prouvait l'existence d'aucune faculté au delà de celles que la vie terrestre telle qu'ils la conçoivent est capable de produire et le milieu terrestre d'utiliser. Car en réalité l'analyse révèle les traces d'une faculté que la vie matérielle ou planétaire n'aurait jamais pu engendrer et dont les manifestations impliquent et font nécessairement supposer l'existence d'un monde spirituel.

D'un autre côté, et en faveur des partisans de l'unité du
moi, on peut dire que les données nouvelles sont de nature
à fournir à leurs prétentions une base beaucoup plus solide
et une preuve présomptive dépassant en force toutes celles
qu'ils auraient jamais pu imaginer ; la preuve notamment
que le moi peut survivre, et survit réellement, non seulement aux désintégrations secondaires qui l'affectent au
cours de sa vie terrestre, mais encore à la désintégration
ultime qui résulte de la mort corporelle. En présence de
cette confirmation inespérée de leur rêve le plus cher, ils
peuvent bien se résigner à sacrifier la conception intenable
et plus étroite du moi unitaire qui a été tout ce que la « philosophie du sens commun ait osé affirmer ». Le « moi conscient » de chacun de nous ou, comme je l'appelerais plus
volontiers, le moi empirique ou supraliminal, est loin de
comprendre la totalité de notre conscience et de nos facultés. Il existe une conscience plus vaste, des facultés plus
profondes, dont la plupart restent virtuelles en ce qui concerne la vie terrestre, dont la conscience et les facultés de
la vie terrestre ne se sont dégagées qu'à la suite d'une sélection et qui s'affirment de nouveau dans toute leur plénitude
après la mort.

J'ai été amené à cette conclusion qui a revêtu pour moi
sa forme actuelle il y a 14 ans environ, lentement, à la
suite d'une longue série de réflexions basées sur des preuves
dont le nombre allait en augmentant progressivement. C'est
là une conception qui jusqu'ici a été considérée comme purement mystique et si je m'applique à lui donner une base
scientifique, je n'aurai certainement pas la chance de pouvoir la formuler en termes définitifs ni de l'appuyer à
l'aide des meilleurs arguments qu'une expérience plus longue est seule capable de fournir. Mais la valeur de cette

conception ressortira aux yeux du lecteur, grâce à la succession des différentes preuves exposées dans ce livre.

Les critiques qui ont été formulées jusqu'ici contre ma conception ne me paraissent pas assez décisives pour m'inspirer le moindre doute quant à son bien fondé. « Normalement tout au moins, dit un critique résumant en quelques mots l'opinion courante, toute la conscience que nous avons à un moment donnée correspond à toute l'activité qui au même moment s'accomplit dans le cerveau. Il existe un état conscient unitaire qui accompagne toutes les excitations cérébrales simultanées, et chaque portion du processus cérébral contribue à la constitution de cet état. Aucun des processus cérébraux n'est capable de se séparer du reste et d'avoir sa propre conscience. » Ceci est sans doute la donnée apparente de la conscience, mais rien de plus. Et nous avons déjà montré que les données de la conscience ont besoin de plus de rectifications que ne le croit l'observateur ordinaire et nous n'avons sûrement pas le droit de considérer la conscience comme renfermant plus que ce que nous sentons, d'admettre par exemple qu'il puisse être prouvé qu'une conscience séparée au sein de notre organisme n'existe pas, pour cette simple raison que nous n'en savons rien.

Mais à mesure qu'elle revêt une expression plus scientifique, cette conception de la conscience unitaire tend à devenir moins forcée. Elle repose sur cette principale conviction de l'homme qu'il est *un*; et cette conviction, la psychologie expérimentale tend à l'affaiblir et la rétrécir en admettant la coexistence de degrés de conscience localisés dans le cerveau qui ne sont pas en tout cas réductibles à un état unique. Ceux-là mêmes qui voudraient s'arrêter en deçà de la position que j'occupe éprouvent le besoin de recourir à des métaphores pour exprimer les différents courants de per-

ceptions que nous sentons coexister en nous. Ils parlent de
« marges » de la conscience ordinaire, d'associations « margi-
nales », de perception occasionnelle de « courants de faible
intensité ». Toutes ces métaphores peuvent avoir leur utilité, dans un domaine où la métaphore constitue notre seul
mode d'expression, mais aucune d'elles ne couvre les faits
réunis jusqu'à ce jour. Et d'un autre côté, je n'ai pas besoin de le dire, il existe une foule de phrases qui posent les
questions de l'âme et du corps, de l'esprit propre de
l'homme et des esprits extérieurs en des termes qui ne sont
rien moins que scientifiques. Nous avons besoin d'un
terme d'une application plus vaste et reposant sur le moins
de suppositions possible. Et un pareil terme n'est pas difficile à trouver.

L'idée du *seuil* (limen, Schwelle) de la conscience, d'un
niveau qu'une pensée ou une sensation doit dépasser pour
entrer dans la vie consciente, est aussi simple que familière.
Le mot *subliminal* qui signifie « ce qui est au-dessous du
seuil » a été déjà employé pour désigner les sensations trop
faibles pour être discernées individuellement. Je propose
d'étendre le sens de ce terme, de façon à l'employer pour
désigner *tout* ce qui se trouve au-dessous du seuil ordinaire
ou, si l'on préfère, en dehors de la limite ordinaire, de la
conscience; non seulement ces stimulations faibles dont la
faiblesse même fait qu'elles restent pour ainsi dire submergées, mais beaucoup d'autres choses encore que la psychologie actuelle reconnaît à peine; des sensations, des pensées,
des émotions, qui peuvent être fortes, définies et indépendantes, mais qui, en vertu de la constitution même de notre
être, émergent rarement dans ce courant *supraliminal* de
notre conscience que nous identifions avec nous-mêmes.
Comme j'admets (et j'essaierai de justifier mon opinion au

cours de cet ouvrage) que ces émotions et pensées submergées possèdent les mêmes caractères que ceux que nous associons avec la vie consciente, je me croirai autorisé à parler de *conscience subliminale* ou *ultra-marginale* qui, ainsi que nous le verrons, se manifeste par exemple par des phrases parlées ou écrites aussi complexes et aussi cohérentes qu'on les dirait dictées par la conscience supraliminale. Comme je considère en outre que cette conscience subliminale ou ultra-marginale est loin d'être discontinue ou intermittente, que non seulement il existe des processus subliminaux isolés comparables aux processus supraliminaux isolés (comme lorsqu'un problème est résolu pendant le rêve d'après un procédé inconnu), mais qu'il existe en outre une chaîne continue de souvenirs subliminaux (ou peut-être plus d'une chaîne) impliquant le même genre de reviviscence individuelle et persistante d'impressions anciennes et de réponses à des impressions nouvelles que celui qui caractérise ce que nous appelons ordinairement le *moi*, je me croirai autorisé à parler de *moi* subliminaux ou plus brièvement d'un *moi* subliminal. En employant ces termes, je ne prétends nullement affirmer qu'il existe toujours en nous deux moi corrélatifs et paralèlles. Je désigne plutôt par le moi subliminal cette partie du moi qui reste ordinairement subliminale et j'admets qu'il peut y avoir non seulement *coopération* entre ces deux courants de pensée quasi-indépendants, mais aussi des changements de niveau et des alternances de la personnalité, de sorte que ce qui se trouvait au-dessous de la surface peut arriver à la surface et s'y maintenir, d'une façon provisoire ou permanente. Et je considère enfin que tout *moi* dont nous pouvons avoir connaissance n'est en réalité autre chose qu'un fragment d'un moi plus vaste, révélé d'une façon à la fois modifiée et limitée par un organisme qui n'en permet pas la manifestation pleine et complète.

Or, cette hypothèse se trouve manifestement exposée à deux principales objections qui se neutralisent jusqu'à un certain degré. D'un côté elle a été attaquée, ainsi que nous l'avons déjà dit, comme dépassant outre mesure les faits sur lesquels elle prétend s'appuyer, comme attribuant à des moments transitoires de l'intelligence subconsciente une continuité et une indépendance plus grandes qu'ils ne possèdent en réalité. Ces rides qui se produisent à la surface peuvent s'expliquer, dira-t-on, sans qu'on soit obligé d'admettre l'existence de sources et de courants dans les couches profondes de la personnalité. Mais nous rencontrerons bientôt un groupe de phénomènes qui nous montrera que ces émergences subliminales, les impulsions et les communications qui arrivent des couches profondes de la personnalité à ses couches superficielles, diffèrent souvent par leur qualité de tout élément connu de notre vie supraliminale ordinaire. Elles en diffèrent en ce qu'elles impliquent une faculté dont nous n'avons eu aucune connaissance précédemment et se produisent dans un milieu dont nous n'avons eu jusqu'ici aucune idée. Tout mon ouvrage a pour but de justifier cette vaste affirmation. En en admettant ici l'exactitude pour les besoins de la cause, nous verrons tout de suite que le problème du moi latent change entièrement d'aspect. La télépathie et la télésthésie, la perception de pensées et de scènes éloignées sans l'intermédiaire des organes des sens connus, suggèrent soit une extension incalculable de nos facultés mentales, soit une influence exercée sur nous par des esprits plus libres et moins entravés que le nôtre. Et cette deuxième hypothèse, qui voudrait expliquer tous ces phénomènes supranormaux par

l'action d'esprits désincarnés, semble à première vue simplifier le problème et a été développée par M. A. R. Wallace
et autres au point d'éliminer l'hypothèse gratuite et encom-
brante, d'après lui, d'un moi subliminal.

Il apparaîtra clairement, je l'espère, au cours de cet
ouvrage que l'hypothèse d'une intervention et d'une direction spirituelles presque continues devient en effet nécessaire dès qu'on refuse à l'homme les facultés subliminales
dont j'affirme l'existence. Et ma conception d'un moi subliminal apparaîtra en même temps non extravagante et inutile, mais comme une hypothèse limitante et rationnaliste,
si on l'applique aux phénomènes qui au premier abord suggèrent en effet l'opinion plus extrême de M. Wallace, mais
que j'explique par l'action de l'esprit propre de l'homme,
sans invoquer l'intervention d'esprits étrangers au sien. Je
ne veux pas dire que l'explication que je propose soit applicable à tous les cas, ni qu'elle implique l'exclusion complète de l'hypothèse des esprits. Ces deux opinions au
contraire s'appuient et se corroborent mutuellement, car
ce pouvoir de communication à distance existe lors même
que nous l'attribuerions à notre propre moi subliminal.
Nous pouvons, dans ce cas, nous affecter mutuellement à
distance, télépathiquement; et si nos esprits incarnés peuvent agir ainsi d'une façon indépendante, en apparence tout
au moins, de l'organisme charnel, nous avons là une présomption en faveur de l'existence d'autres esprits indépendants des corps et susceptibles de nous affecter de la même
manière.

Bref, l'hypothèse très débattue de l'intervention spirituelle
apparaît toujours derrière celle du moi subliminal, mais cette
hypothèse intermédiaire doit paraître utile aux partisans
de chacune des deux autres hypothèses, ne serait-ce qu'au

début d'une étude qui promet d'être très longue. Ceux qui se refusent à admettre l'action de facteurs autres que les esprits des personnes vivantes, seront obligés de se former une opinion aussi haute que possible des facultés tenues en réserve par ces esprits alors qu'ils sont encore en vie. Quant à ceux qui croient à l'influence d'esprits désincarnés, notre hypothèse leur fournit un point de transition et donne à la leur une intelligibilité provisoire.

Les spéculations de ce genre rendent l'étude que nous abordons particulièrement intéressante. Mais indépendamment de son importance en ce qui concerne les preuves de la vie future, l'étude ultérieure de notre mentation submergée, de ces processus qui s'accomplissent en nous et dont nous ne saisissons que des lueurs indirectes, pour ainsi dire réfractées, paraît à l'époque actuelle spécialement exigée par l'esprit de la science moderne. Les recherches de ces dernières années nous ont montré sur quelle base changeante et complexe faite d'expériences ancestrales repose la vie individuelle de chacun de nous. En récapitulation, en résumé, en symbole nous retraversons, de l'embryon à l'organisme achevé, toute l'histoire de la vie sur la terre depuis des millions d'années. Au cours de nos adaptations à des milieux de plus en plus vastes, il a dû se produire un déplacement continu du seuil de la conscience, consistant dans la submergence de ce qui se trouvait autrefois à la surface même de notre être. A chaque phase donnée de notre évolution notre conscience n'est qu'une ride phosphorescente d'une mer insondable. Et comme une ride, elle n'est pas seulement superficielle, mais encore diverse et changeante. Notre unité physique est fédérative et instable; elle est née d'accumulations irrégulières datant d'un passé fort lointain ; aujourd'hui encore elle est faite d'une collaboration limitée de groupes multiples. Les anciens psychologues trouvaient le moyen d'ignorer ces discontinuités et incohérences du moi. Mais l'enfance, l'idiotie, le sommeil, la folie, la décadence, ces arrêts et stagnations dans le courant de la conscience étaient toujours là pour nous montrer, avec plus de force que n'auraient pu le faire les analyses les plus délicates, que la première conception de la personnalité humaine continue et unitaire était complètement erronée et que, s'il y avait réellement une âme inspirant le corps, cette âme devait être cherchée bien au-dessous de ces conditions corporelles qui en entravent et obscurcissent les manifestations.

La différence entre l'ancienne et la nouvelle conception relative au principe unifiant ou à l'âme (à supposer que l'âme existe) considérée comme se manifestant à travers les limitations corporelles ressemble à la différence qui existe entre l'ancienne et la nouvelle conception relativement à la façon dont le soleil se manifeste à nos sens. La nuit et les nuages orageux et les éclipses ont été connus depuis les temps les plus primitifs ; mais aujourd'hui l'homme sait que même à midi le rayon solaire qui l'éclaire, décomposé par un prisme, présente des bandes et des raies plus ou moins obscures, et il a appris en même temps que tandis que le spectre semble s'effacer à chacun de ses bouts pour dégénérer en ce qui nous paraît être l'obscurité complète, il s'étend en réalité plus loin et renferme des rayons en nombre illimité et que nous n'avons pas encore découverts.

Il ne me paraît pas sans intérêt de développer un peu cette analogie. Je comparerai les progrès successifs réalisés par l'homme dans la connaissance de lui-même, à son déchiffrement graduel des mystères de la nature et de la signification de la lumière solaire qui lui arrive sous forme d'un

mélange indivisible de lumière et de chaleur. C'est ainsi
que la vie et la conscience, la sensation d'un monde en
dedans de lui et d'un monde en dehors de lui, parviennent à l'enfant dans un mélange indivisible, d'un éclat
pénétrant. L'analyse optique décompose le rayon blanc
en une multitude de rayons colorés qui le composent. De
même l'analyse philosophique décompose la conscience
vague de l'enfant en plusieurs facultés, en plusieurs sens
externes, en plusieurs modes de pensée interne. C'est à la
psychologie descriptive et introspective que nous devons ce
résultat. La psychologie expérimentale pousse l'analyse plus
loin. Dans le spectre solaire et dans les spectres stellaires
existent de nombreuses lignes ou bandes noires, dues à
l'absorption de certains rayons par certaines vapeurs répan-
dues dans l'atmosphère du soleil, de la terre ou des étoiles.
De même le spectre de nos sensations et facultés présente
des inégalités, permanentes ou temporaires, de clarté et de
netteté. Notre atmosphère mentale est obscurcie par des
vapeurs et illuminée par des flammes, le degré d'obscurcissement et d'illumination variant selon les époques. Le
psychologue qui observe par exemple les modifications produites par l'alcool dans la durée des réactions ressemble au
physicien qui recherche les lignes qu'obscurcit l'interposition
de vapeurs spéciales. Notre connaissance du spectre de notre
conscience devient ainsi de plus en plus exacte et détaillée.

Mais, pour reprendre une fois de plus le côté physique de
notre analogie, nous observons que notre connaissance du
spectre solaire visible, quelque détaillée qu'elle soit, n'est
qu'une introduction à une connaissance plus parfaite que
nous espérons acquérir un jour en ce qui concerne les
rayons solaires. Les limites de notre spectre ne tiennent
pas au soleil qui brille, mais à l'œil qui en perçoit l'éclat.

Au delà de chacun des bouts du ruban prismatique existent des ondulations de l'éther dont notre rétine n'a aucune perception. Au delà de la partie rouge se trouvent des ondes que nous percevons encore, mais en tant que chaleur, non en tant que lumière. Les ondes situées au delà de la partie violette sont plus mystérieuses encore; elles sont restées insoupçonnées pendant des siècles et leurs propriétés intimes ne sont encore connues que d'une façon très obscure. De même, au delà de chacun des bouts du spectre de notre conscience s'étend un groupe de perceptions et de facultés qui dépassent celles que nous connaissons et qu'on ne devine encore que d'une façon très indistincte. Les artifices de la physique moderne ont agrandi dans chaque direction le spectre visible tel qu'il était connu à Newton. La tâche de la psychologie moderne consiste à découvrir des artifices permettant d'agrandir dans chaque direction le spectre de la conscience tel qu'il était connu à Platon ou à Kant. Les phénomènes cités dans cet ouvrage sont aux phénomènes déjà connus ce que la fluorescence est à la partie violette du spectre. Les « rayons X » du spectre psychique sont encore à découvrir.

Notre analogie, disons-le tout de suite, est très imparfaite. L'ensemble des facultés humaines ne peut être exprimé dans une forme linéaire. Même un schéma à trois dimensions, un rayonnement de facultés d'un centre de la vie, ne rendra qu'imparfaitement sa complexité. Cependant cette image mentale rudimentaire est déjà de nature à nous apporter quelque clarté, en représentant les facultés humaines conscientes sous forme d'un spectre linéaire dont le contrôle des mouvements musculaires volontaires et des sensations organiques correspond à la partie rouge du spectre solaire, tandis que le point où l'effort suprême de la

pensée et de l'imagination se dissipe en rêverie et en extase
correspond au point du spectre solaire où commence à se
dissiper le violet.

Tout nous porte à croire que chacun des bouts de ce
spectre présente un prolongement important. Au delà du
bout *rouge*, nous le savons déjà, s'étendent certaines facultés
vitales. Nous savons que des processus organiques s'accomplissent constamment en nous qui échappent à notre contrôle mais qui forment la base de notre existence physique.
Nous savons que les limites habituelles de notre activité
volontaire peuvent être dépassées sous l'influence d'une
excitation forte. Nous ne devons donc pas trouver étonnant
que des artifices appropriés, hypnotisme ou auto-suggestion,
augmentent encore davantage le pouvoir que possède notre
volonté sur notre organisme.

Les facultés situées au delà du bout *violet* de notre spectre
psychologique demandent un examen plus délicat et sont
moins évidentes. L'énergie actinique qui se manifeste au
delà de la portion violette du spectre solaire exerce sur
notre monde matériel une influence moins évidente que la
chaleur obscure qui se dégage au delà de la portion rouge.
On peut dire de même que l'influence des facultés ultra-
intellectuelles ou supranormales sur notre bien-être, en tant
qu'organismes terrestres, est moins marquée dans la vie
ordinaire que l'influence des facultés organiques ou sub-
normales. Mais c'est *ce dernier* prolongement de notre
spectre qui mérite de notre part la plus grande attention.
C'est ici que notre étude nous fera découvrir des horizons cosmiques et ouvrira devant nous un chemin infini.

Les premières phases de ce progrès sont elles-mêmes
longues et compliquées, et il ne serait pas inutile de conclure ce chapitre introductoire par une brève indication

des principales étapes qui forment notre route tortueuse. Je m'attacherai à conduire mes lecteurs par des transitions aussi variées et aussi graduelles que possible des phénomènes considérés comme normaux à ceux qui passent pour être supranormaux, mais qui tout comme les autres sont purement et simplement des effets et des manifestations nécessaires de la loi universelle.

Notre étude commencera naturellement par la discussion de la structure subliminale, à l'état de santé et à l'état de maladie, de ces deux phases connues de la personnalité humaine : la veille et le sommeil. Je considérerai ensuite la façon dont à la désintégration de la personnalité par la maladie correspond sa réintégration et sa modification intentionnelle par l'hypnotisme et l'auto-suggestion. Entre temps nous en aurons suffisamment dit des phénomènes subliminaux en général pour pouvoir traiter séparément leurs différents groupes. Je m'occuperai ensuite de leur mode de manifestation automatique, et avant tout (chapitre VI) de l'*automatisme sensoriel* qui est à la base des hallucinations. Nous trouverons ici des phénomènes qui semblent tirer leur origine d'un esprit extérieur à celui de l'automate. Et nous montrerons que cette origine doit souvent être cherchée dans les esprits d'autres personnes vivantes, ce qui nous amènera à passer en revue les différentes formes de télépathie. Mais la conception de la télépathie n'est pas telle qu'elle doive de par sa nature être limitée aux esprits incarnés et nous aurons des preuves en faveur de l'existence de communications directes entre des esprits incarnés d'un côté et des esprits désincarnés de l'autre (chapitre VII). Le reste du livre sera consacré à la discussion des moyens et des résultats de ces communications supra-normaux.

CHAPITRE II

LES DÉSINTÉGRATIONS DE LA PERSONNALITÉ

Nous savons de façon certaine que l'humanité a traversé des âges et subi des transformations innombrables. Nous savons aussi que ces transformations se continuent toujours et se continueront même avec une rapidité croissante, pendant une période en comparaison avec laquelle toute notre histoire connue semble se réduire à un moment de durée.

Il est impossible de prévoir quels seront ces changements à venir. La plupart d'entre elles sont pour nous aussi inconcevables que devait l'être la vue pour nos ancêtres aveugles. Tout ce que nous pouvons faire, c'est de noter dans la mesure du possible les lois fondamentales des changements accomplis jusqu'ici et de prévoir que pendant un temps donné, les changements ultérieurs se produiront dans un sens analogue.

Tout homme est à la fois profondément unitaire et infiniment complexe ; il hérite de ses ancêtres terrestres un organisme multiple et pour ainsi dire « colonial », polyzoïque et peut-être aussi polypsychique au plus haut degré, mais en même temps une âme ou un esprit absolument inaccessible à nos moyens actuels d'analyse et qui dirige et unifie cet organisme, âme qui a pris naissance dans u milieu spirituel ou méta-éthéré, et qui, lors même qu'elle est incarnée dans un corps, reste en communication avec ce milieu et y retourne après la mort corporelle.

Il nous est impossible de nous représenter la façon dont la vie individuelle de chaque cellule de notre corps est rattachée à l'unité de la vie centrale qui contrôle le corps dans son ensemble. Mais cette difficulté ne tient en aucune façon à l'hypothèse d'une âme séparée et persistante. Il n'existe pas d'hypothèse capable de nous expliquer la collaboration et la subordination des vies cellulaires d'un animal multicellulaire. Ce phénomène reste aussi mystérieux chez l'étoile de mer que chez Platon ; et les « huit cerveaux d'Aurélia » avec leur vie individuelle et commune sont aussi inconcevables que la vie des phagocytes qui habitent les veines du philosophe, dans leurs rapports avec la pensée centrale.

Je considère pour ma part que l'ancienne hypothèse d'une âme incluse dans l'organisme, le possédant et s'en servant, mais présentant un rapport réel, quoique obscur, avec les différents groupements conscients, disparates d'une façon plus ou moins apparente et manifestant leur existence en connexité avec l'organisme et avec des groupements plus ou moins localisés de la matière nerveuse, je considère que cette hypothèse n'est ni plus obscure ni plus embarrassante que n'importe quelle autre de toutes celles proposées jusqu'à ce jour. Je prétends même qu'elle peut être prouvée — et pour moi cette preuve est déjà faite — par l'observation directe. Il est prouvé pour moi que certaines manifestations d'individualités centrales associées actuellement ou antérieurement à des organismes définis ont été observées indépendamment de ces organismes, soit durant la vie de ces derniers, soit après leur mort. Mais que ce fait soit ou non

suffisamment prouvé, il ne se trouve en désaccord avec aucun principe scientifique ni aucun fait établi ; il paraît plutôt probable qu'une observation continue finira par en fournir une preuve suffisante. La thèse négative au contraire
est une thèse dont l'équilibre est instable ; elle ne peut être
prouvée d'une façon absolue par des arguments négatifs,
quel qu'en soit le nombre, et peut au contraire être absolument réfutée par un seul argument positif. Elle jouit peut-
être à présent d'une plus grande *faveur* scientifique, mais
ne possède aucune autorité vraiment scientifique à l'égard
de l'opinion que nous défendons.

Laissant pour le moment ces questions de côté, nous pouvons admettre que l'organisme tel que nous l'observons
dans la vie commune, loin de présenter une unité complète
et invariable, constitue plutôt une hiérarchie complexe de
groupes cellulaires exerçant des fonctions vaguement déli-
mitées et fonctionnant simultanément avec une précision
inégale, une harmonie modérée, un succès favorable. Rien
ne nous prouve que ces puissances fonctionnent simultanément d'une façon *parfaite*. Notre sentiment de santé n'est
qu'une synthèse grossière de ce qui se passe en nous. Il est
en effet impossible d'imaginer un état idéalement permanent d'un organisme en équilibre instable, toujours en mouvement, dont la vie est constituée par l'explosion de composés instables et qui cherche toujours à atteindre de nouvelles fins aux dépens des anciennes.

Nous abordons la description des troubles et des désintégrations de la personnalité. Mais le lecteur qui veut bien
me suivre doit avoir présent à l'esprit le point de vue auquel je me place en écrivant ce livre. Le but de mon analyse n'est pas de détruire, mais de compléter, ou plutôt de
montrer que l'observation de la façon dont la personnalité

tend à se désintégrer est de nature à suggérer des méthodes susceptibles de favoriser son intégration plus complète.

Ces améliorations des conditions naturelles de l'organisme ne sont pas chose inconnue. De même que l'étude de l'hystérie se rapporte simplement aux instabilités du seuil de la conscience, de même l'étude des maladies zymotiques se rapporte principalement aux instabilités dans la constitution du sang. Le but ordinaire du médecin est d'arrêter ces instabilités, de remplacer le sang vicié par du sang normal. Mais le but du biologiste expérimentateur va plus loin : il se propose de fournir à l'homme un sang meilleur que celui qui lui a été donné par la nature, d'extraire du virus un élément dont l'infusion dans les veines soit susceptible de prémunir contre les invasions microbiennes. De même que l'adulte, grâce à son développement plus avancé, est plus préservé contre ces invasions que l'enfant, de même l'adulte immunisé est plus préservé que l'homme ordinaire. Les changements qui se sont produits dans son sang avec sa maturité le préservent contre la coqueluche. Les changements qui se produisent dans son sang à la suite d'une injection d'antitoxine le préservent temporairemnt contre la diphtérie. Nous avons donc amélioré la nature, et notre procédé a été *prophylactique,* ayant en quelque sorte anticipé sur l'évolution.

Pourquoi la psychologie expérimentale n'aboutirait-elle pas à des résultats analogues? Mais avant d'aborder la discussion du phénomène de désintégration de la personnalité, nous devons nous entendre sur le sens que nous donnerons au mot *conscience.* Lorsque, notamment, nous considérons comme conscients des actes autres que les nôtres, nous le faisons soit parce que ces actes nous paraissent *complexes,* c'est-à-dire accomplis *dans un certain but,* soit parce que nous savons qu'ils sont susceptibles de passer à l'état de souvenir. C'est ainsi que le tireur ou le joueur d'échecs nous paraissent pleinement conscients; c'est ainsi encore que nous disons d'un homme qui paraissait avoir perdu connaissance à la suite d'un coup reçu sur la tête qu'il était, en réalité, resté tout le temps conscient, car il se rappelait ensuite les moindres incidents. La mémorabilité d'un acte constitue, en effet, une meilleure preuve de son caractère conscient que sa complexité. On a refusé la conscience aux sujets hypnotisés et aux chiens; mais il est plus facile de prouver l'état conscient d'un sujet hypnotisé que celui d'un chien, car le premier, tout en étant capable d'oublier à son réveil les incidents qui se sont déroulés pendant qu'il était en état d'hypnose, peut s'en souvenir pendant l'état suivant et être exercé de façon à pouvoir s'en souvenir à l'état de veille, tandis qu'il nous est difficile de conclure de la complexité des actes du chien, dans quelle mesure il a conscience de ces actes. Dans le cas du chien, le souvenir des actes passés constituerait la meilleure preuve, et cependant, alors que tout le monde admet que notre propre mémoire, largement parlant, est une preuve de notre conscience passée, peu de personnes admettront qu'il puisse en être de même de la mémoire du chien. Sans doute, disent-ils, l'organisme du chien répond d'une manière différente à chaque répétition du même stimulus, mais ce fait s'observe plus ou moins chez tous les organismes vivants et même dans des portions d'organisme, et pour des actes que tout le monde s'accorde à reconnaître comme totalement dépourvus de conscience.

La conception de la conscience a donc besoin d'être élargie. Les premières réflexions que les hommes ont faites au sujet de la conscience ont eu un caractère purement

moral ou légal et avaient pour but de déterminer si, à un
moment donné, tel homme était ou non *responsable* de ses
actes, devant le tribunal humain ou divin. Le sens commun
paraissait encourager cette méthode de démarcation définie ;
nous jugeons facilement, au point de vue pratique, si tel
homme est conscient ou non, sans tenir compte des états
intermédiaires.

Mais du moment que le problème est considéré comme
étant d'essence psychologique, justiciable de l'observation
et de l'expérience, cette ligne de démarcation s'efface au
point de disparaître, et nous en arrivons à considérer la
conscience comme un attribut général caractérisant, à un
degré plus ou moins prononcé, tous les états de la vie animale et végétale, comme la contre-partie psychique de la
vie et de toute existence phénoménale. Tout acte ou état
peut donc être considéré comme conscient, lorsqu'il est
virtuellement mémorable, lorsque le sujet est capable de s'en
souvenir, dans des circonstances déterminées. Que ces circonstances se présentent pendant que le sujet est incarné
sur cette planète ou non, peu importe : nous sommes incapables de nous rappeler ici-bas la plus grande partie de nos
songes, et il est à présumer que ces songes disparus de
notre mémoire ne sont pas moins conscients que ceux qui
l'envahissent lorsque nous nous réveillons brusquement.
Certains sujets hypnotisés chez lesquels la suggestion réveille
la mémoire de leurs songes, se rappellent apparemment des
songes restés latents jusqu'alors avec la même facilité que
ceux dont ils ont toujours gardé le souvenir. Et nous pourrions citer de nombreux autres exemples de souvenirs
apparus d'une façon inattendue et se rapportant à des expériences et à des actes qu'on croyait disparus complètement
de la mémoire.

Nous sommes, je crois, autorisés à tirer cette conclusion négative : rien ne prouve que ce que nous appelons notre conscience centrale diffère totalement de nature de la conscience plus petite dont elle semble issue en quelque sorte. Je crois, pour ma part, que la différence qui existe entre ces deux variétés de conscience n'est pas négligeable, mais cette différence ne repose nullement sur nos sensations subjectives. Nous devons aborder l'étude de la multiplication ou du dédoublement de la personnalité, sans aucune idée préconçue contre la possibilité d'un certain arrangement ou d'une certaine division de la somme totale de notre conscience.

Mais avant de nous représenter la façon dont se produit la *désintégration* de la somme totale de conscience, il serait bon de se faire une idée sur la façon dont s'est produite son *intégration*. Mais, ici, nous nous trouvons en face d'une difficulté dont l'origine remonte au moment même où l'être unicellulaire s'est transformé en un organisme pluricellulaire. Si la façon dont une simple cellule est capable de se maintenir et conserver son unité constitue pour nous un mystère, le fait de la réunion de plusieurs cellules en vue d'une vie commune et indépendante est un mystère plus grand encore. Dans l'unité collective de certaines « colonies animales » nous avons une sorte d'esquisse ou de parodie de notre propre existence complexe. Des intelligences supérieures peuvent nous considérer tout comme nous considérons les hydrozoaires, c'est-à-dire comme des créatures composées de différentes « personnes », une « personne hydriforme » qui se nourrit, une « personne médusiforme » chargée de la propagation de l'espèce et ainsi de suite, autant d'éléments de l'animal différenciés en vue de fins différentes, se trouvant d'un côté dans un rapport de dépendance mutuelle,

comme notre cerveau et notre estomac, capables d'un autre
côté de mener chacun une existence séparée et susceptibles
d'une régénération indépendante. A mesure que nous mon-
tons dans l'échelle animale, les organismes deviennent,
quoique d'une façon moins apparente, de plus en plus compliqués, et nous trouvons chez l'homme l'expression la plus
parfaite à la fois de la complexité coloniale et du contrôle
centralisé.

J'ai à peine besoin de dire que, en ce qui concerne la
nature intime de cette étroite coordination, de ce gouver-
nement central, la science se trouve pour le moment très
insuffisamment renseignée. Il est possible dans une certaine
mesure de suivre l'évolution et la complication progressive
du mécanisme nerveux; mais quant à savoir comment ce
mécanisme est gouverné, en vertu de quelle tendance se
trouve réalisée son unité, où réside cette dernière et quel
rapport existe entre elle et les différentes parties de l'organisme pluricellulaire : ce sont là des problèmes concernant
la nature de la *vie*, problèmes dont la solution n'est pas
encore connue.

Je considère que la clef de cette solution ne pourra être
fournie que par la découverte des lois primitives qui régis-
sent cette partie invisible et spirituelle de l'existence dans
laquelle je vois l'origine même de la vie. Si nous pouvions
voir dans la télépathie la première indication d'une loi de
ce genre et la considérer comme jouant dans le monde spirituel un rôle analogue à celui de la gravitation dans le
monde matériel, nous serions autorisés à concevoir une
force analogue à la force de la cohésion et réalisant la synthèse psychique de la personnalité humaine. La loi du passage des organismes inférieurs aux organismes supérieurs
montre, en effet, que la personnalité humaine constitue un

agrégat d'innombrables entités psychiques inférieures, dont
chacune conserve ses caractères propres, avec cette restriction toutefois qu'une entité psychique plus vaste, préexistante ou non, réalise l'ensemble unifié dont les entités inférieures ne sont que les fragments sur lesquels elle exerce
un contrôle continu, quoique incomplet.

Ceci étant admis, rien ne permet d'affirmer que toutes
nos opérations psychiques pénétreront en même temps ou
à un moment quelconque dans le même courant central de
perceptions ou qu'ils surnageront au-dessus de ce que nous
avons appelé le seuil ordinaire de la conscience. Nous
sommes certains que tel ne sera pas le cas pour quelques-
unes d'entre elles ; mais pouvons-nous connaître d'avance
celles dont ce sera le cas ?

Nous pouvons répondre seulement que la perception des
sensations par la conscience supraliminale s'accomplit en
vertu d'une sorte d'exercice fonctionnel, et que de même
que dans d'autres cas où une fonction est exercée, une partie
de cette faculté comprend les opérations que l'organisme
accomplit en vertu de sa structure élémentaire et l'autre
partie (après que la structure a été achevée), des opérations
qui lui sont imposées par la sélection naturelle, et qui, par
cela même, présentent un avantage pratique. C'est ainsi
que le fait que la conscience accompagne des combinaisons
cérébrales peu familières peut être considéré comme un
résultat nécessaire de la structure nerveuse, de même que
le fait de « frayer de nouvelles voies » doit être accompagné
d'une sensation perceptible de nouveauté. Comme d'un
autre côté il est possible que la conscience nette de nouvelles combinaisons cérébrales constitue une acquisition
ultérieure et est due simplement à ce qu'il y a avantage
évident à empêcher ces nouvelles combinaisons de se conso-

lider avant que leur utilité ait été confirmée; c'est ainsi qu'un musicien exécute une nouvelle pièce avec l'attention la plus concentrée, afin d'empêcher cette exécution de devenir automatique avant qu'il ait appris à rendre la pièce comme il le désire. Il semble que dans une certaine mesure la plus grande partie du contenu de notre conscience supraliminale soit née ainsi en vertu de la sélection naturelle, opérant de façon à avoir toujours sous la main celles de nos perceptions dont nous avons le plus grand besoin dans la conduite de la vie.

Ces notions élémentaires sur la constitution de la personnalité nous indiquent déjà la voie d'ns laquelle peut s'opérer sa dissolution.

Il est possible que s'il nous était donné de discerner de la façon la plus minutieuse la psychologie de toute cette série de changements allant des modifications trop minimes pour être considérées comme anormales jusqu'à des transformations complètes et radicales du caractère et de l'intelligence, elle nous apparaîtrait comme ininterrompue et nous verrions les éléments psychiques se séparer lentement et d'une façon continue, l'un après l'autre, de la synthèse primitive. Il est possible d'un autre côté qu'il existe réellement une rupture au point où elle se présente à notre observation externe, lorsque notamment la personnalité entre dans sa nouvelle phase en passant par le sommeil ou la possession. Et je vois qu'il existe une autre solution de continuité, en un point beaucoup plus avancé, lorsque quelque intelligence extérieure s'empare d'une façon quelconque de l'organisme et remplace pour quelque temps l'activité intellectuelle ordinaire par son activité propre.

Nous laisserons pour le moment les cas de ce genre de côté et ne considérerons que ceux où la solution de continuité est opérée par le sommeil ou par l'état d'extase. Nous commencerons par les hypertrophies et les excroissances psychiques localisées, pour passer ensuite aux instabilités de nature hystérique (avec ou sans périodes intermédiaires d'extase), et terminerons par les états beaucoup plus avancés de demi-veille et de dimorphisme qui paraissent toujours séparés du courant ordinaire de la vie consciente par la barrière de l'extase. Tous ces changements sont d'une façon générale nuisibles à l'organisme psychique, et il sera beaucoup plus simple de commencer par insister sur leur nature nocive et de les considérer comme des phases successives de la dissolution mentale.

Le processus débute par quelque chose qui est à l'organisme psychique ce qu'un furoncle ou un cor est à l'organisme physique. A la suite de quelque suggestion venue de l'extérieur ou de quelque tendance ancestrale un petit groupe d'unités psychiques subit une croissance exagérée qui s'oppose bientôt aux communications et aux échanges libres et normaux entre ce groupe et le reste de la personnalité.

C'est ainsi que l'*idée fixe* constitue le premier symptôme de la désagrégation qui consiste dans la persistance d'un groupe d'idées et d'émotions échappant au contrôle et non susceptibles de modifications et qui, grâce à leur isolement, à l'absence de toute communication entre elles et le courant général de la pensée, deviennent étrangères et intruses, de sorte que quelque image ou idée spéciale envahit la conscience avec une fréquence inusitée et pénible. Nous pouvons supposer que l'idée fixe représente ici l'aspect psychologique de quelque lésion cérébrale définie, ultra-microscopique. On peut encore penser par analogie soit à un furoncle, soit à un cor, soit à une tumeur enkystée, soit à

un cancer. L'idée fixe peut être quelque chose comme un
abcès induré qui crève quand on presse dessus. Ou encore
elle peut être considérée comme un centre d'inflammation
hypertrophié donnant naissance à des douleurs qui se
répandent dans tout l'organisme. Certaines idées fixes de
nature hystérique peuvent être comparées aux tumeurs
qui résultent de la croissance isolée et exagérée d'un
fragment de tissu embryonnaire qui se trouve exclu acci-
dentellement du développement régulier de l'embryon. Ces
tumeurs peuvent être enkystées ou encapsulées, de façon à
léser par pression les tissus environnants, alors que leur
propre contenu ne peut être découvert que par l'incision.
Telles ces frayeurs oubliées qui ont été décrites par M. Janet
comme donnant naissance à des attaques d'hystérie. Ces
tumeurs de l'esprit sont parfois susceptibles d'être opérées
psychologiquement et être éliminées par la discussion. Les
cas les plus graves sont les cas cancriformes où la dégénérescence, partie d'un point quelconque, envahit rapidement
tout le domaine de l'esprit et y produit les troubles les
plus profonds.

L'idée fixe, produite par des causes probablement très
différentes, peut se développer dans plusieurs directions.
Elle peut notamment devenir un centre d'explosion ou un
noyau de séparation ou être encore le commencement de la
mort. Elle peut déterminer un accès de convulsions hystériques, agissant ainsi à la façon d'un corps étranger comprimant une région sensitive de l'organisme. Ou bien
encore elle peut attirer dans son centre parasitaire tant
d'éléments psychiques qu'elle finit par former une sorte de
personnalité secondaire, existant à côté de la personnalité
primitive, quelquefois à l'état latent, mais capable aussi de
s'en emparer parfois par un véritable coup de main. Dans

d'autres cas les nouveaux centres quasi-indépendants présentent des tendances anarchiques, chaque cellule étant en révolte, en guerre permanente contre l'organisme qui ne tarde pas alors à se dissoudre et à succomber.

Les idées fixes constituent une simple expression de quelque chose qui, à un degré très faible, ne nous est pas totalement inconnue. Peu d'esprits, je suppose, sont complètement libres de la tendance à certaines formes de la pensée et de l'émotion sur lesquelles nous ne possédons pas de pouvoir de contrôle suffisant, retours permanents et inutiles vers le passé, anxiétés au sujet de l'avenir, autant de traces peut-être de notre expérience infantile qui sont trop solidement fixées pour disparaître complètement. Quelques-unes de ces hantises doivent remonter encore plus loin que notre enfance. Les tendances héritées aux terreurs semblent tout particulièrement remonter au passé préhistorique. La peur de l'obscurité, de la solitude, du tonnerre, de la perte de l'orientation sont autant de témoignages de l'impuissance de l'homme primitif, de même que la peur des animaux ou des étrangers témoigne de sa vie sauvage et livrée aux hasards. Tous ces sentiments instinctifs peuvent très facilement subir un développement morbide, et la meilleure preuve de ce que ce développement morbide n'est pas toujours liée à une lésion cérébrale nous est fournie par les cas où des idées fixes ont pu être supprimées par un traitement purement psychologique, et nous savons d'un autre côté que les cas où le traitement psychologique a échoué se sont montrés également rebelles à tout autre moyen de traitement. On peut donc dire que les troubles cérébraux qui ont été guéris de cette façon étaient de nature fonctionnelle, tandis que ceux qui ont abouti à la démence étaient organiques, quoique la distinction entre le fonctionnel et l'organique ne soit pas toujours facile à saisir dans ce domaine ultra-microscopique.

Quoi qu'il en soit, nous connaissons un grand nombre de cas d'idées fixes, plus ou moins intenses, guidées par la suggestion, c'est-à-dire par la mise en action, à l'aide de procédés subliminaux, de mouvements nerveux à peine perceptibles échappant au contrôle et à la direction de notre conscience supraliminale. Mais si la conscience subliminale est capable d'exercer une fonction de contrôle sur ces éléments, c'est à elle aussi que les désordres en question sont dus le plus souvent. Lorsqu'une idée fixe, soit l'agoraphobie, surgit dans mon esprit, c'est que probablement le pouvoir de contrôle et de coordination de ma pensée que je devrais être capable d'exercer à volonté, est tombé à un niveau où elle échappe à l'action de la volonté. Je ne suis pour ainsi dire plus capable de me convaincre moi-même par le raisonnement qu'il n'y a pour moi aucun danger à traverser ce square ouvert. Et la faute en est à mon moi subliminal chargé de tenir toujours à ma portée les idées dont j'ai besoin dans la vie courante et qui, à la suite de l'affaiblissement de son action sur l'organisme, faillit à sa tâche.

Il n'est pas difficile, d'après ce qui vient d'être dit, d'établir un rapport entre les idées fixes et les manifestations les plus avancées de l'hystérie. Nous avons vu que les premières résultent avant tout d'un déplacement du niveau ordinaire de la conscience. On dirait que des fragments du contenu supraliminal se sont échappés à travers les fentes qui se sont formées dans l'esprit conscient et sont tombées à un niveau, d'où seule la suggestion hypnotique est capable de les tirer. Dans d'autres cas nous pouvons faire un pas de plus et dire que ces idées fixes ne nous montrent pas seulement un instinct supraliminal fonctionnant sans contrôle, mais qu'il s'agit plutôt d'un instinct primitivement caché surgissant d'une façon inconsciente, atteignant bientôt des proportions exagérées et fonctionnant d'une façon déréglée. Nous nous trouvons en un mot en présence d'une instabilité du seuil de la conscience qui souvent implique ou constitue la manifestation d'un trouble ou d'une affection de la couche hypnotique, c'est-à-dire de la région de notre personnalité que nous ne connaissons bien que parce que nous pouvons l'atteindre par la suggestion hypnotique.

En ce qui concerne l'hystérie, nous pouvons dire tout d'abord que ses symptômes forment d'une façon générale des copies fantômatiques de maladies réelles du système nerveux, une série de fantaisies jouées sur le système nerveux, de maladies irréelles, telles qu'aucun mécanisme physiologique ne nous paraît susceptible de produire. Ainsi que nous le verrons plus tard, ces maladies sont dues en effet le plus souvent à des causes intellectuelles plutôt que purement physiologiques et constituent autant de formes d'autosuggestion.

Passons rapidement en revue quelques-uns des types les plus fréquents de l'incapacité hystérique, en prenant pour guide l'admirable ouvrage du Dr Pierre Janet, *L'état mental des hystériques* (Paris, 1893).

Quelle est avant tout la conception générale de cet auteur concernant les états psychologiques de l'hystérie avancée? « Dans l'expression *je sens*, dit-il (p. 39), nous avons deux éléments : un petit fait psychologique nouveau : *sentir*, et une masse énorme de pensées formant un système, le « *moi* ». Ces deux éléments se trouvent mélangés et combinés, et dire *je sens* équivaut à dire que la personnalité, déjà

énorme, a saisi et absorbé cette nouvelle petite sensation...,
comme si le moi était un être améboïde envoyant des pro-
longements qui s'emparent de cette petite sensation née en
dehors de lui. » Or, ce qui caractérise l'hystérie avancée,
c'est précisément le défaut d'assimilation de ces sensations
élémentaires ou états affectifs par ce que M. Janet appelle la
perception personnelle. Le champ de la conscience de l'hystérique est tellement rétréci qu'il ne peut contenir que le
minimum de sensations nécessaires dans la vie. « Tel qui a
surtout besoin de ses sensations visuelles et auditives, né-
glige ses sensations tactiles et musculaires dont il croit
pouvoir se passer. Au début il est encore capable de fixer
son attention sur ces dernières et de les faire entrer, tout
au moins pour quelque temps, dans le champ de sa perception personnelle. Mais l'occasion peut ne pas se présenter
souvent, et la *mauvaise habitude psychologique* est prise. Un
jour le patient — car c'est maintenant un vrai patient —
est examiné par le médecin. On pince son bras gauche et
on lui demande s'il a senti quelque chose. A sa grande surprise le patient s'aperçoit qu'il n'éprouve plus de sensations
conscientes, qu'il n'est plus capable d'introduire dans sa
perception personnelle des sensations qu'il avait trop longtemps négligées, il est devenu anesthésique... L'anesthésie
hystérique constitue donc une distraction fixe et continue,
rendant les sujets qui en sont atteints incapables de rattacher à leur personnalité certaines sensations ; elle résulte
d'un rétrécissement du champ de la conscience »...

La preuve de ces assertions repose sur un grand nombre
d'observations qui toutes concordent entre elles et montrent
que l'anesthésie hystérique atteint moins profondément
la personnalité que la véritable anesthésie consécutive à un
trouble nerveux ou à la section d'un nerf.

C'est ainsi que l'hystérique est le plus souvent *incon-scient* de son anesthésie qui n'est découverte que par le médecin et ne ressemble en rien à la vraie anesthésie, au « masque tabétique » par exemple, c'est-à-dire à l'insensibi-lité d'une moitié de la face qu'on observe souvent dans le *tabes dorsalis*. Un incident relaté par le D⁣r Jules Janet est de nature à illustrer cette particularité. Une jeune femme se coupa assez gravement la main droite avec des débris de verre, et se plaignait d'insensibilité palmaire. Le médecin qui l'examina trouva que la sensibilité de la paume de la main droite était diminuée à la suite de la section de cer-tains nerfs. Mais il découvrit en même temps une insensi-bilité hystérique de toute la moitié gauche du corps. Elle ne s'était jamais aperçue de cette particularité et le médecin était tout étonné de la voir se plaindre de l'insensibilité d'une étendue aussi petite que la paume de la main, alors que celle de la moitié gauche du corps ne paraissait la préoccuper en aucune façon. Mais, ainsi que le fait observer M. Pierre Janet, elle aurait pu répondre que tels étaient les faits et que c'était au médecin de trouver à quoi tenait cette différence.

Autre particularité : les zones et les plaques anesthésiques de l'hystérie ne sont pas toujours ni généralement en rap-port avec des zones anatomiques définies, comme cela arrive dans les cas de lésions nerveuses. Elles sont le plus souvent disposées d'une façon arbitraire, capricieuse, et les indications fournies par les patients pourraient facile-ment être considérées comme fantaisistes et imaginaires si l'on ne tardait pas à s'apercevoir qu'on se trouve en pré-sence d'effets objectifs, mesurables, susceptibles de pro-duire souvent des troubles très profonds, sérieux et dura-bles. Ceci s'accorde d'ailleurs avec mon opinion relative à ce que j'ai appelé la *couche hypr tique* de la personnalité. Je considère en effet que la région accessible à la suggestion hypnotique présente un mélange bizarre de force et de faiblesse, qu'elle possède des facultés à la fois plus puissantes et moins cohérentes que celles de notre état de veille. Je crois que dans ces cas le moi subliminal se comporte à peu près de la même façon que le moi supraliminal, lorsque les « centres du niveau supérieur » restent inactifs pendant quelque temps (dans le rêve par exemple) et que les « centres du niveau moyen » opèrent sans inhibition ni coordination. Je vois là l'explication des contrastes étranges que nous observons pendant l'hypnose, celui de la puissance profonde sur l'organisme et de la facilité étonnante avec laquelle le sujet obéit passivement aux moindres injonctions de l'hypnotiseur. L'intelligence qui réagit de cette façon n'est pour moi qu'une intelligence fragmentaire; c'est une portion du moi subliminal fonctionnant comme dans l'état de rêve, en dehors du contrôle du moi central et profond.

De même que le sujet hypnotisé obéit aux caprices de l'hypnotiseur, le sujet hystérique obéit à ceux de la couche hypnotique elle-même. Quelque centre du niveau moyen du moi subliminal (pour exprimer une idée difficile par la première phrase qui me vient sous la plume) suggère la notion qu'il existe par exemple un « bracelet anesthésique » autour du poignet gauche; et voilà que la chose semble réalisée, et le sujet perd la conscience de toutes les sensations se produisant au niveau de cette zone fantaisiste. Ces faits sont d'autant plus intéressants qu'ils établissent une division du corps humain basée non sur l'innervation locale, mais sur l'idéation qui n'est d'ailleurs pas toujours cohérente.

L'anesthésie hystérique est donc avant tout caractérisée

par ce fait que la portion de la faculté de perception sur
laquelle le sujet a perdu tout pouvoir de contrôle ne disparaît pas en réalité, mais se trouve déplacée immédiatement
au-dessous du seuil de la conscience, sous la garde, pour
ainsi dire, d'une couche hypnotique du moi subliminal qui
s'est appropriée telle catégorie de perceptions soit pour des
raisons faciles à discerner, en vertu par exemple de suggestions passées, soit pour des raisons qui nous restent inconnues. S'il en est ainsi, nous pouvons nous attendre à ce
que les mêmes suggestions qui ont commencé par détacher
tel groupe de perceptions de la masse totale soient de
nature à en favoriser l'apparition soit au-dessus, soit
au-dessous du seuil de la conscience.

L'étude de l'état du champ visuel des hystériques montre
en effet que les perceptions submergées ne cessent pas de
manifester leur activité. Il arrive souvent que le champ
visuel est rétréci au point que le sujet n'est capable de distinguer que les objets placés directement devant les yeux.
Mais lorsqu'un objet susceptible d'exciter particulièrement
la couche hypnotique, tel le doigt de l'hypnotiseur qui sert
souvent de signal à l'apparition de l'hypnose, est placé dans
la partie du champ visuel qui paraît avoir échappé au contrôle de la conscience, il se produit immédiatement une perception subliminale prouvée par ce fait que le sujet ne tarde
pas à tomber dans le sommeil hypnotique. C'est encore par
la persistance de l'action des perceptions submergées que
s'explique ce fait que, malgré l'anesthésie souvent très prononcée, sinon complète, de leurs membres, les sujets hystériques sont rarement exposés à des accidents tels que brû-
lures, etc., qui sont au contraire très fréquents chez les
syringomyéliques. Il suffit d'un autre côté d'attirer par un
procédé quelconque l'attention de l'hystérique sur son

membre anesthésié, pour que les sensations submergées remontent de nouveau dans la conscience supraliminale. Telle la malade de M. Pitres qui était atteinte de cécité hystérique de l'œil gauche : sur un écran placé devant elle on inscrivait un mot ou une phrase, mais de façon que son œil droit, c'est-à-dire sain, ne pût en lire que la moitié ; en forçant son attention elle parvenait à s'aider de son œil gauche aveugle et à lire l'inscription tout entière.

Ce qui vient d'être dit des troubles sensitifs des hystériques peut être appliqué également à leurs troubles moteurs. Ici encore les facultés sur lesquelles le moi supraliminal a perdu tout pouvoir de contrôle continuent d'obéir aux ordres de la conscience subliminale. Le cas suivant du Dr Janet montre de la façon la plus nette la différence qui existe entre les facultés encore aux ordres de la personnalité supraliminale et celles qui ne sont plus transmissibles qu'à l'aide d'impulsions automatiques du moi subliminal. « Lorsque nous disons à un hémiplégique ou à un amyotrophique de serrer le dynamomètre, nous obtenons le chiffre 5 ou le chiffre 10, ce qui ne doit pas nous étonner, puisque nous sommes en présence de sujets atteints de paralysie vraie, c'est-à-dire impotents, dont la mollesse et la faiblesse se manifestent dans chacun de leurs actes. Cependant, les hystériques qui ne sont nullement impotents, qui sont capables de coudre, de travailler, de transporter des poids sans aucun trouble apparent, fournissent au dynamomètre les mêmes chiffres. Célestine par exemple est une robuste fille de campagne, habituée aux durs travaux et qui demande comme une faveur la permission de cirer et de frotter les parquets. Elle est très vive et lorsque quelque chose n'est pas à son idée, elle secoue les lits, les change de place et transporte d'un seul bras des chaises en bois. Elle a des

accès de colère terribles, et dans quelques-uns des asiles où
elle a passé, il lui est arrivé de soutenir vigoureusement une
lutte contre des hommes robustes. Eh bien, je prends cette
jeune femme au milieu de son travail et je mets entre ses
mains le dynamomètre. Je dois dire d'abord qu'elle a une
anesthésie complète des deux moitiés du corps et qu'elle
est obligée de fixer le dynamomètre avec les yeux, pour
être à même de le serrer. J'ai refait plusieurs fois cette
expérience, et chaque fois le dynamomètre marquait 9 pour
la main droite et 5 pour la main gauche. Cependant,
je le répète, cette indication d'une faiblesse musculaire
est en complète contradiction avec ce que je la vois faire à
chaque instant. J'ai fait l'expérience sur moi-même et
quoique je sois capable de serrer le dynamomètre jusqu'à
la division 50, je ne puis ni soulever ni déplacer les lits
et les chaises que Célestine manie si facilement... Il est
évident que l'hystérique présente ici une modification
spéciale de la force musculaire, lorsqu'on en fait un
sujet d'expérience et qu'on lui recommande de faire atten
tion et de serrer l'instrument avec une *volonté personnelle* de façon à faire voir sa *force personnelle*. Elle est
alors incapable d'employer sa force de la façon qu'on lui
indique, quoique la force existe toujours et est dépensée largement dans tous les actes de la vie commune, à la condition
qu'elle n'y pense pas. Nous nous trouvons donc ici en présence d'un défaut non de force musculaire, mais de
volonté[1]. »

Ce serait cependant une erreur de croire que les phénomènes que nous étudions constituent toujours et dans tous
les cas une expression de décadence et que tous les troubles

---

1. *État mental des hystériques*, p. 171.

psychiques soient dus à la colère, à la vanité, à la terreur ou à la passion sexuelle. Il arrive très souvent au contraire que des sentiments que nous considérons comme supérieurs et honorables atteignent un degré de vivacité et de délicatesse et qu'ils exposent les sujets qui en sont porteurs à des troubles que les individus égoïstes ne connaîtront jamais. Les instincts de propreté personnelle et de modestie féminine, l'amour du prochain et de Dieu sont responsables de plus d'un trouble chez des sujets dont l'organisation présente plutôt un excès de sensibilité qu'une diminution de résistance. C'est que pour beaucoup d'hommes et de femmes il existe des motifs de penser et d'agir plus puissants que l'amour égoïste et l'instinct de conservation, et la vie humaine tend de plus en plus à reposer sur des idées et des émotions dont le rapport à la conservation de la race et de l'individu est plutôt indirect et obscur. Les sentiments autrefois utilitaires se sont développés hors de toute proportion avec les avantages qu'ils peuvent procurer à leurs possesseurs dans la lutte pour l'existence.

Les *Studien über Hysterie* des Drs Breuer et Freund (Leipzig, 1895) apportent une contribution importante à ce côté de la question. Prenant leurs malades non seulement dans les salles d'hôpital, mais encore dans la clientèle privée, ils ont eu la bonne fortune de rencontrer et la pénétration de comprendre plusieurs cas remarquables où des passions non égoïstes, mais très puissantes ont produit des troubles d'équilibre dans des esprits jusqu'alors bien organisés, ayant reçu des principes solides et une éducation soignée.

Nous avons vite fait d'appliquer aux hystériques la qualification de *dégénérés*. « Ce terme, dit le Dr Milne-Bramwell, est appliqué avec tant de liberté et de fréquence par quelques auteurs modernes qu'on est tenté de croire qu'ils ran-

gent parmi les dégénérés tous ceux qui ne sont pas conformes à quelque type sauvage, primitif, possédant un
système nerveux imparfaitement développé ». Nos « dégénérés » sont en effet souvent des *progénérés* et leur perturbation peut seulement masquer une évolution que nous et
nos enfants serons obligés de traverser après qu'ils nous
auront montré la voie.

Nous voilà arrivés à la catégorie des *hystériques qui mènent
le monde*. Nous sommes partis pour ainsi dire de la région
des idées fixes d'un type morbide et inférieur, pour arriver
à celle des idées fixes, en elles-mêmes raisonnables et honorables, mais devenant morbides à force d'intensité. C'est ici
le terrain où l'hystérie se rencontre avec le génie, non pas
le génie à forme intellectuelle, mais plutôt « le génie moral »,
« le génie de la sainteté » ou cette « possession » par quelque idée altruiste qui forme la base des vies héroïques.

Toutes les religions nous offrent des exemples sans nombre de ce type. L'homme dont la conduite apparaît comme
raisonnable à la masse de l'humanité passera difficilement
pour un grand saint. A tort ou à raison, on assigne à celui-
ci une place à part et on le traite soit avec vénération, soit
comme un être ridicule. Il est considéré tantôt comme un
inspiré tantôt comme un malade, alors que sa vie ne présente qu'un certain nombre d'idées fixes, non sans valeur
en elles-mêmes, mais ayant atteint une puissance telle que,
selon les accidents, leur action impulsive le pousse tantôt
au sublime tantôt au ridicule.

Martyrs, missionnaires, croisés, nihilistes, enthousiastes
de tout genre guidés par des impulsions qui naissent loin
au-dessous du seuil de la conscience ordinaire, tous ces
hommes apportent dans les affaires humaines une force plus
concentrée et plus tendue que celle dont la raison froide et

raisonnante est capable. Ils réalisent des auto-suggestions ayant acquis la permanence d'idées fixes. Ces dernières ne sont pas cependant aussi isolées, aussi enkystées chez eux que chez les vrais hystériques. Quoique plus profondes et plus immuables que leurs idées sur d'autres matières, leurs convictions subliminales ne peuvent agir sur d'autres esprits qu'en appellant à leur aide les produits de la raison supraliminale de leurs auteurs. L'horreur profonde subliminale née à la vue des cruautés odieuses ne doit pas seulement favoriser des hallucinations, ainsi que cela arrive chez l'hystérique, assez souvent aussi chez le réformateur, elle doit aussi, si elle veut accomplir sa mission de réforme, apparaître avec netteté devant la raison supraliminale et pouvoir s'exprimer par écrit ou verbalement d'une façon adaptée à la possibilité de son action sur d'autres esprits.

Nous n'avons eu affaire jusqu'ici qu'à des cas d'*isolement* de certains éléments de la personnalité, ces éléments assumant une existence quasi-indépendante et la forme soit d'idées fixes, soit de représentations physiques ou d'équivalents somatiques d'idées fixes obscures, tels les hallucinations et les troubles persistants du goût ou de l'odorat. Nous arrivons maintenant à la seconde variété de désintégration de la personnalité, caractérisée par la formation d'une *personnalité secondaire*. Il existe entre ces deux variétés une différence analogue à celle qui existe entre les lésions isolées du corps d'une part et ces altérations diathésiques plus profondes et plus subtiles qui résultent d'un changement de climat ou de la nutrition. Il se produit quelque chose qui fait que l'organisme répond désormais à toutes les réactions d'une façon nouvelle. Les phénomènes du *rêve* constituent le meilleur point de départ pour l'étude de ces états secondaires.

Nous discuterons dans un chapitre ultérieur certains caractères rares des rêves. Ici nous ne considèrerons que les rêves ordinaires, en tant qu'ils sont à même de nous fournir des indications sur la structure de notre personnalité et sur les influences qui tendent à la modifier.

Je dois dire tout d'abord que l'état de rêve constitue, sinon la forme normale de notre mentalité, tout au moins la forme qu'elle assume le plus volontiers et le plus fréquemment. Des rêves de tout genre traversent probablement notre esprit le jour et la nuit, sans être arrêtés par la tension de nos idées qui constituent notre état de veille. Chacun a plus d'une fois eu l'occasion de s'en assurer, pendant l'état d'assoupissement momentané ou les arrêts momentanés de l'attention : on a alors la sensation que des fragments d'images et idées qui présentent une continuité apparente, mais dont on n'avait pas toujours conscience, traversent l'esprit ; c'est un état analogue à celui où l'on s'efforce de suivre une conversation ou de lire à haute voix entre le sommeil et la veille.

C'est de cet état mental qu'ont dû se développer nos états plus cohérents. L'état de veille implique la fixation de l'attention sur un seul fil de l'écheveau embrouillé de notre pensée. Chez certains sujets cette fixation est impossible, tandis qu'elle est involontaire chez d'autres ou suit un fil qu'elle ne devrait pas suivre.

Les rêves présentent une autre particularité qui n'a pas suffisamment attiré l'attention des psychologues, mais qui joue un rôle important au point de vue du fractionnement de la personnalité. Je veux parler de leur caractère dramamatique. En premier lieu, nos rêves évoluent dans un milieu ou sur une scène que nous n'avons pas inventée, mais que nous trouvons toute prête, attendant pour ainsi dire notre entrée ; et dans d'autres cas nos rêves comprennent une *conversation* au cours de laquelle nous attendons avec impatience et écoutons avec surprise les répliques de notre interlocuteur qui, en l'occasion, ne peut représenter qu'un autre segment ou une autre couche de nous-mêmes. Ce dédoublement peut être pénible ou agréable. Un rêve fébrile peut simuler les confusions qui caractérisent l'insanité, où le malade croit constituer à lui tout seul deux personnes. On peut aller jusqu'à dire qu'avec les premiers moments de sommeil l'unité superficielle de la conscience disparaît et que le monde des rêves nous fournit une représentation plus exacte du fractionnement ou de la multiplicité réelle qui existe sous la simplicité apparente que la clarté de la conscience éveillée impose à notre vue mentale.

Pour peu qu'on accepte ces idées, on n'aura aucune difficulté à admettre que le passage du rêve ordinaire au somnambulisme, loin de constituer une bizarrerie isolée, est plutôt l'expression de la formation d'un état secondaire dans lequel les idées fixes ont atteint un certain degré d'intensité. Les états de demi-veille qui naissent du sommeil présentent en effet tous les caractères qui doivent découler de leur origine franchement subliminale. Ils sont moins cohérents que les états secondaires qu'on observe pendant la veille, mais plus riches en facultés supranormales. Ils ont été le plus souvent observés en connexion avec le déploiement de ces facultés, telles que l'hyperesthésie et la télesthésie. L'étude de ces facultés fera l'objet d'un chapitre distinct.

Nous ne nous sommes encore occupés que des personnalités secondaires constituées par des éléments qui se sont détachés de la personnalité totale ou primitive par *sélection émotionnelle*. Nous avons vu des groupes spéciaux de senti-

ments atteindre une intensité morbide, au point de dominer toute la vie mentale du sujet, soit par accès, soit d'une
façon continue, et de le faire paraître comme « une personne changée », qui, sans être précisément atteinte d'insanité, est totalement différente de ce qu'elle est dans la
vie mentale normale. Dans les cas de ce genre l'émotion
morbide communique pour ainsi dire à la nouvelle personnalité une coloration particulière, caractéristique, à l'exemple des personnifications dramatiques de la jalousie, de la
terreur, etc. Sous les autres rapports la division entre la
nouvelle personnalité et l'ancien moi n'est pas bien profonde.
Les dissociations de la mémoire par exemple sont rarement
inaccessibles à la suggestion hypnotique. La scission n'a
pas atteint les profondeurs de l'être psychique.

Mais il existe des cas où la cause de la scission paraît
tout à fait arbitraire et où la scission elle-même est pour
cette raison très profonde. Il n'est plus question ici d'une
exagération morbide d'une émotion, mais tout une portion
de la personnalité prise au hasard a subi un développement
indépendant du reste de l'être psychique. Pour reprendre
notre analogie physique, il ne s'agit plus d'un cor ou d'un
abcès ou d'un cancer, mais d'une tumeur formée au dépens
d'un fragment de tissu embryonnaire qui s'est trouvé
exclu du processus de développement général de l'organisme.

Les personnalités secondaires de cette dernière catégorie
naissent le plus souvent d'un accès de somnambulisme qui,
au lieu de se retransformer en sommeil, se répète et se
consolide, jusqu'à acquérir une chaîne de souvenirs qui lui
sont propres, alternant avec la chaîne primitive.

Ces personnalités secondaires constituent manifestement
une dégénérescence de l'état primitif, lors même que cer-

taines traces de facultés supranormales peuvent être discernées dans le champ psychique rétréci.

Les états *post-épileptiques* sont des états secondaires purement dégénératifs. Ils présentent des analogies avec tous les états secondaires que nous avons décrits. Ils ressemblent d'abord à l'état normal, avec cette seule différence que les actes qui les caractérisent manquent de *but* rationnel et qu'on y constate peut-être un retour aux habitudes et aux idées d'une phase antérieure de l'histoire du sujet. Ils ressemblent encore à certains états hypnotiques et rappellent ces personnalités factices qu'on produit par l'écriture automatique. Ils ressemblent enfin à ces états où une idée fixe apparue subitement et triomphant de tout le reste, pourrait pousser le sujet aux crimes les plus sérieux qui lui feraient horreur à l'état normal. Il ne peut y avoir de meilleur exemple de fonctionnement non réprimé, échappant au contrôle secret des centres supérieurs qui, actifs encore pendant le sommeil hypnotique, sont ici dans un état non seulement de fatigue psychologique, mais encore d'épuisement physiologique.

Il existe cependant des cas où l'état secondaire, loin d'être une expression de dégénérescence, apparaît plutôt comme *supérieur* à l'état primitif, de sorte qu'on se demande avec stupéfaction, comment le même homme a pu être autrefois ce qu'il était ou devenir subitement si différent de ce qu'il avait été jadis. C'est un véritable changement caléidoscopique et personne ne saurait dire pourquoi tel et non tel autre arrangement des pièces devait avoir la priorité.

Tel est le cas de Félida X..., observé par le Dr Azam[1], celui

---

1. *Hypnotisme, double conscience,* etc., Paris, 1887, reproduit par le Dr Binet, in *Altérations de la personnalité,* p. 6-20, Paris, F. Alcan.

de Mary Reynolds observé par le Dr Weir Mitchell[1]. On assistait dans ce dernier cas à une transformation complète et remarquable du caractère, l'insouciance infantile de l'état secondaire remplaçant complètement les préoccupations tristes et sombres de l'état primitif. Nous avons là un exemple très instructif de la différence qui existe entre les changements *allotropiques* ou reconstructions du caractère, et la simple prédominance d'un facteur morbide caractéristique des sujets hystériques ou atteints d'une idée fixe. Ces deux états présentaient, en outre, chez Mary Reynolds une tendance apparente à se fusionner et à produire un troisième supérieur aux deux précédents.

Dans le cas de Louis Vivé, nous avons un exemple remarquable de dissociations dépendant de relations dans le temps, des époques spéciales de sa vie auxquelles on ordonnait au malade de se transposer. Et cette transposition s'opère d'une façon très profonde. Parmi les conditions variées de son organisme, toutes (ou à peu près) morbides, à la suite d'une grave lésion centrale, chacune peut être revécue en un moment, et toute la gamme de ces changements parcourt son système nerveux avec la rapidité et la facilité d'images cinématographiques. Louis Vivé reproduisait ainsi un nombre et une variété extraordinaires de phases de sa personnalité, soit spontanément, soit à la suite de différentes expériences à l'aide de la « métallothérapie », exécutées par les médecins qui l'ont soigné. Ces expériences produisaient des variations curieuses de ses paralysies hystériques et, en même temps, de réversions aux différentes périodes de sa vie, probablement en rapport avec les formes particulières des paralysies. Et non seulement les états

---

1. *Transactions of the College of Physicians of Philadelphia*, 4 avril 1888 reproduit par M. W. James dans ses *Principles of Psychology*.

mentaux passés et oubliés revenaient à la mémoire en même temps que les impressions physiques de ces variations, mais lorsqu'un état mental passé et oublié était suggéré au patient comme étant son état actuel et présent, il y ajoutait foi et éprouvait aussitôt les impressions physiques correspondantes. Il est à noter que lors de premières expériences de métallothérapie les expérimentateurs ne connaissaient pas encore toute l'histoire de leur patient. Ils ne l'ont apprise que peu à peu, et c'est après avoir soigneusement comparé ses souvenirs passés avec ses souvenirs présents qu'ils ont conclu que les différentes phases qu'il incarnait étaient empruntées à l'histoire de sa propre vie[1].

Je citerai in-extenso le cas suivant, publié par le Dr Osgood Mason (dans un travail intitulé : *Double Personnalité, ses rapports avec l'hypnotisme et la lucidité*, et paru *in Journal of American Medical Association*, 30 nov. 1895) :

Alma Z... était une jeune fille très saine et très intelligente, d'un caractère solide et attirant, d'un esprit d'initiative dans tout ce qu'elle entreprenait, étude, sport, relations sociales. A la suite de surmenage intellectuel et d'une indisposition négligée, sa santé se trouva fortement compromise, et après deux années de grandes souffrances une seconde personnalité fit brusquement son apparition. Dans un langage mi-enfantin, mi-indien, cette personnalité s'annonçait comme étant le n° 2, venue pour soulager les souffrances du n° 1. Or, l'état du n° 1 était en ce moment-là des plus déplorables : douleurs, débilité, syncopes fréquentes, insomnie, stomatite mercurielle d'origine médica-

---

1. Ce cas a été observé et décrit par M. Camuset, *Annales médico-psychologiques*, 1882, p. 15 ; par M. Voisin, *Archives de neurologie*, septembre 1885 ; par M. Berjon, *La grande hystérie chez l'homme*, Paris, 1886, et par MM. Bourru et Barot, *De la suggestion mentale*, Paris, 1887 (Bibliothèque scientif. contemp.).

menteuse qui rendait l'alimentation impossible. Le n° 2 était
gai et tendre, d'une conversation fine et spirituelle, gardant
toute sa connaissance, se nourrissant bien et abondamment,
pour le plus grand profit, disait-elle, du n° 1. La conversation, toute raffinée et intéressante qu'elle fût, ne faisait
rien soupçonner des connaissances acquises par la première
personnalité. Elle manifestait une intelligence supranormale
relativement aux événements qui se passaient dans le voisinage. C'est à cette époque-là que l'auteur a commencé à
observer ce cas, et je ne l'ai pas perdu de vue pendant six
années consécutives. Quatre ans après l'apparition de la
seconde personnalité, il en apparut une troisième qui s'annonça sous le nom de « gamin ». Elle était complètement
distincte et différente des deux autres et avait pris la place
du n° 2 qu'elle garda pendant 4 ans.

Toutes ces personnalités, quoique absolument distinctes
et caractéristiques, étaient délicieuses chacune dans son
genre, et le n° 2 en particulier a été et est encore la
joie de ses amis, toutes les fois qu'elle apparaît et qu'il
leur est donné de l'approcher ; et elle apparaît toujours aux
moments de fatigue excessive, d'excitation mentale, de
prostration ; elle survient alors et persiste parfois pendant
quelques jours. Le moi original affirme toujours sa supériorité, les autres n'étant là que dans son intérêt et pour
son avantage. Le n° 1 n'a aucune connaissance personnelle
des deux autres personnalités, elle les connaît cependant
bien, le n° 2 surtout, par les récits des autres et par les
lettres qu'elle reçoit souvent d'elle ; et le n° 1 admire les
messages fins, spirituels et souvent instructifs que lui apportent ces lettres ou les récits des amis.

Et le Dr Mason ajoute :

« Il existe trois cas (celui qui vient d'être cité, un autre concernant également une de ses malades et celui de Félida X...) dans lesquels une seconde personnalité, parfaitement saine, équilibrée, en harmonie complète avec le milieu, surnage à la surface et assume le contrôle absolu sur l'organisation physique pendant un temps souvent fort long. Pendant le fonctionnement de cette seconde personnalité, le moi primitif ou original est effacé entièrement et il se produit une lacune dans le temps. Dans aucun des cas décrits, le moi primitif n'avait conscience de la seconde personnalité, si ce n'est par des récits faits par d'autres ou par les lettres du second moi, laissées là où le moi primitif pouvait les trouver après le retour de la conscience. La seconde personnalité avait dans tous les cas connu le moi primitif qu'elle considérait d'ailleurs comme une personne étrangère. Dans les cas de Félida X... et d'Alma Z... l'apparition de la seconde personnalité était suivie d'une amélioration immédiate et très marquée de l'état physique ».

Il résulte de tout ce que nous venons d'exposer dans ce chapitre que la personnalité humaine constitue un complexus beaucoup plus *modifiable* qu'on ne l'admet généralement, un complexus qui a été en outre traité jusqu'ici d'une façon grossière et empirique. Toute phase, tout procédé de désintégration suggère une phase et un procédé correspondants d'intégration. Deux points se dégagent particulièrement de ce chapitre : d'abord l'apparition d'un rudiment de faculté supranormale, de quelque chose qui est probablement sans utilité pour nous, mais qui indique l'existence, au-dessous du niveau de notre conscience, d'une réserve de facultés latentes, insoupçonnées ; il apparaît en second lieu que toutes les fois qu'il a été possible de faire appel, à l'aide de la suggestion hypnotique, aux couches profondes de notre personnalité, cet appel est rarement resté sans réponse. Et chacun des cas observés fournissait un ensei-gnement nouveau, nous permettant de perfectionner les procédés employés en vue des retablissements de la personnalité. Ces troubles de la personnalité ne sont plus pour nous ce qu'ils ont été encore pour la génération précédente, c'est-à-dire de simples miracles auxquels les sceptiques selon l'ancienne mode ont le droit de se refuser à croire. On commence au contraire à les considérer comme des problèmes de psychopathologie du plus haut intérêt, dont chacun nous fournit un aperçu de la structure intime de l'homme.

CHAPITRE III

LE GÉNIE

Le dogme de la « perfectibilité humaine » a engendré beaucoup d'enthousiasme et suggéré plus d'un projet de société utopique qui postulaient, chez les hommes et les femmes de l'avenir, un accroissement indéfini de santé et de vigueur physiques et morales. Il est certain que d'une façon générale la sélection naturelle, la sélection sexuelle et les progrès de la science ont beaucoup contribué aux perfectionnements de ce genre. Mais il est tout aussi certain que ces tendances comparées à nos désirs et aspirations, sont lents et incertains, et il est permis de supposer que le progrès apparent de notre race résulte plutôt de l'amélioration de notre milieu matériel dû lui-même à nos conquêtes scientifiques qu'à un perfectionnement réel du caractère et des facultés de l'homme, au cours de la période historique. Or, comme nous n'avons aucun moyen de savoir jusqu'à quel point s'étend, pour une espèce donnée, la virtualité interne de perfectionnement, le pessimiste peut affirmer, avec quelque apparence de raison, que l'espèce humaine a déjà atteint la limite de son évolution. C'est ainsi qu'on ne peut domestiquer certaines espèces d'animaux sauvages (et peut-être aussi certaines tribus d'hommes sauvages), sans arrêter leur puissance de repro-

duction; et, même chez les animaux qui se prêtent le plus
à la domestication ou au mélange avec des variétés déjà do-
mestiquées, chez le pigeon par exemple, il est impossible
de pousser le développement de certains organes au delà
de certaines limites, sans déterminer une fragilité de la
constitution bientôt suivie d'une extinction de l'espèce. C'est
à des appréhensions de ce genre que nous devons certaines
diatribes connues. M. Max Nordau par exemple a écrit un
ouvrage pour protester contre le surmenage et l'épuisement
nerveux de notre époque. En réduisant cette vague discussion à des exemples concrets, M. Lombroso et d'autres
anthropologistes ont soumis à l'analyse l'« homme de génie »
et sont arrivés à ce résultat que le génie, au lieu d'être le
produit culminant de la race, n'en est au contraire qu'une
manifestation anormale, une aberration analogue à celle du
criminel et du lunatique ; que les hommes de génie souffrent
d'un manque d'équilibre et présentent une organisation
incomplète, avec développement exagéré d'un côté de leur
nature qui, selon les occasions, peut être utile ou nuisible
aux autres.

A mes yeux le génie apparaît au contraire plutôt comme
une puissance permettant à ceux qui en sont doués d'utiliser dans une plus large mesure que le commun des mortels
leurs facultés en quelque sorte innées et de soumettre les
résultats de la mentation subliminale au courant supraliminal
de la pensée, de sorte que « l'inspiration de génie » n'est pour
moi qu'une émergence, dans le domaine des idées conscientes,
d'autres idées à l'élaboration desquelles la conscience n'a
pas pris part, mais qui se sont formées toutes seules pour
ainsi dire, indépendamment de la volonté, dans les régions
profondes de notre être. Il n'y a là aucune déviation de
l'état normal, ou tout au moins aucune anomalie, aucune

expression de dégénérescence, mais plutôt un achèvement de l'état normal, un état supranormal, une phase nouvelle, supérieure, se manifestant au cours de l'évolution.

Qu'on ne croie pas que j'affirme la *supériorité intrinsèque* du subliminal sur le supraliminal : tout ce que je veux dire, c'est que l'homme de génie constitue le type accompli de l'homme normal, en vertu du pouvoir qu'il possède d'utiliser un plus grand nombre d'éléments de sa personnalité que ne le fait l'homme moyen. La distinction entre le subliminal et le supraliminal est en effet purement psychologique, sans portée pratique : elle a pour but de découvrir les rapports qui existent entre deux chaînes de notre mémoire, entre deux catégories de perceptions et de facultés humaines. Nous croyons seulement que ce qui s'étend au-dessous du seuil et en dehors des limites de la portion de notre champ de conscience adaptée aux besoins de la vie ordinaire, est à la fois plus étendue et plus complexe que ce qui est renfermé dans ces limites. Nous trouvons à l'un des bouts de l'échelle subliminale les rêves, un produit subliminal normal, mais moins utile que n'importe quelle production supraliminale ; à l'autre bout de l'échelle nous trouvons les connaissances les plus rares et les plus précieuses qui nous sont fournies par la télépathie, la télesthésie, l'extase. Entre ces deux points extrêmes se placent une foule de productions intermédiaires dont l'origine est la même, mais l'importance éminemment variable.

On distingue aujourd'hui, dans la région supraliminale, les centres supérieurs qui président à nos pensées les plus complexes et à notre volonté, les centres moyens dont l'activité détermine le mouvement des muscles volontaires et enfin les centres inférieurs (qui d'après moi seraient purement subliminaux) dont dépendent nos fonctions automatiques, telles que la respiration et la circulation, s'accomplissant en dehors de la conscience, mais indispensables à la vie. Il est relativement facile de juger, d'après une action donnée, si elle est déterminée par les centres supérieurs ou si elle s'accomplit en dehors du contrôle de ces derniers, en vertu de la seule activité des centres moyens.

C'est ainsi que la parole et l'écriture ordinaires dépendent des centres supérieurs. Mais lorsque ces derniers sont épuisés à la suite d'une décharge épileptique d'énergie nerveuse, les centres moyens se mettent à opérer sans contrôle et déterminent les mouvements convulsifs des bras et des jambes, caractéristiques de l'attaque. Lorsque les centres moyens sont épuisés à leur tour, les centres inférieurs fonctionnent seuls, le malade tombe dans un état comateux, tout en continuant de respirer d'une façon régulière.

Dans le domaine subliminal nous assistons à une subdivision analogue. Il nous semble en effet voir parfois nos perceptions et facultés subliminales converger vers un but unique, former un véritable moi coordonné dans quelque harmonieuse « inspiration de génie » ou dans quelque transformation profonde et raisonnable, comme dans le sommeil hypnotique, ou dans un accomplissement supranormal de quelque vision clairvoyante, ou enfin dans une projection de toute la personnalité dans un monde spirituel. Les éléments subliminaux qui entrent en jeu dans les cas de ce genre correspondent aux centres supérieurs de la vie supraliminale.

Mais ce degré de clarté et de cohésion ne peut pas persister longtemps. Les facultés et perceptions subliminales agissent le plus souvent d'une façon moins cohérente et moins coordonnée. Nous nous trouvons le plus souvent en présence de productions qui, tout en présentant des traces d'une faculté hors de notre portée, ne paraissent pas moins accidentelles et irrationnelles que les convulsions des bras et des jambes dans l'accès d'épilepsie. Il s'agit de cette série de phénomènes que nous ne pouvons mieux désigner que sous le nom de *rêves* et qu'on peut considérer comme dépendant des centres moyens du moi subliminal. Lorsque ces centres moyens subliminaux échappant au contrôle des centres supérieurs, manifestent leur activité chez l'homme de génie, il en résulte non plus un chef-d'œuvre, mais une œuvre bizarre, tourmentée, non plus la Madone Sixtine, mais la vision de la tête guillotinée, par Wiertz. Faisons un pas de plus, et nous arrivons à ces états hypnotiques où les sujets aspirent avec délices l'odeur de l'ammoniaque et mangent avec plaisir des chandelles de suif, ou à ces mouvements automatiques, confus et incohérents, que les sujets attribuent à l'inspiration du diable et ainsi de suite, jusqu'à ce que les centres moyens se trouvent épuisés à leur tour et qu'on ne soit plus en présence que des seules manifestations psychiques qui sont encore compatibles avec la circulation cérébrale, tout comme dans l'attaque d'épilepsie l'incoordination des mouvements des jambes aboutit, avec l'épuisement des centres moyens, à la respiration stertoreuse de l'état comateux.

Tel est le parallélisme apparent qui existe entre notre région supraliminale et la région subliminale. Nous autres hommes, *clausi tenebris et carcere cæco*, nous pouvons tantôt élargir, tantôt rétrécir notre vue de la réalité des choses. Dans la manie et dans l'épilepsie nous sommes privés du contrôle des centres supraliminaux supérieurs dont dépend notre vie rationnelle terrestre. Mais par l'automatisme, dans l'extase et dans les états alliés nous faisons dévier dans notre vie supraliminale une partie du courant subliminal.

Lorsque ces centres subliminaux qui influencent ainsi notre état de veille appartiennent au niveau moyen, ils ne feront naître en nous qu'erreur et confusion ; lorsqu'ils font au contraire partie du niveau supérieur, ils seront capables de nous révéler des vérités insoupçonnées.

L'œuvre à l'élaboration de laquelle prennent part ces éléments subliminaux constitue précisément ce qu'on appelle « l'œuvre de génie ». Cette dernière doit remplir deux conditions : elle doit impliquer quelque chose d'original, de spontané, de non appris, d'inattendu, et elle doit en outre provoquer d'une façon quelconque l'admiration de l'humanité. Or, psychologiquement parlant, tandis que la première de ces conditions implique un fait réel, la deuxième est purement accidentelle. Ce que le poète ressent en écrivant un poème constitue un fait psychologique de *son* histoire à lui ; ce que ses amis ressentent en lisant le même poème peut bien constituer un fait psychologique de leur histoire à *eux*, mais n'altère en rien l'effort créateur du poète qui reste ce qu'il a été, lors même que personne, excepté lui-même, n'a jamais lu son poème.

Je le répète : en tant que psychologues, nous devons baser notre définition du génie sur un criterium strictement psychologique plutôt que sur des signes externes qui nous guident en tant qu'artistes ou hommes de lettres et qui expriment seulement le degré de plaisir que nous procure telle ou telle autre œuvre. L'artiste parlera du génie artistique de Raphaël, non de celui de Haydon, du génie dramatique de Corneille, non de celui de Voltaire. Mais l'autobiographie de Haydon, d'une intensité tragique aboutissant au suicide, montre que les figures contorsionnées de sa « Résurrection de Lazare » lui ont apparu avec le sentiment intense d'une inspiration directe. Voltaire, de son côté, écrivait au

président Hénault à propos de son illisible tragédie *Catilina* :
« Cinq actes dans l'espace d'une semaine ! Je reconnais que
cela paraît ridicule ; mais si les hommes pouvaient savoir
ce dont l'enthousiasme est capable, comment le poète, faisant, malgré lui-même, de son sujet une idole, dévoré par
son génie, est capable d'accomplir en quelques jours une
tâche qui, sans le secours du génie, demanderait une année,
en un mot, *si scirent donum Dei,* s'ils connaissaient le don
de Dieu, leur étonnement s'en trouverait amoindri. » Il serait certainement absurde de classer « la Résurrection de
Lazare » dans la même catégorie *artistique* que la Madone
Sixtine. Mais ces deux œuvres appartiennent incontestablement à la même catégorie *psychologique.* En dépit de la différence de genre, les deux peintres ont éprouvé le même
processus intérieur, la même sensation d'envahissement de
leur être par un courant subliminal, cette concentration
mentale qui attire dans la conscience immédiate des productions et des éléments cachés jusqu'alors au fond du
moi.

Nous avons parlé jusqu'ici de facultés supranormales.
Avant d'en entreprendre l'analyse, il ne serait pas inutile
d'établir le sens exact des mots *norme* et *normale* appliqués
à l'homme.

Dans le langage courant le mot *normal* signifie deux
choses souvent très différentes : conformité à un modèle,
position moyenne entre les extrèmes. Souvent cette position moyenne constitue précisément la conformité à son
modèle, lorsqu'on dit par exemple d'un gaz qu'il présente
une densité normale. Mais lorsqu'il s'agit d'organismes vivants
un nouveau facteur entre en jeu. *Vie* signifie *changement,*
tout organisme vivant change ; chaque génération donnée
diffère de celle qui l'a précédée. Assigner une norme fixe à

une espèce en état de changement continu, c'est viser un
oiseau pendant qu'il vole. A aucun moment l'état moyen ne
correspond au modèle idéal ; la dernière phase de l'évolution actuellement réalisée tend plutôt, le milieu restant
stable, à devenir l'état moyen de l'avenir. L'évolution humaine n'est ni aussi simple ni aussi apparente que l'évolution de telle espèce de pigeons. Mais il serait téméraire
d'affirmer qu'elle n'est même pas plus rapide que les variations que subissent les animaux domestiques. Cent générations à peine nous séparent des débuts de l'histoire ; cent
générations environ séparent aussi le gagnant moderne du
Derby du cheval guerrier de Gustave-Adolphe, et telle
espèce de microbes traverse dans l'espace d'un seul mois le
même nombre de générations. Au point de vue physique, les
changements subis par l'homme sont moins prononcés que
ceux subis par le cheval, probablement parce que l'homme
n'a pas été élevé dans le même but ni avec les mêmes intentions ; mais en tenant compte du pouvoir d'adaptation au
milieu, l'homme a décrit dans ces 30 siècles une courbe
d'évolution infiniment plus vaste que n'importe quelle
espèce chevaline depuis l'éohippos. Si nous remontons plus
loin, jusqu'au germe primitif, nous nous apercevrons que
les ancêtres de l'homme ont dû varier plus rapidement que
ceux des animaux, parce qu'ils ont fourni dans le même laps
de temps un trajet beaucoup plus long. Ils ont encore varié
dans des directions plus nombreuses et évoqué en plus grand
nombre les innombrables facultés qui se trouvaient latentes
dans un paquet de vase. De toutes les créatures l'homme a
fait les plus grands progrès aussi bien au point de vue de
la différenciation qu'à celui de l'intégration ; après avoir
appelé à l'activité le plus grand nombre de facultés que
renfermait virtuellement le germe primitif, il a établi sur

elles un contrôle central des plus sévères. Le processus continue toujours. Cette évolution ne peut se poursuivre que dans le sens à la fois d'une plus grande extension et d'une plus grande intensité. Et j'affirme que c'est l'homme de génie qui s'approche le plus de cet idéal.

Nous savons que le spectre solaire ne présente nullement une bande continue de lumière colorée. Il renferme quelques lignes obscures, plus nombreuses dans les spectres des autres étoiles. Il en est de même du spectre de la conscience humaine dont la clarté est interrompue par places par des lignes d'obscurité et d'opacité, au point que chez les meilleurs d'entre nous sa clarté est terne et inégale.

Ce qui caractérise le génie, c'est que chez lui les éléments subliminaux viennent augmenter l'intensité du spectre de la conscience, et projeter un peu de lumière sur ses parties obscures. Mais on peut, d'un autre côté, ranger dans la même catégorie que le génie certains automatismes moteurs et sensoriels qui à première vue semblent n'avoir aucun rapport avec lui. Le génie représente une sélection étroite parmi une foule d'autres phénomènes analogues, parmi de nombreux éléments subliminaux émergeant soit dans les limites du spectre de la conscience, soit en dehors de ces limites.

Nous étudierons à part les cas d'automatisme moteur et sensoriel, et nous verrons qu'il n'existe pas de perception qui ne soit susceptible d'émerger des couches inférieures de la conscience sous une forme très intensifiée, avec la même rapidité d'impression et d'action que les inspirations les plus hautes du génie. Nous verrons par exemple que l'homme peut avoir une inspiration aussi soudaine et exacte de l'heure qu'il est que l'a été probablement l'inspiration que Virgile aura eue de la seconde moitié d'un hexamètre difficile.

Depuis quelque temps le public des grandes villes a eu souvent l'occasion de se divertir et d'être surpris par ce qu'on appelle les « calculating boys », les « prodiges arithmétiques », jeunes généralement et capables de résoudre mentalement et presque instantanément des problèmes que la plupart d'entre nous ne pourraient résoudre que la plume à la main et pendant un temps beaucoup plus long, sans être toujours certains de réussir.

L'avantage spécial que présente l'étude de ces prodiges, c'est que chez eux l'impression subjective coïncide presque exactement avec le résultat objectif. Le calculateur subliminal sent que le résultat est juste et il l'est en effet, ce qui n'arrive pas toujours dans les véritables inspirations de génie.

Un psychologue américain et un psychologue français [1] ont réuni quelques explications fournies par ces prodiges sur leur méthode de travail. Mais le résultat a été bien maigre, quoique les données que nous possédons suffisent à montrer qu'en réalité le travail avait commencé par être subliminal, l'effort conscient ou supraliminal était soit totalement et absolument absent soit n'entrant en jeu qu'après que la faculté en question eût subi un exercice prolongé, au point de faciliter les communications entre les deux couches. Le prodige arrivé à l'âge adulte et qui reconnaît les artifices arithmétiques auxquels il avait eu recours étant garçon ressemble à ces sujets hypnotisables exercés

1. M. Scripture, in *American Journal of Psychol.*, IV, 1, avril 1901 ; M. Binet, in *Revue philosophique*, 1895. L'article de M. Binet se rapporte principalement à Jacques Inaudi, le prodige le plus récent, qui diffère des autres en ce qu'il est du type auditif plutôt que visuel. Son don a été découvert pendant son enfance. Son intelligence générale est au-dessous de la moyenne. Un autre prodige récent, Diamanti, semble au contraire avoir une intelligence générale plus ouverte.

par la suggestion à se souvenir pendant la veille des événements qui se sont passés pendant le sommeil hypnotique.

Sur tous les points, en effet, la comparaison est possible : nous trouverons que ce don du calcul ressemble aux autres manifestations de la faculté subliminale plutôt qu'aux résultats d'un effort franchement supraliminal, tels que la faculté d'analyse logique. En premier lieu, cette faculté, malgré sa parenté apparente avec l'aptitude générale pour les mathématiques, s'observe indifféremment aussi bien chez les personnes nullement douées pour les mathématiques et même inintelligentes, que chez les véritables mathématiciens. En second lieu, elle se manifeste le plus souvent pendant l'enfance et s'atténue avec l'âge, jusqu'à disparaître complètement, ressemblant en cela à la faculté visionnaire en général, à celle d'évoquer des visions hallucinatoires en particulier, lesquelles facultés, ainsi qu'il résulte des recherches de M. Galton et des nôtres, sont plus fréquentes pendant l'enfance et la jeunesse qu'à l'âge adulte. Il est à remarquer encore que lorsque le don du calcul disparaît de bonne heure, il est capable de ne laisser aucune trace dans la mémoire du sujet. Et même lorsque, après avoir persisté longtemps dans un esprit capable de réflexion, il a fini pour ainsi dire par être adopté par la conscience supraliminale, il est encore susceptible de se manifester par de véritables étincelles d'inspiration, la réponse se présentant à l'esprit sans aucune perception des états intermédiaires.

Nous donnons, à l'appui des propositions que nous venons de formuler, le tableau suivant emprunté à M. Scripture :

NOMS	AGE ACQUEL LE DON s'est manifesté pour la première fois	SA DURÉE	INTELLIGENCE
Ampère.	4 ans.	?	Éminente.
Bidder.	10 —	Toute la vie.	Bonne.
Buxton.	?	?	Médiocre.
Colburn.	6 —	Quelques années.	Moyenne.
Dase (ou Dahse). .	Enfance.	Toute la vie.	Trèsmédiocre.
Fuller..	—	?	Médiocre.
Gauss.	3 ans.	?	Éminente.
Mangiamele. . . .	10 —	Quelques années.	Moyenne (?).
Mondeux.. . . .	10 —	—	Médiocre.
Prolougeau. . . .	6 —	—	Médiocre.
Safford.	6 —	—	Bonne.
M. Van R., d'Utica. .	3 —	—	Moyenne.
Whately.	3 —	—	Bonne.

C'est ainsi que sur treize noms, nous avons deux hommes d'une intelligence transcendante et trois autres doués d'aptitudes supérieures.

Sur le don de Gauss et d'Ampère nous ne possédons que quelques anecdotes charmantes. Après s'être manifesté à un âge où il ne peut encore être question d'effort mental supraliminal, il semble avoir bientôt disparu dans le courant général de leur génie. Chez Bidder, le don a persisté toute la vie, s'affaiblissant toutefois avec l'âge. Dans un travail publié dans le volume XV des *Proceedings of the Institute of Civil Engineers*, il donne au calculateur certains conseils pratiques et montre que les opérations de calcul mental ne sont possibles que grâce à une facilité singulière avec laquelle les différentes couches mentales communiquent entre elles. « Toutes les fois, dit-il, que j'ai été invité à faire appel aux réserves de mon esprit, elles semblaient se présenter avec la rapidité d'un éclair. » Et dans le volume CIII du même recueil, M. W. Pole, en décrivant la façon dont M. Bidder pouvait déterminer le logarithme d'un nombre composé de 7 à 8 chiffres, dit : « Il possédait une faculté presque miraculeuse de trouver pour ainsi dire intuitivement les facteurs dont la multiplication donnait tel grand nombre. C'est ainsi que, étant donné le nombre 17 861, il trouvait instantanément qu'il résultait de la multiplication de 337 par 53... Il n'aurait su, disait-il, expliquer comment il le faisait ; c'était chez lui presque un instinct naturel. »

En ce qui concerne l'archevêque Whately, j'emprunte à M. Scripture les renseignements suivants :

« Ma faculté de calcul présentait certainement quelque chose de particulier. Elle se manifesta à l'âge de 5 à 6 ans et avait duré trois années. Je faisais mentalement les additions les plus compliquées, et cela beaucoup plus rapidement que ceux qui les faisaient sur papier, et jamais on n'a pu constater dans mes opérations la moindre erreur. *A l'âge où j'ai commencé à fréquenter l'école ma faculté de calcul avait disparu, et j'ai été depuis lors très faible en mathématiques.* »

Le cas du professeur Safford est encore plus remarquable. Ayant des aptitudes remarquables pour les mathématiques, actuellement professeur d'astronomie, il n'est ni plus ni moins capable de calcul mental que n'importe quel de ses voisins, alors qu'à l'âge de 10 ans il faisait de tête, et sans jamais se tromper, des multiplications dont le résultat se composait de 36 chiffres.

« M. van R..., d'Utica, » dit M. Scripture, d'après les renseignements fournis par Gall, « présentait à l'âge de 6 ans une remarquable faculté de calcul mental qui avait complètement disparu deux ans plus tard. *Il n'avait pas la moindre notion concernant la façon dont il exécutait ses opérations mentales.* »

Parmi les prodiges intelligents ou n'ayant reçu aucune instruction, Dase seul semble avoir conservé sa faculté toute la vie. Colburn et Mondeux, et peut-être aussi Prolongeau et Mangiamele, l'ont perdue, une fois sortis de l'enfance.

Quoique nous ne possédions aucune donnée relative à la façon dont les prodiges de cette dernière catégorie exécutaient leurs opérations mentales, nous avons des raisons de supposer que la séparation entre le courant supraliminal et la couche subliminale de la pensée devait être complète. Buxton résolvait ses problèmes tout en causant librement de choses quelconques, complètement étrangères à la question qui l'occupait. La fixité et la clarté de la vision interne semblent constituer en effet les seules conditions nécessaires au fonctionnement de cette faculté, le contrôle supraliminal n'étant qu'une condition tout à fait accessoire.

Dans certains cas l'activité subliminale se montre très intense et des plus ingénieuses. C'est ainsi que Mangiamele, fils d'un berger de Sicile, n'ayant jamais reçu aucune instruction, fut à l'âge de 10 ans et 4 mois, présenté par Arago à l'Académie des Sciences, où il trouva en moins d'une minute la racine cubique du nombre 3 796 416 et ne mit pas plus de temps à déterminer, à résoudre les deux équations : $x^3 + 5x^2 - 42x - 40 = 0$ et $x^5 - 4x - 16799 = 0$.

En ce qui concerne la constitution physique et l'état psychique des prodiges en question, nous savons seulement que Colburne avait des doigts surnuméraires et que Mondeux a été hystérique. Quant aux autres, ils paraissent avoir été indemnes de toute tare physique ou nerveuse. Rien ne nous autorise à considérer l'existence de cette faculté subliminale

comme un signe de dissociation des éléments psychiques.
Cette existence d'une faculté subliminale superposée à
l'activité supraliminale ne constituerait-elle pas plutôt un
signe d'intégration, caractéristique d'une individualité plus
complète et ne serait-elle pas due au fonctionnement inusité
de l'hémisphère cérébral droit, généralement peu ou pas
actif? Dans ces cas les sujets doués de la faculté du calcul
mental devraient présenter une ambidextérité. Or, des renseignements recueillis par nous à ce sujet, il résulte que
deux seulement d'entre eux présentaient une capacité
dextro-cérébrale un peu plus prononcée que chez la moyenne
des hommes.

Avant d'étudier le rôle qui revient à l'activité subliminale
dans le fonctionnement de nos sens hautement différenciés
de l'ouïe et de la vue, voyons jusqu'à quel point les perceptions moins différenciées fournies par le flux du temps, par
la sensation du poids ou par la résistance musculaire sont
susceptibles de subir une intensification du fait de l'activité
subliminale. Les sensations de cette catégorie constituent
les éléments les plus profonds de notre existence organique,
et le sens du temps en particulier se présente par beaucoup
de côtés comme une faculté éminemment subliminale. Nous
possédons beaucoup de témoignages qui montrent que ce sens
est plus précis pendant le sommeil qu'à l'état de veille, chez
les sujets hypnotisés que pendant le sommeil normal. Les
observations de somnambulisme spontané sont pleines de
faits où des ordres donnés par le sujet à lui-même ont
été exécutés probablement en vertu de l'autosuggestion, à
l'heure précise préalablement fixée, sans le secours d'une
montre. Cette connaissance cachée peut encore affecter la
forme d'une image de rêve, comme dans le cas publié par
le Dr Roger, de Harvard, où le sujet avait vu en songe une

énorme horloge flamboyante dont les aiguilles marquaient
2 heures 20 et qui, aussitôt réveillé, constata sur sa montre
qu'il était en effet 2 heures 20.

Passant aux productions subliminales du type visuel, je
suis très heureux de pouvoir citer le passage suivant où je
trouve une confirmation de ma théorie émanant d'un des
penseurs les plus lucides de la génération précédente. Ce
passage est emprunté à un article sur la « Vision Sensorielle » publié par Sir John Herschel dans ses *Familiar
Lectures on scientific Subjects* (1816). Sir John décrit
quelques expériences personnelles qui « consistaient dans
la production involontaire d'impressions visuelles dont la
régularité géométrique constituait le caractère principal,
et ceci dans des circonstances qui rendaient absolument
inutile toute explication tirée de la régularité possible dans
la structure de la rétine et des nerfs optiques ». Deux fois
ces figures ont apparu à l'état de veille, en plein jour, sans
que leur apparition ait été précédée ou suivie de la moindre
indisposition. Le plus souvent elles se présentaient dans l'obscurité, mais toujours à l'état de veille. Elles se sont également présentées deux fois, lorsqu'il se trouvait sous le chloroforme « mais, dit-il, j'avais la conscience de me trouver
éveillé et en pleine posession de mon esprit, quoique totalement insensible à ce qui se passait. Quelle était la nature
de ces spectres géométriques, comment et dans quelle partie de l'organisme corporel ou mental avaient-elles pris
naissance ! Il ne s'agissait évidemment pas de rêves. L'esprit,
loin d'être endormi, était actif et conscient de la direction
de ses pensées ; mais les figures en question s'imposaient à
l'attention et entraînaient le courant des idées dans une
direction qu'il n'aurait pas prise tout seul. S'il est vrai que
la conception d'une figure géométrique régulière implique

l'exercice de la pensée et de l'intelligence, il paraîtrait presque, dans le cas dont je parle, qu'on se trouve en présence d'une pensée, d'une intelligence fonctionnant en nous, mais distincte de notre personnalité. » Et sir John exprime l'avis que ces figures complexes, entrant dans l'esprit de cette façon arbitraire en apparence, jettent une certaine lumière sur « le principe suggestif » qui « agit d'une façon déterminante et décisive sur notre volonté lorsqu'elle passe dans l'action ». « Il est, à mon avis, du plus grand intérêt de considérer les cas où sur un fait aussi abstrait, aussi dépourvu de tout élément moral ou émotionnel comme la production de figures géométriques, nous pouvons saisir ce principe sur le vif, en plein fonctionnement ».

A mon point de vue personnel, je ne puis qu'admirer la sagacité dont fait preuve le grand penseur, malgré le petit nombre d'observations dont il disposait. Il ne semble pas avoir saisi les rapports qui existent entre ces « hallucinations schématiques », pour me servir de l'expression de M. le Pr Ladd[1], et les figures illusoires d'hommes ou d'animaux qu'on voit soit en pleine santé, soit pendant la maladie. Mais sa conclusion me paraît irréfutable! « Nous nous trouvons en présence d'une pensée, d'une intelligence, fonctionnant en nous, mais distincte de notre personnalité. » Je le considère volontiers comme le premier partisan de la théorie à laquelle je me suis arrêté moi-même et d'une façon indépendante, me basant sur des faits et des observations infiniment plus nombreux.

Un jeune médecin français a consigné dans un livre les résultats d'une enquête directe faite auprès de quelques-uns de ses compatriotes illustres relativement à leurs mé-

---

1. *Mind,* avril 1892.

thodes de travail mental[1]. Je citerai quelques-unes des réponses qu'il avait reçues, en commençant par celle de M. Sully-Prudhomme, à la fois psychologue et poète, qui parle de la clarification subconsciente d'une chaîne de raisonnements abstraits. « Il m'était arrivé quelquefois de saisir subitement une démonstration géométrique qui m'a été faite un an auparavant, et cela sans faire le moindre effort d'attention à cet effet. On dirait que les conceptions que mes lectures ont implantées dans mon esprit ont mûri d'une façon toute spontanée et fait naître tout aussi spontanément des preuves en leur faveur. »

On peut rapprocher de cette réponse l'aphorisme suivant d'Arago : « Au lieu de m'obstiner à comprendre séance tenante une proposition, j'admets provisoirement qu'elle est vraie ; et le lendemain je suis tout étonné de comprendre parfaitement ce qui m'avait paru tout à fait obscur la veille. »

Condillac raconte également avoir souvent trouvé achevée dans son esprit une œuvre encore incomplète la veille.

M. Retté, un poète, raconte à son tour au Dᵣ Chabaneix qu'il s'endort souvent sur une strophe inachevée qu'il trouve complète le lendemain, lorsqu'il y pense ; et M. Vincent d'Indy, compositeur de musique, dit qu'il aperçoit souvent à l'état de veille la lueur rapide d'un effet musical lequel, tel le souvenir d'un rêve, ne peut être retenu que par une concentration forte et immédiate de l'esprit.

A. de Musset écrit : « On ne travaille pas, on écoute, c'est comme un inconnu qui vous parle à l'oreille. »

Rémy de Gourmont : « Mes conceptions envahissent le

---

1. *Le subconscient chez les artistes, les savants et les écrivains*, par le Dᵣ Paul Chabaneix, Paris, 1897.

champ de ma conscience avec la rapidité d'un éclair ou du vol d'un oiseau. »

Lamartine dit : « Ce n'est pas moi qui pense, ce sont mes idées qui pensent pour moi. »

M. S. écrit : « En écrivant ces drames, il me semblait assister en spectateur à leur représentation ; je regardais ce qui se passait sur la scène dans l'attente impatiente et étonnée de ce qui allait suivre. Et je sentais en même temps que tout ceci venait des profondeurs de mon être. »

Saint-Saëns n'a qu'à écouter, comme Socrate écoutait son démon ; et M. Ribot, en résumant un certain nombre de cas analogues, dit : « C'est l'inconscient qui produit ce qu'on appelle vulgairement l'inspiration. Cet état est un fait positif, présentant des caractères physiques et psychiques qui lui sont propres. Avant tout, il est impersonnel et involontaire, agit à la façon d'un instinct, quand et comme il veut ; il peut être sollicité, mais ne supporte pas de contrainte. Ni la réflexion, ni la volonté ne peuvent le remplacer dans la création originale... Les habitudes bizarres que les artistes adoptent au moment où ils composent ne tendent qu'à créer un état physiologique spécial, à augmenter la circulation cérébrale, de façon à provoquer ou à maintenir l'activité inconsciente. »

Nous ne savons rien sur les modifications qui se produisent dans la circulation cérébrale. Mais quelques conclusions d'ordre psychologique semblent découler des faits que nous venons de citer. Il est à noter en premier lieu qu'une submergence peu profonde et de courte durée au-dessous du seuil de la conscience suffit à communiquer une nouvelle vigueur au courant supraliminal de la pensée. Des idées qu'on laisse mûrir, sans s'en occuper, pendant quelques jours ou pendant une nuit seulement, ne descendent pas bien au-dessous de la conscience. Elles représentent, pour ainsi dire, la première phase du processus qui, quoique souvent invisible, n'en est pas moins fort probablement continu, à savoir le maintien de la vie supraliminale par des impulsions ou une direction venant d'en bas. En second lieu, nous avons dans quelques-uns de ces cas d'*abstraction* profonde et fertile un commencement de dédoublement de la personnalité. John-Stuart Mill, composant des chapitres entiers de sa *Logique* pendant qu'il était bousculé par les cohues de Leadenhall Street, fait penser à certains cas morbides de distraction hystérique, à cette différence près que chez Mill le processus, au lieu d'être dissolutif, était intégratif, se résumant non par une diminution, par une augmentation de sa puissance sur son propre organisme.

Nous voyons enfin, dans quelques-uns des cas qui nous occupent, l'homme de génie aboutir spontanément et inconsciemment à des résultats analogues à ceux auxquels le sujet hypnotisé n'arrive que grâce à des artifices appropriés. C'est qu'il coordonne en effet dans son existence les états de veille et de sommeil. Il emporte dans son sommeil ses connaissances et ses intentions des heures de veille, et il réintroduit dans son état de veille le bénéfice de ces assimilations profondes qui s'accomplissent pendant le sommeil. La suggestion hypnotique vise précisément à cette coopération entre l'état de veille, pendant lequel la suggestion fournit par exemple le projet de quelque modification fonctionnelle, et l'état de sommeil pendant lequel cette transformation s'opère, le bénéfice de cette dernière se prolongeant pendant l'état de veille suivant. L'état hypnotique qui est un sommeil *développé,* accomplit ainsi pour l'homme ordinaire ce que le sommeil ordinaire accomplit pour l'homme de génie.

Quelques imparfaites et incomplètes que soient les statistiques et les observations que nous venons de citer, elles me semblent nous engager dans une direction plus rationnelle que celle que nous indiquent les faits réunis par ce groupe d'anthropologistes modernes qui considèrent le génie comme une sorte de maladie nerveuse, comme un trouble de l'équilibre mental analogue à celui qu'on observe chez les criminels et les fous.

Il n'est pas vrai que la race humaine tende d'une façon générale à la dégénérescence nerveuse, ni que cette dégénérescence nerveuse atteigne son maximum chez ses représentants les plus éminents. On peut cependant admettre, avec quelque apparence de raison, que la proportion des troubles nerveux par rapport à d'autres tend à augmenter, mais cette augmentation, loin de constituer le symptôme d'une dégénérescence nerveuse, est dû plutôt à ce que les modifications nerveuses et le développement nerveux s'accomplissent actuellement parmi les peuples civilisés beaucoup plus rapidement qu'autrefois : nous assistons en effet à une adaptation à des milieux de plus en plus vastes, laquelle adaptation doit inévitablement s'accompagner, dans les cas les plus marqués, d'un certain état d'instabilité nerveuse. A un certain point de vue, ces modifications peuvent paraître regrettables, mais on ne doit pas oublier que l'augmentation et l'aggravation des troubles nerveux n'est que relative, d'autres causes de maladies, la faim, la malpropreté, etc., tendant à diminuer au contraire parmi les peuples civilisés. Il est probable que les sauvages et les populations primitives souffrent aussi souvent que nous d'instabilité nerveuse, mais ils n'ont pas assez d'intelligence pour s'en apercevoir et s'en soucier. Quant à mon autre proposition, d'après laquelle l'évolution nerveuse s'accomplirait de nos jours plus rapidement qu'autrefois, j'en vois la preuve dans tous les actes qui demandent une adaptation rapide et précise du système nerveux. Les « records » athlétiques de nos jours sont une affaire de nerfs plus que de muscles, et le niveau de l'aptitude moderne pour toute sorte de travaux intellectuels et manuels monte aussi rapidement que le degré de perfection de la machinerie appelée à suppléer à nos forces physiques.

Je le répète : le développement rapide de notre côté nerveux ne va pas sans amener à sa suite un certain degré d'instabilité nerveuse. Mais il ne faut pas oublier que cette instabilité n'est qu'une forme, qu'une expression particulière de l'évolution, et que toutes les manies, toutes les bizarreries, les goûts fantasques, la sensibilité exagérée et aberrante que Lombroso a notées chez un grand nombre de grands hommes ne sont que des troubles passagers accompagnant le développement de l'organisme humain jusqu'à son épanouissement complet ou précédant les derniers efforts destinés à amener au monde un organisme nouveau.

Tel est mon point de vue. Pour le rendre acceptable, je devrais pouvoir montrer qu'il découle logiquement de consirations plus éloignées et purement spéculatives portant sur la nature et sur la valeur de toute l'existence et de toute l'évolution humaines. Nous possédons déjà plusieurs synthèses de ce genre parmi lesquelles la synthèse matérialiste apparaît comme la plus superficielle. Dans notre profonde ignorance des sources et des origines de la vie, nous n'avons pas le droit de la considérer avec les matérialistes comme un produit purement planétaire destiné à des fins également planétaires. Le biologiste qui affirmerait que la vie sur la terre ne sert qu'à produire de la nouvelle vie sur la terre, ressemblerait au géologue qui, avant l'apparition de la vie,

aurait affirmé que les forces géologiques constituent la
seule source d'activité de notre planète.

Depuis que le premier germe de vie a apparu sur la terre,
son histoire a été non seulement celle d'une *adaptation* progressive à un milieu connu, mais encore celle d'une *découverte* progressive d'un milieu inconnu, quoique toujours
présent. Ce que nous appelons l'irritabilité primitive
simple était en réalité une vague panesthésie, une faculté virtuelle, mais encore inconsciente, de toutes les actions
auxquelles elle avait à répondre. Avec le développement de
ces facultés de sensation et de réaction, des milieux dont
ils n'avaient jusqu'alors aucune conception se sont graduellement révélés aux organismes vivants. Pour ne prendre
qu'un exemple, est-ce que l'énergie électrique n'a pas existé
de tout temps et n'a pas toujours manifesté son action,
avant que les organismes vivants aient découvert qu'ils
possédaient l'aptitude de réagir à ces actions. Pourquoi
ne pas supposer qu'il existe autour de nous d'autres milieux,
d'autres énergies que nous ne soupçonnons pas, que nous
arriverons à découvrir un jour, mais qui néanmoins agissent
sur nous et sur les autres êtres vivants, provoquent même
des réactions de notre part, dont nous ne nous rendons pas
compte parce qu'elles n'ont pas encore franchi le seuil du
moi supraliminal? Qu'est-ce qui nous empêche d'admettre
que les actions télépathiques ou les influences que des
esprits exercent à distance sur d'autres esprits font encore
partie de ces énergies non découvertes, existantes néanmoins et toujours actives? que nous vivons dans un milieu
inconcevable et sans limites, monde de pensée ou univers
spirituel, chargé de vie infinie, pénétrant et dépassant tous
les esprits humains, ce que les uns appellent l'Ame du
monde, les autres Dieu?

Je ne m'occupe pas pour le moment de ces facultés supranormales. Tout ce que je voulais montrer c'est que le génie,
loin de pouvoir être rangé dans la même catégorie que la
folie et considéré comme une aberration de l'esprit humain
ou un signe de dégénérescence, constitue plutôt une des
phases les plus avancées de l'évolution humaine, et que les
productions de génie, j'entends la philosophie, les arts plastiques, la poésie, la musique, les mathématiques pures, que
tant d'autres considèrent comme des *productions accessoires,*
sans utilité aucune dans la lutte pour l'existence matérielle,
sont autant d'intuitions de vérités nouvelles et de forces
nouvelles, inaccessibles à l'homme moyen qui, au lieu de
l'inspiration, ne possède que ce consensus de facultés différenciées que la nature a élevées au-dessus du seuil de la conscience en vue des fins de la vie quotidienne.

Encore une fois : l'explication purement matérialiste de
l'évolution est impossible. Elle est impossible sans la supposition tacite que la nature tend en quelque sorte à produire l'intelligence, que le lapin coureur et le microbe de l'influenza ne
peuvent constituer ses derniers aboutissants. Mais en ce qui
concerne la qualité et la quantité de l'intelligence qu'elle
tend à produire, ce n'est pas à l'*homme sensuel moyen*[1] de
se prononcer là-dessus, mais aux meilleurs échantillons de
notre race. C'est à eux que nous devons demander quel est
le but de la vie ; si c'est pour la nourriture du jour qu'ils
travaillent ou bien en vue de l'amour et de la sagesse.

L'inspiration de génie et la pensée logique consciente
forment deux quantités parfois incommensurables. De même
que le jeune calculateur résout ses problèmes à l'aide de
méthodes qui diffèrent de celles du mathématicien exercé,

1. En français dans le texte.

de même dans les productions artistiques ce « quelque
chose d'étrange » que renferme « toute beauté excellente »
peut être l'expression d'une différence réelle entre le mode
de perception subliminale et l'activité supraliminale. Il me
semble que cette différence est particulièrement sensible
en ce qui concerne les rapports du moi subliminal à la fonction du langage. En traitant le langage comme une branche
de l'art ou de la poésie, le moi subliminal dépasse souvent
l'effort conscient et il reste d'autres fois au-dessous de cet
effort, lorsqu'il est obligé de se servir des mots comme
d'un moyen inévitable d'exprimer des idées pou l'expression desquelles le langage commun n'a pas été créé.

C'est ainsi qu'en présence d'une des grandes productions
verbales de l'humanité, l'*Agamemnon* d'Eschyle par exemple,
nous ne pouvons résister à la vague impression qu'une intelligence autre que la raison supraliminale ou la sélection
consciente s'était trouvée à l'œuvre lors de l'élaboration de
cette tragédie. Le résultat ressemble moins à la perfection
d'un choix rationnel parmi des données connues qu'à une
présentation imparfaite de quelque schéma basé sur des
perceptions à nous inconnues.

Mais, d'un autre côté, quoique le génie soit à même de
se servir des mots d'une façon qui rappelle un peu l'éloigne-
ment mystérieux de la musique, il me semble cependant
que notre éducation subliminale est moins liée à la faculté
du langage que la supraliminale. Il existe dans le langage
courant une phase dont la portée psychologique est plus
grande qu'on n'a l'air de s'en douter. De tout ce que nous
appelons génie et de tout ce que nous rapportons au génie,
art, amour, émotion religieuse, nous disons couramment
que cela *dépasse la portée du langage*.

Quoique le langage parlé et écrit fût devenu notre princi-

pal moyen d'expression et de communication de nos pensées et émotions, nous n'avons aucune raison d'admettre
a priori qu'il soit capable d'exprimer *toutes* nos pensées et
nos émotions. On a dit que « tout langage débute comme
une poésie et finit comme une algèbre ». Ce qui revient à
dire qu'il débute comme une émergence subliminale pour
finir comme un artifice supraliminal. Les instincts organiques déterminent l'émission des premiers sons, les lois
inconscientes de l'esprit fournissent la première ébauche
de grammaire. Mais de nos jours la naïveté du langage
commence à disparaître. Les besoins de la science et du
commerce sont devenus dominants, la première ayant créé
délibérément pour son usage un système de signes, arrange-
ments de lettres et de nombres ou vocabulaires techniques
construits sur un plan arrêté d'avance, le second s'efforçant
d'atteindre le même caractère algébrique, avec la compta-
bilité, les codes télégraphiques, le volapük, etc.

Certes, les progrès du langage ne dépendent pas uniquement de ce qui se fait dans les comptoirs et les laboratoires.
On favorise ailleurs la spiritualisation du langage humain,
de façon à rendre notre vocabulaire, malgré qu'il soit basé
sur des objets directs et des sensations directes, propre à
exprimer des idées philosophiques. Mais, malgré tous les
efforts, nos manipulations supraliminales nous laissent un
outil de moins en moins capable d'exprimer la complexité
croissante de notre être psychique.

C'est par le recours au symbolisme, dans le sens le plus
large du mot, tel qu'il s'exprime dans l'art, que l'homme
de génie supplée à l'insuffisance du langage. Je parle du
symbolisme dans le sens d'une concordance préexistante,
mais cachée, entre les choses visibles et invisibles, entre la
matière et la pensée, la pensée et l'émotion, que les arts

plastiques, la musique et la poésie, chacun à sa façon et dans le domaine qui lui est propre, découvrent et rendent évidente, pour la plus grande joie et édification humaines.

En me servant du mot symbolisme, je suis loin, je le répète, d'adhérer aux formules d'une école quelconque. Le symbolisme dont je parle n'a rien de commun avec le mysticisme. Il ne peut y avoir, à mon avis, d'abîme réel ou de division profonde entre les écoles réalistes et idéalistes. Tout ce qui existe est continu, et l'art ne peut symboliser un aspect quelconque de l'univers sans symboliser en même temps d'une façon implicite d'autres aspects moins visibles et apparents.

L'art exprime le symbolisme à tous les degrés de transparence et d'obscurité, depuis le symbolisme qui ne fait que résumer le langage jusqu'à celui qui le dépasse. Quelquefois, et c'est le cas de la musique, il est plus qu'inutile de chercher une interprétation trop précise. La musique marche et marchera toujours à travers son monde idéal et inimaginable. Sa mélodie peut être d'un symbolisme puissant, mais dont les hommes ont perdu la clef. La poésie, au contraire, se sert des mots dont elle aspire à dépasser le sens. Si elle veut rester de la poésie, elle doit partir d'une source plus profonde que le langage réfléchi; elle doit, selon l'expression de Tennyson, « exprimer par les mots un charme que les mots ne peuvent rendre ».

Considérée, soit au point de vue de son développement dans la race, soit à celui de sa manifestation chez les individus, la musique apparaît moins comme un produit de nos besoins terrestres et de la sélection naturelle que comme une aptitude subliminale se manifestant d'une façon accidentelle, indépendante des influences externes et du moi supraliminal. Nous savons à quel point il est difficile d'en

expliquer les origines d'après l'une quelconque des théories
concernant l'évolution des facultés humaines. Nous savons
qu'elle est quelque chose qui se découvre plutôt qu'un
produit qui se fabrique, et les sensations subjectives des musi-
ciens eux-mêmes s'accordent parfaitement avec cette conception de la nature essentiellement subliminale de l'aptitude en question. Il n'existe pas d'autre branche où le
« génie » ou l' « inspiration » constitue une condition aussi
essentielle du succès. Ce n'est pas de la réflexion sur les
relations réciproques des notes musicales que sont nés les
chefs-d'œuvre musicaux. Ils sont nés comme chez Mozart,
dont je n'ai pas besoin de citer les paroles bien connues,
d'une explosion inattendue de sons, d'une joie non prémé-
ditée et se révélant spontanément. Ils sont nés, comme chez
l'abbé Vogler, de Browning, des profondeurs de l'âme et
des hauteurs du ciel. Transposant ces phrases poétiques
dans les termes dont nous nous servons, nous pouvons dire
que nous avons atteint là un point où les émergences subliminales sont reconnues par la personnalité supraliminale
comme étant plus profondes, plus vraies, plus permanentes
que les produits de la pensée volontaire.

Nous savons que ce qui distingue le génie des états tels
que l'hypnotisme et l'automatisme, c'est la collaboration, la
coopération qui se manifeste chez lui entre le subliminal et
le supraliminal qui se complètent, sans produire aucune
altération de la personnalité proprement dite. Dans l'hypnotisme, au contraire, les opérations subliminales impriment
à la personnalité une transformation en substituant l'état
de sommeil à celui de veille, et, dans l'automatisme, l'idéation
subliminale fait irruption dans le domaine supraliminal, sans
se confondre avec lui, comme dans la clairvoyance, ou dans
l'écriture automatique. En pratique, la séparation entre ces

trois états est moins nette, moins tranchée qu'elle n'apparaît, et en ce qui concerne le génie, en particulier, il existe
de nombreux liens, peu apparents souvent, qui le rattachent
à l'automatisme d'un côté, à l'hypnotisme de l'autre.

On peut dire, en effet, que, de même que la colère est
un bref accès de folie, l'éclair de génie est une manifestation
instantanée d'automatisme.

Les moments d'inspiration de Wordsworth, lorsque,
comme il dit :

> Some lovely image in the song rose up,
> Full-formed, like Venus rising from the sea

(quelque gentille image surgissait toute formée dans le
chant, à l'instar de Venus surgissant des flots), étaient, en
effet, des moments de manifestation automatique, malgré la
coopération immédiate et simultanée du moi supraliminal.
Cette brusque création poétique ressemble singulièrement
à l'annonce faite par le calculateur du produit de deux
nombres, à la précipitation brusque pour saisir le papier,
le crayon, et inscrire le mot longtemps désiré et cherché,
et qui s'est présenté d'une façon soudaine.

Mais cet automatisme instantané s'étend un peu plus
loin. Nous arrivons à ce qu'on appelle la faculté d'improvisation. Que signifie ce terme ? S'agit-il là d'une activité
subliminale ou d'un exercice rapide d'une faculté ordinaire ?

Il est évident en premier lieu que beaucoup de ce qu'on
appelle improvisation est avant tout une affaire de mémoire.
L'automatisme dit secondaire, en vertu duquel le pianiste
est capable de jouer une pièce connue sans attention consciente, amène facilement des improvisations que le pianiste
lui-même peut de bonne foi considérer comme originales
mais qui consistent en réalité en fragments remémorés réunis par des liens artificiels. C'est ainsi que l'orateur «pen-

sant debout », se fie tout d'abord à la répétition automatique de quelques phrases banales, mais s'aperçoit peu à peu que des longues périodes imprévues et inédites sortent de sa bouche.

Il ne s'agit plus ici d'une synergie stéréotypée, d'une accoutumance d'un groupe particulier de centres nerveux à l'action commune. Il y a aussi un certain degré d'adaptabilité et d'invention, de nouveaux trajets sont traversés, des combinaisons sont créées qui s'expliquent difficilement par le simple retour d'anciens précédents.

Ce problème fait penser à la difficulté bien connue que rencontre l'explication de ce qui se passe pendant le rétablissement ou la « substitution » d'une fonction après une lésion cérébrale. Dans ce dernier cas, des éléments indemnes assument progressivement une fonction qu'ils n'ont jamais exercée auparavant , et établissent de nouvelles communications, de façon à priver la portion lésée du cerveau de toute efficacité. Ce rétablissement, loin d'être rapide, s'accomplit graduellement comme une guérison ou une repousse, ce que suggère l'idée d'un processus physiologique plutôt que d'un contrôle intelligent, comme dans le cas de rebourgeonnement d'après un modèle préétabli d'une patte d'écrevisse séparée du corps. Ce rétablissement des fonctions cérébrales est pour le moment inexplicable, comme toute croissance. Nous pouvons l'appeler avec quelque raison « la manifestation supérieure de la croissance humaine ». Considéré de cette façon, il occupe le milieu entre la croissance ordinaire d'un os ou d'un muscle, toujours d'après un plan prédéterminé, et cette création subite de nouvelles connexions cérébrales ou trajets cérébraux qui caractérise l'inspiration de génie. Cette comparaison n'infirme en rien mon opinion d'après laquelle l'inspiration de génie résulterait de la collaboration d'un courant d'idées subliminal, aussi bien développé dans son genre que notre idéation supraliminale dont nous avons conscience. La nature et le degré de la faculté subliminale doivent être jugées d'après ses manifestations les plus élevées. Et l'analogie entre les opérations inconscientes du génie et la croissance me fournirait plutôt un nouvel argument, en me faisant considérer la croissance organique comme subissant le contrôle de quelque chose qui ressemble à une intelligence ou à une mémoire et qui, dans certaines conditions, dans le sommeil hypnotique par exemple, est susceptible d'apporter sa collaboration à la volonté consciente.

Le talent de l'improvisation qui nous a suggéré ces analogies peut parfois agir d'une façon plus permanente que dans les cas de l'orateur et du musicien. Il y a des raisons de supposer qu'il joue un grand rôle dans les œuvres d'imagination même les plus communes. Et en premier lieu la *diathèse improvisatrice*, s'il est permis de se servir de cette expression, a donné naissance à une littérature qui pendant toute une génération a été une des sources les plus abondantes d'émotion pour la pensée européenne. Il faut bien connaître la vie et les écrits de George Sand, pour pouvoir discerner dans ses confessions le mensonge inconscient de la vérité naïve et transparente. Mon opinion personnelle est que, à l'exception de certains cas où le mensonge lui a été dicté par l'intérêt de sa défense personnelle, elle apparaît toujours comme un psychologue aussi véridique et introspectif que Wordsworth lui-même. Différents passages de son autobiographie, dont un ou deux représentent, je crois, des faits réels, sont confirmés ou tout au moins ne sont pas contredits par les témoignages de personnes au courant de ses méthodes de travail. Considérés comme

exacts, ils révèlent une vigueur et une fertilité extraordinaires de productivité littéraire s'accomplissant dans un état
qui se rapproche presque de celui du rêve.

La vie de George Sand n'a pas été exempte de fautes
morales ; mais ces fautes étaient celles d'une organisation
supérieure, non morbide, et appartenaient en outre presque entièrement à sa vie antérieure. Pendant de longues
années de maturité et de vieillesse saines, elle a fourni
l'exemple frappant d'une énorme productivité imaginative
associée à la tranquillité intérieure et au calme méditatif.
Ce que George Sand sentait dans l'acte de composition,
était un courant d'idées continu et qui ne lui demandait
aucun effort, avec ou sans extériorisation apparente des
caractères qu'elle faisait figurer dans ses romans. Chez un
autre auteur, aussi sain et presque aussi puissant que George
Sand, nous trouvons un phénomène qui, chez un esprit
moins robuste et moins actif, serait plutôt un indice de
folie. Si on lit les allusions disséminées dans ses lettres et
relatives à l'indépendance apparente des héros de Dickens
à la lumière des faits que nous connaissons déjà, on ne
sera nullement tenté de les considérer comme des mystifications. Mrs Gamp, sa plus grande création, lui parlait,
disait-il (généralement à l'église) d'une voix qui lui paraissait comme un avertissement intérieur.

M. de Curel, un distingué dramaturge français, racontait
à M. Binet que ses personnages, après une période d'incu-
bation pénible, assumaient une existence indépendante et
tenaient des conversations indépendamment de sa volonté
et de son attention. Le processus de l'invention se poursuit
ainsi chez lui sans fatigue consciente. Ceci nous fait penser
à certains actes accomplis sous la suggestion hypnotique
sans la moindre sensation d'effort.

M. de Curel est un dramaturge ingénieux et raffiné, sinon largement populaire. Son œuvre est d'un genre suffisamment élevé pour donner un réel intérêt à l'analyse minutieuse et sérieuse qu'il fait de ses procédés ou plutôt de ses expériences pendant le travail.

Il commence par aborder son sujet de la façon ordinaire, et même avec un peu plus de difficulté et d'appréhension qu'on n'observe chez d'autres écrivains. Il commence ensuite à sentir qu'un certain nombre de quasi-personnalités surgissent en lui et lui parlent, tout comme Mrs Gamp parlait à Dickens à l'église. Ces personnages ne sont pas nettement visibles, mais ils se meuvent autour de lui sur une scène, maison ou jardin, qu'il perçoit également d'une façon très vague, comme nous percevons une scène qui nous apparaît en rêve. A partir de ce moment, il ne compose plus ni ne crée, il ne fait que de la revision littéraire ; les personnages parlent et agissent tout seuls et, lors même qu'il est interrompu pendant son travail, ou la nuit pendant qu'il dort, la pièce se développe toute seule dans son cerveau. Lorsqu'il est distrait et ne pense plus à la pièce, il entend parfois les sentences faisant partie de scènes dont il ne s'est pas encore occupé ; c'est que l'élaboration subliminale de la pièce a dépassé ou devancé le point auquel s'est arrêté le travail supraliminal. M. de Curel voit dans ces petits dédoublements de la personnalité une sorte de *bourgeonnement*, d'excroissance de la personnalité primitive, que cette dernière absorbe de nouveau graduellement, quoique non sans une certaine lutte pénible, une fois la pièce terminée.

Il s'agit là de quelque chose d'analogue aux idées fixes résultant de l'autosuggestion. La même puissance de cristallisation autour d'un noyau donné qui chez l'hystérique

MYERS.   7

aboutit à la formation de l'idée obsédante, aboutit, lorsqu'elle est soumise au contrôle supraliminal bien dirigé, à la création des personnages vivants d'une pièce.

Nous avons essayé de montrer que le génie représente non seulement une cristallisation d'idées déjà existant, quoique sous une forme flottante, dans l'intelligence supraliminale, mais encore un courant d'idéation indépendant, quoique concomitant, ayant trait à des choses dont la connaissance est accessible à l'intelligence normale, mais les saisissant avec plus de rapidité et de facilité.

Poussons notre recherche plus loin et demandons-nous si, dans ce que nous appelons le génie, entre la connaissance de choses inaccessibles à l'intelligence normale, une connaissance pour ainsi dire supranormale qui ne s'acquiert pas par les procédés ordinaires ?

Il semblerait qu'en ce qui concerne l'appréciation de ce que j'appellerai le contenu vague et supranormal des moments d'inspiration nous n'ayons qu'un petit groupe d'hommes de génie à examiner. S'il y a des génies capables de s'élancer dans un monde spirituel inaccessible au commun des mortels, personne ne devrait en être plus capable que le philosophe et le poète. Mais, même dans les limites de ce groupe si restreint, notre choix n'est que très limité. Peu de philosophes ont été des hommes de génie au sens que nous donnons à ce mot dans le présent ouvrage ; et peu de poètes ont parlé avec assez de gravité et de sincérité, pour que leurs témoignages puissent être cités comme des arguments sérieux.

Ces témoignages, s'ils existent, doivent être cherchés, plutôt que dans la poésie épique ou dramatique, dans les œuvres de poètes du type subjectif le plus prononcé. Nous n'allons pas composer une anthologie de passages se

rapportant au sujet qui nous intéresse. L'analyse d'un seul
poète, voire d'un seul poème suffit au but que nous nous
proposons. Quelque rang qu'on assigne à Wordsworth dans
l'art du langage, il est impossible de lui refuser la vivacité
consciencieuse de psychologue introspectif. « Le Prélude ou
la Croissance de l'Esprit d'un Poète » a été considéré par
quelques critiques comme un poème ennuyeux et égoïste.
Mais quelle que soit la qualité de plaisir poétique qu'il procure, sa valeur en tant que « document humain » est unique
au point de vue qui nous occupe. Nous trouverons, en effet,
des passages introspectifs du plus grand intérêt et de toute
beauté chez Gœthe, chez Browning et avant tout chez Tennyson. Mais personne, pas même Gœthe, n'a examiné ses
propres facultés avec autant de sérieux et de profondeur
comme l'a fait Wordsworth. Le Prélude constitue une tentative délibérée, persistante de raconter la vérité, toute la
vérité et rien que la vérité sur les émotions et les intuitions
qui différencient le poète de l'homme commun. Et il faut
ajouter, et ceci est un jugement établi au-dessus et en dehors des fluctuations de la critique populaire, que Wordsworth avait parfaitement le droit de se considérer comme
une sorte de poète-type. Froid ou enthousiaste, il occupe
une position qu'il est impossible de lui contester.

Wordsworth ne se sentait pas seulement forcé de raconter
la vérité sur lui-même, il était encore particulièrement capable de le faire. Son respect de lui-même faisait qu'il ne
pouvait vouloir paraître différent de ce qu'il était.

Voyons donc la façon dont il décrit le contenu apparent
des moments d'inspiration profonde. Nous voyons Wordsworth insister avant tout sur le caractère distinctif de ces
émergences subliminales.

Il parle de la « brume intérieure » qui devient « une

tempête, une énergie surabondante ballotant en tous sens
sa propre création ».

L'imagination est pour « ce pouvoir terrible surgi des
abîmes de l'esprit, comme une vapeur impénétrable qui
enveloppe subitement le voyageur solitaire. J'étais perdu,
arrêté, sans pouvoir faire un effort pour me dégager ; mais
je puis dire maintenant à mon âme consciente : je reconnais
ta gloire. Dans cette force d'usurpation, lorsque la lumière
des sens est éteinte et qu'il n'existe qu'une étincelle révélant
le monde invisible, on sent une véritable grandeur ».

Ce passage exprime dans un langage poétique les vrais
rapports entre le subliminal et le supraliminal que nous
avons fait ressortir dans ce chapitre.

L'influence surgit d'une source inaccessible ; elle surprend
et trouble pendant un moment l'esprit conscient, mais elle
est reconnue bientôt comme étant une source de connaissances que découvre la vision interne, tandis que l'action
des sens se trouve suspendue dans une sorte d'extase momentanée. Mais la connaissance ainsi acquise est tout simplement une perception du « monde invisible », sans qu'on
puisse la considérer comme une révélation définie.

De ses heures d'enfance le poète dit : « Déjà alors j'aper-
cevais des lueurs semblables à celles d'un bouclier reluisant
dans l'obscurité ; la terre et la nature dans son aspect ordinaire me disaient des choses qui me semblaient des souvenirs. »

Et puisque ces souvenirs ne sont en réalité discernés
que par la vision interne, il se produit une confusion
croissante entre le subjectif et l'objectif ; entre ce qui
naît dans le voyant lui-même et ce dont l'univers visible
fournit des indices qui sont plutôt des allusions : « une
lumière auxiliaire me venait de mon esprit, qui communi-

quait une nouvelle splendeur au soleil couchant. » « Les
yeux corporels étaient complètement oubliés, et ce que je
voyais m'apparaissait comme quelque chose en moi-même,
comme un rêve, une vue de l'esprit. »

Il en est ainsi, répète Wordsworth dans un autre passage,
des esprits soutenus par la connaissance d'un pouvoir trans-
cendant : « ils vivent dans un monde de vie, dégagés des
impressions sensibles, mais subissant des impulsions vivi-
fiantes qui les rendent aptes à s'entretenir avec le monde
spirituel. »

Quelque vagues que soient ces passages (et d'autres du
même genre que nous pourrions citer), ils n'en sont pas
moins plus probants que les visions de saints et d'illuminés
de différentes religions. La saine simplicité de Wordsworth
rend peu vraisemblable le moindre soupçon de prévention ;
selon le conseil de Bacon, il a rendu son esprit concen-
trique de l'univers, et il n'existe rien dans ses révélations
que d'autres révélations soient de nature à infirmer ou à
contredire.

Une conscience vague, mais véritable, du milieu spirituel,
tel est le degré de révélation accessible au génie de l'artiste
ou du philosophe. En d'autres termes, les émergences subliminales, en tant qu'elles restent intellectuelles, tendent à devenir *télesthésiques*. Elles apportent des indices vagues de ce
que je considère comme une grande vérité, à savoir que l'esprit
humain est essentiellement capable d'éprouver des perceptions plus profondes que les perceptions sensorielles, d'acquérir une connaissance directe de faits dépassant la portée
de nos organes différenciés et de nos vues terrestres.

Mais la télesthésie n'est pas seulement une loi spirituelle,
ni l'activité subliminale, une activité purement intellectuelle. Au-dessus et en dehors de la faculté innée de per-

ception des phénomènes de l'univers, il existe entre les esprits mêmes un lien universel qui, dans ses manifestations terrestres et inférieures, s'appelle *télépathie*. Notre faculté cachée, l'activité subliminale du génie, peut s'étendre aussi bien dans cette direction que dans celle de la télesthésie. Le contenu émotionnel de cette activité est même plus important et plus profond que leur contenu intellectuel, tout comme l'amour et la religion sont plus profonds et plus importants que la science et l'art.

Cette passion primitive, je le répète, qui lie la vie à la vie, qui nous lie aussi bien à la vie rapprochée et visible qu'à la vie imaginée et invisible, cette passion ne constitue pas une impulsion purement organique et terrestre, mais forme l'aspect intérieur de la loi télépathique. Il existe donc entre l'amour et la religion un lien de continuité; ce sont des phases différentes d'une gravitation universelle et mutuelle des âmes. La chair sépare au lieu d'unir, quoique dans cette séparation même elle suggère l'idée d'une union qu'elle est incapable de réaliser. Il ne s'agit pas là d'une émotion corporelle ni purement humaine. L'amour est la force d'intégration qui fait un cosmos d'une multitude de choses.

C'est là la conception platonique de l'amour qui se confond presque avec la religion, en tant que celle-ci exprime notre attitude émotionnelle et morale par rapport à la vie invisible. Pour l'amant platonique l'image de l'être aimé, indépendante de la conscience et de l'imagination, est devenue une impulsion permanente et instinctive aux pensées et aux actes nobles. Telle est pour un saint François et une sainte Thérèse l'image de la divinité qu'ils adorent; et s'ils prétendent sentir parfois, dans des moments de crise, une domination, une direction, une *communicatio idioma-*

tum avec le Divin, nous pouvons ajouter foi à des témoignages plus humbles, mais plus tangibles et plus évidents dont il résulte qu'une intercommunication télépathique et des influences impalpables, s'effectuant à distance, existent entre des âmes encore incarnées et d'autres ayant déjà quitté l'enveloppe charnelle.

Le type psychique auquel nous avons donné le nom de génie peut ainsi être reconnu dans toutes les régions de la pensée et de l'émotion. Dans chaque direction notre moi quotidien peut être plus ou moins perméable pour les impulsions subliminales. Celui qui ne présente cette perméabilité qu'à un degré léger, qui agit conformément à des considérations supraliminales, d'après des raisonnements, dirait-il, non d'après des impulsions, celui-là vit en sécurité dans sa prudente médiocrité. Il n'utilise que la partie de la nature humaine qui a été exercée et préparée de longue date en vue des œuvres de ce monde. Celui au contraire dont la perméabilité pour les impulsions subliminales est plus grande est capable d'embrasser un plus grand nombre de possibilités et suit dans la vie une voie moins sûre.

Quelles sont les conditions qui favorisent la production du génie, qui rendent tel d'entre nous plus perméable pour les impulsions subliminales que tel autre ? Des trois hypothèses qui se proposent d'expliquer le mystère des variations individuelles, de l'apparition de qualités et propriétés nouvelles, les hypothèses lamarckienne, darwinienne et la théorie des réminiscences de Platon, cette dernière me paraît la plus vraisemblable, à la condition de la fonder sur les données scientifiques établies de nos jours. Je crois notamment qu'il a dû y avoir dans le protoplasma, base primitive de toute vie organique, une puissance virtuelle d'adaptation à la manifestation de toutes les facultés qui se sont déroulées dans la vie organique. Je considère encore qu'il se produit à chaque instant des variations qu'il n'est pas toujours possible de prévoir et qui se manifestent par l'apparition accidentelle chez les descendants de facultés qui ne se trouvaient pas chez les ascendants. Mais je m'écarte de l'opinion communément admise en ce que je ne considère pas ces facultés comme s'étant manifestées pour la première fois grâce à une combinaison heureuse des éléments héréditaires. Je considère ces facultés non comme apparues pour la première fois, mais comme révélées, et que la sélection, au lieu de faire naître une nouvelle faculté, n'a fait que tirer de la région subliminale une faculté qui y avait toujours existé.

Cette opinion, poussée à ses dernières conséquences, semble en opposition avec la conception courante de l'évolution, et cela parce qu'elle nie que toutes les facultés humaines résultent de l'expérience terrestre. Elle admet un moi subliminal avec des facultés inconnues, nées d'une façon inconnue et non simplement du contact avec les besoins éprouvés par l'organisme terrestre. Elle semble ainsi introduire un nouveau mystère, ce qui d'ailleurs n'est pas le cas, parce que toutes les facultés humaines, en parlant d'une façon générale, doivent être replacées dans le protoplasma et tirées du protoplasma. Il faut d'abord expliquer comment elles se sont trouvées impliquées dans les organismes primitifs et inférieurs et ensuite comment elles se sont développées et déployées dans les organismes ultérieurs et supérieurs. Or, je le répète, toutes les facultés des organismes supérieurs existaient virtuellement dans les organismes inférieurs, et toute la différence entre ma conception et l'opinion courante se réduit à la différence quant au sens que nous donnons au mot *virtuel*.

La différence réelle entre les deux opinions apparaît lorsqu'on considère les facultés mêmes que j'ai appelées inconnues. Si ces facultés existent réellement, mon opinion en fournit la meilleure explication. Or, je considère que la télépathie et la télesthésie existent réellement : la télépathie, en tant que communication entre les esprits incarnés, ou peut être entre les esprits incarnés d'une part et des esprits dépourvus de l'enveloppe charnelle d'autre part ; la télesthésie, en tant que connaissance de choses dépassant les limites de notre perception ordinaire et qui fournit peut-être l'aperçu d'un monde autre que notre monde terrestre. Et ces facultés, dis-je, ne peuvent avoir été acquises par la sélection naturelle, en vue de la conservation de l'espèce ; elles sont plutôt le produit d'une évolution extra-terrestre. Et s'il en est ainsi de ces facultés spéciales, il pourrait en être de même de toutes les autres facultés humaines. Les formes spécialisées de la perception ne constituent donc pas des nouveautés réelles dans l'univers, mais plutôt des adaptations imparfaites du protoplasma à la manifestation de facultés perceptives générales qui y étaient incluses.

Nous possédons des facultés qui sont devenues supraliminales sous l'influence de la lutte pour l'existence. Mais nous en possédons d'autres que la lutte pour l'existence a laissées intactes et qui sont restées subliminales. Le moi supraliminal n'a pas accès à ces dernières facultés. Mais, à la suite d'un hasard de l'évolution ou d'un exercice quelconque, il se produit en un point une communication entre les différentes couches de notre être, et une faculté subliminale apparaît au grand jour de la conscience supraliminale.

J'affirme donc l'existence chez l'homme d'une âme qui

tire sa force et sa grâce d'un univers spirituel, et j'affirme
aussi l'existence dans l'univers d'un Esprit accessible à l'âme
humaine et en communication avec celle-ci. Ces deux pos-
tulats manquent encore de base scientifique, mais ont été
plus d'une fois formulés dans l'histoire de l'humanité. Ils
ont été formulés et reconnus par toutes les religions, quoique
chacune d'elles en ait restreint l'application au point de
rendre leur vérité moins évidente et manifeste. Mais ce que
les religions ont réclamé pour leurs fondateurs et leurs saints
— et qu'est-ce que la sainteté, sinon le génie dans l'ordre
moral ? — la psychologie le réclame pour chaque manifestation de notre vie spirituelle, le rêve, le songe, le rajeunissement hypnotique, l'automatisme sensoriel et moteur,
la possession, l'extase. Le philosophe qui s'est écrié avec
Marc-Aurèle : « Ou la providence ou les atomes ! », qui a
déclaré que sans cette base posée dans l'Invisible « le cosmos moral serait réduit à un chaos », n'aurait-il pas salué la
plus humble tentative de tirer de chacun des problèmes
encore irrésolus quelque allusion à la loi inconnue qui, un
jour, nous fournira la solution de tout ?

CHAPITRE IV

LE SOMMEIL

Les chapitres précédents nous ont fait avancer de deux pas sur notre chemin. Dans le chapitre II nous nous sommes fait une certaine idée relativement à la composition de la personnalité humaine en analysant quelques-uns des accidents auxquels celle-ci est sujette : les idées obsédantes, les instabilités hystériques, les désagrégations et alternances qui semblent détruire l'unité interne à la sensation de laquelle nous sommes instinctivement attachés. Dans le troisième chapitre nous avons vu cette même personnalité dans son état normal de veille, la façon dont cette norme doit être définie et par quelles voies certaines personnes privilégiées ont réussi à étendre leur pouvoir de concentration intérieure et à intégrer davantage leur personnalité en utilisant les émergences de leur faculté subliminale pour compléter ou cristalliser les produits de leur pensée supraliminale.

La revue de ces deux chapitres indique assez clairement quelle doit être notre prochaine étape. Il est évident que dans ma revue des phases ou alternances de la personnalité j'ai laissé de côté l'alternance la plus constante, la plus importante de toutes. Je n'ai notamment rien dit du *sommeil* ; mais sans doute tous mes lecteurs y auront pensé,

non comme à une curiosité morbide, mais comme à une fonction essentielle de la vie.

Nous allons maintenant étudier le sommeil à deux points
de vue.

Le considérant comme une phase alternante de la personnalité, nous devons rechercher quels sont ses caractères et
facultés. Le considérant comme un facteur intégrant de notre
existence terrestre, au même titre que l'état de veille, nous
devons rechercher comment la faculté du sommeil et celle
de la veille peuvent être améliorées et concentrées au cours
de l'évolution psychique et physique de l'homme. Une telle
amélioration ou concentration suppose une connaissance de
la vraie nature du sommeil que nous sommes loin de posséder.

Considérons d'abord les caractères spécifiques du sommeil. La définition de ce dernier constitue un des points les
plus difficiles de la physiologie. Et je pense que les expériences avec le sommeil hypnotique qui se sont accumulées
pendant ces dernières années sont de nature à rendre cette
difficulté encore plus grande. L'explication physiologique
tend à montrer qu'un certain état corporel, tel par exemple
que l'encombrement du cerveau par des produits de désas-
similation, constitue tout au moins l'antécédent ordinaire
du sommeil normal. Mais il est certain, d'autre part, que
chez un grand nombre de personnes, on peut obtenir un
sommeil profond et prolongé, par la simple suggestion, quel
que soit l'état corporel. L'hypnose peut, ainsi que l'ont
montré Wetterstrand et d'autres, être prolongée, avec un
avantage réel pour le dormeur, bien au delà du point que
le sommeil spontané des sujets normaux est capable d'atteindre. Un bon sujet peut être réveillé et réhypnotisé
presque à volonté, indépendamment de tout état de nutri-

tion et de fatigue. Un sommeil de ce genre appartient aux phénomènes que nous pouvons, si nous le voulons, qualifier de nerveux, mais que nous ne pouvons observer et influencer que par l'élément psychologique.

On ne peut, en se basant exclusivement sur les données connues, espérer arriver à une définition du sommeil plus satisfaisante que celles que nous possédons déjà. Nous devons donc ajourner cet essai jusqu'au moment où nous aurons recueilli des données autres que celle déjà connues et relatives à ce qui se produit ou ne se produit pas pendant le sommeil. Un seul point cependant paraît d'ores et déjà établi : c'est qu'il ne faut pas traiter le sommeil, comme cela se fait ordinairement, par son aspect *négatif* seulement. Nous ne devons pas nous contenter d'insister, avec les manuels en usage, sur la simple *absence* des facultés qui constituent l'état de veille, sur la diminution de la perception extérieure, sur l'absence de l'intelligence directrice. Nous devons au contraire traiter le sommeil comme un phénomène *positif* autant que possible, comme une phase déterminée de notre personnalité, présentant certaines relations avec l'état de veille. Chacune de ces phases s'était différenciée à mon avis à partir d'un état d'indifférence primitive, propre à des organismes inférieurs dont il aurait été impossible de dire s'ils étaient éveillés ou endormis. Et même s'il fallait se prononcer sur la question de savoir lequel, de l'état de veille ou de celui de sommeil, est primitif et lequel secondaire, on pourrait je crois affirmer que c'est l'état de sommeil qui, selon toutes les apparences, aura été le primitif, car c'est lui qui domine la vie pré-natale et infantile, et même pour nous autres adultes, à quelque degré que nous nous associions nous-mêmes par la pensée à l'état de veille seul, cet état paraît secondaire et accessoire, en ce qu'il ne peut être maintenu que pendant une courte durée qu'il nous est impossible de prolonger artificiellement, sans avoir fréquemment recours à cet afflux de vitalité que le sommeil apporte.

C'est du sommeil que procèdent tout nouvel essor et toute nouvelle initiative des activités éveillées. Quant aux activités qui naissent et se manifestent pendant le sommeil même, nous aurons encore à en parler au cours de ce chapitre. Jusqu'à un certain degré l'effacement de la vie supraliminale signifie la mise en liberté de la vie subliminale. Jusqu'à un certain degré, l'obscurcissement du soleil méridien de notre conscience éveillée doit rendre visible la couronne faible et étendue de sa puissance insoupçonnée et impalpable.

Abordant l'examen de la faculté caractéristique du sommeil, nous devons commencer par la partie rouge du spectre de notre conscience qui représente le pouvoir le plus profond qu'un effort éveillé soit capable d'exercer sur notre organisme physique.

Notre examen de l'efficacité du sommeil doit commencer au delà de cette limite, car le sommeil renferme sûrement un élément dont l'efficacité dépasse tout ce que nous observons sous ce rapport à l'état de veille. Il est admis, quoique le fait ne soit pas expliqué d'une façon absolue, que la propriété régénératrice du sommeil normal est quelque chose *sui generis* que le repos même le plus complet à l'état de veille ne peut égaler. Quelques moments de sommeil, une simple lacune dans le champ de la conscience, apportent parfois une véritable régénération qu'il est impossible d'obtenir même en restant couché pendant des heures dans le silence et l'obscurité. Une simple inclinaison de la tête sur la poitrine, si la conscience s'arrête pour une seconde ou deux, est capable de changer notre façon d'envisager le monde. A des moments pareils, et plus d'une personne peuvent, comme moi, témoigner en faveur de leur réalité, on sent que ce qui s'accomplit dans l'organisme, modification de la pression sanguine, etc., a été en quelque sorte discontinu; qu'il y a eu rupture du mécanisme intérieur due à une autre cause que la simple ignorance momentanée des stimulations extérieures. La rupture de la conscience est associée jusqu'à un certain degré à une modification physiologique puissante, c'est-à-dire que, même dans les cas de sommeil ordinaire momentané, nous observons déjà l'apparition de cette énergie réparatrice spéciale qui caractérise le sommeil prolongé et qui, ainsi que nous le verrons, atteint un degré plus élevé encore dans le sommeil hypnotique.

C'est cette énergie réparatrice qui se trouve au delà de la raie rouge du spectre de notre conscience éveillée. Dans cette région obscure nous notons seulement un accroissement de puissance et de contrôle sur les fonctions fondamentales de la vie corporelle. Mais si nous passons en deçà des limites du spectre de la conscience éveillée, lorsque nous arrivons au contrôle sur les muscles volontaires ou à la capacité sensorielle, nous nous apercevrons que notre comparaison entre le sommeil et l'état de veille devient beaucoup moins simple. D'un côté nous constatons une lacune générale et une absence de tout contrôle sur le domaine des énergies éveillées, ou bien, comme dans le sommeil partiel, une simple parodie fantastique de ces énergies dans un rêve incohérent. D'un autre côté nous trouvons que le sommeil est capable de développements bizarres, et que la nuit peut quelquefois dépasser subitement les opérations les plus complexes du jour.

Prenons d'abord le degré de contrôle sur les muscles
volontaires. Dans le sommeil ordinaire ce contrôle n'existe
ni n'est désiré ; dans le cauchemar la perte de ce contrôle
est exagérée d'une façon quasi-hystérique et aboutit à une
frayeur immense ; tandis que dans le somnambulisme, sorte
de nouvelle personnalité développée *ad hoc*, le dormeur,
comme nous verrons plus tard, traverse les chemins les plus
périlleux d'une démarche assurée. D'une façon générale le
somnambulisme morbide est au sommeil normal à peu près
ce que l'hystérie est à la vie normale. Mais entre le somnambule sain et la victime d'un cauchemar nous trouvons,
à un autre point de vue, une différence qui rappelle celle
qui existe entre l'homme de génie et l'hystérique.
Comme l'homme de génie, le somnambule met en jeu des
ressources inaccessibles à l'homme ordinaire et à l'état
normal. D'un autre côté, de même que chez quelques hystériques certains mouvements ordinaires sont tombés au-
dessous du contrôle de la volonté, de même le rêveur qui
désire vaguement remuer une jambe engourdie est souvent
incapable d'y diriger un courant d'énergie motrice suffisant
pour effectuer le changement de position désiré. Cette incapacité angoissante de remuer que nous ressentons dans le
rêve, « quand celui qui fuit est incapable de fuir et celui qui
poursuit incapable de poursuivre », cette sensation que Virgile et Homère [1] ont pris comme type de l'égarement para-
lysant, constitue précisément l'*aboulie des hystériques*, cet
état où un homme met une demi-heure pour poser son cha-
peau sur la tête, tandis que telle femme reste une matinée
entière à contempler sa broderie, sans être capable de faire
un seul point.

1. *Enéide*, XII, 908; *Iliade*, XXII, 199.

Mais le terme « somnambulisme » est trop vague et indéfini pour notre discussion présente. Ce n'est que par comparaison avec l'hypnotisme, dans le chapitre suivant, que nous arriverons à une notion un peu plus claire concernant les états de « demi-veille ».

Considérons la *faculté sensorielle entencéphalique*, la faculté de la « vue spirituelle » telle qu'elle se manifeste dans le sommeil ou dans le rêve. Ici nous retrouvons la même règle que celle qui préside à la faculté motrice, c'est-à-dire que d'une façon générale la faculté sensorielle est obcurcie et inhibée par le sommeil, mais qu'il n'en existe pas moins des indications d'un pouvoir subsistant avec la même vivacité qu'avant, et quelquefois même avec une acuité plus prononcée.

Il semble à première vue paradoxal de parler d'hyperesthésie pendant l'état de somnolence ; de sensation vive dans un état décrit généralement comme étant caractérisé par un obcurcissement ou une extinction progressive des sens. Et c'est naturellement dans la production d'images intérieures plutôt que dans les perceptions d'images extérieures que se manifestera l'activité pendant le sommeil.

Il existe un phénomène qui, malgré sa fréquence relative et son évidence, a passé jusqu'ici inaperçu de la science, semblable en cela à beaucoup d'autres phénomènes humains présentant un intérêt plus scientifique que thérapeutique. Baillarger en France et Griesinger en Allemagne ont été les premiers (vers 1895) à appeler l'attention sur ces images vives qui surgissent devant la vision interne de certaines personnes, entre le sommeil et la veille. M. Alfred Maury, l'helléniste bien connu, donna, quelques années plus tard, à ces images le nom d'*illusions hypnagogiques* et publia une série remarquable d'observations faites sur lui-même. M. Galton en parle dans son ouvrage *Inquiry into Human Faculty*, et on trouvera plusieurs cas de ce genre dans *Proceedings S. P. R.*[1], I, p. 390, 473, etc.

Les visions peuvent être hypnopompiques ou hypnagogiques, c'est-à-dire qu'elles peuvent se présenter soit au moment où le sommeil se dissipe, soit au moment où il commence ; dans les deux cas les visions sont entièrement liées aux rêves, les « illusions hypnagogiques » se renouvelant quelquefois dans les rêves, les images hypnopompiques consistant principalement dans la persistance d'une image de rêve pendant les premiers moments de veille. Dans les deux cas ces images témoignent d'une intensification de la vision interne à un moment très significatif, à un moment qui réellement et virtuellement est celui du sommeil, mais se confond presque avec les moments contigus de la veille. Nous pouvons qualifier cet état *d'hyperesthésie de la vision cérébrale ou spirituelle*, le considérer comme l'effet d'une sensibilité exagérée de centres cérébraux spéciaux, déterminés par ces stimulations internes inconnues qui, même aux heures de veille, donnent toujours naissance à des visions internes analogues, quoique plus faibles.

Pour ceux qui sont déjà de bons visionnaires, des phénomènes comme ceux-ci, quoique suffisamment frappants, ne constituent pas une expérience extraordinaire. Pour les mauvais visionnaires, au contraire, la vivacité de ces images hypnagogiques peut apparaître comme une véritable révélation. Je puis dire pour ma part que, sans ces lueurs occasionnelles survenant entre le sommeil et la veille, je serais incapable de concevoir ce qu'est réellement un bon visionnarisme. Les images vagues, obscures, instables qui consti-

---

1. Les initiales *S. P. R.* employées au cours de cet ouvrage signifient : *Society for Psychical Research* (Société de Recherches psychiques).

tuent tout ce que ma volonté soit capable d'évoquer sont
de temps à autre remplacées, dans un moment de somnolence, par une peinture qui apparaît, à mes yeux ahuris,
aussi parfaitement claire et brillante que l'objet même. La
différence ressemble à celle qui existe entre une photogra-
phie instantanée (et en couleurs naturelles!) et une vue
vague, diffuse, projetée par une lanterne magique sur le
point de s'éteindre. Beaucoup de personnes doivent avoir
fait cette expérience et être frappées par la puissance insoupçonnée d'une faculté se révélant à ces moments-là.

Les images que j'ai appelées *hypnopompiques*, c'est-à-dire
celles qui se produisent au moment où le sommeil se dissipe, ne sont pas moins remarquables. Il arrive souvent
qu'une figure qui faisait partie d'un rêve continue d'être vue
sous forme d'une hallucination pendant les premiers instants
qui suivent le réveil, ce qui prouve bien la force de cette
faculté visionnaire qui engendre les rêves. La production
d'une figure hallucinatoire constitue probablement, indépendamment de l'utilité ou de l'inutilité de cette production,
le point le plus élevé que la faculté visionnaire de l'homme
soit capable d'atteindre, et il est remarquable que chez la
plupart des personnes ce point ne se trouve atteint que pendant le sommeil. Quelquefois cette persistance de l'hallucination peut être considérée comme une post-image, quelquefois comme le résultat d'une « suggestion » inspirée par le
rêve. Dans ces cas hypnopompiques le visionnarisme semble
naître pendant le sommeil; dans les cas hypnagogiques il
appartient à une phase intermédiaire.

Le degré d'acuité de tous les sens dans le rêve forme un
objet d'observation directe et même, pour les personnes
capables de contrôler leurs rêves, d'expérience directe. J'ai
décrit ailleurs quelques-uns des efforts que j'ai faits moi-

même en vue de me rendre compte de ma puissance de visualisation dans le rêve, et je dois dire que le résultat a
été que cette puissance n'était pas supérieure à celle dont
j'étais capable dans l'état de veille le plus ordinaire. Quelques correspondants accusent pourtant un considérable
accroissement de la puissance sensorielle dans le rêve. Un
rêve frappant rêvé par Mme A.-W. Verrall, de Cambridge,
et noté minutieusement dès le début présente une intensification de tous les sens. Mme Verrall n'a que des perceptions
musicales rudimentaires, et quand on lui a dit dans son
rêve que ces perceptions allaient se trouver exaltées, elle
n'en éprouvait d'avance qu'un plaisir médiocre. La sensation
apparut pourtant comme quelque chose d'entièrement
neuf, comme une « véritable harmonie que je n'avais entendue jusqu'alors que sous forme d'échos dans le rythme d'un
vers ou dans les soupirs du vent dans les pins. Mon ouïe
s'est trouvée comme purifiée, moins grâce à l'accomplissement d'un désir que grâce à la création d'un désir qui, à
peine né, a atteint la plénitude de la jouissance ». D'autres
parlent de l'accroissement de la vivacité des conceptions
dramatiques ou de ce qui chez les sujets hypnotiques a été
appelé l' « objectivation des types ». « Dans chacun de ces
rêves, écrit une dame, j'étais un homme ; dans l'un d'eux,
j'étais un être brutal et un lâche, dans un autre un dyp-
somaniaque. Jamais avant ces expériences je n'avais eu la
moindre notion quant à la façon de penser et de sentir des
gens de cette espèce. » Un autre correspondant parle des
deux rêves, sans rapports l'un avec l'autre, qu'il a eus simultanément, un rêve émotionnel et l'autre géométrique, et de
la sensation de confusion et de fatigue qu'il éprouva à leur
suite.

Le « Chapitre des Rêves » du roman de R.-L. Stevenson : « Accross the Plains » renferme la description d'expériences sur les rêves qui appartiennent aux plus réussies de toutes celles que nous connaissons. A l'aide de l'autosuggestion avant le sommeil Stevenson était capable de produire pendant le sommeil des représentations dont la vivacité et l'intensité étaient suffisantes pour pouvoir lui fournir les sujets des meilleurs de ses romans. Son récit écrit avec une finesse psychologique admirable doit être lu par tous ceux qui s'occupent de la question. Je mentionne ces phénomènes bien connus dans un but quelque peu nouveau, pour montrer notamment que les perceptions sensorielles internes ou la faculté imaginative du sommeil peuvent dépasser ce qu'on observe sous ce rapport à l'état de veille de la même façon dont la force réparatrice du sommeil dépasse la *vis medicatrix* de nos heures de veille.

Je passe à des phénomènes moins fréquents, qui nous montrent à la fois et l'intensité de l'imagination pendant le sommeil et l'empreinte durable que les produits de cette imagination impriment à l'organisme éveillé : une autosuggestion involontaire que nous pouvons comparer à l'auto-suggestion volontaire de Stevenson.

Le résultat permanent d'un rêve est souvent tel qu'il nous montre clairement que le rêve n'est pas l'effet d'une simple confusion avec des expériences éveillées de la vie passée, mais possède une puissance inexplicable qui lui est propre et qu'il tire, semblable en cela à la suggestion hypnotique, des profondeurs de notre existence que la vie éveillée est incapable d'atteindre. Deux groupes de cas de ce genre sont suffisamment manifestes pour pouvoir être reconnus facilement, celui notamment où le rêve a abouti à la conversion, ou à une transformation religieuse marquée, et celui où le rêve a été le point de départ d'une idée obsédante

ou d'un accès de folie réelle[1]. Les rêves qui convertissent,
réforment, changent le caractère et la foi ont à première vue la
prétention d'être considérés comme quelque chose de plus que
des rêves ordinaires ; et leur discussion peut être remise à plus
tard. Ceux d'un autre côté, qui dégénèrent subitement en
idées fixes irrationnelles sont intimement et manifestement
analogues aux suggestions post-hypnotiques auxquelles le
moi qui les a inspirées est impuissant à s'opposer. Tel est
le rêve relaté par Taine[2], où un gendarme impressionné par
la vue d'une exécution capitale, rêve qu'il sera lui-même
guillotiné et finit par être tellement influencé par son rêve
qu'il se suicide. Plusieurs cas de ce genre ont été réunis par
M. Faure[3], et M. Tissié, dans son livre intéressant *Les
Rêves*, a publié quelques observations personnelles remarquables.

Le cas suivant relaté par M. Krafft-Ebbing[4] est encore
plus remarquable : « 6 mai 1888. La malade (Ilma S...) est
aujourd'hui agitée. Elle se plaint à la sœur de douleurs intenses au-dessous du sein gauche, croit que le professeur
l'avait brûlée pendant la nuit et prie la sœur d'obtenir sa
retraite dans un couvent où elle soit à l'abri d'interventions
pareilles. Le refus de la sœur détermine une crise d'hystéro-
épilepsie. Finalement, dans le sommeil hypnotique, la malade explique de la façon suivante l'origine de sa douleur :
« la nuit dernière j'ai reçu la visite d'un vieillard qui res-
« semblait à un prêtre et qu'accompagnait une sœur de cha-
« rité, dont le collet portait une grande lettre *B* en or. La
« sœur m'avait effrayée, mais le vieillard était aimable et

1. *Brain*, janvier 1887.
2. *De l'intelligence*, I, p. 119.
3. *Archives de médecine*, 1876, I, p. 554.
4. *An Experimental Study in Hypnotism*, by Dr R. von Krafft-Ebbing,
traduction anglaise de Chaddock, p. 91.

« amical. Il trempa une plume dans la poche de la sœur et
« écrivit sous mon sein gauche les lettres *W* et *B*. Une fois
« il trempa mal la plume et fit une tache au milieu de la
« figure. Cet endroit et le *B* me font mal, mais le W ne me
« cause aucune douleur. L'homme expliqua que le *W* signi-
« fiait que je devais aller à l'église de *M* et me confesser au
« confessionnal *W*. »

« Ce récit à peine terminé, la malade s'écria en disant :
« Le voilà de nouveau, le vieillard, il a des chaînes autour
« de ses mains. »

« Lorque là malade se réveilla à la vie ordinaire, elle
souffrait de douleurs dans la région indiquée où il existait
« des pertes superficielles de substance, pénétrant dans le
« chorion et qui ressemblaient à un W renversé et à un *B*,
« avec, entre les deux, une petite surface hyperémiée ».
Cette altération trophique singulière de la peau qui était
identique à celles qu'on avait déjà produites expérimentalement sur la même malade, ne présentait aucune trace d'inflammation. La douleur et le souvenir du rêve ont été supprimés par la suggestion ; mais l'auto-suggestion d'aller se
confesser à l'église de *M* persiste, et la malade, sans savoir
pourquoi, va se confesser au prêtre de sa vision. »

Dans ce cas nous nous trouvons en présence d'un rêve
jouant le rôle d'une suggestion post-hypnotique puissante.
Nous discuterons dans le chapitre suivant le sens de ce
terme vague « suggestion ». Il suffit de noter ici la grande
puissance d'une suggestion subliminale qui peut laisser une
impression qui dépasse en force non seulement un rêve
fugace ordinaire, mais encore l'impression résultant des
expériences réelles de la vie éveillée.

Mais le même cas nous suggère en outre des réflexions
relatives aux rapports qui existent entre la mémoire telle

qu'elle fonctionne dans les rêves et la mémoire hypnotique, rapports qui, ainsi que nous allons le voir, indiquent l'existence d'une mémoire subliminale continue, située plus profondément que la mémoire de la vie ordinaire, cette provision de souvenirs conscients où nous pouvons puiser à volonté.

Au point de vue de la mémoire, comme au point de vue des sensations, nous semblons dans la vie éveillée faire une sélection en vue des buts de notre existence terrestre. Dans la mémoire confuse préconsciente qui dépend de l'organisation même de la matière vivante, la conscience, telle qu'elle surgit dans les organismes supérieurs, a pour mission d'opérer une sélection appropriée et de rendre distinctes certaines séries de souvenirs utiles. La question de la préservation individuelle : que dois-je savoir pour pouvoir échapper à mes ennemis? implique la question : de quoi dois-je me souvenir pour pouvoir agir sur les faits que je connais ? Les courants des souvenirs suivent les courants des sensations : si je suis incapable, faute d'exercice, de noter à temps un fait quelconque, je suis également incapable de m'en souvenir plus tard.

Cette règle suffit peut-être tant qu'on ne considère que les organismes simples. Mais l'homme a besoin d'une formule plus complexe, car il peut arriver, comme nous l'avons déjà vu, que dans le même homme deux personnalités et plus s'approprient chacune, en les tirant de la masse commune des souvenirs latents, un groupe spécial de souvenirs pour son usage exclusif. Ces groupes spéciaux peuvent d'ailleurs présenter entre eux les rapports les plus variés, soit que l'un implique les autres, soit qu'ils s'excluent mutuellement et n'apparaissent que par alternance.

Ces dissociations et alternances des souvenirs sont riches

en enseignements. Celui qui se présente ici n'est pas le moins important. Quel rapport existe-t-il entre l'état de sommeil et ces souvenirs dissociés, parallèles ou concentriques ? Lorsqu'un souvenir en implique un autre, est-ce le souvenir conscient qui, en raison de sa netteté en apparence plus grande, est le plus profond, le plus puissant ? Est-ce le contraire qui est vrai ?

La réponse fournie par l'expérience à ces questions est étonnamment claire et directe. Dans chacune des observations publiées où, autant que je me rappelle, il y a eu un certain degré *d'unification* entre les états alternants, de façon à rendre la comparaison possible, c'est la mémoire la plus éloignée de la vie éveillée qui a la portée la plus vaste, dont le pouvoir sur les impressions emmagasinées dans l'organisme est le plus profond. Quelque inexplicable que ce phénomène ait pu paraître aux observateurs qui se sont trouvés en sa présence sans posséder le mot de l'énigme, les observations indépendantes de centaines de médecins et d'hypnotiseurs n'en attestent pas moins sa réalité. L'exemple le plus commun est fourni par le sommeil hypnotique ordinaire. Le degré d'intelligence qui se manifeste dans le sommeil varie selon les sujets et selon les époques. Mais toutes les fois que ce degré est suffisant pour autoriser un jugement, nous trouvons qu'il existe pendant le sommeil hypnotique une mémoire considérable, qui n'est pas nécessairement une mémoire complète ou raisonnée, de l'état de veille ; tandis que chez la plupart des sujets éveillés, à moins d'une injonction spéciale adressée au moi hypnotique, il n'existe aucun souvenir se rapportant à l'état hypnotique. Dans beaucoup de cas d'hystérie on retrouve la même règle générale, à savoir que plus nous nous éloignons de la surface, plus l'expansion de la mémoire que nous rencontrons est vaste.

Si tout ceci est vrai, nous avons là plusieurs points qui
méritent un examen attentif. Le sommeil ordinaire peut être
considéré comme occupant une position intermédiaire entre
la vie éveillée et le sommeil hypnotique profond ; et il paraît
probable *a priori* que la mémoire qui appartient au sommeil
ordinaire se rattache d'un côté à celle qui appartient à la
vie éveillée et de l'autre à celle qui existe dans le sommeil
hypnotique. Et il en est réellement ainsi, les fragments de
la mémoire du sommeil ordinaire étant intercalés entre les
deux chaînes. C'est ainsi par exemple que sans aucune suggestion spéciale préalable, des actes accomplis pendant le
sommeil hypnotique sont susceptibles d'être remémorés en
rêve, et remémorés avec l'illusion dont les a entourés l'hypnotiseur. Tel le sujet hypnotisé auquel M. Auguste Voisin
suggéra de poignarder un malade — un mannequin — couché dans le lit voisin[1]. C'est ce que le sujet fit sans se souvenir de rien une fois réveillé. Mais trois jours plus tard il
retourne à l'hôpital se plaignant d'être hanté par la figure
d'une femme qui l'accusait de l'avoir poignardée et tuée. Et
il a fallu une autre suggestion pour le débarrasser de ce
fantôme de poupée.

Inversement, des rêves oubliés à l'état de veille, peuvent
être remémorés pendant le sommeil hypnotique. C'est ainsi
que le patient du D'' Tissié, Albert, rêva qu'il était sur le point
d'accomplir une de ses fugues somnambuliques ou voyages
sans but ; une fois hypnotisé, il avoua au médecin son rêve
qu'il avait oublié à l'état de veille[2]. La vérité de cet aveu fut
prouvée par ce fait qu'il préparait réellement ce voyage

1. *Revue de l'hypnotisme*, juin 1891, p. 302.
2. *Les Rêves*, p. 136. Ce sujet remarquable présentait entre les mémoires
des différentes phases de sa personnalité des formes de communications
variées. Voir p. 192-200 des exemples de ces remémorations complexes.

qu'il rêva et que ses autres voyages étaient précédés ou stimulés par des rêves remémorés.

Je n'ai pas besoin d'insister sur l'existence, très incomplète en tout cas, du souvenir de la vie ordinaire dans les rêves ; pas plus que sur la formation occasionnelle de chaînes de souvenirs séparées, composées de rêves successifs et cohérents. Je dois ajouter que nous ne savons pas exactement quelle est l'étendue du souvenir que nous avons de la vie éveillée dans les rêves, puisque il nous est impossible de nous former une idée sur ce sujet d'après le souvenir notoirement imparfait que nous avons dans la vie éveillée de nos rêves passés.

Il existe des exemples où des souvenirs disparus de la mémoire éveillée, indépendamment de la suggestion hypnotique, ont réapparu pendant le sommeil ordinaire, comme dans ces cas *ecmnésiques* consécutifs à un choc nouveau violent et où la perte de la mémoire s'étend même à une certaine période *antérieure* au choc. Tel est le cas de cette malade de Charcot qui, à la suite d'une émotion morale très violente, présente une longue attaque d'hystérie et perd complètement la mémoire non seulement des faits consécutifs à l'accident, mais encore de ceux qui se sont passés pendant les 6 dernières semaines qui l'ont précédé. Se rendant compte de son état, elle notait bien par écrit tous les événements auxquels elle prenait part et tout ce qui lui arrivait, mais en relisant ses notes, elle ne se souvenait de rien, comme si les faits consignés ne la concernaient point. Depuis son accident, elle a été mordue par un chien enragé et soignée à l'Institut Pasteur, sans se souvenir de quoi que ce soit. Cependant des voisins se sont aperçus qu'elle avait l'habitude de parler en dormant et que, dans les fragments des rêves qu'elle faisait ainsi tout haut, elle révélait beaucoup de faits se rapportant à sa période ecmnésique. M. Charcot, supposant qu'il s'agissait d'une crise prolongée d'hystéro-épilepsie, hypnotisa la malade et trouva que dans le sommeil hypnotique, sa mémoire était intacte. A l'aide de la suggestion post-hypnotique, il a été possible de remettre la malade en possession des faits oubliés de sa vie passée[1].

Mais la mémoire qui appartient au sommeil présente des propriétés encore plus curieuses : *a)* Elle peut notamment porter sur des événements que le moi éveillé avait connus autrefois, mais oubliés ensuite ; *b)* elle peut embrasser des faits qui sont arrivés dans le champ sensoriel, mais dont le sujet n'a jamais eu de conception ou de connaissance supraliminale. Ce sont peut-être ces souvenirs qui fournissent les éléments des rêves lesquels peuvent être *rétrospectifs, prospectifs* ou, pour employer le terme de Pope en lui donnant une signification nouvelle, *circumspectifs,* c'est-à-dire portant non sur des faits passés ou futurs, mais sur l'état actuel de choses qui se trouvent au delà des limites ordinaires de la perception. On comprend que des manifestations de ce genre peuvent être prises par erreur pour de la rétrocognition, de la prémonition, de la clairvoyance directes ; alors qu'en réalité elles ne constituent que des perceptions subliminales.

Ces rêves hypermnésiques nous fournissent un moyen d'interpréter plus exactement certains phénomènes réputés miraculeux et de voir d'une façon plus claire ce que les théories ordinaires sont incapables d'expliquer dans la plupart des cas les plus avancés.

C'est, en effet, un fait familier, ou dont l'étrangeté n'est pas faite pour nous surprendre outre mesure, qu'il nous

---

1. *Revue de médecine,* février 1892, et Pierre Janet, *Névroses et Idées fixes,* I, p. 116 et suivantes, Paris, F. Alcan.

arrive quelquefois de recouvrer dans le sommeil un souvenir ayant complètement disparu de la conscience éveillée. Nous citerons à titre d'exemple le rêve de M. Delbœuf relaté dans son livre intéressant sur « Le Sommeil et les Rêves ». Dans ce rêve, le nom de « Asplenium Ruta Muralis » figurait comme une phrase familière. Une fois réveillé, il se demandait en vain où il aurait pu entendre ce terme botanique. Quelque temps plus tard il trouva le nom en question écrit de sa propre main, dans une petite collection de fleurs et de plantes dont il avait écrit les désignations sous la dictée d'un botaniste de ses amis.

Dans ce cas et dans d'autres analogues, l'objet primitif de la connaissance avait fait partie, à un moment donné, de la conscience supraliminale. Mais je crois qu'il existe des cas où des faits et des images n'ayant jamais fait partie de la conscience supraliminale sont retenus par la mémoire subliminale et se présentent quelquefois dans les rêves dans un but qui paraît défini.

C'est, comme nous le verrons plus tard, la cristalloscopie qui nous fournit les phénomènes les plus curieux sous ce rapport. Mlle Goodrich Freer[1], par exemple, voit dans un cristal l'annonce de la mort d'une de ses amies, fait totalement étranger à son moi conscient ordinaire. En se reportant au *Times*, elle trouve, dans une feuille, dont elle s'était servie pour protéger sa face contre la chaleur de la cheminée, l'annonce de la mort d'une personne portant le même nom que son amie ; de sorte que les mots ont pénétré dans le champ de sa vision, sans atteindre son esprit éveillé.

Il existe des cas où la mémoire subliminale se manifestant dans le rêve supplée à l'insuffisance d'un sens quelconque.

---

1. *Proceedings S. P. R.*, V, p. 507.

Tel est le cas de M. Herbert Lewis, atteint de myopie très prononcée, et qui, après avoir cherché sans succès un document très important dans une salle où il croyait l'avoir perdu, eut, pendant le sommeil, l'indication exacte et précise de l'endroit où se trouvait le document en question et où il le découvrit effectivement (*Proceedings S. V. R*, VIII, p. 389).

S'est-il produit dans ce cas un spasme momentané et ayant passé inaperçu du muscle ciliaire ayant eu pour résultat l'extension du champ visuel? Afin que ma supposition ne paraisse pas trop fantastique, je citerai ici quelques lignes d'une observation personnelle d'une somnambule de M. Dufay : « Il est huit heures ; plusieurs ouvrières travaillent autour d'une table sur laquelle est posée une lampe. Mlle R. L.... prend part au travail, causant gaiement de temps à autre. Tout à coup on entend un bruit : c'est sa tête qui retombe violemment sur le bord de la table. C'est le commencement de l'accès. Elle se relève au bout de plusieurs secondes, enlève avec dégoût son lorgnon et continue l'ouvrage qu'elle avait commencé, n'ayant plus besoin des verres concaves dont sa myopie prononcée l'obligeait de se servir dans la vie ordinaire, et se place même de façon à être aussi loin que possible de la lampe[1]. Mlle Goodrich Freer eut à son tour une expérience au cours de laquelle le titre d'un livre qu'elle ne connaissait pas et qu'elle s'efforçait en vain de déchiffrer alors que le livre était à une certaine distance d'elle, lui apparut à l'aide de la cristalloscopie. Dans ce dernier cas une altération spasmodique de l'état de la vision analogue à celle qui se produit dans l'hypnose est à peine admissible.

1. *Revue scientifique*, 3e série, XXXII, p. 167.

Dans les cas cités jusqu'ici nous avons vu le moi rêvant présenter des scènes pour ainsi dire significatives, choisir dans sa galerie de photographies l'image spéciale désirée par l'esprit éveillé, sans avoir besoin de tirer de conclusion plus ou moins complexe des faits dont il était censé disposer. Je vais m'occuper à présent d'un petit groupe de rêves où le moi subliminal raisonne en même temps qu'il remémore, où il s'agit même parfois de quelque chose de plus qu'un simple raisonnement à propos de faits acquis d'une façon quelconque, de quelque chose qui dépasse le sujet de ce chapitre.

En premier lieu, il paraît certain que des faits connus sont susceptibles d'être traités dans le somnambulisme ou dans le sommeil ordinaire avec une intelligence qui dépasse l'intelligence éveillée. Tels sont les cas de problèmes mathématiques résolus dans le somnambulisme ou de l'arrangement squelettique d'ossements disparates découvert par Agassiz pendant le sommeil, après qu'il eut tenté à plusieurs reprises et sans succès, de le découvrir à l'état de veille. Dans certains cas de ce genre, la faculté qui se manifeste ainsi pendant le sommeil atteint le degré d'intensité le plus élevé dans les limites de notre spectre ordinaire ; et dans presque chaque région de ce spectre nous avons vu la faculté en question présenter, dans ses limites plus ou moins étroites, des signes épars permettant de conclure à une égalité tout au moins potentielle avec l'état de veille.

Nous avons déjà fait la même constatation, en ce qui concerne les mouvements musculaires, la vision et l'audition intérieures et la mémoire ; les derniers exemples nous montrent la possibilité de l'accomplissement pendant le sommeil d'opérations intellectuelles de l'ordre le plus élevé.

Kubla Khan de Colridge a montré depuis longtemps ce qu'un grand poète est capable d'accomplir, grâce à l'obscurcissement des sens éveillés. Et l'imperfection même de *Kubla Khan*, la mémoire tronquée par une interruption, nous rappelle à son tour la connaissance partielle que nous avons à l'état de veille des opérations accomplies pendant le sommeil.

Comment ne serait-on pas, après cela, autorisé à voir une certaine analogie entre les opérations qui s'accomplissent pendant le *sommeil* et celles dont le *génie* est capable ? Dans les deux cas nous observons la même spontanéité triomphante, la même résolution de ne plus s'enfermer dans les limites du fonctionnement neuro-cérébral, mais de puiser à des sources inconnues exemptes de ces limitations.

Jusqu'ici le rôle que nous avions attribué au sommeil au point de vue de l'acquisition de connaissances, ne présente rien d'anormal, rien dont le fonctionnement de nos sens à l'état de veille ne soit capable à l'occasion. Il nous reste à rechercher maintenant s'il ne serait pas possible de découvrir dans le sommeil la manifestation d'une faculté *supranormale,* une expérience autorisant à admettre que l'homme constitue, en même temps qu'un organisme terrestre, un esprit cosmique faisant partie d'un monde spirituel en même temps que d'un monde terrestre. Si une telle supposition était vraie, il semblerait naturel que cette participation à un milieu spirituel se manifestât dans le sommeil plus souvent et d'une façon plus perceptible qu'à l'état de veille. Le dogme que mon point de vue rend ainsi probable constitue peut-être, en ne considérant que son côté historique, la base de tous les dogmes qui ont de tout temps joui de l'adhésion la plus universelle de l'humanité.

« *Quod semper, quod ubique, quod ab omnibus* » : quelle

est la proposition théologique, même la plus étroite, qui n'ait pas eu la prétention d'avoir été reconnue et crue partout, toujours et par chacun ? Mais quel est le dogme dont l'antiquité, l'ubiquité et l'unanimité au point de vue de la croyance humaine égalent la croyance aux apparitions d'esprits pendant le sommeil ? A l'âge de pierre le sceptique qui aurait osé y contredire devait posséder une forte dose de courage. Et tout en reconnaissant que cette « psychologie paléolithique » a passé de mode depuis quelques siècles, je ne pense pas, en me reportant aux preuves en faveur de la télesthésie réunies jusqu'à ce jour, qu'il soit possible de considérer plus longtemps comme une *bizarrerie* le retour constant de l'idée se rapportant à des visites faite pendant le sommeil dans un endroit éloigné, avec acquisition consécutive de faits nouveaux qu'il aurait été impossible de connaître autrement.

Partant donc non de l'autorité primitive, mais de l'examen de faits et de preuves modernes nous trouverons, je pense, qu'il existe, entre le sommeil et la vérité, des coïncidences que ni le hasard seul ni l'hypothèse d'une mentation subconsciente ordinaire ne sont capables d'expliquer. Nous trouvons qu'il existe des cas de perception d'objets matériels cachés ou de scènes éloignées et aussi de perception de pensées et de sentiments appartenant à d'autres esprits et de communion avec ces pensées et perceptions. Tous ces phénomènes ont été observés pratiquement à des époques et dans des contrées différentes, et avec une attention toute particulière par les premiers mesméristes français. Les phénomènes du premier de ces groupes ont reçu la désignation de phénomènes de *clairvoyance* ou de *lucidité,* ceux du second groupe constituant les phénomènes de *communication* ou de *transmission de pensées.* Ces termes ne sont pas assez explicites pour suffire à une étude plus systématique. Les perceptions à distance ne sont pas des perceptions *optiques* et ne sont pas limitées au sens apparent de la vue. Elles s'étendent à tous les sens et comprennent même des impressions qu'il est impossible d'attribuer à un sens spécial quelconque. De même la communication entre des personnes éloignées consiste dans la transmission non seulement de pensées, mais aussi d'émotions, d'impulsions motrices et de certaines impressions difficiles à définir. J'ai proposé en 1882 les termes plus larges de *télesthésie*, ou sensation à distance et de *télépathie*, ou sympathie à distance, et j'emploierai ces deux termes au cours du présent ouvrage, sans que leur emploi implique de ma part la prétention qu'ils correspondent à des groupes de phénomènes définis et nettement séparés ni qu'ils embrassent toutes les manifestations supranormales. Il me paraît au contraire probable que les faits du monde méta-éthéré sont beaucoup plus complexes que ceux du monde matériel et que les voies par lesquelles les esprits communiquent et perçoivent, en dehors de l'organisme charnel, sont beaucoup plus subtiles et plus variées que celles par lesquelles s'opèrent les communications et perceptions ordinaires. De même que tout organisme est en réalité un système de forces, agissant sur d'autres systèmes de forces et influencé par eux par des voies connues et inconnues, de même nous devons considérer les esprits humains comme des systèmes de forces agissant les uns sur les autres et beaucoup plus complexes et dépassant notre compréhension. Ceci est tout particulièrement évident dans les *prémonitions* dont nous donnons quelques exemples dans ce chapitre et qui semblent encore plus éloignées de nos procédés de perception ordinaire que la télépathie et la télesthésie.

Il résulte de ce qui vient d'être dit qu'il est impossible de ranger les phénomènes supranormaux dans un ordre logique. Ils ne découlent pas les uns des autres, mais constituent plutôt des manifestations émergentes et fragmentaires d'une loi plus profonde et plus générale. La distinction faite plus haut entre la télépathie et la télesthésie, entre la connaissance supranormale qui semble acquise par l'intermédiaire d'un autre esprit et la connaissance supranormale qui semble acquise directement, sans l'intervention d'un autre esprit, cette distinction elle-même ne peut être considérée comme fondamentale. Nous ne pouvons dire en réalité dans quels cas et dans quelle mesure des esprits extérieurs ont contribué à la perception d'une scène éloignée. Nous ne savons même pas si l'activité d'un esprit unique suffit à une perception supranormale.

J'ai fait plus haut allusion à une autre ligne de démarcation suggérée par les sensations personnelles du rêveur, à la distinction entre l'excursion psychique active et la réception passive d'une invasion psychique extérieure. Mais ici encore, nous l'avons dit, une division tranchée est difficile à établir ; car, que nous ayons affaire à des perceptions pendant le sommeil de scènes matérielles éloignées ou de personnes vivantes éloignées, ou d'esprits désincarnés, le rêveur est souvent dans l'impossibilité de dire duquel point de vue il s'observe lui-même et où se trouve située la scène qu'il voit. Où se trouve-t-il lorsqu'il prend part à une scène située dans l'avenir et en quoi la participation apparente à cette scène future diffère-t-elle de la participation apparente à une scène actuelle, quoique éloignée, au milieu de laquelle sa présence fantômatique peut être discernée par un des acteurs ? Nos réponses à ces questions, tout imparfaites qu'elles soient, doivent être ajournées, jusqu'à ce que nous ayons devant nous non plus des rêves seulement, mais toute cette série de manifestations automatiques sensorielles qui semblent défier nos notions courantes du temps et de l'espace.

Je me bornerai pour le moment à esquisser brièvement quelques-uns des principaux types de rêves supranormaux, dans leur ordre ascendant.

Je citerai d'abord quelques cas où le dormeur discerne par vision clairvoyante une scène intéressant directement un esprit autre que le sien, par exemple la mort imminente d'un ami. Quelquefois il existe comme une vision fugitive qui semble représenter exactement la scène critique ; d'autres fois la vision paraît moins rapide et est accompagnée d'une sensation de *communion* avec la personne intéressée. Et dans quelques autres cas, peu nombreux, mais les plus intéressants de tous, les circonstances de la mort paraissent comme avoir été *montrées* symboliquement au dormeur par la personne décédée elle-même ou par un esprit en rapport avec cette personne.

Un des meilleurs exemples de vision fugitive est celui de Canon Warburton qui, étant venu voir son frère, trouva sur la table de ce dernier un petit mot par lequel il s'excusait de ne pas se trouver chez lui pour recevoir son hôte, obligé qu'il a été de se rendre à un bal. En attendant que son frère soit rentré, M. Warburton s'assit dans un fauteuil et s'endormit, lorsqu'il fut brusquement réveillé, ayant eu la vision de son frère tombant d'un escalier. Quelques instants après celui-ci rentra et raconta à son frère qu'il venait d'échapper à un grand danger, ayant failli se casser le cou en tombant d'un escalier (*Phantasms of the Living*, I, p. 338).

L'impression produite ici ressemblait à une secousse communiquée au lien délicat qui unissait les deux frères. Celui qui se trouvait en danger aura vivement pensé à l'autre, regrettant de ne s'être pas trouvé chez lui pour le recevoir, et on peut expliquer cet incident, comme nous l'avons fait lors de sa première publication, en admettant la projection de la scène dans l'esprit de son frère par l'homme en danger. Le frère passivement assoupi s'est senti de son côté comme transporté subitement au milieu de cette scène, peut-être en réponse à un appel soudain de son frère en danger, et je tiens à mettre en relief ce dernier aspect de l'incident, à cause des analogies qu'il présente avec d'autres cas que nous allons citer. Il n'en est pas moins évident qu'il est difficile de se prononcer résolument en faveur de l'une ou de l'autre de ces explications.

Je citerai ensuite un cas analysé par Gurney peu de temps après sa mort et imprimé in *Proceedings S. P. R.*, III, p. 265-266 :

« M. Vicary Boyle, lors de son séjour à Simla (Inde anglaise), vit une nuit en rêve son beau-père qui habitait Brighton (Angleterre) étendu pâle dans son lit, tandis que sa belle-mère traversait silencieusement la chambre et prodiguait des soins à son mari. La vision se dissipa bientôt, et M. Boyle continua de dormir, mais en se réveillant il avait la conviction ferme que son beau-père qu'il ne savait nullement malade et auquel il n'avait même pas pensé depuis quelques jours était mort. La chose fut confirmée par une dépêche qui était arrivée quelques jours plus tard et de laquelle il résultait que M. Boyle avait eu la vision de la mort de son beau-père neuf heures après l'événement. »

La vision (qui s'était produite dans ce cas à deux reprises) était simple et peut être interprétée comme une impression transmise par la femme du défunt et ressentie par le gendre neuf heures après la mort. En tant que la pensée consciente de la veuve était à même de se reporter vers d'autres personnes à ce moment-là, il est probable qu'elle aura pensé à sa fille plutôt qu'à son gendre. Mais M. Boyle possédait une sensibilité psychique très délicate qui peut avoir détourné le message adressé à Mme Boyle; mais, même en cette occurrence, la présence de Mme Boyle était un facteur nécessaire pour la perception éprouvée par son mari.

Un rêve unique qu'un homme ait jamais eu dans sa vie présente une valeur presque aussi grande qu'une hallucination éveillée unique. Tel est le rêve de M. Hamilton qui rêva que son frère, établi depuis 12 ans en Australie, était rentré en Angleterre, qu'il paraissait peu changé, mais qu'une de ses mains était malade, le poignet étant tuméfié et rouge. Le lendemain matin il reçut, sans s'y attendre le moins du monde, une lettre de son frère datée de Naples et lui annonçant qu'il était en route pour l'Angleterre; il disait dans cette lettre que, sauf un accès de goutte au niveau du poignet gauche, il allait parfaitement bien. Il fut obligé toutefois de débarquer non à Londres, où il était attendu, mais à Plymouth, les médecins ayant diagnostiqué chez lui un empoisonnement du sang ayant abouti à la formation d'un abcès charbonneux au niveau de l'articulation du poignet. Il résulte des renseignements fournis par son frère que le rêve de M. Hamilton avait coïncidé à peu près avec le moment où le premier écrivait sa lettre. Si ce dernier fait était vrai, il s'agirait d'une projection de lui-même faite par le frère souffrant (*Journal S. P. R.,* III, p. 267).

J'aborde maintenant un groupe de rêves plus intéressants et plus complexes et dont je ne tenterai même pas l'explication. Ce sont des rêves *précognitifs,* c'est-à-dire des images et des visions par lesquelles sont prédits et représentés d'avance des phénomènes futurs, d'une façon plus ou moins symbolique et tellement éloignée des prévisions dictées par notre sagacité terrestre que nous serons tentés, dans une discussion ultérieure, de parler en termes vagues d'une sorte de galerie de tableaux cosmiques s'entr'ouvrant brusquement à nos yeux ou de représentations scéniques composées et offertes à nous par des intelligences supérieures à toutes celles que nous connaissons. Le cas de la duchesse de Hamilton est très caractéristique sous ce rapport, aussi bien par sa précision que par son inintelligibilité isolée et son absence de but. Cette dame eut un rêve dans lequel elle vit le comte de L., malade à ce moment-là, assis dans un fauteuil, comme frappé d'une attaque; à côté de lui se tenait un homme à barbe rouge, et il y avait là une baignoire au-dessus de laquelle se trouvait une lampe rouge. Le comte de L. est mort quinze jours plus tard, et une personne ayant assisté à ses derniers moments ne put que confirmer l'exactitude et la précision de la vision de la duchesse de Hamilton (*Proceedings S. P. R.*, XI, p. 5o5).

Nous avons ensuite des cas, comme ceux du Dr Bruce (*Phantasms of the Living*, I, p. 384), et de Mme Storie (*Phantasms of the Living*, I, p. 37o) où le sujet voit en rêve et dans tous ses détails la scène et toutes les circonstances de la mort d'un parent (assassinat d'un beau-frère dans le premier cas, frère jumeau écrasé par un train dans le dernier). Dans le premier cas la scène de l'assassinat a été vue non seulement par M. Bruce, mais encore par une sœur de la victime qui se trouvait également assez loin de la scène; et Mme Storie vit non seulement la façon dont son frère a été écrasé par le train, mais put distinguer dans une des voitures la présence de deux personnes de sa connaissance qui s'y trouvaient réellement.

Dans le cas de Mme Storie toute la scène s'était présentée

comme un rêve, mais comme un rêve peu ordinaire, le sujet
se rendant compte qu'elle était couchée dans son lit. Dans
d'autres cas, l' « invasion psychique » par l'esprit d'une
personne vivante ou décédée engendre une grande variété
d'états de demi-sommeil, aussi bien chez le sujet que chez
l'agent. Dans un récit bizarre (celui de M. Pike, *Phantasms
of the Living*, II, p. 105), un homme qui rêve qu'il est rentré
chez lui est *entendu* chez lui demandant de l'eau chaude et
éprouve une sensation bizarre de « bilocation » entre le
compartiment de chemin de fer et sa chambre à coucher.
Le cas de Mme Manning (*Journal S. P. R.*, VII, p. 100) est
presque identique au précédent, si ce n'est que Mme Manning, au lieu d'entrevoir en rêve l'avenir immédiat, revit
avec une spontanéité singulière son enfance. Dans chacun
de ces cas le rêve avait replacé le rêveur à un autre point du
temps et de l'espace, mais avec une vivacité telle que d'autres personnes semblent l'apercevoir dans cette situation
imaginaire.

M. Newnham (*Phantasms of the Living*, I, p. 225) non
seulement se voit transporté dans le voisinage immédiat de
sa fiancée, mais la touche réellement, en même temps
qu'elle se sent touchée par lui à un moment précis qui était
celui où elle allait se mettre au lit et qu'il lui aurait été impossible de choisir volontairement. Ce cas témoigne nettement en faveur de l' « invasion psychique », conception que
nous examinerons plus en détail dans un chapitre ultérieur.

Il nous serait facile de multiplier les cas et les exemples,
mais ceux que nous avons déjà cités suffisent pour nous
faire considérer le sommeil d'un point de vue différent du
point de vue ordinaire. Nous n'avons pas porté notre principale attention sur le caractère *négatif* du sommeil ou sur

la mesure dans laquelle il manque de ce qui caractérise nos
heures de veille. Nous l'avons, au contraire, considéré
comme une phase autonome de la personnalité, au même
titre que l'état de veille, et doté de facultés qui lui sont
propres, lors même qu'elles ne se manifestent pas toujours
d'une façon parfaite. Dans l'examen de ces facultés nous ne
nous sommes jamais laissé arrêter par l'inutilité apparente
de quelques-unes d'entre elles au point de vue des besoins et
des fins de notre vie éveillée. *Inutile* est un terme pré-
scientifique, anti-scientifique même et qui n'a été que trop
longtemps la pierre d'achoppement des recherches psychologiques. Pour la science, le *but* des phénomènes est de révéler des lois, et plus le phénomène est bizarre et trivial,
plus il y a de chances pour qu'il nous révèle une loi qui a
été méconnue jusqu'ici. En passant en revue les phénomènes du sommeil, nous avons vu en premier lieu que celui-ci possède une puissance réparatrice que les données
connues de la psychologie et de la physiologie n'expliquent
pas d'une façon satisfaisante. Nous avons vu qu'il pouvait y
avoir dans le sommeil une augmentation du degré de coordination et de centralisation du contrôle musculaire et une
netteté et une vivacité plus grande des perceptions entencéphaliques indiquant une appréciation plus exacte que
dans la vie éveillée des modifications intra-périphériques.
En conformité avec ce point de vue, nous avons trouvé encore que le moi endormi peut éprouver des expériences sensorielles et émotionnelles plus intenses qu'à l'état de veille
et capables de produire des effets durables sur le corps et
l'esprit. Et nous avons vu enfin que les impressions corporelles et spirituelles spécifiques dont l'ensemble constitue
ce que nous appelons mémoire peuvent, dans le sommeil,
être plus profondes et avoir un contenu plus riche que la

mémoire éveillée. Et non seulement la mémoire se trouve ainsi intensifiée, mais encore la force de raisonnement, de calcul, d'argumentation, puisque nous avons vu des cas où des problèmes ont été résolus pendant le sommeil alors que leur solution a été vainement cherchée à l'état de veille.

Ce sont là des indications fragmentaires, d'une inutilité pratique si l'on veut, de l'existence pendant le sommeil de facultés s'exerçant sur les mêmes sujets que celles de l'état de veille, et souvent avec une force supérieure. Mais nous avons été amenés à pousser notre examen plus loin et à nous demander si pendant le sommeil le moi ne manifeste pas de facultés d'un ordre différent de celles à l'aide desquelles notre conscience éveillée maintient notre activité. Et nous avons trouvé que tel était en effet le cas, que l'esprit du moi endormi était capable de relations défiant les limitations spatiales, de perception télesthésique de scènes éloignées, de communication télépathique avec des personnes éloignées et même avec des esprits dont on ne peut dire ni qu'ils sont proches, ni qu'ils sont éloignés, vu qu'ils sont délivrés de leur prison charnelle.

Les conclusions qui découlent de toutes ces observations sont en parfait accord avec l'hypothèse sur laquelle est basé tout mon ouvrage.

J'avais prétendu que l'homme représentait un organisme informé et possédé par une âme. Cette opinion implique l'hypothèse d'après laquelle nous vivrions dans deux mondes à la fois, menant une vie planétaire dans ce monde matériel auquel notre organisme est destiné à réagir, et une vie cosmique dans ce monde spirituel ou méta-éthéré qui constitue le milieu naturel de l'âme. C'est ce monde invisible qui fournit l'énergie destinée à renouveler constamment

l'organisme. Nous ne pouvons comprendre ce renouvelle-
ment : nous pouvons nous le figurer comme un processus
protoplasmique ou comme un rapport entre le protoplasma,
l'éther et quelque chose qui se trouve au delà de l'éther et
au sujet de quoi il serait à présent inutile de discuter.

En admettant, pour les besoins de la cause, ces affirmations hardies, il faut admettre aussi qu'il est nécessaire que
l'attention de l'âme s'abstraie souvent des choses de la
vie terrestre, afin de poursuivre avec une intensité d'autant
plus grande ce que nous pouvons appeler sa tâche protoplasmique, le maintien des rapports fondamentaux, intimes
entre l'organisme et le monde spirituel. Cet état plus profond, par cela même qu'il correspond à des besoins plus
primitifs et plus fondamentaux doit être lui-même plus
primitif que l'état de veille. Et il en est réellement ainsi : le
sommeil est l'état qui prédomine chez l'enfant ; l'état pré-
natal ressemble au sommeil plutôt qu'à la veille, et tel
est aussi le cas de nos ancêtres inférieurs. Plus *primitif*,
l'état de sommeil est par là même plus *général* et plus
plastique.

Nous avons ainsi deux phases de la personnalité se développant dans des directions différentes et en vue de buts
différents, mais ayant un tronc commun. La personnalité
éveillée développera les organes des sens extérieurs et
s'adaptera progressivement à une vie dominée par les rapports avec le monde extérieur. Elle s'efforcera de soumettre
les ressources de la personnalité à un contrôle de plus en plus
complet et atteindra son degré culminant dans ce que nous
appelons le *génie* lorsque, dans sa poursuite de fins délibé-
rées, elle aura réussi à unir autant que possible le subliminal avec le supraliminal.

La personnalité telle qu'elle se manifeste dans le sommeil

se développera dans des directions moins faciles à prévoir. A quoi tendra-t-elle, en dehors de l'intensification ordinaire de la force réparatrice? D'après ma théorie, nous ne pouvons que présumer qu'elle montrera dans son développement une tendance croissante à rendre l'âme moins exclusivement liée à l'activité de l'organisme. L'âme s'abstraira de plus en plus de la surface spécialisée des choses matérielles (qu'on nous pardonne cette pauvre métaphore) pour entrer dans un royaume où les rapports qui existent entre la matière et l'esprit, qu'ils soient établis par l'intermédiaire de l'éther ou autrement, sont discernés plus profondément. Cette même abstraction de la surface, tout en diminuant le pouvoir sur les processus musculaires complexes, augmente celui que nous possédons sur les processus organiques profonds et augmente en même temps la puissance d'action que l'âme est capable de déployer dans ce monde spirituel dont le sommeil nous rapproche.

D'après cette conception du sommeil, nous ne devons pas être surpris par la possibilité qu'il y a d'augmenter la proportion de l'état de sommeil par rapport à l'état de veille, à l'aide de la suggestion hypnotique. Tout ce que nous pouvons dire c'est que, tout en reconnaissant à l'âme le droit de prétendre à une quantité *minima* de sommeil nécessaire pour maintenir le corps en vie, nous ne pouvons attribuer aucune limite supérieure à la quantité de sommeil à laquelle elle est susceptible de prétendre, c'est-à-dire à la quantité d'attention qu'elle peut réclamer en faveur des opérations spéciales du sommeil, en comparaison avec celles de la vie éveillée.

Ici finit notre étude du sommeil. Si l'hypothèse que nous avons suggérée explique les faits que nous avons cités au cours de ce chapitre, elle ne le fait qu'à la faveur d'affirmations trop hardies pour être acceptées sans confirmation ultérieure. Il est de notre devoir de tracer dans les chapitres suivants le développement de la personnalité se manifestant dans le sommeil, dans les deux directions que nous avons indiquées plus haut, celle de la réparation organique par l'intermédiaire du sommeil hypnotique et celle de l'activité indépendante de l'âme dans la possession et dans l'extase.

CHAPITRE V

L'HYPNOTISME

Au cours de cette étude de la personnalité et de l'évolution humaines, nous avons essayé de dégager deux ou trois points qui sont à notre avis de nature à modifier les conceptions courantes à ce sujet.

Notre discussion concernant la désintégration de la personnalité nous a permis, dans le chapitre suivant, de proposer une conception du génie dans le sens d'une intégration de la personnalité subliminale avec la personnalité supraliminale, d'une utilisation dans une plus large mesure de l'être psychique de l'homme en vue des fins posées par le moi supraliminal. Le génie semble bien jusqu'à présent résulter plutôt d'une combinaison heureuse et fortuite de facteurs élémentaires que d'un exercice systématique ; mais il n'en était pas moins important de montrer qu'un niveau à ce point supérieur au nôtre a déjà été atteint dans le cours de l'évolution normale de l'espèce.

Nous avons ensuite soumis à la discussion le phénomène du sommeil. Les songes nous ont ouvert, quoique d'une façon incohérente et obscure, des horizons particulièrement vastes sur le milieu et la destinée de l'homme. Ils nous l'ont montré en relations avec un monde beaucoup plus profond

que celui qui est familier au génie et en possession de facultés dont le génie n'a jamais atteint le même degré de puissance.

Nous avons ainsi été amenés à une conception du sommeil qui, indépendamment de la confirmation qu'elle pourra recevoir un jour de la part de la science, s'accorde parfaitement avec les idées développées dans cet ouvrage. D'après cette conception, notre vie humaine existe et manifeste son énergie à la fois dans un monde matériel et dans un monde spirituel. La personnalité humaine, en se développant des ancêtres inférieurs, s'est différenciée en deux phases, dont une adaptée aux besoins matériels et planétaires, l'autre à l'existence spirituelle et cosmique. Le moi subliminal, par la simple direction qu'il donne à l'état de sommeil, est capable soit de rajeunir l'organisme en lui infusant de l'énergie empruntée au monde spirituel, soit d'affaiblir temporairement et partiellement le lien qui l'attache à l'organisme et s'épancher dans l'exercice de fonctions supranormales : télépathie, télesthésie, extase.

En étudiant dans le chapitre II les différentes formes de désintégration de la personnalité, nous avons eu l'occasion d'entrevoir souvent des effets heureux et bienfaisants produits par l'action de facultés subliminales. Nous avons vu les couches les plus profondes du moi intervenir de temps à autre dans un but thérapeutique ou mettre en œuvre, même sans but et d'une façon sporadique, des facultés échappant au contrôle du moi supraliminal. Et nous avons vu en outre que c'est à l'aide de l'hypnose qu'on provoquait souvent l'action de ces facultés subliminales. Je n'ai rien dit alors quant à la nature de l'état hypnotique ; il était seulement évident qu'il s'agissait de quelque chose d'analogue au somnambulisme induit ou artificiel qui semblait systématiser ce contrôle bienfaisant sur l'organisme que les états de demi-sommeil spontané n'exerçaient que d'une façon irrégulière. Nous devons maintenant nous attacher à comprendre *ab initio* ces phénomènes hypnotiques, à poursuivre aussi loin que possible l'étude de ce qu'on peut appeler l'évolution expérimentale de l'état de sommeil.

Supposons un moment que sur ce point nous ne possédions pas plus de connaissances que celles qui existaient à l'époque de la jeunesse de Mesmer. Nous saurons parfaitement, en tant que psychologues expérimentaux, ce que nous désirons faire ; mais nous n'aurons aucune notion quant aux moyens d'atteindre notre but. Nous désirons soumettre à notre volonté, approprier à notre usage ces facultés de demi-sommeil, d'une apparition si rare. Au point de vue physique, nous désirons renforcer leur action d'inhibition sur la douleur et leur pouvoir régénérateur sur l'organisme ; au point de vue émotionnel, rendre plus intense la sensation de liberté, d'expansion et de joie que nous procure leur action. Mais avant tout, nous désirons nous rendre compte de ces facultés supranormales, télépathie et télesthésie, dont nous avons entrevu des manifestations isolées et irrégulières dans le somnambulisme et dans le rêve.

A ces espérances, l'expérience soi-disant « historique » (une induction bien courte et fragmentaire) semble refuser toute réalisation pratique. Nous trouvons bien dans l'histoire des exemples, d'ailleurs très vagues, de suggestion et d'influence curative exercée d'homme à homme, mais ces faits semblent être considérés comme autant de mystères qu'il serait impossible de reproduire à volonté.

Mais que le lecteur songe seulement à toutes les possibilités inépuisables de l'organisme humain et de la vie humaine. Qu'il visite un des centres modernes de la pratique hypno-

logique tels que le service du Pr Bernheim ou la clinique
du D^r van Rentorghem ; qu'il regarde ces centaines de patients plongés journellement, dans l'espace de quelques
minutes, dans le sommeil hypnotique et qu'il se rappelle
que ce procédé qui semble aujourd'hui aussi facile et aussi
simple que l'administration d'une pilule, a été absolument
inconnu non seulement à Galien et à Celse, mais même à
Hunter et à Harvey et dénoncé comme une fiction frauduleuse,
une fois découvert. Celui qui, tout jeune, a eu la chance d'être
témoin des cures opérées à l'hôpital Mesmérien du Dr Elliotson, avant que la négligence et la calomnie aient arrêté
cet effort vers le bien de l'humanité, et qui a vu l'indifférence populaire et le préjugé professionnel priver toute
une génération de ce procédé thérapeutique, celui-là ne
peut que rester sceptique à l'égard de toutes les négations
concernant les facultés humaines, de tous les *obiter dicta*
d'hommes éminents dont le seul tort consiste à n'avoir aucune connaissance sur la question en litige. Ne serait-on
pas plutôt tenté de préférer « les expériences d'insensés »
(comme le pensait Darwin) à toute cette ignorance immé-
moriale figée dans une sorte d'incrédulité irraisonnée ?

Les expériences de Mesmer étaient presque des « expériences d'insensé » et Mesmer lui-même presque un charlatan. Mais Mesmer et ses successeurs, abordant souvent
des points de vue différents et suivant des théories différentes, ont ouvert une voie qui va s'élargissant de plus en
plus et nous ont amenés à un point où nous pouvons espérer,
à l'aide d'expériences faites non plus au hasard, mais d'une
façon systématique, pouvoir reproduire et systématiser la
plupart de ces phénomènes de somnambulisme spontané
qui autrefois semblaient dépasser notre portée.

Cette promesse est grande en effet ; mais il serait bon de

se rendre tout d'abord un compte exact de sa véritable étendue. Nous ne devons pas supposer que nous parviendrons du premier coup, à soumettre à notre expérience un moi central, raisonnable, intégral. Il est au contraire caractéristique de l'hystérie et généralement aussi du somnambulisme que les modifications spontanées qui se produisent dans ces états, tout en étant subliminales, ne sont que partielles, que ces modifications (pour employer la terminologie connue de Hughlings-Jackson) portent sur les centres du niveau moyen, non sur ceux du niveau supérieur, non sur les centres qui président aux perceptions et à l'idéation supérieures, mais sur ceux qui sont chargés du contrôle des mouvements coordonnés complexes, tels que les synergies nécessaires à la marche ou à la vue ou à la parole inintelligente, incohérente comme dans le rêve.

Cette métaphore de niveaux supérieur et inférieur, tout en pouvant paraître inappropriée, n'en est pas moins utile quand on a affaire à une succession de facultés qui se trouvent par hypothèse au-dessous du seuil de la conscience. Ce que nous savons déjà des processus subliminaux nous a obligés d'admettre dans cette région submergée une gradation analogue. Nous pouvons atteindre artificiellement quelque faculté subliminale, sans pouvoir atteindre un jugement central ou un jugement de contrôle. Nous pouvons atteindre des centres qui n'exercent sur ces facultés sublimales qu'un pouvoir fragmentaire, et il n'y aura alors rien d'étonnant si les manifestations provoquées par notre expérience présentent un caractère bizarre, incohérent. Nous devons nous contenter, au début tout au moins, de pouvoir affecter la personnalité, ne serait-ce que dans les limites où le font l'hystérie et le somnambulisme, tout en agissant d'une façon délibérée et utile là où ces deux affections exercent une action plutôt nuisible et irrégulière. C'est déjà un grand espoir que celui de pouvoir inhiber la douleur comme elle l'est chez l'hystérique ou concentrer l'attention comme le fait le somnambulisme ou découvrir et fixer quelque chose de cette faculté supranormale dont nous avons vu des lueurs fugitives dans la vision et dans le rêve. C'est dans la nature intrinsèque de la faculté mise au jour et non dans la connaissance de sa direction naturelle qui dépend souvent d'un ordre émané de la région supraliminale, que nous devons chercher une preuve en faveur de sa provenance des couches profondes de notre être.

Le nom de Mesmer est le premier qui doit être mentionné dans l'histoire de l'hypnotisme. Il croyait primitivement à des effluves curatifs, et sa méthode semble avoir été une combinaison de passes, de suggestion, et d'une présumée « métallo » ou « magnéto-thérapie » (le célèbre baquet) qui n'était sans doute qu'une forme de suggestion. Ses résultats, quoique décrits d'une façon imparfaite, semblent lui avoir été particuliers. La crise que subissaient quelques-uns de ses patients ressemble à une crise d'hystérie ; mais il est probable qu'elle était souvent suivie d'une amélioration rapide, sans quoi il n'aurait pas exercé une si grande impression aussi bien sur les savants que sur le monde fashionable de Paris. Nous devons aussi à Mesmer la première conception des pouvoirs thérapeutiques d'une brusque et profonde modification nerveuse. C'est à lui encore que nous devons, dans une mesure plus grande, la doctrine de l'influence nerveuse ou des effluves nerveux passant d'un homme à un autre, doctrine qui, même dépouillée de l'importance exclusive qu'il lui attribuait, ne peut pas, d'après moi, être ignorée ou niée.

Le plus important de ses successeurs immédiats, le mar-

quis de Puységur, semble, à en juger par ses écrits, [1], un
des hommes les plus habiles et les plus candides parmi
ceux qui pratiquaient le mesmérisme ; il a été encore un de
ceux qui ont fait des expériences sur une vaste échelle, et
dans un but qui n'était pas purement thérapeutique. On
peut presque dire que l'état somnambulique a été sa découverte ; et il a obtenu la clairvoyance et la télesthésie chez
tant de sujets et a décrit ses cas avec tant de détails qu'il est
difficile de voir dans tout cela le résultat d'une observation
défectueuse ou de la télépathie émanant de personnes
présentes. D'autres observateurs, tels que Bertrand, un
médecin de grande valeur, ont suivi la même voie, et cette
brève période est peut-être de toutes celles qu'a connues
notre sujet la plus fertile en expériences désintéressées.

Vient ensuite l'ère inaugurée par Elliotson en Angleterre, et par Esdaile dans son hôpital de Calcutta. Leur
procédé consistait en passes mesmériennes, le but principal d'Elliotson étant la cure directe de maladies, tandis
que Esdaile se proposait surtout d'obtenir une anesthésie
assez profonde pour exécuter des opérations chirurgicales.
Le succès de ce dernier était absolument unique et, les
phénomènes supranormaux mis à part, les résultats qu'il a
obtenus constituent le fait le plus extraordinaire dans l'histoire du mesmérisme. Si ces résultats n'avaient pas été consignés dans des procès-verbaux officiels, l'impossibilité apparente de les reproduire aurait, à cette époque-là, suffi
pour discréditer complètement le procédé en question.

Le grand pas suivant fait par l'hypnotisme a été consi-

---

1. *Recherches physiologiques sur l'homme*, **Paris**, 1811 ; *Mémoires pour
servir à l'histoire et à l'établissement du magnétisme animal; Du magnétisme
animal considéré dans ses rapports avec diverses branches de la physique générale*, etc.

déré par Elliotson et son groupe comme une démonstration hostile. Lorsque Braid eut découvert que l'hypnose peut être produite sans passes, les mesmériens crurent leur théorie des effluves curateurs sérieusement menacée. Et c'était vrai ; car cette théorie a été en réalité rejetée dans l'ombre, d'une façon trop absolue, à mon avis, par le recours de plus en plus vaste et exclusif à la simple suggestion. Les expériences de Braid diffèrent considérablement de celles qui ont été pratiquées avant et après lui. Sa première méthode de la vision convergente a produit des résultats que personne après lui n'a pu reproduire ; et l'état qu'il obtenait lui paraissait susceptible d'arrêter et de dissiper des maladies que ni l'hypnotiseur ni le patient ne croyaient susceptibles de guérison. Mais il abandonna plus tard ce procédé en faveur de la simple suggestion verbale, car il s'assura que la seule chose dont il fallût se préoccuper, c'était d'influencer les idées du patient. Il montra ensuite que tous les phénomènes dits phrénologiques et les effets présumés des aimants, des métaux, etc., pouvaient tout aussi bien être produits par la suggestion. — Il attribuait aussi une grande importance au pouvoir du patient aussi bien de résister aux ordres de l'opérateur que de produire sur lui-même les effets de l'hypnotisme sans l'aide de l'opérateur. La plus importante innovation introduite par Braid a été à mon avis la possibilité de l'auto-hypnotisation par concentration de la volonté. Cette nouvelle expérience sur les facultés humaines, en quelque sorte la plus importante de toutes, n'a trouvé que de rares imitateurs. En parlant des idées professées par le groupe de Braid, nous devons mentionner un expérimentateur très habile, quoique certainement inférieur à Braid, dont il ne semble d'ailleurs pas avoir connu les ouvrages. Nous

voulons parler du Dr Fahnestok dont l'ouvrage « Sta-
tħvolism, or Artificial Somnambulism » (Chicago, 1871) n'a
pas attiré l'attention qu'il méritait, soit à cause de son
titre bizarre, soit à cause de son obscurité, soit à cause de
sa publication dans une ville qui, à cette époque-là, se trouvait tout à fait aux confins de la civilisation. Fahnestock
semble avoir obtenu par l'auto-suggestion sur des personnes
saines des résultats qui, sous beaucoup de rapports, dépassent tout ce qui a été connu depuis lors.

Nous n'avons aucune raison de douter de ces résultats,
si ce n'est qu'ils n'ont pas été reproduits avec le même succès ; et mon but est précisément de montrer que dans l'histoire de l'hypnotisme l'impossibilité de reproduire avec
succès des expériences qui ont réussi à d'autres n'a aucune
importance.

Une nouvelle impulsion a été donnée à l'hypnotisme en
France, par M. Charles Richet, dont l'œuvre est dégagée de
toute étroitesse d'esprit et de toute fausse conception ; mais
le mouvement inauguré par lui a été engagé dans une direction singulière et peu heureuse par Charcot et son école.
Chose bizarre : Charcot qui a été peut-être le seul homme
éminent qui devait sa réputation professionnelle principalement à ses travaux sur l'hypnotisme, est en même temps celui dont les idées sont considérées naturellement comme
erronées et qui paraît à tout le monde avoir suivi une
fausse voie dont ses disciples s'efforcent maintenant de se
dégager. Les principaux résultats obtenus par Charcot
(comme ceux de ses prédécesseurs cités plus haut) sont de
ceux qui ont été rarement reproduits depuis. Les fameuses
« trois phases » du *grand hypnotisme,* personne n'y croit
plus guère de nos jours. Mais ceci tient non pas à ce que
d'autres hypnotiseurs ne pourraient pas obtenir les mêmes

résultats s'ils le voulaient, mais à ce que l'expérience leur
a montré que les résultats et les symptômes auxquels Charcot attribuait une si grande importance ne sont que le produit superficiel de suggestions prolongées et pour ainsi dire
endémiques, telles qu'on les observait à la Salpêtrière.

Nous arrivons au mouvement qui est aujourd'hui de beaucoup le plus important et qui compte à son actif le plus
grand nombre de cures. L'école de Nancy, inaugurée par
Liébeault, rejeta peu à peu et avec une conviction croissante
les présumés « signes somatiques » de Charcot, l'irritabilité neuro-musculaire, etc., qu'il considérait comme la condition essentielle de l'hypnotisme, jusqu'à ce que Bernheim
déclarât courageusement que l'état hypnotique ne constitue
rien de plus que le sommeil ordinaire et que la suggestion
hypnotique était la cause unique de la réaction hypnotique, tout en n'étant pas autre chose qu'un simple conseil
ou un ordre verbal. C'était malheureusement trop simple
pour être vrai. Pas un sommeil sur un million ne constitue
réellement l'état hypnotique, et pas une suggestion sur un
million n'atteint et n'influence réellement le moi subliminal. Si les théories de Bernheim, considérées dans leur expression extrême, étaient vraies, il ne resterait plus à
l'heure qu'il est un seul malade à guérir.

Ce que Bernheim a fait, c'est d'avoir guéri beaucoup de
personnes sans passes mesmériennes, sans aucun parti pris
de croyance en une force dépassant celle de l'opérateur ou
celle du sujet à hypnotiser. Et c'est là le côté le plus précieux de ses expériences qui montrent ainsi l'hypnotisme
réduit à ses éléments les plus simples.

« Le sommeil hypnotique, dit en effet Bernheim, est le
sommeil ordinaire, la suggestion hypnotique un ordre ordinaire. Vous dites au patient de s'endormir, et il s'endort,

vous lui dites de se porter bien, et il se porte bien immédiatement ». C'est ainsi que nous entendons le prestidigitateur nous expliquer « comment le tour de force a été exécuté », sans espérer pouvoir le reproduire avec un résultat aussi brillant. Un ordre ordinaire ne rend nullement un homme ordinaire capable de se débarrasser de ses rhumatismes ou de détester l'odeur de l'eau-de-vie qu'il aimait jusqu'alors. Bref, la suggestion est quelque chose de plus qu'un simple mot ; elle implique certainement un profond changement nerveux provoqué par une action nerveuse venue du dehors ou du dedans. Avant de pouvoir nous contenter de la formule de Bernheim, nous devons considérer de nouveau les changements que nous nous proposons de produire et de voir si les procédés employés jusqu'ici par les hypnotiseurs étaient bien de nature à les provoquer.

Selon Bernheim, nous serions tous suggestibles et ce que nous nous proposons d'obtenir par la suggestion ce serait une augmentation de notre suggestibilité. Mais dégageons-nous pour un moment du charme de mots d'oracle. Il s'agit d'ici de rendre l'organisme plus obéissant au but que nous lui posons. Le sommeil avec lequel l'hypnotisme se trouve généralement identifié ne constitue pas une condition essentielle dans ce cas, car des modifications subliminales sont souvent obtenues sans aucune trace de somnolence.

Voyons, maintenant, si certaines actions nerveuses, soit diffuses, soit spécialisées, tendent à faire naître, non plus le sommeil ou la catalepsie, mais cette sorte de modifiabilité facile, de réaction aussi bien à l'aide de gestes visibles que par des processus nutritifs invisibles, qui constituent l'hypnose telle qu'on l'entend dans la pratique sérieuse.

Parmi les agents externes susceptibles d'influencer le

système nerveux tout entier, les médicaments narcotiques tiennent la première place. L'opium, l'alcool, le chloroforme, la cannabis indica, etc., affectent le système nerveux d'une façon tellement spéciale que l'idée de les employer à titre d'agents hypnotiques paraissait tout à fait naturelle. Et quelques observateurs ont trouvé, en effet, qu'une légère chloroformisation rendait les sujets plus suggestibles. Janet a cité un cas de suggestibilité qui s'était produite durant la convalescence du delirium tremens. D'autres hypnotiseurs (Bramwell) ont trouvé que le chloroforme rendait les sujets moins hypnotisables, et l'alcool est considéré généralement comme diminuant la susceptibilité hypnotique. En attendant d'autres expériences avec les divers narcotiques, nous pouvons dire que les résultats connus jusqu'ici rendent plutôt peu probable l'opinion qui considère l'hypnose comme le résultat d'une action physiologique directe exercée par des agents externes.

La ressemblance apparente entre la narcose et l'hypnose diminue, en effet, lorsqu'on la soumet à une analyse plus approfondie. Il se produit aussi bien dans l'une comme dans l'autre une phase caractérisée par une idéation incohérente, délirante ; seulement, chez le sujet narcotisé, cette phase précède l'état d'inhibition de tout le système nerveux, les centres supérieurs étant paralysés les premiers ; tandis que dans l'hypnose l'inhibition des facultés supraliminales semble dans beaucoup de cas n'être qu'une condition préliminaire nécessaire à l'entrée en jeu de facultés nouvelles plongées dans les régions profondes du moi.

Il faut encore citer, au nombre des facteurs externes capables de produire des effets diffus sur tout le système nerveux, les chocs subits dont l'action peut aussi bien occasionner la mort par arrêt du cœur ou provoquer des paralysies, ou le *stupor attonitus* (une forme consacrée d'insanité) qui détermine cette immobilité cataleptique dans laquelle un simple coup de gong est susceptible de plonger telle malade de la Salpêtrière.

Des phénomènes analogues ont été observés chez certains animaux, la grenouille, la scarabée, etc. Mais le caractère hypnotique de ces états est plus que douteux. Il n'a pas été démontré qu'il existe dans les cas de ce genre une véritable faculté de réaction, d'obéissance à la suggestion ; à moins qu'il s'agisse (comme dans certains cas de la Salpêtrière) d'une forme de suggestion tellement évidente et habituelle que l'obéissance à cette suggestion puisse être considérée comme faisant partie de l'état cataplexique lui-même. C'est ainsi que la « malléabilité » du cataleptique, dont les bras restent dans la position que vous lui avez donnée, doit être considérée plutôt comme un état caractérisé par une puissance de réaction moins forte et moins rapide aux stimulations externes ou internes. ·

Il existe un procédé de production de l'hypnose chez certaines personnes hystériques et qui tient le milieu entre les stimulations massives, diffuses et les actions localisées. C'est à proprement parler une stimulation locale ; mais on ne voit pas pour quelle raison, si ce n'est en vertu d'un caprice profond de l'organisme, le trajet spécial, qui est dans ces cas un trajet sensitif, s'était développé dans telle direction plutôt que dans telle autre.

Je parle de la production de l'état hypnotique à la suite de la pression exercée sur ce qu'on appelle les *zones hypnogènes,* dont le point de départ est constitué par ces plaques d'anesthésie qu'on trouve chez les sujets hystériques, les « stigmates de sorciers » de nos ancêtres.

D'après ce que nous en savons actuellement, la disposition de ces « stigmates » est tout à fait capricieuse, c'est-à-dire qu'elle ne semble pas dépendre de quelque lésion centrale, comme les « douleurs irradiées » qui se produisent au cours de lésions organiques profondes, ces dernières se manifestant par des plaques de sensibilité superficielle qui suivent la distribution des troncs nerveux. Les plaques anesthésiques sont un exemple de ce que j'ai appelé l'auto-suggestion irrationnelle de la couche hypnotique et sont déterminées plutôt par des caprices incohérents que par des antécédents purement physiologiques. Quant à ces points qu'on appelle zones hystérogènes, zones hypnogènes, zones hypnofrénatrices, etc., et que leur constance chez le même sujet pourrait faire considérer comme la cause immédiate physiologique de l'action qui suit la pression exercée à leur niveau, ils me paraissent, malgré leur constance, comme des localisations purement arbitraires, capricieuses, créées en vertu d'une décision inconsciente du moi subliminal dont ils constituent l'aboutissant extérieur. La pression locale exercée au niveau de ces points ne serait à mon avis qu'un simple signal, un appel aux facultés préexistantes des centres de la couche hypnotique dont le fonctionnement n'est soumis à aucune loi. Là où d'autres voient une action physiologique, je ne vois quant à moi que l'effet de l'auto-suggestion.

Certains praticiens ont eu recours, pour pratiquer la suggestion, à ce que l'on appelle la *stimulation monotone*. C'est ainsi que M. Auguste Voisin, ayant affaire à des personnes incapables de fixer leur attention, avait recours au procédé suivant. Après leur avoir écarté les paupières à l'aide d'un blépharostate, il leur faisait fixer, quelquefois pendant des heures, un point ou un objet quelconque, par exemple, une lampe électrique allumée. Les sujets finissaient par tomber dans un état presque comateux qui les rendait très suggestibles. S'agit-il là d'un antécédent vraiment physiologique du sommeil hypnotique ? Je ne le pense pas. L'excitabilité morbide des sujets constituait tout simment un obstacle à l'hypnose et, s'ils avaient été capables de prêter une attention suffisante à la suggestion verbale (qui a été nécessaire dans tous les cas), le sommeil hypnotique aurait été obtenu sans la stimulation monotone.

Quant aux stimulations monotones telles que le tic-tac d'une montre, le bruit produit par l'hélice d'un navire, loin d'être capable de provoquer toujours l'hypnose, elles finissent dans la plupart des cas ou par échapper à notre attention ou par nous agacer. Il en est de même du bercement qui, s'il est efficace pour endormir certains enfants, agit d'une façon irritante sur d'autres. En tout cas, le bercement agit sur les centres spinaux et sur les canaux smicirculaires, et son action soporifique tient moins à sa répétition monotone qu'aux mouvements massifs de l'organisme. Les « passes » elles-mêmes agissent moins en tant que *stimulation monotone* que comme simple suggestion, et cela d'après l'expérience de praticiens tels que Milne Bramwell qui les emploient toujours avec succès.

La conclusion qui se dégage de notre analyse des procédés qui sont censés exercer une action physiologique aboutissant au sommeil hypnotique, c'est que tous ces procédés ne constituent qu'autant de façons de pratiquer la *suggestion,* et nous voilà amenés à considérer avec l'école de Nancy la suggestion comme le seul moyen de provoquer l'hypnose.

Mais comment la suggestion agit-elle, et dans quelles conditions? Il est évident que l'obéissance à la suggestion ne peut dépendre de la volonté du sujet, pour cette simple rai-

son qu'elle s'adresse à une région située bien au delà de
celle où la volonté se manifeste. Tel sujet a beau désirer
guérir de telle maladie, il a beau vouloir vous obéir, une
simple expression verbale de son désir faite par vous, même
sous forme d'un ordre ou d'un commandement, ne suffit pas
à amener sa guérison. Pour que le résultat désiré se produise, il faut l'intervention d'un autre facteur dont il n'a pas
suffisamment été tenu compte jusqu'ici : il faut que la suggestion du dehors se trouve transformée en une suggestion
venue du dedans, c'est-à-dire en auto-suggestion, et la
suggestion devient ainsi « un appel efficace au moi subliminal », non pas nécessairement au moi dans son aspect le
plus central, le plus unitaire, mais tout au moins à une de
ces couches de facultés subliminales que j'ai décrites précédemment.

En formulant cette définition de la suggestion, je n'entends nullement en tirer une explication quelconque concernant son efficacité dans certains cas, son inefficacité dans
certains autres. Tout ce que je puis dire, c'est que la plus
ou moins grande efficacité de la suggestion ne dépend pas,
comme on le croyait jusqu'ici, de telle ou telle différence
entre les divers procédés de suggestion en usage. L'action
de la suggestion est capricieuse et ne se laisse pas réduire
à des lois quelconques ; mais nous retrouvons la même apparence d'arbitraire et de fortuité dans les phénomènes de la
désintégration de la personnalité, du génie, du sommeil, de
l'automatisme moteur et sensoriel. Nous nous trouvons là
en face d'un mystère faisant partie de celui qui concerne les
rapports existant entre le moi subliminal et le moi supraliminal.

Nous tenterons plus tard d'éclaircir un peu ce mystère.
Voyons en attendant si la conception du moi subliminal

n'est pas de nature à nous fournir de nouvelles données susceptibles de jeter un peu de lumière sur les phénomènes de l'hypnotisme.

Nous pouvons dire en premier lieu que, puisque nous avons trouvé que les facultés subliminales trouvent leur épanouissement le plus complet pendant la phase du sommeil, nous devons nous attendre à ce que l'évocation artificielle de ces facultés soit à son tour suivie de sommeil. Or, c'est précisément un état particulier analogue à celui du sommeil qui caractérise principalement l'hypnose ; et quoique les soi-disant suggestions hypnotiques manifestent parfois leurs effets à l'état de veille, les plus grands succès thérapeutiques obtenus par l'hypnotisme se sont produits pendant un état de sommeil plus ou moins profond, un sommeil qui est compatible avec des activités plus ou moins étranges, mais qui est certainement plus profond que le sommeil normal. Pour ma part je me garderai bien de suivre Bernheim qui assimile le sommeil hypnotique au sommeil normal. Je dirai plutôt que dans l'hypnotisme, de même que dans l'extase, la léthargie, le somnambulisme, le moi subliminal surnage à la surface d'une façon que nous connaissons et se substitue au moi supraliminal dans la mesure nécessaire à l'accomplissement de son œuvre. Le caractère de cette œuvre nous est déjà connu ; seulement ce que nous avons vu s'accomplir autrefois spontanément, se produit maintenant en réponse à notre appel.

Cette conception simplifiée de l'hypnotisme nous permettra de comprendre beaucoup de phénomènes dont l'interprétation et l'explication sont encore très discutées. C'est ainsi que les différentes phases de l'état hypnotique décrites par Charcot, Liébeault, Gurney, chaque phase présentant, ainsi que l'a montré Gurney, sa mémoire propre, sans rapport ni confusion avec la mémoire des états qui la précèdent ou la suivent, ces phases, disons-nous, présentent une analogie frappante avec ces désintégrations morbides de la personnalité, avec ces multiplications de la personnalité que nous avons décrites dans le chapitre II, où nous avons vu chaque nouvelle personnalité présenter des lacunes, des solutions de continuité dans la chaîne mnémonique. Les phases hypnotiques présentent des personnalités secondaires ou alternantes d'un type superficiel, et par cela même éminemment propres à nous montrer à quel genre de désintégation subliminale sont dues les désagrégations plus profondes de la personnalité.

La phase la plus profonde du sommeil hypnotique pourrait être définie comme un arrangement scientifique, fait en vue d'un but défini, des éléments du sommeil, arrangement dans lequel ce qui peut être utile est intensifié, tandis que tout ce qui peut constituer un obstacle est écarté. Notre sommeil normal est à la fois instable et incapable de réaction ; on peut nous réveiller avec une piqûre d'épingle, mais lorsqu'on nous parle nous n'entendons ni ne répondons rien, à moins que nous soyons réveillés par le bruit même des paroles. C'est le sommeil tel que l'ont créé les besoins de nos ancêtres timorés.

Le sommeil hypnotique est au contraire à la fois stable et capable de réaction ; résistant aux excitations qu'il veut ignorer, facilement accessible aux appels auxquels il est décidé à répondre. Piquez ou pincez un sujet hypnotisé et, quoique certaines couches de sa personnalité puissent être en quelque sorte conscientes de votre acte, le sommeil ne sera pas interrompu pour cela. Mais lorsque vous lui adressez la parole ou que vous parlez tout simplement devant lui, il vous entendra, quelque profonde que soit sa léthargie apparente.

Ceci est vrai de la phase initiale du sommeil; à une phase
plus profonde, le moi supraliminal se trouve enfin complètement affranchi et est capable non seulement de recevoir,
mais aussi de répondre. L'état hypnotique a ainsi pour but
de faciliter, de rendre possible la direction supraliminale
du moi subliminal.

Cette direction s'exerce dans deux voies différentes et agit
soit par l'*inhibition,* soit par la *dynamogénie,* c'est-à-dire
soit en réprimant certains actes, certaines émotions et certains états affectifs, soit en en provoquant, en en favorisant
d'autres. Et en ceci la suggestion hypnotique se rapproche
de l'éducation qui a également pour but d'empêcher chez les
enfants l'éclosion de certains instincts et habitudes réputés
mauvais et de favoriser le développement d'instincts et
habitudes reconnus bons.

Cependant le travail de dynamogénie dans l'éducation
présente beaucoup plus de difficultés que celui d'inhibition.
Nous savons très bien ce que nous voulons empêcher l'enfant de faire ; il est beaucoup plus difficile de déterminer ce
qu'une éducation judicieuse doit lui apprendre à faire. La
toute première leçon que nous lui inculquons, l'*attention,*
est en réalité d'une portée dont nous ne nous rendons pas
compte. Nous nous contentons généralement du côté négatif
de la leçon qui consiste dans l'*inhibition* de la pensée dis-
traite, l'*intensité* de l'attention ainsi obtenue forme un problème à part. L'éducation intellectuelle que l'attention rend
possible comprend l'exercice des facultés de perception, de
mémoire et d'imagination ; or, toutes ces facultés ont souvent acquis un degré d'intensité considérable du fait de la
suggestion hypnotique.

L'éducation morale, de son côté, suppose un exercice de
l'attention, principalement dans la direction émotionnelle,

et par des procédés aussi bien d'inhibition que de dynamogénie. Nous éliminons les peurs morbides en inculquant les
notions de courage et de respect de soi-même ; nous nous
servons du « pouvoir expulsif de nouvelles affections » pour
chasser des désirs indignes. Les exemples sont nombreux
qui montrent la puissance de la suggestion dans des cas où
la vie semblait irrémédiablement ruinée par quelque préoccupation obsédante ou quelque frayeur irrésistible.

Les vertus personnelles dépendent avant tout de la puissance d'inhibition, tandis que la dynamogénie est nécessaire
lorsque ces vertus ont besoin d'être stimulées plutôt que
contenues, la stimulation étant appliquée à des instincts déjà
existants. Chacun de nous désire plus ou moins la santé, la
richesse, la considération, le succès. Mais lorsque des
vertus personnelles nous passons aux vertus altruistes,
nous ne sommes pas sûrs du tout de trouver une impulsion
prête à se développer.

Lorsqu'on a atteint un certain degré de générosité et
d'affabilité, on se trouve devant les qualités supérieures
d'abnégation, d'enthousiasme impersonnel, etc., qui dépassent la portée de l'éducation ordinaire et de la suggestion
hypnotique ordinaire. Certains dipsomanes et morphinomanes guéris mènent une vie digne d'estime ; ils ont atteint
pour ainsi dire un certain degré de stabilité morale ; mais
il est peu probable qu'ils soient capables de manifester des
vertus supérieures.

En fait, personne ne peut demander au médecin de lui
suggérer la sainteté ; de même qu'on ne peut s'attendre à
ce qu'un homme égoïste et heureux se trouve transformé en
homme généreux et détaché des biens de ce monde : cet
homme s'est adapté à sa façon à son milieu et il ne demande
pas à être changé profondément. Ce n'est donc pas des

Myers. 11

salles d'hôpital ni des cabinets de consultations que nous
parviendront des nouvelles de grands changements de
caractère en vue de fins spirituelles. Ces changements ne
peuvent faire l'objet d'expériences exécutées à sang-froid.
Ils ne s'en produisent pas moins. Chez chaque peuple et à
toute époque il y a eu des conversions, des changements et
des élévations du caractère attribués à la grâce divine, et
nous verrons plus tard que sur ce point notre revue des
effets de l'hypnotisme se confond avec des considérations
plus vastes sur la puissance spirituelle de l'homme.

Mais, avant d'en arriver à ce point de vue plus vaste,
nous devons passer successivement en revue les différentes
formes aussi bien d'inhibition que de dynamogénie qui
constituent l'éducation ordinaire, depuis le berceau.

La forme la plus ordinaire de restriction ou d'inhibition
consiste, comme nous l'avons déjà dit, dans les efforts que
nous faisons pour préserver l'enfant de l'acquisition de
« mauvaises habitudes ». Ces associations morbides des
centres moteurs, amusantes au début, finissent parfois par
devenir incurables au point de résister à tout traitement ou
régime, au point que l'acte si insignifiant en apparence
que celui de sucer le pouce peut causer des désordres très
graves.

Sous aucun rapport pourtant, les résultats de la suggestion ne paraissent plus inexplicables que dans les cas de ce
genre. Nulle part nous n'assistons à un affranchissement
aussi complet, presque momentané, d'une habitude que des
années d'efforts pénibles n'ont pas réussi à supprimer.

Ces cas occupent le milieu entre la thérapeutique ordinaire et la persuasion morale. L'importance de trouver ici
le moyen de traitement le plus court et le plus rapide saute
aux yeux, et nous n'avons aucune raison de croire que les

cures ainsi obtenues soient moins complètes et moins permanentes que celles dues à un effort moral lent et graduel.
Ces faits ne doivent pas être perdus de vue lorsqu'on parcourt toute la série des effets hypnotiques supérieurs, car
ils sont de nature à nous ôter toute inquiétude relative à
l'exclusion possible de tout exercice ou effort moral dans les
cas de guérison aussi rapide, miraculeuse presque. Nous
devons supposer que chacun de ces effets consiste dans une
modification de certains groupes de centres nerveux, et c'est
là précisément le résultat que l'entraînement moral obtient
dans la région de la conscience d'une façon plus lente et
plus pénible. Il existe entre ces deux façons de procéder la
même différence que celle qui sépare les résultats réalisés
par l'application intellectuelle de ceux que réalise l'homme
de génie. L'homme auquel on a suggéré « la sobriété »
peut, sans douter, se dispenser de tout effort de patience et
de résolution, de même que l'écolier Gauss inscrivait les
solutions des problèmes, aussitôt que ceux-ci étaient énon-
cés, au lieu d'y dépenser une heure d'application et de
réflexion. Mais le progrès moral est dans son essence aussi
illimité que celui des sciences mathématiques, et l'homme
dont le caractère a ainsi, sur un point quelconque, subi une
transformation, sans qu'il lui en coûtât la moindre lutte,
n'en peut pas moins trouver dans la vie plus d'une occasion
de réaliser un effort moral, d'entraîner son caractère et de
prendre des décisions.

Parmi les mauvaises habitudes dont il s'agit, la *kleptoma-
nie* présente un intérêt particulier, parce qu'on est souvent
tenté de se demander si cette soi-disant habitude morbide
ne sert pas d'excuse à un simple penchant criminel. Or, les
résultats obtenus par le traitement sont la meilleure preuve
de l'existence de cette maladie ; et certaines cures montrent

que l'impulsion dont il s'agit tient réellement à une excitabilité morbide des centres moteurs actionnés par un stimulus spécial, une idée fixe tendant à se transformer immédiatement en acte.

Certains mots et actes *violents* tombent sous la même catégorie, dans des cas où l'impulsion à jurer ou à frapper a acquis la promptitude irraisonnée et automatique d'un *tic*; ils n'en peuvent pas moins être inhibés par la suggestion, de même que certaines aberrations sexuelles.

Les substances stimulantes et narcotiques forment une menace perpétuelle à la moralité humaine. Par un accident bizarre de notre développement, la tendance de notre organisme à l'emploi de certaines drogues, l'alcool, l'opium, etc., est assez puissante pour l'emporter, chez un grand nombre de personnes, non seulement sur les impulsions altruistes qui sont d'acquisition récente, mais encore sur les tendances primitives de défense et de conservation personnelles. Nous nous trouvons pour ainsi dire ramenés à la « chimiotaxie » des organismes inférieurs et nous créons un conflit bizarre entre notre responsabilité morale et nos affinités moléculaires, notre volonté centrale étant débordée par les innombrables éléments inertes de notre être. Dans ces états, la suggestion hypnotique opère d'une façon assez curieuse, moins dans le sens d'une fortification de notre volonté centrale que dans celui d'un nouvel arrangement moléculaire; elle laisse notamment le patient indifférent au stimulant, elle lui en fait même éprouver le dégoût. L'homme pour lequel l'alcool réalisait autrefois la joie et la terreur extrêmes, se comporte maintenant comme s'il vivait dans un monde où l'alcool n'existerait pas.

L'esclave de la morphine recouvre parfois la même liberté. On croyait autrefois que la cure des morphinomanes équivalait à leur mort, puisque de nombreux suicides ont été enregistrés accomplis par des morphinomanes privés de leur stimulant. Mais dans certains cas guéris par la suggestion, la privation subite n'a laissé après elle aucun désir, aucun regret. Il s'agit ici de quelque chose de plus profond qu'une réforme morale : on dirait un esprit restant intact au milieu des dégradations que subit le corps.

Nous arrivons aux idées connues sous le nom de *phobies*, telles que l'agoraphobie, la claustrophobie, la mysophobie (la crainte des souillures), qui expriment une sorte de déplacement ou de contracture de l'attention et dans lesquelles la suggestion se montre parfois très efficace, soit en suscitant l'activité de centres antagonistes, soit en ouvrant des canaux fermés jusque-là, en déterminant en un mot une disparition rapide de l'idée obsédante. Je viens de parler, à propos des cas de ce genre, d'une modification intellectuelle consistant dans la remise à point de l'attention déplacée. Mais les effets moraux ne sont pas ici moins importants que dans les cas d'inhibition de la dypsomanie, etc., déjà mentionnés. Ces peurs morbides que la suggestion fait disparaître agissent en ruinant, en dégradant le caractère. Les éléments d'antipathie, de jalousie qu'elles renferment souvent rendent les sujets qui en sont atteints aussi dangereux pour les autres qu'odieux à eux-mêmes.

La suppression de ces idées fixes par la suggestion rappelle quelque peu l'extirpation chirurgicale des tumeurs de l'organisme. Mais l'extirpation de tumeurs ne constitue pas la seule façon de purger l'organisme ; et l'organisme psychique, pour poursuivre notre métaphore, est également sujet aux destructions et aux constipations qu'il est souvent nécessaire de dissiper. Le trésor de la mémoire peut être mélangé de résidus, les enseignements fournis par l'expé-

rience se trouvant souvent retenus trop bien, le calme philosophique peut dégénérer en apathie. « L'expérience accu-
mulée, a-t-on dit avec beaucoup de raison [1], paralyse l'action,
trouble la réaction logique de l'individu au milieu. Le
manque de contrôle qui marque souvent la décadence des
facultés mentales n'est (quelquefois) qu'un contrôle défec-
tueux, par suite de la prépondérance des influences secondaires sur les primitives. »

C'est ainsi que la suppression de la *fausse honte* par la
suggestion hypnotique constitue en réalité une purgation de
la mémoire, une inhibition du souvenir des fautes passées
et une mise en œuvre d'aptitudes nécessaires à un moment
donné. C'est ainsi que chez un garçon appelé à faire une
récitation en public, l'hypnotisation réveille l'instinct primitif de loquacité, dégagé de la peur paralysante du ridicule. Chez le musicien au contraire une suggestion analogue
fera apparaître l'instinct secondaire acquis par les doigts,
en le débarrassant des idées indécises et embarrassantes de
l'écolier.

Je dois remarquer ici (après Gurney et Bramwell) que
le terme *monoïdéisme* appliqué aux états hypnotiques me
paraît tout à fait inadéquat. Il se produit certes chez le
sujet hypnotisé une *sélection* des idées et une *concentration*
de l'attention sur telle ou telle autre idée choisie ; mais ces
idées elles-mêmes peuvent être à la fois complexes et chan-
geantes, et c'est là une des différences qui séparent l'état
hypnotique du somnambulisme, dans lequel on voit très
souvent un groupe très restreint de centres cérébraux appelés à l'activité et suffisant à celle-ci. La servante somnambule par exemple persiste à ranger la table à thé, quoi que

1. Dr HILL, in *British Med. Journ.*, 4 juillet 1891.

vous lui disiez, et ceci est en effet du mono-idéisme ; mais le sujet hypnotisé est capable d'obéir simultanément à des ordres plus nombreux et variés qu'il ne le ferait à l'état de veille.

De ces inhibitions de la mémoire ou de l'attention dirigée vers les expériences du passé, nous passons à l'attention dirigée vers l'expérience actuelle. Et ici nous atteignons un point central, la *tache jaune* du champ mental, et nous verrons que parmi les effets les plus importants de l'hypnotisme, certains peuvent être considérés comme des modifications de l'*attention*.

Toute modification de l'attention peut s'accomplir soit dans le sens de l'arrêt, soit dans celui de la stimulation, ou dans les deux sens à la fois. J'étonnerai certainement plus d'un lecteur en disant que la *suppression hypnotique de la douleur* est due à une *inhibition de l'attention*. Dans les anesthésies de cause organique (empoisonnement, traumatisme, etc.) il se produit des modifications dans la structure intime des nerfs qui ont pour conséquence non seulement la suppression de leur communication avec le système nerveux central, mais encore une diminution, voire l'abolition de l'activité fonctionnelle du nerf en général ; dans l'anesthésie hypnotique au contraire le système nerveux reste aussi vigoureux et actif que jamais, presque aussi capable de transmettre la douleur que de l'inhiber tout à la fois ; en un mot, le sujet hypnotisé est *au-dessus* de la douleur au lieu d'être *au-dessous* d'elle. L'hypnotisme a pour effet non de supprimer la cause organique, physique de la douleur, mais d'affaiblir la faculté de représentation grâce à laquelle notre système nerveux central transforme tel ou tel trouble organique en douleur. Cet affaiblissement ne va pas toujours jusqu'à la suppression complète ; souvent la

douleur qui a pu être supprimée au cours d'une opération
pratiquée, le malade étant hypnotisé ou même chlorofor-
misé, se réveille à un moment donné, dans le sommeil par
exemple, ce qui prouve qu'elle avait été simplement relé-
guée dans une des couches de notre conscience inaccessibles
à notre examen et à nos regards.

Ce pouvoir d'inhibition que possède l'hypnotisme procure
à chacun de nous, pour peu qu'il s'agisse d'un individu
suggestible, un pouvoir de *concentration* de l'attention, de
choix dans l'exercice de nos facultés, et ceci en nous permettant d'écarter, de reléguer dans une couche éloignée
de notre conscience toutes celles qui ne sont pas strictement nécessaires pour atteindre tel but qu'on s'était posé.
Ceci suppose une dissociation des éléments qui jusqu'ici
paraissaient indissolublement liés et le choix entre ceux qui
nous sont immédiatement indispensables et ceux qui, sans
être d'aucune utilité pour le moment, ne font que distraire
notre attention. Nous arrivons ainsi à une concentration de
cette dernière qui souvent peut atteindre un degré comparable à celui que nous supposons avoir existé chez des
Newton ou des Archimède.

L'inhibition ainsi comprise se rapproche de ce que nous
pouvons appeler l'action *dynamogénique* de la suggestion
hypnotique. Mais dans le cas dont il s'agit la dynamogénie
présente pour ainsi dire un caractère purement *négatif* :
nous élevons le degré d'une faculté, l'attention, en la détour-
nant des objets qui ne peuvent pas être considérés comme
des moyens permettant d'atteindre une fin définie ; nous lui
restituons en intensité ce que nous lui faisons perdre en
extension.

Mais la suggestion hypnotique a encore une action dynamogénique *positive*, c'est-à-dire qu'elle est capable d'aug-

menter la vitalité, de fortifier la volonté, de rendre plus intense l'énergie et le fonctionnement de toutes nos facultés, sans avoir recours à l'inhibition. En procédant ainsi, elle semble tirer de l'organisme plus que ne le permettent ses conditions physiologiques. Il est vrai que l'énergie physique de l'organisme dépend de conditions physiologiques telles que la chaleur et la nutrition. Mais, même dans ces limites, très larges d'ailleurs, du métabolisme physiologique, l'énergie produite par la chaleur et la nutrition est susceptible de variations indéfinies, aussi bien quant à son caractère qu'à son intensité. Il en est de même de l'énergie psychique qui est loin d'être enfermée dans un circuit clos et de présenter un degré constant.

Déjà par l'éducation nous nous proposons :

1° De faire acquérir à nos enfants, par leurs organes sensoriels externes, tous les plaisirs sains et toutes les connaissances que ces organes sont capables de fournir ;

2° De donner à leurs organes sensoriels centraux, ou au monde interne de l'imagination, une fertilité saine et utile ;

3° De rendre les enfants capables de maîtriser leur énergie intellectuelle en retenant par la mémoire tous les actes qui précédemment avaient sollicité leur attention ;

4° De convertir leurs connaissances et leur imagination en sagesse et en vertu par l'exercice de la volonté éclairée.

C'est là une voie longue et difficile ; mais nous verrons qu'à chaque point la suggestion hypnotique nous fournit un commencement d'aide et de contribution.

L'action de la suggestion sur nos *facultés de perception*, sur les organes des sens externes, se manifeste principalement de trois manières :

a) Par la restitution à l'état normal des sens ordinaires atteints d'une anomalie de fonctionnement ;

b) Par l'intensification des sens ordinaires : hyperesthésie ;

c) Par le développement des sens nouveaux : héteresthésie.

En ce qui concerne les faits de la première de ces catégories, il s'agit le plus souvent soit d'une habitude contractée par le moi subliminal, pour parer à un défaut organique réel (spasme involontaire du muscle ciliaire, ayant pour but de corriger une insuffisance du cristallin), soit d'une insuffisance de l'attention. Il suffit donc, soit de supprimer l'habitude, soit de réveiller l'attention, l'un et l'autre de ces effets ne pouvant guère être obtenus qu'à l'aide de la suggestion hypnotique, pour rendre à l'organe son fonctionnement normal.

Les cas d'hyperesthésie sont trop nombreux et suffisamment prouvés pour qu'il soit besoin d'y insister ici. Disons seulement qu'ils prouvent que le fonctionnement de nos sens ne présente qu'un minimum adapté à nos besoins journaliers, mais qu'ils possèdent des potentialités latentes que la suggestion hypnotique est susceptible de mettre en lumière.

Les cas d'héteresthésie se présentent d'une façon un peu différente. Il est possible que l'héteresthésie ne constitue qu'une manifestation de certains sens que nous avons hérités du protoplasma primitif, lequel était probablement doué de *panesthésie*, c'est-à-dire possédait à l'état latent tous les sens propres aux êtres vivants. De ces sens nous n'avons développé, au cours de l'évolution, que ceux adaptés à nos fins et besoins humains, terrestres ; ils se sont donc trouvés pourvus d'organes terminaux. Mais ceci n'exclue pas la possibilité de l'existence d'autres sens qui n'ont pas trouvé l'occasion de s'extérioriser, mais qui, à l'instar des trajets

olfactifs et optiques, n'en persistent pas moins dans le
système nerveux central. Il n'est donc pas impossible qu'une
impulsion externe ou interne suffisante soit capable de les
rendre évidentes à l'intelligence éveillée, ou tout au moins
perceptibles dans l'état de concentration rétrécie (extase).
Mais, d'un autre côté, je suis enclin à penser que les perceptions nouvelles en apparence de l'héteresthésie représentent seulement un mélange de formes ordinaires de perception poussées à un degré nouveau et interprétées par le
système nerveux central avec une acuité également nouvelle.

J'aborde maintenant l'étude des effets dynamogéniques
de la suggestion sur les processus vitaux centraux, c'est-à-
dire affectant soit le système vaso-moteur, soit le système
neuro-musculaire, soit enfin les trajets sensoriels centraux.

En ce qui concerne les effets de la suggestion sur le
système vaso-moteur, ils sont connus de tout le monde, et
les expériences qui s'y rapportent sont d'une simplicité
enfantine ; on met sous le nez du sujet un flacon contenant
de l'ammoniaque, en lui disant que c'est de l'eau de rose ;
le sujet aspire l'odeur avec plaisir et ses yeux ne larmoient
pas. On fait l'expérience contraire, c'est-à-dire qu'on présente de l'eau de rose qu'on donne pour de l'ammoniaque ;
le sujet se met à éternuer et ses yeux pleurent. Ces expériences montrent l'influence que la suggestion hypnotique
est capable d'exercer sur l'activité sécrétoire des glandes.

La « stigmatisation » qui a été pendant longtemps considérée comme une supercherie par les uns, comme un miracle par d'autres, ne constitue à notre avis qu'un effet de
l'auto-suggestion sur le système vaso-moteur qui possède
une plasticité extrême et une puissance de réaction merveil-
leuse. La stigmatisation n'est en effet qu'une vésication

suggérée à lui-même par l'individu en état d'extase, de contemplation permanente devant les plaies du Christ.

Les effets de la suggestion sur nos *facultés sensorielles centrales*, sur notre faculté de représentation interne de visions, de sons, etc., sont de beaucoup les plus importants et n'ont été traités jusqu'ici que d'une façon toute superficielle. Ces effets sont connus sous le nom d'hallucinations. Nous aurons à nous occuper des hallucinations dans notre chapitre sur l'*automatisme sensoriel*. Ici nous dirons seulement que, loin de considérer les hallucinations hypnotiques comme l'effet d'une inhibition, comme l'expression d'un mono-idéisme, nous y voyons au contraire une manifestation dynamogénique, une intensification de l'imagination, portant souvent sur des sujets futiles, mais représentant quand même une faculté d'ordre supérieur, indispensable d'une façon ou d'une autre à la production de ces œuvres que nous admirons le plus. Cette puissance intensifiée d'imagination n'est pas seulement l'effet de la suggestion ; elle possède encore un autre trait, celui de se confondre avec notre moi subliminal et d'y demeurer à l'état latent. La preuve nous en est fournie par l'exactitude et la précision avec lesquelles sont exécutées les suggestions post-hypnotiques, c'est-à-dire des ordres suggérés pendant le sommeil hypnotique, mais devant être exécutés plus tard, à date et à heure fixes, sur un signe convenu ; au moment d'exécuter cet ordre, le sujet retombe momentanément dans le sommeil hypnotique et ne se rappelle plus l'avoir exécuté. Tout ceci prouve bien que l'ordre suggéré faisait partie d'une chaîne de souvenirs existant simultanément avec la chaîne de l'état de veille, mais sans rapports avec cette dernière.

La faculté subliminale qui préside aux hallucinations s'exerce dans des limites très larges, aussi larges que celles dans lesquelles se manifestent les effets thérapeutiques de la suggestion. En effet les hallucinations post-hypnotiques n'affectent pas seulement la vue et l'ouïe (auxquelles les hallucinations spontanées sont limitées le plus souvent), mais toutes les réactions vaso-motrices et toutes les sensations organiques, cardiaques, gastriques, etc., et produisent des effets qu'aucun artifice ne saurait produire chez des personnes à l'état de veille.

La suggestion agit donc en intensifiant notre puissance et nos facultés sensorielles ordinaires, en élevant à un degré inaccessible à l'état normal notre perceptivité périphérique ou centrale. On peut se demander jusqu'à quel point les organes terminaux spécialisés participent à cette activité perceptive exagérée, et la réponse à cette question nous permettrait d'élucider le phénomène bizarre connu sous le nom de la *transposition des sens* et qui tient le milieu entre l'hyperesthésie et la télesthésie ou clairvoyance. On sait en quoi consiste ce phénomène : c'est pour ainsi dir la substitution d'un organe de sens à un autre, telle par exemple la vision à l'aide des bouts des doigts, etc. S'agit-il là d'une véritable substitution, et un organe est-il vraiment capable d'assumer une fonction qui ne lui appartient pas et qui est du ressort d'un autre organe défini, spécialisé en vue de cette fonction ? Je ne le pense pas. A mon avis les bouts des doigts ne constituent pas plus, dans les cas en question, un organe de la vision que les zones dites *hypnogènes* ne constituent des organes destinés à transmettre la suggestion hypnotique. Il s'agit là plutôt d'un état de télesthésie qui n'implique pas nécessairement la perception par l'organisme corporel ; seul l'esprit qui perçoit de cette façon supranormale se trouve sous l'impression qu'il perçoit à travers tel ou tel organe corporel.

J'arrive maintenant au troisième ordre d'effets dynamogéniques de la suggestion : à son influence notamment sur l'*attention*, la *volonté* et le *caractère*, ce dernier étant une résultante de la direction et de la persistance de l'attention volontaire.

Nous avons vu dans les phénomènes hypnotiques dont nous nous sommes occupés jusqu'ici l'intelligence intervenir pour une certaine part et à un certain degré. Nous passons maintenant d'une phase de la conscience et de l'action intelligente à une autre plus élevée. On peut en effet reconnaître à la conscience dont il s'agit trois degrés : *a*) j'ignore absolument la façon dont je fais affluer le sang dans mon bras ; c'est là un processus organique qui s'accomplit entièrement au-dessous du niveau de ma conscience ; *b*) je sais jusqu'à un certain point comment je fais mouvoir mon bras ; c'est là un processus organique associé à certaines sensations conscientes de choix et de volonté ; *c*) du moment que je fais mouvoir mon bras, je puis comprendre, d'une façon plus complète que dans les phases précédentes, comment j'écris des lettres sur le papier ; cette action renfermant un élément beaucoup plus considérable de capacité acquise et de choix conscient. Or, ce que nous nous proposons de montrer cette fois, c'est la façon dont la suggestion hypnotique fait accomplir le passage de la phase *b*) à la phase *c*), c'est-à-dire de celle où l'élément conscient joue un rôle minime à celle où son rôle devient important et complexe.

Considérons un moment le degré d'intelligence qui intervient dans les modifications de l'organisme produites par la suggestion hypnotique, telles que la formation d'ampoules cruciformes. Cette formation suppose en effet une combinaison assez rare de capacités : la capacité d'imprimer aux modifications physiologiques une nouvelle voie et celle de se représenter et d'imiter une idée abstraite, arbitraire, non physiologique, l'idée de la *cruciformité*.

Tout ceci est à mon avis l'expression d'un contrôle *subliminal* sur tout l'organisme, contrôle plus efficace et plus profond que le contrôle *supraliminal*. Et pour donner une apparence plus concrète à cette expression abstraite, je décrirai cette augmentation de la modifiabilité de l'organisme comme un *retour à la plasticité primitive*, cette plasticité demeurant latente tant que dure l'état normal, mais susceptible d'être réveillée par la suggestion. Ce réveil ne se fait ni d'une façon aveugle, ni d'une façon consciente, mais ressemble plutôt à un *caprice intelligent*. C'est ainsi par exemple que la vésication cruciforme se localise selon un plan prédéterminé, ce qui prouve que le processus n'est pas tout à fait aveugle, et d'un autre côté beaucoup d'individus qui en sont atteints seraient très heureux d'en être débarrassés, preuve que le processus n'est ni conscient ni voulu ; tout ce que l'on peut dire, c'est que l'ordre en vertu duquel se forment les ampoules cruciformes est un ordre capricieux, mais il est exécuté d'une façon intelligente. Nous sommes là en présence d'une activité des centres du niveau moyen mettant en œuvre les facultés subliminales.

Nous arrivons maintenant aux suggestions affectant plus directement les facultés centrales et s'adressant davantage aux *centres du niveau supérieur*. Citons d'abord les faits où les facultés supérieures obéissent à des suggestions faites en vue de fins purement capricieuses. J'ai parlé plus haut des *calculs* accomplis subliminalement, en vertu de suggestions post-hypnotiques. Ces suggestions *à échéance*, c'est-à-dire des ordres donnés pendant le sommeil et devant être exécutés dans des circonstances déterminées. après un laps de temps défini, nous montrent le degré d'intelligence pouvant être mis en jeu, en dehors de toute intervention de la conscience supraliminale. C'est ainsi par exemple que M. Milne Bramwell ordonne à un sujet hypnotisé de tracer une croix lorsque 20180 minutes se seront écoulées à partir du moment où l'ordre est donné. Le fait que cet ordre a pu être exécuté montre qu'il existe une mémoire subliminale ou hypnotique qui se maintient pendant le cours de notre vie ordinaire et se réveille lorsque les circonstances au milieu desquelles tel ordre doit être exécuté se trouvent réalisées. Il résulte des expériences de ce genre ainsi que des faits déjà cités de solutions de problèmes arithmétiques dans l'état de somnambulisme que, grâce à l'éducation, cette acuité de la mémoire subliminale est susceptible de rendre de grands services à notre activité supraliminale.

Tout le monde sait que ce que M. Richet a appelé l'*objectivation de types*, se produit pendant l'hypnose avec une vivacité beaucoup plus grande qu'à l'état normal, et l'on sait aussi que le « trac » (des auteurs ou des orateurs) est une émotion que la suggestion peut très bien abolir. Certaines personnes peuvent sur la scène ou sur la tribune se procurer à bon compte les apparences du génie, et cela en évoquant par la suggestion ou l'auto-suggestion un courant subliminal d'idées ou de paroles, de gestes dramatiques ou d'intonation, qui, tout en n'étant pas d'une qualité bien rare, n'en épargne pas moins à l'artiste placé dans ces conditions les embarras et les gaffes qu'il commettrait sans cela.

Ici encore, l'hypnotisation constitue une sorte d'extension de « l'automatisme secondaire », c'est-à-dire une élimination de la conscience ordinaire des mouvements (la marche, les mouvements des doigts sur le piano, etc.) souvent exécutés. Et ces faits nous font entrevoir la possibilité de l'association chez l'homme de la stabilité de l'instinct à la plasticité de la raison. L'insecte, par exemple, accomplit avec beaucoup de facilité et de perfection certains actes difficiles qui lui sont dictés par un instinct, lequel n'est souvent peut-être qu'une « intelligence déchue », qu'un effort vaguement conscient au début et qui, à force de répétitions innombrables, s'était comme transformé en un automatisme inintelligent, mais précis. L'homme est souvent guidé par un automatisme secondaire de ce genre, mais à un degré infime, si l'on compare la fréquence avec laquelle il se manifeste à la quantité de travail qu'il accomplit en vertu d'un effort conscient. Cet automatisme est susceptible de s'étendre dans deux directions, l'homme parvenant à accomplir avec indifférence des besognes désagréables et avec facilité des besognes difficiles.

L'hypnotisme peut encore avoir une grande valeur pratique au point de vue du développement de l'attention *en général* qui constitue un des buts que se propose l'éducation. L'incapacité, l'indolence et l'inattention se partagent la responsabilité de la plupart des fautes et des erreurs que nous commettons journellement. L'inattention est sans doute souvent une forme spéciale de l'indolence ; mais dans d'autres cas elle peut être « constitutionnelle », au point de ne pouvoir être vaincue par un effort énergique de la volonté. S'il nous était possible d'arrêter cette précipitation du foyer mental vers des centres d'idéation non désirés, tout comme nous pouvons arrêter les mouvements désordonnés de la chorée, il en résulterait presque un relèvement du niveau actuel de l'intelligence humaine, non pas au point de vue qualitatif, mais au point de vue quantitatif, en prévenant des pertes. Les cas bien connus des garde-malades du Dr Forel,

qui pouvaient, grâce à la suggestion, dormir profondément à
côté des malades qu'elles avaient à surveiller et ne se réveiller que lorsque ceux-ci avaient besoin d'être contenus,
montrent que l'attention peut être concentrée sur des impressions choisies et déterminées et des pertes d'énergie évitées
par des moyens bien plus efficaces que les exercices ordinaires de la volonté.

En ce qui concerne l'influence de la suggestion sur la
volonté, je me bornerai ici à rappeler l'attention sur l'énergie
et la résolution avec lesquelles sont réalisées les suggestions hypnotiques, sur la *férocité* même avec laquelle le
sujet hypnotisé écarte les résistances les plus vigoureuses.
Je ne crois pas que le sujet hypnotisé s'expose ainsi à des
risques bien graves, car je suis convaincu (avec Bramwell
et autres) que le sujet hypnotisé se rend vaguement compte
qu'il ne s'agit, somme toute, que d'une expérience. Il n'en
court pas moins un certain risque, il se conduit comme doit
se conduire un homme résolu et confiant en lui-même,
quelque timide et peu agressif que soit son caractère habituel. Et je crois qu'on peut tirer beaucoup d'avantages de
cette confiance temporaire en lui-même que la suggestion
fait naître chez le sujet. Nous avons là un moyen d'inhibition
contre la timidité acquise et contre la méfiance de l'individu
envers lui-même telles qu'elles se manifestent à l'état supraliminal, et la possibilité de concentrer le moi subliminal sur
un but donné, quelque difficile que ce but soit à atteindre.
Nous sommes en un mot en possession d'un moyen qui
permet de tirer le plus grand parti possible des facultés
innées de l'individu, et nous espérons arriver à lui faire
exécuter non seulement des excursions clairvoyantes, mais
encore une action à distance sur la matière, la *télékinésie*.

On tend généralement à admettre que l'hypnose affaiblit

la volonté, que les personnes hypnotisées subissent de plus en plus l'influence de l'hypnotiseur, qui peut suggérer à son sujet des actions criminelles. Et cependant rien n'est plus facile, aussi bien pour le sujet que pour l'hypnotiseur, que de prévenir, d'écarter les influences qui ne sont pas désirables. Un ami fidèle n'a qu'à suggérer au sujet hypnotisé qu'aucune autre personne ne sera capable de lui suggérer quoi que ce soit, et le résultat voulu est obtenu. En ce qui concerne les crimes qu'on suppose avoir été commis par des personnes hypnotisées sous l'influence de la suggestion, leur réalité n'est nullement démontrée jusqu'à ce jour, malgré tous les efforts qui ont été faits dans ce but.

Et ce fait s'accorde parfaitement avec les idées formulées dans ce chapitre, en ce qu'il montre que les centres supérieurs subliminaux (pour les appeler ainsi) n'abdiquent en réalité jamais leur rôle ; qu'ils peuvent rester passifs pendant que les centres moyens obéissent aux caprices de l'expérimentateur, mais qu'ils sont prêts à assumer de nouveau leur pouvoir de contrôle, aussitôt que telle expérience menace de devenir dangereuse pour l'individu. C'est d'ailleurs ce que nous observons dans le somnambulisme spontané où les accidents, à moins d'un réveil brusque, sont si rares, malgré les exploits les plus extraordinaires accomplis par le sujet.

Il ne nous reste plus qu'à parler de l'influence de la suggestion sur le *caractère,* cette fonction qui résulte de la combinaison de la volonté et de l'attention et qui est en dernière analyse la fonction de toutes les possibilités que renferme à l'état latent le germe individuel.

Déjà dans la cure de la morphinomanie nous observons souvent un essor moral tellement surprenant, une élévation tellement brusque de la chute extrême à la vie normale, comme il s'en produit rarement dans d'autres occasions. On sait en effet qu'il n'existe pas un seul trait de caractère qui échappe à l'action néfaste de l'empoisonnement morphinique. La lâcheté, le mensonge, l'égoïsme le plus endurci, voilà ce qui caractérise le morphinomane, lors même que l'épuisement physique a rendu l'individu incapable de manifester activement sa violence et ses convoitises. Cette disparition complète du respect de soi-même ne donne aucune prise à l'action morale que serait tenté d'exercer le sage ou l'évangéliste. Et cependant la suggestion hypnotique produit ici des modifications magiques et rend au paria rejeté de la société une position honorable parmi ses concitoyens.

De quel genre sont ces tranformations ? Les succès obtenus sont-ils dus à ce qu'il s'agit dans ces cas d'une dégradation fonctionnelle, non organique ? Nous savons en effet qu'il est possible de guérir un état morbide des tissus, alors que nous ne pouvons rien contre une difformité ou une malformation congénitale. L'état du morphinomane ne serait-il qu'une sorte de vice *chimique,* un empoisonnement des cellules qui jadis ont fonctionné normalement et sont capables de recouvrer leur fonctionnement normal, si on arrive à faire éliminer le poison ?

Et n'est-ce pas une tâche beaucoup plus rude de créer de l'honnêteté, de la chasteté, de l'abnégation dans un cerveau dont la conformation doit maintenir l'esprit qui pense par lui au niveau d'une brute ? Cette question présente un intérêt psychologique énorme, et la réponse, toute rudimentaire qu'elle soit encore, est des plus encourageantes. Nous connaissons des exemples qui montrent que des sujets hypnotisables et chez lesquels la suggestion est appliquée avec une persévérance et une habileté suffisantes, peuvent s'élever de la déchéance la plus complète et malgré nos qualifications d'*insanité morale* ou de *criminel-né* à un état où ils deviennent capables de rendre des services à la communauté.

Il est évident que nous ne pouvons pas dépasser les limites des capacités naturelles. Pas plus que nous ne pouvons improviser un génie, nous ne pouvons faire d'un homme ordinaire un saint. Mais l'expérience nous apprend qu'il est possible de faire une sélection parmi les sentiments et les facultés les plus inférieures et les plus pauvres et de tirer au jour assez de sentiments sains et de facultés efficaces qui soient susceptibles d'assurer à l'homme supposé déchu une stabilité morale et une collaboration utile au point de vue de l'espèce.

Mais de ce que la suggestion hypnotique s'était montrée efficace contre certaines mauvaises habitudes, s'ensuit-il qu'elle soit capable de guérir tous les cas de déchéance morale ?

Toutes les fautes et tous les vices peuvent être rangés dans les quatre catégories suivantes :

1° Vices charnels dépendant de tentations spécifiques, comme par exemple l'ivrognerie. Ces vices sont facilement accessibles à la suggestion.

2° Vices associés à des malformations congénitales de l'organisme. Peuvent également être supprimés par la suggestion.

3° Vices dépendant d'une idée fixe : la jalousie en est un exemple classique. Or, la jalousie est toujours un sentiment morbide. Ma haine pour B parce que A préfère B à moi est un résultat irrationnel d'une association d'idées obsédantes que la suggestion détruit souvent d'une façon surprenante.

4° Vices maintenus intentionnellement en vue des avantages présumés de celui qui en est affecté.

En ce qui concerne cette dernière catégorie de vices, nous ne possédons pas de preuve expérimentale de leur curabilité par la suggestion, et ceci s'explique par les faits que les individus affectés de vices de ce genre sont rarement empressés de s'en débarrasser et lors même qu'ils le sont, ils cherchent le remède dans une direction morale ou religieuse plutôt que médicale.

Pour ne prendre qu'un exemple, l'état mental d'un faux témoin diffère profondément de celui d'un dypsomane. Ce dernier se rend compte qu'il n'existe pas d'équilibre entre lui et son milieu, et la voix de l'instinct de préservation vient souvent contrecarrer chez lui celle de ses inclinations morbides. Le faux témoin au contraire se trouve, par des artifices spéciaux, adapté à son milieu provisoire, c'est-à-dire à son milieu terrestre. Nous ne pouvons donc pas compter sur l'instinct de préservation pour lui faire changer de caractère, mais nous pouvons présumer qu'il existe chez tout homme quelque conscience subliminale de sa connexion avec un autre monde.

Arrêtons-nous un instant, afin de nous rendre compte du point que nous avons atteint. Nous avons commencé par définir l'hypnotisme comme le développement empirique du sommeil. L'élément le plus important de cette dernière phase et qui est en même temps la fonction la plus évidente du moi subliminal consiste dans la réparation des tissus usés, dans le rajeunissement physique et moral de l'organisme fatigué. Nous avons montré de quelle façon cette fonction s'accomplit pendant l'hypnose, à la suite de la suggestion ou de l'auto-suggestion. Et nous nous sommes convaincus que l'hypnotisme constitue une véritable évolution de ces énergies récupératrices qui donnent au sommeil sa valeur pratique. A ce point de vue là, qui est d'ailleurs le seul auquel on se place généralement pour considérer le sommeil, notre analyse de l'hypnotisme est complète, et nous pourrions terminer ici ce chapitre.

Mais le but que nous nous sommes posé dès le début ne serait pas rempli, car notre définition du sommeil est beaucoup plus large que celle qui a cours généralement, persuadés que nous sommes que pendant le sommeil le moi subliminal remplit d'autres fonctions que celle du simple rétablissement de l'organisme. Ces autres fonctions présentent des rapports, qui nous sont encore inconnus, avec le monde spirituel, et l'indication de leur exercice nous est fournie par l'apparition sporadique, pendant le sommeil, de phénomènes supranormaux. La question qui se pose maintenant est celle de savoir si ces phénomènes supranormaux se manifestent également dans l'hypnose. Celle-ci peut-elle être induite par des procédés supranormaux ? Peut-elle se produire à la suite d'une influence ou d'une action télépathique ? Bref, peut-elle être due à des influences inexplicables scientifiquement et qui s'établissent d'un homme à un autre ?

Nous savons maintenant, grâce aux expériences de l'école de Nancy, expériences dont les résultats ont été depuis vérifiés et confirmés d'une façon définitive, que la suggestion pure et simple constitue la seule et unique cause du sommeil hypnotique. Nous voilà donc débarrassés aussi bien des affirmations des mesméristes que de celles de l'école dite physiologique qui, chacune à leur façon, attribuaient à l'hypnose une cause matérielle. Or, la suggestion étant considérée comme la seule cause efficace du sommeil hypnotique, nous ne voyons pas de quelle façon cette cause pourrait manifester ses effets, si ce n'est par une *opération subliminale qui s'accomplit nous ne savons comment*, et nous avons tout

lieu de supposer que le succès ou l'insuccès de la suggestion
dépend d'une influence télépathique ayant son point de
départ dans l'esprit de l'hypnotiseur. Nous savons certes
que la pratique de l'hypnotisme telle qu'elle se fait par
exemple dans le service de M. Bernheim, semble exclure
toute idée de rapport intime entre la volonté et l'organisme
de l'hypnotiseur et ceux du sujet qui tombe souvent en
sommeil instantanément, avant même que l'hypnotiseur ait
eu le temps de prononcer le mot : « dormez ! » Mais ce
n'est pas là la seule façon de procéder, et il existe beaucoup
de cas où le succès de la suggestion dépend de quelque
chose de plus qu'un simple commandement. Et dans les cas
de suggestion opérés à distance (comme dans les expériences du Dr Gibert, du Havre [1], ne s'agit-il pas d'une véritable action télépathique, d'une véritable communication à
distance entre l'esprit de l'opérateur et celui du sujet ? En
présence de faits de ce genre, nous en arrivons à ne plus
considérer les procédés des anciens hypnotiseurs, tels que
les attouchements, les passes, etc., comme de simples artifices inutiles, et les sensations que les sujets prétendaient
éprouver à la suite de ces attouchements et de ces passes
comme des sensations imaginaires, suggérées; il ne nous
paraît au contraire nullement improbable que des effluves
que la science ne connaît pas encore, mais que des personnes sensitives sont susceptibles de percevoir, tout
comme elles perçoivent les impulsions télépathiques, éma-
nent par irradiation des organismes vivants et peuvent
influencer d'autres organismes aussi bien par l'intermédiaire des mains qu'à travers l'espace.

C'est ainsi que la région subliminale du sujet à hypnotiser

---

1. Voir *Bulletins de la Société de Psychologie physiologique*, I, p. 24, et
Revue philosophique, août 1886.

peut être atteinte par des procédés beaucoup plus subtils que la simple suggestion verbale. Il nous reste à considérer les éléments supranormaux qui font partie de la *réponse* hypnotique. Ces éléments sont-ils évoqués par un appel subliminal direct ou dépendent-ils de facultés spéciales innées à l'individu qu'il s'agit d'hypnotiser? Il est pour le moment impossible de se prononcer là-dessus. Nous savons seulement que ce n'est que rarement qu'ils sont évoqués en réponse à une suggestion hypnotique rapide et pour ainsi dire superficielle; ils apparaissent rarement dans la pratique hospitalière et exigent une éducation et un développement qu'on n'obtient que chez un sujet sur cent. La première phase de cette réponse est constituée par la relation subliminale qui s'établit entre le sujet et son hypnotiseur et qui se manifeste dans ce qu'on appelle le *rapport* ou la *communauté des sensations*. Les premières phases de ce *rapport* résultent probablement d'une simple auto-suggestion ou de suggestions par lesquelles l'opérateur concentre exclusivement sur sa personne l'attention consciente du sujet, et nous trouvons une preuve qu'un lien beaucoup plus étroit peut s'établir entre les deux personnes dans le cas où le sujet hypnotisé touche ou sent ce que l'hypnotiseur (qui lui est d'ailleurs inconnu) touche ou sent au même moment précis.

A partir de ce moment sa faculté de perception supranormale est susceptible de gagner aussi bien en étendue qu'en profondeur. Le sujet peut devenir capable de communiquer avec le passé et avec l'avenir, de participer à des événements qui s'accomplissent loin de lui, et cela par des moyens qu'on ne peut qualifier autrement que de supranormaux, car aucun de nos moyens normaux, ordinaires, reconnus par la science, n'est à même de nous fournir les renseignements et les connaissances qui parviennent au sujet dont les facultés subliminales ont acquis ce degré de tension et d'acuité.

Et voici la conclusion métaphysique de ce chapitre. Lorsque nous disons qu'un organisme existe dans un certain milieu, nous entendons par là que son énergie, ou une partie de son énergie, entre comme élément dans un certain système de forces cosmiques qui représente quelque modification spéciale de l'Énergie Première. La vie de l'organisme consiste dans des échanges d'énergie entre lui et son milieu, dans l'appropriation qu'il opère à son profit d'un fragment de cette force préexistante et illimitée. Les êtres humains vivent avant tout dans un monde de matière d'où ils tirent la subsistance nécessaire à l'exercice des fonctions corporelles.

Mais nous existons aussi dans un monde éthéré, c'est-à-dire nous sommes constitués de façon à répondre à un système de lois qui en dernière analyse sont sans doute continues avec celles de la matière, mais qui suggèrent une conception nouvelle, plus générale et plus profonde, du Cosmos. Ce nouvel aspect des choses est en effet tellement différent de l'ancien qu'on parle généralement de l'éther comme d'un milieu nouveau. De ce milieu notre existence organique dépend d'une façon aussi absolue, quoique moins évidente, que du milieu matériel. L'éther se trouve à la base de notre existence physique. En percevant la chaleur, la lumière, l'électricité, nous reconnaissons seulement d'une façon visible, comme dans la perception des rayons X nous le reconnaissons d'une façon moins visible, l'influence permanente qu'exercent sur nous les vibrations de l'éther dont la puissance et la variété dépassent de beaucoup notre puissance de réaction.

Je crois qu'au delà du monde de l'éther et donnant au
Cosmos un aspect plus général et plus profond, se trouve le
monde de la vie spirituelle, continu jusqu'à un certain
degré avec le monde de l'éther, mais absolument indépendant du monde matériel, et formant le monde *méta-éthéré*.
Voyons quelle est la portée de cette dernière hypothèse au
point de vue de l'explication des phénomènes de l'hypnotisme. Quel est en effet le but ultime de tous les procédés
hypnogènes ? C'est d'énergiser la vie, c'est d'atteindre plus
rapidement et plus complètement des résultats que la vie
abandonnée à elle-même ne réalise que lentement et d'une
façon incomplète. Ce qui caractérise la vie, c'est sa faculté
d'adaptation, sa faculté de répondre à des besoins nouveaux,
de redresser l'organisme toutes les fois qu'il se trouve lésé,
cette *vis medicatrix Naturæ* qui constitue le mystère le plus
profond de l'organisme vivant. L'hypnotisme nous présente
cette *vis medicatrix* sous un aspect défini et accessible au
contrôle. Il nous montre dans cette *Nature,* qui dans le cas
particulier est le moi subliminal de l'auto-suggestionné, une
intelligence qui, loin d'être vague et impersonnelle, présente
au contraire certaines analogies, se trouve dans certains
rapports directs avec celle que nous reconnaissons comme
étant la nôtre.

Bref, nous avons ici une représentation frappante de l'intelligence et de la puissance subliminales. Il a été suffisamment dit de notre intelligence subliminale pour montrer
que ces ordres thérapeutiques complexes ne sauraient être
compris d'une autre façon ; mais d'où vient l'énergie que
nécessite une réponse efficace ?

Le mot énergie se prête, il est vrai, à une objection
immédiate. On peut dire notamment qu'il ne s'agit pas d'un
véritable accroissement d'énergie, mais d'une simple transfor-

mation en un nouveau mode d'action d'une énergie produite
par la simple nutrition matérielle. C'est ainsi que la prière
n'impliquerait pas plus d'énergie que le blasphème, une
théorie philosophique qu'un caprice de maniaque. Il est
évident en effet que la rapidité du métabolisme organique
ne varie pas en proportion avec la valeur des résultats ·
obtenus. En fait, la pensée anarchique et désordonnée du
maniaque entraîne probablement une plus grande destruction de tissus que la pensée calme du philosophe. Mais ces
simples modifications chimiques sont loin de constituer ce
que nous appelons énergie. Ce que je désire, c'est une
intégration de la personnalité, une concentration intellectuelle, morale, spirituelle. Cette concentration, je ne puis
la maintenir que difficilement ; je sens que, même à ses
degrés inférieurs, j'ai besoin pour cela d'un effort spécial
que nous appelons attention, et j'ai des raisons pour croire
qu'il existe des degrés infiniment supérieurs qu'aucun effort
volontaire n'est capable d'atteindre. Personne n'est en
mesure de nous dire à quelle catégorie de forces appartient
l'énergie de cet effort vital, et tant que cette énergie ne sera
pas réduite à des forces plus connues, je me crois autorisé à
formuler une hypothèse qui la considère comme une énergie
sui generis et à chercher les traces de son origine et à me
faire idée quant à son extension possible.

C'est ainsi que pour moi tout homme est essentiellement
un esprit chargé du contrôle d'un organisme qui lui-même
est composé de vies inférieures et plus étroites. Le contrôle
exercé par l'esprit n'est pas uniforme dans tout l'organisme ni dans toutes les phases de la vie organique. A l'état
de veille, il ne contrôle que le centre des idées et des sentiments supraliminaux, s'occupant peu des centres peu profonds qui ont été éduqués en vue d'un fonctionnement

continu suffisant pour répondre aux besoins communs. Mais dans les états subliminaux, où les processus supraliminaux se trouvent inhibés, les centres organiques inférieurs sont soumis plus directement au contrôle de l'esprit. A mesure qu'on approche les parties plus profondes de l'être humain, on s'approche également de plus en plus des sources de la vitalité humaine. On atteint ainsi une région dont l'obéissance aux appels spirituels est beaucoup plus grande que celle manifestée par les couches superficielles que les besoins extérieurs ont façonnées et fixées en vue d'une adaptation déterminée au milieu terrestre.

La leçon ultime de la suggestion hypnotique, surtout dans l'état de somnambulisme, consiste à nous montrer que nous pouvons atteindre, par des artifices empiriques, ces couches de plasticité plus grande, — plasticité par rapport aux forces internes, non externes, — où l'esprit exerce sur l'organisme un contrôle plus immédiat et agit sur lui avec plus de liberté.

Cette conception semble jeter quelque lumière sur un fait fréquemment observé, mais qui attend encore son explication. L'état somnambulique paraît en effet impliquer deux facultés complètement différentes, la faculté auto-curative et la faculté télesthésique, c'est-à-dire un rétablissement corporel plus complet et une activité spirituelle plus indépendante. L'esprit devient ainsi plus capable soit d'attirer de l'énergie méta-éthérée vers l'organisme, soit d'agir indépendamment de l'organisme. Les cas de « clairvoyance migratrice » se sont produits en effet pendant l'état de somnambulisme provoqué dans un but curatif. Je suis porté à croire que l'esprit peut dans ces états ou *modifier* plus facilement le corps, ou le *quitter* en partie pour y retourner ensuite. En d'autres termes, il peut pendant un certain temps ou manifester une plus grande attention à l'égard du corps qui en retire un certain profit ou distraire son attention du corps sans que celui-ci en souffre. Je me sers du mot *attention*, car, vu l'impossibilité de concevoir la façon dont un esprit peut exercer un contrôle sur l'organisme, le terme le plus approprié m'a paru celui par lequel nous désignons nos propres tentatives de concentrer notre personnalité. Nous pouvons dire que l'âme maintient le corps en vie, grâce aux soins qu'elle lui prodigue, et qu'elle surveille les opérations centrales plus directement que les superficielles, les activités qui se manifestent pendant le sommeil plus directement que celles qui caractérisent l'état de veille. Dans les états profonds, elle peut en partie distraire son attention de l'organisme pour la porter ailleurs, tout en étant capable de reprendre instantanément son attitude ordinaire envers l'organisme. La **mort corporelle** se produit lorsque l'attention de l'âme est complètement et irrévocablement détournée de l'organisme qui, pour des causes physiques, est devenu incapable de se conformer à la direction de l'esprit. La vie signifie le maintien de cette attention et ce maintien résulte de l'absorption par l'âme de l'énergie que renferme le monde spirituel ou méta-éthéré. Car si nos esprits individuels vivent grâce à cette énergie spirituelle qui forme la base de l'énergie chimique, grâce à laquelle s'accomplissent les échanges organiques, il est vraisemblable que nous devons renouveler l'énergie spirituelle d'une façon aussi continue que l'énergie chimique. Pour maintenir le niveau de l'énergie chimique, nous avons besoin de chaleur et de nourriture ; de même, pour maintenir le niveau de l'énergie spirituelle, nous sommes obligés de vivre dans un milieu spirituel et d'absorber de temps à autre des émanations qui nous arrivent de la vie spirituelle.

S'il en est ainsi, beaucoup d'expériences subjectives de poètes, de philosophes, de mystiques et de saints renferment certainement une vérité plus profonde qu'on ne le suppose généralement. Si le sentiment qu'ils ont d'une vie qui leur vient d'une source inconnue est vrai, si les éclairs subliminaux qui les illuminent et les renouvellent viennent en réalité de quelque milieu situé au delà de l'éther, la même influence doit se manifester par analogie dans toute la gamme des phénomènes psychophysiques, non seulement dans le domaine des émotions spirituelles supérieures, mais toutes les fois que nous nous élevons au-dessus de la vie organique rudimentaire. La vie naissante de chacun de nous est peut-être un fragment qui vient de se détacher de l'énergie cosmique, et la vie continue est représentée par ce fragment en état de variation continue. Dans cette énergie environnante (qu'on l'appelle du nom que l'on voudra), nous vivons, nous nous mouvons et nous existons ; et il est possible que certaines dispositions de l'esprit, certaines phases de la personnalité soient capables de tirer pendant un certain temps de cette énergie un courant vivifiant plus plein.

Cette hypothèse serait de nature à concilier *toutes* les opinions, spiritualistes aussi bien que matérialistes, qui attribuent à certaines directions de l'attention et de la volonté certains effets pratiques sur l'organisme humain. « La prière inspirée par la foi sauve les malades, » dit saint Jean. « Rien n'existe dans l'hypnotisme que la suggestion », dit M. Bernheim. Dans mon langage plus grossier, ces deux propositions (abstraction faite de l'élément télépathique que peuvent renfermer les mots de saint Jean) peuvent être exprimées en des termes identiques : « il y aura auto-suggestion thérapeutique ou morale toutes les fois que par un artifice quelconque l'attention subliminale dirigée sur une fonction corporelle ou sur un but moral aura atteint un degré d'intensité suffisant pour pouvoir emprunter de l'énergie au monde méta-éthéré. »

Je ne prétends pas avoir éclairci complètement le mystère de ces phénomènes dont l'ensemble constitue la suggestion. Pas plus que mes prédécesseurs, je ne suis en mesure d'expliquer pourquoi certains organismes deviennent à de certains moments ainsi supérieurs à eux-mêmes et capables d'une réaction aussi vigoureuse, d'une soumission à un contrôle aussi profond. Mais j'ai formulé un point de vue qui permet de faire rentrer ce mystère dans un mystère plus vaste, celui de la fin universelle, et je crois avoir établi une relation plus vraie que celle que nous devons à l'école de Nancy entre la suggestion d'un côté et la persuasion externe et la volonté interne d'un autre. L'école de Nancy parle de la suggestion comme si elle était comparable à la persuasion supraliminale, à un effort supraliminal. J'ai essayé de montrer que son efficacité réelle tient à des processus subliminaux, qu'elle n'est qu'un moyen empirique destiné à faciliter l'absorption d'énergie spirituelle et l'acquisition de forces directrices empruntées à un milieu situé au delà de l'éther.

CHAPITRE VI

AUTOMATISME SENSORIEL

Les phénomènes d'automatisme sensoriel et moteur, par lesquels se manifeste avant tout la faculté de la télépathie et de la télesthésie, nous introduisent dans un domaine où les limitations de la vie organique disparaissent. Considérant d'un autre côté que la portion de notre personnalité qui exerce cette faculté durant notre existence continue de l'exercer même après la mort corporelle, nous sommes amenés à reconnaître une relation, obscure mais indiscutable, entre le moi subliminal et le moi survivant.

Je commencerai donc par définir l'*automatisme* comme le terme le plus vaste applicable aux influences subliminales qui se manifestent dans la vie ordinaire. Quelques-unes de ces influences ont déjà reçu des noms spéciaux : hystérie, génie, hypnotisme. Mais la grande masse des manifestations subliminales reste encore à décrire. C'est ainsi que nous n'avons pas encore parlé des hallucinations véridiques, ni de l'écriture automatique, ni des manifestations du somnambulisme spontané. Les produits de la vision et de l'audition internes extériorisés de façon à revêtir le caractère de quasi-perceptions, voilà ce que j'appelle *automatisme sensoriel*. Les messages envoyés par l'intermédiaire des mouvements des jambes, des mains ou de la langue et dus à des impulsions motrices internes indépendantes de la volonté conscicente, voilà ce que j'appelle *automatisme moteur*. Examinés ensemble, tous ces phénomènes épars révèlent, malgré la diversité de forme, une analogie essentielle et peuvent être considérés comme des messages que le moi subliminal adresse au moi supraliminal, comme des efforts, conscients ou non, émanant des couches profondes de notre personnalité et destinés à présenter à la pensée ordinaire de l'état de veille des fragments de connaissances que la pensée éveillée est impuissante à atteindre.

Tandis que la psychologie ordinaire voit dans la vie supraliminale la manifestation de la personnalité normale et substantive, dont la vie subliminale constituerait ou le substratum demi-conscient ou une marge à moitié éclairée ou enfin une excroissance morbide, je considère, moi, la vie supraliminale comme un *cas privilégié* de la personnalité, comme une phase spéciale dont l'étude nous est facile, simplifiée qu'elle est par la conscience nette que nous avons de ce qui s'y passe, mais qui serait loin d'apparaître comme la phase centrale ou prédominante, s'il nous était possible d'embrasser d'un coup d'œil d'ensemble la totalité de notre existence. Et de même que la personnalité supraliminale, toute faculté humaine, tout sentiment humain constituent des cas privilégiés d'une force plus générale. D'après cette hypothèse, chacun de nos sens spéciaux peut être conçu comme tendant vers un développement plus large que celui que l'expérience terrestre rend possible. Et chaque sens spécial est à la fois un sens interne et un sens externe, c'est-à-dire impliquant à la fois un trajet cérébral d'une capacité inconnue et des organes terminaux dont la capacité se prête davantage à la mensuration. Le rapport entre cette vision interne, mentale avec la perception psychologique non-sensorielle d'un côté et avec la vision oculaire de l'autre, constitue précisément un des points dont un examen plus profond paraît nécessaire. On est obligé de parler de la perception visuelle mentale dans des termes empruntés à la perception sensorielle, si l'on ne veut pas rendre toute discussion impossible.

Mais l'expérience ordinaire prétend que seul l'organe terminal est capable de recueillir des informations nouvelles et que le trajet central ne sert qu'à combiner ces informations nouvelles avec des informations qui y sont déjà emmagasinées. Telle est par exemple le cas des connaissances acquises par la vue et par l'ouïe, c'est-à-dire des connaissances que nous apportent les ondes éthérées ou aériennes et qui sont recueillies par un appareil terminal spécial. Mais toute vision et toute audition ne s'opèrent pas nécessairement par l'intermédiaire de l'œil et des oreilles.

La vision de nos songes (nous ne parlons que de la vision pour simplifier le problème) est une vision non optique. Elle naît dans le cerveau sans y avoir été transmise par la rétine impressionnée. Les lois optiques ne peuvent être appliquées à cette vision qu'en donnant aux termes un sens nouveau.

Ce fait est généralement considéré comme peu important, parce que la vision des songes est considérée elle-même comme n'ayant aucune valeur, comme une simple reproduction de connaissances acquises à l'état de veille.

Il nous est impossible d'adhérer à cette manière de voir. Il nous est impossible de dire à priori par quelles voies ou de quelles régions la connaissance parvient au moi subliminal. Ceci devrait être une simple matière d'observation et d'expérience.

Ce que nous devons faire, c'est généraliser autant que

possible notre conception de la vision, en cessant de l'identifier avec des phénomènes définis de la vision rétinienne
ou optique, et rechercher ensuite quel genre de messages
nous parviennent par chacune des formes de la vision que
renferme cette conception élargie.

Mais, avant tout, une analyse rapide des rapports qui
existent entre la vision centrale et la vision périphérique ne
serait pas inutile. Nous partons d'une région située au-
dessous du point de spécialisation de la faculté visuelle.
L'étude des modifications dermiques et nerveuses successives qui ont abouti à la naissance de cette faculté appartient à la Biologie ; nous n'avons qu'à montrer que le fait
seul du développement de cette faculté dans un germe animé
d'une vie méta-éthérée indique qu'une certaine perceptivité
qui devait servir de point de départ à la vision préexistait
dans le monde originaire invisible. Le germe était constitué
ab initio de façon à pouvoir se développer dans cette voie
et dans d'autres, et cela indépendamment de la question de
savoir si chacune des modifiabilités spécifiques existait (et
pouvait être discernée par un spectateur omniscient) dès le
début ou s'il n'existait pour ainsi dire qu'un fond sur
lequel se sont formés peu à peu et successivement des éléments de détermination et de précision empruntés au
monde de la vie. Nous savons vaguement comment s'est
accomplie la différenciation périphérique de la vision, à
mesure qu'augmentait la sensibilité des taches pigmentaires
à l'ombre et à la lumière. Mais il a dû aussi se produire
une différenciation cérébrale et une différenciation psychologique, c'est-à-dire la naissance d'une sensation distincte,
opposée aux sensations obscures précédentes, dont il nous
est impossible de reconstituer l'histoire.

Je n'en crois pas moins qu'il persiste toujours dans notre

structure cérébrale des vestiges de cette transition de notre
sensibilité continue, non différenciée et primitive à l'état
actuel qui est celui de la spécialisation des sens. Chez
chacun de nous existe probablement, d'une façon plus ou
moins distincte, une certaine *synesthésie* ou concomitance
d'impressions sensorielles, indépendante de la loi d'association. Un deuxième sens vient souvent réagir d'une façon
automatique à une excitation qui semblait s'adresser à un
seul sens. Je ne veux pas seulement dire par là que l'aboiement d'un chien fait naître devant nous l'aspect d'un chien,
parce que l'aboiement suggère cette image ; c'est là une
association résultant de l'expérience acquise au cours de la
vie. Mais pour un véritable synesthésique, pour un « visionnaire de sons » (pour prendre la forme la plus commune de
cette répercussion centrale des chocs sensoriels) il existe
entre la vue et les sons une connexion instinctive complexe
et qui paraît à notre intelligence tout à fait arbitraire.
Nous pouvons, dans quelques cas, observer ces chroma-
tismes, sinon dans leur origine, tout au moins dans leur
développement, et les attribuer alors à quelque association bizarre et capricieuse. Mais, à côté de ce premier
groupe, il en existe un second où le chromatisme est pour
ainsi dire antérieur à la naissance de l'idéation consciente,
tels les cas où il existe une correspondance précise inexplicable entre telle note jouée sur le piano et telle couleur vert
de pomme. A mon avis, ces synesthésies occupent le milieu
entre les perceptions d'origine externe et celles d'origine
interne. D'un autre côté, ces irradiations de la sensibilité,
congénitales en apparence, ne peuvent être considérées
comme un phénomène purement mental ni classées parmi
les phénomènes de la vision externe, car elles résultent
souvent d'un processus d'association mentale. Il serait plus

convenable de les appeler *entencéphaliques*, par analogie aux phénomènes *entoptiques*, puisqu'ils semblent être dus à une particularité dans la structure du cerveau, tout comme les perceptions entoptiques sont liées à certaines particularités dans la structure de l'œil.

De ce photisme entencéphalique nous passons par une transition insensible à la forme la plus caractéristique de la vision entoptique et la plus interne de la vision externe : les étincelles lumineuses que provoque l'électrisation du nerf optique. Viennent ensuite les phosphènes consécutifs à une pression exercée sur le nerf optique ou à une irritation de la rétine ; les figures de Purkinje, ou les ombres projetées par les vaisseaux sanguins de la couche moyenne de la rétine sur sa couche papillaire ; les mouches volantes, ou ombres projetées par les particules de l'humeur vitrée sur la couche fibreuse de la rétine.

Les *post-images* forment une transition de la vision entoptique à la vision externe ordinaire ; ces images, quoique perceptibles avec des yeux fermés, présupposent une stimulation externe préalable de la rétine ; elles forment en réalité les traces entoptiques de la vision externe ordinaire.

En dernier lieu, nous avons la vision ordinaire du monde externe que nous pouvons pousser au plus haut degré d'intensité à l'aide de procédés artificiels. Celui qui regarde les étoiles à travers un télescope procure à ses organes terminaux le plus grand perfectionnement mécanique qu'il soit actuellement possible d'obtenir.

Considérons maintenant le degré le plus avancé de la faculté de la vision interne. Cette vision est virtuellement indépendante de l'œil ; c'est-à-dire qu'elle peut persister après la destruction de l'œil, pourvu que celui-ci ait fonctionné un temps suffisant pour donner au cerveau une éducation visuelle. Nous ne savons quelles sont les limites précises de cette indépendance ; une étude plus complète que celle qui a été faite jusqu'ici d'aveugles intelligents pourrait seul nous renseigner là-dessus. Nous ne pouvons pas dire davantage jusqu'à quel point l'œil est à son tour influencé par le cerveau chez les personnes clairvoyantes. Je m'abstiendrai de toute synthèse relative à l'existence d'un courant rétrograde du cerveau à la rétine, de même que je me suis abstenu, pour indiquer le siège primitif de la vue, de toute expression plus spécifique que le terme *cerveau*. Il s'agit ici d'un nexus psychologique qui peut être discuté, sans qu'il soit besoin d'empiéter sur le domaine de la physiologie.

Les *images-souvenirs* constituent le type le plus simple de la vision interne. Il est bien entendu que ces images ne nous apportent aucune connaissance nouvelle, mais ont exclusivement pour but de maintenir les connaissances acquises par la vision externe. Dans leur forme spontanée la plus simple elles constituent les vestiges *cérébraux* de la vision externe, dont les post-images constituent les vestiges rétiniens. Ces deux genres d'images peuvent se trouver confondus dans certains cas. Mais ce qui caractérise les impressions emmagasinées dans le cerveau et ce qui les distingue de celles emmaganisées par la rétine, c'est qu'elles renferment un élément psychique qui se manifeste par un réarrangement et une généralisation des impressions rétiniennes.

Il existe un groupe très connu d'images-souvenirs dans lequel le réarrangement subliminal est particulièrement marqué. Ce sont les *rêves* qui se subdivisent en *images imaginatives* et en *hallucinations*. Les premières désignent cette recombinaison consciente de notre réserve d'images

visuelles que nous opérons soit pour notre plaisir, comme
lorsque nous rêvons tout éveillés, soit à titre d'artifices destinés à nous faire mieux comprendre certains phénomènes
naturels, comme lorsque nous construisons des figures
géométriques, et Watt concevant sa machine à vapeur pendant qu'il était couché dans une chambre obscure a atteint
la dernière limite de la vision interne volontaire.

La vision interne consciente ne peut pas aller plus loin.
Mais, d'un autre côté, les images imaginatives, quelle que
soit leur valeur, constituent un simple effort de soumettre
au contrôle supraliminal des visions qui, à l'exemple des
images-souvenirs, sont avant tout d'origine subliminale.
C'est ainsi qu'on peut admettre avec raison que l'image de
la machine à vapeur, telle qu'elle s'est présentée à Watt, a
pénétré toute prête dans sa raison supraliminale pendant
que celle-ci restait dans cette attitude *expectative* qui joue
un si grande rôle dans toutes les inventions. Sans prétendre à l'appréciation exacte de la proportion de l'effort
volontaire ou involontaire déployé par l'esprit créateur,
nous avons incontestablement le droit de considérer les
images visuelles émergeant spontanément chez l'homme de
génie comme une phase plus avancée de la vision interne.

C'est ainsi que nous arrivons aux *hallucinations* par trois
voies différentes : *les rêves* sont des hallucinations d'une très
faible intensité ; *les images imaginatives* sont susceptibles
d'acquérir l'intensité des hallucinations chez des sujets dont
la faculté visuelle est suffisamment développée, et *les inspirations de génie* se présentent souvent à l'artiste étonné avec
toute la vivacité d'une hallucination.

Qu'est-ce qu'une hallucination ? On peut dire qu'elle est
l'expression d'une hyperesthésie centrale. Elle peut naître
quelquefois à la suite d'une excitation périphérique directe ;

mais le plus souvent elle est une vision purement interne qui revêt l'idée d'une forme visuelle. C'est qu'en effet toute idée constitue, selon la prédominance des éléments moteurs ou sensoriels, ou un mouvement naissant ou une hallucination naissante. La vision mentale a, comme la vision rétinienne, ses limites habituelles déterminées dans chaque cas par la sélection naturelle ou, autrement dit, les limites les plus appropriées à la race et aux ressources de l'organisme. Mais chez certains individus ces limites peuvent être largement dépassées, avec ou sans avantage. Une acuité exceptionnelle de la vision oculaire, inutile à la plupart des individus, est d'une grande utilité pour l'astronome ; une faculté exceptionnelle de visualisation interne, simple curiosité pour la plupart, est d'un grand secours lorsqu'on veut par exemple dessiner de mémoire des oiseaux en vol.

Il s'agit maintenant d'interpréter tous ces phénomènes connus sous le nom de hallucinations. Jusqu'en ces dernières années on les considérait comme un phénomène pathologique. comme des expressions d'un trouble physique. Mais les recherches statistiques et analytiques de Gurney ont montré que, dans un grand nombre de cas d'automatisme sensoriel, il s'agissait de personnes parfaitement saines et que le plus souvent il était impossible de trouver une explication quelconque de ce phénomène. Là où la cause semblait indiquée avec quelque probabilité, son mode d'action restait tout à fait obscur. Chez certaines personnes l'anxiété, le chagrin, l'attente semblaient jouer un certain rôle ; mais, d'un côté, chez la plupart d'entre elles les hallucinations se produisaient pendant des moments de calme parfait, alors qu'elles ont traversé des crises d'anxiété des plus violentes, sans éprouver la moindre hallucination ; et d'un autre côté celles dont les hallucinations semblaient réellement coïncider avec un événement externe plus ou moins émouvant, ont éprouvé leurs hallucinations sans avoir aucune connaissance de cet événement.

Il s'agissait donc, chez les personnes de cette dernière catégorie, d'hallucinations télépathiques, c'est-à-dire d'une faculté de se représenter des événements qui s'accomplissaient loin de l'esprit du sujet, d'éprouver des perceptions *véridiques* indépendamment des objets auxquels elles se rapportaient, en un mot d'une véritable faculté nouvelle plutôt que d'un signe de dégénérescence.

Et ceci nous ramène à la thèse que nous avons souvent formulée : à savoir que la vision *oculaire* ne constitue qu'un cas spécial et privilégié de la faculté visuelle, dont la vision interne constitue une expression plus large.

La vision oculaire consiste en une perception d'objets matériels, conformément aux lois optiques, d'un point défini de l'espace. La revue que nous avons faite des hallucinations nous a déjà permis d'écarter deux de ces limitations. Lorsque je parle d'une figure hallucinatoire, et celles qui apparaissent en rêve tombent dans cette catégorie, je parle de quelque chose qui n'est pas un objet matériel et qui est indépendant des lois optiques. Une figure de rêve peut paraître conforme à ces lois, mais ce sera là l'effet d'une auto-suggestion ou d'un souvenir organisé qui variera selon la faculté visionnaire du rêveur. Tandis qu'un peintre portraitiste est capable de peindre de mémoire pendant l'état de veille une figure qui lui est apparue en rêve, les rêves des hommes ordinaires sont généralement vagues, fuyants et échappent facilement à la mémoire.

De même, lorsque nous voyons une figure hallucinatoire subjective présente dans la chambre, son aspect n'est pas *déterminé* par les lois de l'optique (elle peut notamment sembler se trouver *derrière* l'observateur ou d'une façon quelconque *en dehors* de son champ visuel), mais y est plus ou moins *conforme*, en vertu d'une auto-suggestion ou autrement, et cette figure est en outre visible d'un point fixe de l'espace que forme l'œil ou le cerveau de l'observateur.

Tout ceci paraît parfaitement clair, tant que nous supposons avoir affaire à des hallucinations nées dans l'esprit du sujet. Mais les difficultés deviennent grandes dès qu'on arrive aux quasi-perceptions dont nous reportons l'existence ou l'origine en dehors de l'esprit de l'observateur.

S'il existe une certaine origine externe pour notre vision interne (qui de ce fait devient *véridique*), il serait erroné de supposer que toute vision interne véridique a la même origine. Quand elle se fixe sur des faits (des impressions véridiques ou des peintures, non des illusions subjectives), nous ne pouvons jamais dire *a priori* si c'est elle qui va chercher les faits ou si ce sont ceux-ci qui viennent la trouver. D'un autre côté, rien ne prouve que ses perceptions n'ont pour objets que des choses immatérielles ou fantasmagoriques. Du moment qu'elle est susceptible de percevoir des choses immatérielles situées en dehors de l'organisme, pourquoi ne pourrait-elle percevoir également des choses matérielles ? Pourquoi ne verrait-elle pas des *maisons* éloignées à une grande distance, aussi bien que les images d'âmes absentes ?

Examinons maintenant les moyens qui nous permettent de comprendre, de développer et de contrôler la vision interne.

Le mot *contrôle* signifie aussi bien répression que direction ; et il existe en effet une catégorie de visions internes ayant besoin d'être réprimées. Le délire hallucinatoire de l'ivrogne et du maniaque, qui représente le degré extrême de désintégration de la vision interne, peut rarement être arrêté tant que le cerveau reste empoisonné et malade. Mais il est un fait digne de remarque, c'est que les hallucinations dégénératrices, en tant qu'elles sont curables, le sont plus souvent et plus facilement par la suggestion hypnotique que par tout autre moyen. Les mêmes influences qui font naître les hallucinations anodines peuvent détruire les hallucinations dangereuses. Cette extension du pouvoir des couches profondes de l'esprit du patient, cette possibilité d'atteindre une source profonde qui au début semblaient une simple curiosité scientifique, acquièrent maintenant un usage pratique nouveau.

Dans notre discussion relative à l'hypnotisme, nous avons essayé de démontrer que la suggestion n'implique pas une simple obéissance du sujet aux ordres qui lui sont suggérés, mais qu'elle n'est efficace qu'en tant que le sujet adopte ma suggestion, au point de la transformer en autosuggestion et d'exercer la faculté ainsi nouvellement développée dans le sens désiré par l'hypnotiseur. Ce n'est donc pas l'ordre de l'hypnotiseur, mais plutôt la faculté du sujet, qui forme le nœud de la question.

Nous avons passé en revue toutes les facultés susceptibles d'une intensification hypnotique : la faculté profonde organique, celle qui préside au système de la nutrition et à laquelle s'adresse la psycho-thérapie; nous avons encore assisté à l'augmentation de la sensibilité aux stimulants externes, à l'hyperesthésie hypnotique, c'est-à-dire à l'intensification, pouvant probablement être poussée à un degré inconnu, de la vue, de l'ouïe, de l'odorat et du goût. Nous avons ensuite cité les phénomènes d'*hétéresthésie*, c'est-à-dire de perceptions d'un nouveau genre, celles de champs magnétiques et du contact de métaux spécifiques. Nous ne discuterons pas la question de savoir s'il s'agit là de stimulations de la sensibilité périphérique ou de celles de la réceptivité centrale, c'est-à-dire si les organes terminaux transmettaient un renseignement venu du monde extérieur dans des termes nouveaux ou si le cerveau appliquait à un renseignement ordinaire une nouvelle finesse d'interprétation.

Nous nous sommes enfin occupés du phénomène de l'exaltation de cette faculté centrale qui n'est plus purement sensorielle, mais affecte davantage le sens intellectuel et moral ; mais nous avons omis de parler de « l'exaltation de l'imagination », de la possibilité qu'il y a à donner aux images ayant une origine centrale un peu plus de cette vivacité que seules les images provenant du monde extérieur sont susceptibles d'atteindre.

Notre étude des hallucinations nous amène à considérer les possibilités, les stimulations de cette dernière catégorie. C'est que les hallucinations auxquelles nous allons avoir affaire ne sont pas des extériorisations brutes de quelque commotion intérieure, comme les sensations lumineuses au moyen desquelles les nerfs optiques réagissent à un traumatisme de la tête. Ce sont dans la plupart des cas des produits élaborés et à l'élaboration desquels l'intelligence a dû certainement prendre part, quoique d'une façon obscure pour nous. Sous ce rapport, les images dont il s'agit ressemblent aux inspirations de génie, dont elles présentent tous les caractères : apparition d'un produit intellectuel complexe, préformé au-dessous du seuil de la conscience et projeté tout formé dans la conscience ordinaire. Chez le génie ce courant subliminal trouble rarement, malgré son apparition brusque et inattendue, le courant d'idées supraliminales sur lequel il vient plutôt s'adapter. Mais dans les cas de hallucinations induites, l'incompatibilité entre ces deux courants de l'intelligence est plus prononcée, et le courant superficiel conscient est plus souvent et davantage troublé par les interventions intermittentes du courant subliminal, comme dans la suggestion hallucinatoire post-hypnotique.

C'est en considérant les hallucinations à ce point de vue général que nous pouvons comprendre leur indépendance de toute dégénérescence ou maladie corporelle. Souvent en effet elles accompagnent la maladie ; mais ceci prouve seulement que les trajets centraux, à l'instar de toutes les autres parties de l'organisme, sont également sujettes à des stimulations morbides et à des excitations saines. Pris en lui-même, le simple fait de l'extériorisation d'une image ayant une origine centrale n'est que le résultat d'une forte stimulation interne, et rien de plus. Il n'existe pas de loi physiologique qui puisse nous renseigner sur le degré de vivacité que doit affecter une image centrale pour être compatible avec la santé, sauf les cas où ces images deviennent impossibles à distinguer des perceptions externes, au point de troubler la conduite rationnelle de la vie, comme dans la folie. Aucun des cas de hallucinations véridiques n'a encore à ma connaissance atteint ce point-là.

J'ai parlé des hallucinations que la suggestion est susceptible de produire soit pendant ou après le sommeil hypnotique, soit chez certains sujets éveillés. Ces cas de quasi-perceptions sont maintenant familiers à tout le monde, quoique leur vraie signification n'ait pas reçu toute l'attention qu'elle mérite. Mais cette forme d'expérience peut-elle être variée et perfectionnée ? Pouvons-nous la débarrasser de ses éléments superflus et mettre davantage en relief sa partie vraiment intéressante ?

Nous avons étudié les images hallucinatoires, nées à la suite de la suggestion faite par A. à l'esprit du sujet

hypnotisé B. Or, la question de savoir si la voix ou l'ordre
de A. est pour quelque chose dans la production de ces
images ne nous intéresse pas. Nous désirons étudier l'esprit
de B. et nous préférerions laisser l'esprit de B. libre de
toute suggestion verbale ordinaire, tout en étant désireux
d'observer une influence télépathique, si possible. Nous
serions en outre contents de pouvoir nous dispenser de
l'hypnotisation et de faire voir et décrire à B. ses hallucinations à l'état de veille. B. peut-il atteindre ces images subliminales par un simple effort de volonté? Peut-il faire autre
chose que de provoquer seulement des images-souvenirs
dans des combinaisons plus ou moins fantastiques? Voyons
si, à part les cas rares et vraiment étonnants de hallucinations actuelles, il est possible de trouver des indications
quelconques permettant de supposer l'existence d'une habitude ou d'une faculté de recevoir ou d'évoquer des images
de la réserve subliminale? Quelque autosuggestion, consciente ou inconsciente, qui place devant l'intelligence
supraliminale des images qui semblent s'être formées
ailleurs?

Ces indications existent réellement. Dans le chapitre sur
le génie et dans celui sur le sommeil nous avons prouvé
l'existence de certaines catégories de ces images dont chacune était prête à se manifester au moindre appel, les *figures
de rêve* apparaissant pendant un obscurcissement momentané de la conscience; les *inspirations* correspondant au
désir concentré ou à l'émotion purement passagère de
l'homme de génie; les *post-images* se reproduisant dans
des conditions inconnues, longtemps après que l'excitation
originale a disparu; les *images-souvenirs* surgissant dans
notre esprit avec une vivacité qui n'est pas toujours dési-
rable et enfin l'exactitude des *illusions hypnagogiques* faite

pour nous surprendre en nous révélant un état de transition
de l'état de veille à celui de sommeil.

Il s'agit maintenant de trouver un moyen empirique
simple permettant de relier entre elles toutes ces variétés
de visions subjacentes, de leur trouver une base commune.

Ce moyen nous est fourni tout d'abord par la *cristalloscopie* (cristal-vision). Voici en quoi consiste cette expérience.
On engage le sujet à regarder attentivement, mais sans le
fatiguer, dans un miroir ou dans un fond transparent et clair
arrangé de façon à réfléchir le moins possible aussi bien la
figure de l'observateur que les objets environnants. Le
meilleur moyen d'éviter la réflexion consiste à se servir
d'une boule de cristal entourée d'une étoffe noire ou placée
au fond d'un tiroir à moitié ouvert. Après avoir fixé la boule
de cristal à deux ou trois reprises, pendant une dizaine de
minutes chaque fois, il est préférable que le sujet reste seul
dans la pièce et qu'il se trouve dans un état de passivité
mentale : il commencera peut-être à s'apercevoir que la glace
ou la boule se ternit ou il lui semblera apercevoir quelque
figure ou quelque image *dans* la boule même. Un homme ou
une femme sur vingt aura peut-être l'occasion de réaliser
cette expérience et sur ces vingt visionnaires un seul sera
peut-être capable de développer cette faculté de vision
interne au point d'être à même de recevoir des informations
qu'il est impossible d'obtenir par des moyens ordinaires.

Et d'abord comment le fait d'apercevoir des figures dans
un cristal est-il en général possible ? Les expériences hypnotiques ordinaires nous suggèrent deux réponses dont chacune n'explique qu'une partie des phénomènes.

Nous savons en premier lieu que le sommeil hypnotique
se produit souvent quand on fixe un petit objet brillant. Ceci
peut être ou non un effet de suggestion, mais le fait se pro-

duit certainement dans certains cas, et le sujet peut être hypnotisé facilement et amené à un état qui facilite les hallucinations.

En second lieu, on peut suggérer à un sujet hypnotisé de voir (décrire) un portrait sur une carte blanche ; et il continuera de voir ce portrait même après que cette carte aura été mélangée avec d'autres, montrant ainsi qu'il discerne avec une acuité peu ordinaire des *points de repère* ou de petits signes indicateurs comme ceux qui peuvent exister sur la surface d'une carte blanche en apparence.

La première de ces expériences nous montre que la cristalloscopie peut quelquefois être accompagnée d'un état d'hypnotisation partielle aboutissant peut-être à l'hallucination, et la seconde que les points de repère semblent quelquefois provoquer la cristalloscopie.

Mais il résulte aussi bien des témoignages des sujets eux-mêmes qui ont été soumis à cette expérience que des observations du Dʳ Hodgson et d'autres (y compris les miennes) qui ont eu l'occasion d'assister à leurs expériences, que le fait de fixer un ballon de verre provoque rarement un symptôme hypnotique quelconque, pas plus chez les sujets avec lesquels l'expérience réussit que chez ceux dont l'expérience ne donne aucun résultat. D'un autre côté, il n'existe aucune preuve en faveur d'une relation quelconque entre la faculté de la cristalloscopie et la sensibilité hypnotique. Tout ce qu'on peut dire, c'est que cette faculté est souvent associée à la sensibilité télépathique et, quoique cette dernière puisse souvent être exaltée par l'hypnotisme, rien ne nous prouve que ces deux formes de sensibilité marchent toujours de pair.

Autre fait : la connexion entre le cristal et la vision est des plus variables. Quelquefois les figures semblent nette-

MYERS.   14

ment dessinées dans le cristal et limitées par lui ; d'autres fois, toute perception de cristal et de miroir disparaît et le sujet ressemble à un clairvoyant introduit dans un groupe de figures animées de vie. Plus que cela : les sujets chez lesquels cette faculté est portée au plus haut degré, peuvent se dispenser de tout miroir et sont capables de voir des images dans la simple obscurité, ce qui les rapproche des cas d'*illusions hypnagogiques*.

Il paraît donc prudent pour le moment de ne voir dans la cristalloscopie qu'un simple moyen empirique de développer la vision interne, d'extérioriser des images associées à des changements qui se produisent dans les trajets sensoriels du cerveau et provoquées par des stimulations venues soit du dedans soit d'esprits autres que celui du sujet. Les hallucinations ainsi provoquées semblent absolument anodines. Du moins je ne connais pas de cas où elles se soient montrées nuisibles d'une façon quelconque.

Dans un certain sens, la cristalloscopie devait logiquement trouver sa place dans cette partie de notre exposé. Nous nous occupons en effet du contrôle de la vision interne, et la cristalloscopie constitue, avec la suggestion hypnotique, un moyen empirique d'établir ce contrôle.

Une revue générale des résultats ainsi obtenus était nécessaire au point de vue de la comparaison avec les phénomènes de la vision interne spontanée, avec les hallucinations véridiques dont nous allons nous occuper à présent.

Mais à un autre point de vue, la cristalloscopie arrive ici d'une façon prématurée, car peu de phénomènes sont de nature à paraître au lecteur plus fantastiques et plus incroyables. Ces visions semblent n'être soumises à aucune loi ; il dépend du simple hasard que tel sujet aperçoive un squelette, tel autre une scène de son enfance, un troisième une file de lettres dont l'assemblage ne présente aucun sens, un quatrième enfin, une représentation de ce que son ami éloigné est en train de faire au même moment.

Les visions cristallines, dont nous ne connaissons pas les causes déterminantes, peuvent être considérées comme des lueurs accidentelles venant éclairer la vision interne, comme une réflexion sous un angle bizarre, indéterminé, que subit l'Univers en traversant et en éclairant un milieu troublant constitué par telle âme spéciale. La connaissance normale et supranormale et les produits de l'imagination sont mélangés et forment des rayons complexes, renfermant des souvenirs, des rêves, des connaissances télépathiques, télesthésiques, retrocognitives, précognitives, etc. Il y existe même des indications de communications spirituelles et d'une sorte d'extase.

Il nous est impossible de poursuivre tous ces phénomènes à la fois. Pour en revenir aux cas d'automatisme sensoriel *spontané*, nous nous voyons obligés de dégager quelque phénomène fondamental qui renferme le principe dont dérivent tous les autres phénomènes plus rares et plus complexes. La chose est relativement facile, car la théorie et l'expérience actuelle s'accordent à postuler ce principe que si la vision et l'audition internes dont nous avons montré toute l'importance, possèdent réellement cette importance et une valeur quelconque, si elles représentent vraiment autre chose que des rêves et des méditations, elles doivent recevoir leurs connaissances et renseignements d'esprits ou d'objets éloignés, et les recevoir autrement que par l'intermédiaire des organes des sens externes. Il doit exister des communications entre les portions subliminales comme il en existe entre les portions supraliminales de différents individus. Bref, la télépathie doit constituer la condition essentielle de tous ces phénomènes.

L'expérience actuelle, nous allons le voir, confirme cette opinion relative au rôle de la télépathie ; car en passant des phénomènes provoqués aux phénomènes spontanés nous verrons que ces derniers fournissent avant tout une preuve en faveur de la transmission d'émotions et de pensées d'un esprit à un autre.

Il faut tout d'abord reconnaître que la télépathie doit absolument exister quelque part dans l'Univers, si ce dernier renferme d'une façon générale des intelligences non incarnées. Ce n'est qu'en supposant que toute la vie du Cosmos est incarnée dans des organismes semblables aux nôtres que nous ne pouvons concevoir d'autres moyens de communication qu'à travers les organes des sens. Mais s'il existe une vie moins attachée à la chair, plus spirituelle (telle que l'homme conçoit la vie supérieure), deux suppositions se présentent à l'esprit : ou il n'existe pas d'échange de pensées, c'est-à-dire de vie *sociale,* ou cet échange ne peut se produire que par des moyens autres que la langue et le cerveau.

Cette vérité avait paru évidente depuis que l'homme a commencé à spéculer sur ces sujets. Mais les progrès de la science ont ajouté une nouvelle présomption à ces spéculations. Je parle de la présomption fournie par l'idée de la *continuité.* En nous rendant compte du lien étroit qui rattache l'homme aux êtres inférieurs qui étaient considérés autrefois comme séparés de nous par un abîme infranchissable, nous sommes amenés à supposer qu'un lien tout aussi étroit doit le rattacher aux vies supérieures, que le tout doit former une série ininterrompue, que les qualités essentielles doivent être les mêmes partout. On se demande généralement si l'homme ressemble au singe ou à l'ange. Je réponds que le fait seul de sa parenté avec le singe est une preuve de présomption en faveur de sa parenté avec l'ange.

Les sentiments instinctifs ont d'ailleurs anticipé sur tous ces raisonnements spéculatifs. Les hommes ont toujours cru, et croient encore, à la réalité de la prière, c'est-à-dire à la possibilité de communications télépathiques entre nos esprits humains et d'autres esprits supérieurs aux nôtres dont on suppose que non seulement ils comprennent nos désirs et aspirations, mais qu'ils sont encore capables d'exercer sur nous des influences et des actions internes.

Cette croyance à l'efficacité de la prière a été tellement répandue qu'il est étonnant que les hommes n'en aient pas tiré cette déduction qui paraît naturelle, à savoir que, si nos esprits peuvent communiquer avec des esprits supérieurs par des moyens qui dépassent nos sens, ils peuvent également être capables de communiquer les uns avec les autres de la même manière. Ce fait a été soupçonné de temps à autre par des penseurs éminents, de saint Augustin à Bacon, de Bacon à Gœthe, de Gœthe à Tennyson.

Des expériences isolées en prouvaient de temps à autre la vérité pratique. Mais ce n'est que depuis quelques années que cette notion vague et flottante a pris la forme d'une théorie définie, à la suite d'une expérimentation systématique.

C'est à Edmond Gurney que nous devons le premier essai de cette expérimentation systématique[1], basée sur un nombre considérable d'observations soigneusement vérifiées et sur des expériences entourées des plus strictes garanties.

---

1. Dans son livre *Phantasms of the Living*, dont il existe une traduction-adaptation française faite par M. Marillier sous le titre : *Hallucinations télépathiques*, F. Alcan, 3ᵉ édit. Le livre de M. Podmore, *Apparitions and Thougt-transference*, renferme en grande partie les mêmes matériaux.

L'explication des expériences télépathiques n'est pas aisée. Nous en signalerons une qui, si elle était vraie, serait de nature à rattacher cette science au début aux sciences plus avancées : c'est la théorie des « ondes cérébrales » ou, selon l'expression plus exacte de sir W. Crookes, des « ondes éthérées » qui possèderaient une amplitude plus petite et une fréquence plus grande que celles qui transmettent les rayons X. Ces ondes se propageraient d'un cerveau à un autre en produisant dans celui-ci une excitation ou en y faisant surgir une image analogue à l'excitation ou à l'image qui leur a donné naissance. Cette hypothèse est très attrayante, parce qu'elle rattache une action qui existe certainement, mais dont l'effet est inconnu, à un effet qui existe certainement, mais dont la cause est inconnue.

Dans le monde des vibrations, rien ne paraît plus naturel que d'invoquer une vibration de plus. Il serait en effet osé d'affirmer qu'un phénomène quelconque perceptible aux hommes ne puisse être exprimé, en partie tout au moins, dans les termes d'ondulations éthérées. Mais dans le cas de télépathie l'analogie qui suggère cette explication, c'est-à-dire la similitude apparente entre l'image émise pour ainsi dire par l'agent et celle perçue par le sujet influencé, comme lorsque je fixe l'esprit sur deux des carreaux d'une carte et que le sujet voit l'image mentale de la carte entière, cette analogie est loin d'être complète. On a beau dire que l'esprit du sujet percevant *modifie* l'image envoyée par l'agent, jusqu'à ce que la similitude entre les deux images devienne pour ainsi dire purement symbolique. Nous avons vu qu'il existe une transition continue de la télépathie expérimentale à la télépathie spontanée, de la transmission d'images de cartes au pressentiment de la mort d'un ami éloigné. Ces pressentiments peuvent bien être des images de l'ami mourant, mais il est peu probable que ces images soient émises par le cerveau du mourant dans la forme dans laquelle les perçoit le cerveau du sujet percevant. Pour prendre un cas bien connu de notre collection (*Phantasms of the Living*, I, 210), M. L. meurt d'une maladie du cœur, couché dans son lit et déshabillé. Au même moment M. N. J. S. voit M. L. debout à côté de lui, l'air content, habillé pour la promenade et une canne à la main. On ne voit pas comment des ondulations auraient pu transformer à ce point des faits physiques.

Les hallucinations télépathiques *collectives* sont encore plus difficilement explicables par la théorie des ondulations. Il est difficile de comprendre comment A. est capable d'émettre des vibrations qui, se propageant également dans toutes les directions, affectent non seulement son ami éloigné B., mais encore les étrangers C. et D. qui par hasard se trouvent à côté de B., sans toucher autant que nous sachions aucune autre personne au monde.

Tous ces points ont été analysés et discutés depuis que nous avons commencé nos recherches. Mais au fur et à mesure que nos expériences se multipliaient, notre conception de la télépathie se généralisait de plus en plus dans d'autres et nouvelles directions, de moins en moins compatibles avec la théorie des ondulations. Nous mentionnerons ici brièvement trois de ces directions, notamment les rapports entre la télépathie et *a)* la télesthésie ou la clairvoyance, *b)* le temps, *c)* les esprits désincarnés.

a) Il devient de plus en plus difficile d'attribuer les scènes dont le sujet percevant prend connaissance à l'action d'un esprit donné percevant réellement ces scènes éloignées. Ceci est plus particulièrement évident dans les expériences de cristalloscopie.

b) Les visions cristallines montrent également ce que nous pouvons, au point de vue strictement télépathique, considérer comme une élasticité très grande dans leurs rapports avec le temps. Le sujet choisit lui-même le moment où il doit regarder le ballon, et quoiqu'il voie souvent des événements qui s'accomplissent au même moment, il peut également voir des événements passés et même, à ce qu'il paraît, des événements futurs. Je ne puis pour ma part nier la préconnaissance, ni tracer, au milieu de ces visions si complexes, une ligne de démarcation nette entre la préconnaissance et la télépathie.

c) La connaissance anticipée peut, si l'on veut, être considérée comme une action télépathique exercée par des esprits désincarnés, et ceci la range dans un groupe de phénomènes que tous ceux qui s'occupent de notre sujet doivent avoir admis depuis longtemps. En admettant, pour les besoins de la cause, que nous recevions de personnes mortes des communications que nous appellerions télépathiques si elles nous venaient de vivants, il nous est loisible de conjecturer que ces messages nous sont également transmis par les ondes éthérées. Mais puisque ces ondes ne peuvent en aucune façon émaner de cerveaux matériels, nous nous écartons tellement de l'hypothèse primitive des ondes cérébrales qu'il devient très difficile de la défendre.

Tout ce que nous pouvons dire de la télépathie est ceci : *la vie possède la faculté de se manifester à la vie.* Les lois de la vie, telles que nous les connaissons, ne sont applicables qu'à la vie associée à la matière. Ainsi limités, nous savons peu de chose sur la nature vraie de la vie. Nous ne savons pas si la vie est seulement une force directrice ou si elle est en outre une énergie effective. Nous ne savons pas comment elle agit sur la matière. Nous ne pouvons non plus définir les rapports qui existent entre notre conscience et notre organisme. J'ose dire que les observations télépatiques nous ouvrent quelques horizons de ce côté-là. De la façon dont certains éléments d'un organisme individuel, abstraction faite de l'action matérielle, influent sur un autre organisme, nous pouvons apprendre quelque chose sur la façon dont notre propre vie influe sur notre propre organisme et maintient, interrompt ou abandonne sa courbe organique [1].

L'hypothèse que j'ai suggérée dans les *Phantasms of the Living,* dans ma « Note sur un mode possible d'interaction psychique », me semble avoir été rendue plus plausible, à la suite de nombreuses observations faites depuis cette époque. Je crois toujours, et plus fermement encore qu'en 1886, qu'il se produit une « invasion psychique », qu'il s'établit, dans le milieu qui entoure le sujet percevant, un « centre fantasmogénétique », qu'il s'accomplit un mouvement ayant un certain rapport avec l'espace tel que nous le connaissons, et un transfert de présence pouvant ou non être discerné par les personnes envahies et qu'il en résulte la perception d'une scène éloignée dont la personne actionnante peut ne pas se souvenir.

Mais les termes dont je commence à me servir ici entraînent des associations d'idées qui sont de nature à rebuter plus d'un lecteur, même les moins scientifiques. Je me sers du langage d'une *psychologie paléolithique* et je semble partager les habitudes de pensée du sauvage qui croit que vous pouvez voyager en rêve et que votre esprit peut hanter et harceler votre ennemi. Tout en me rendant compte de ce

---

1. Il est évident qu'il n'existe aucune raison théorique de limiter la télépathie aux êtres humains. Elle peut exister tout aussi bien entre les hommes et les animaux inférieurs que chez les animaux inférieurs entre eux.

que ces expressions ont de choquant et du retour qu'elles
semblent signifier à des conceptions aussi surannées, je ne
vois pas d'autre moyen de m'en excuser que de retracer
devant le lecteur la voie dans laquelle un accroissement
graduel de preuves m'a obligé, à seule fin de pouvoir
embrasser tous les phénomènes, à me servir de phrases et
d'expressions différant à tel point de celles que M. Ed. Gurney
et moi avons employées dans nos premiers travaux sur ce
sujet en 1883.

Voici brièvement les faits. Lorsque notre petit groupe
commença en 1882 à collectionner les faits relatifs aux
« hallucinations véridiques », ou aux apparitions coïncidant
avec d'autres événements de façon à suggérer l'idée d'un
nexus causal, nous nous sommes vite aperçus que le sujet
avait à peine encore été abordé. Des cas de différents genres
ont été, il est vrai, vaguement relatés ; mais à peine quelques-uns d'entre eux atteignaient ce degré d'évidence dont
nous voulions entourer nos récits. Notre propre collection
était misérablement pauvre, en comparaison avec la riche
moisson qui ne demandait qu'à être récoltée ; mais elle était
suffisante pour montrer ces variétés d'apparitions coïncidentelles qui étaient à la fois les plus communes et les plus
convaincantes. C'étaient notamment des apparitions de personnes vivantes, coïncidant avec quelque crise que ces personnes subissaient à distance, et surtout de personnes qui
étaient encore en vie, mais en danger de mort. Ces cas ont
été les premiers à atteindre un nombre et une valeur suffi-
sants pour entraîner notre conviction, et dans différents
articles publiés dans les *Proceedings of the Society for
Psychical Researches* et dans les *Phantasms of the Living*,
ils ont été exposés avec toute l'évidence qu'ils comportaient
et rattachés à la télépathie expérimentale, étant considérés

eux-mêmes comme des exemples spontanés, mais bien plus frappants, de ces transmissions d'impressions d'un esprit à un autre.

Mais, d'un autre côté, on a découvert parmi ces cas certains exemples qui ne se laissaient pas réduire à la conception de la télépathie pure et simple, en admettant 'même que cette conception ait reçu sa forme définitive. Parfois l'apparition était vue par plus d'une personne à la fois, résultat qui n'aurait pas dû se produire s'il ne s'était agi que d'une transmission d'une impression d'un esprit à un autre, lequel extériorisait cette impression en lui donnant une forme matérielle selon les lois de sa propre structure. Il existait encore d'autres cas, où la personne actionnée paraissait être en même temps la personne actionnante, en ce sens qu'elle a eu l'impression d'avoir d'une façon quelconque visité et noté une scène éloignée, dont l'occupant n'était pas nécessairement conscient d'une relation immédiate avec cette personne. Ou quelquefois cette « clairvoyance télépathique » devenait de la « réciprocité », chacune des deux personnes en question étant consciente de l'autre, la scène de leur rencontre étant la même dans la vision de chacune, ou tout au moins l'expérience étant d'une façon quelconque commune aux deux. Ces difficultés et d'autres analogues se sont présentées dès le début à mon esprit ; et dans la « note » déjà mentionnée « sur un mode possible d'interaction psychique », insérée dans le deuxième volume de *Phantasms of the Living*, j'ai indiqué brièvement l'extension de la théorie télépathique qu'elles me semblaient nécessiter.

Entre temps, des cas de certains autres groupes définis continuaient à nous parvenir assez fréquemment, quoiqu'en nombre moins considérable que ceux d'apparitions au moment de la mort. Pour ne mentionner que les deux plus importants de ces groupes, nous nous trouvions en présence d'apparitions dites de *morts* et de cas de *connaissance anticipée*. Pour chacun de ces groupes, il paraissait raisonnable de différer toute conclusion, jusqu'à ce que le temps ait montré si les cas de ce genre et de première main sont susceptibles de se produire d'une façon continue, et si des témoignages indépendants continuaient de se produire en faveur de ces incidents que ces hypothèses expliquaient mieux que d'autres. Avant la mort de Ed. Gurney, survenue en 1888, nos cas d'apparitions et d'autres manifestations de morts ont acquis une valeur et une consistance qui, ainsi que le prouve son dernier travail, l'ont convaincu de leur caractère véridique lequel s'est encore accentué depuis cette époque. La possibilité de communication avec des personnes décédées me paraît aujourd'hui aussi indiscutable que celle des communications télépathiques entre vivants; et cette nouvelle possibilité modifie et élargit nécessairement notre conception relative à la télépathie entre vivants.

Les faits en faveur de la connaissance anticipée étaient beaucoup moins nombreux, et l'évidence relative à ce groupe de phénomènes était plus lente à se faire. Mais elle n'en est pas moins devenue suffisante pour me faire croire qu'on aura à compter avec ces faits, sans que je puisse affirmer, comme je le fais pour les messages venus de personnes décédées, que tous ceux qui acceptent nos preuves relatives à la télépathie soient obligés d'accepter en même temps celles relatives à la connaissance anticipée. Il se passera encore quelques années avant que ces faits aient acquis une valeur indiscutable.

Mais quel que soit le point de vue auquel tel ou tel expérimentateur se place de nos jours, j'affirme que le seul moyen rationnel de se faire une conviction consiste à décomposer d'abord le courant mélangé de faits en plusieurs groupes définis et à observer ensuite la fréquence avec laquelle ces groupes de faits se reproduisent, en leur attribuant une importance d'autant plus grande qu'ils seront plus évidents.

Cette façon de procéder exclut évidemment toute opinion *a priori* et réduit notre conception à une simple classification à laquelle les faits déjà connus doivent être soumis de façon à pouvoir être embrassés dans leur ensemble.

Ma « psychologie paléolithique » n'a pas d'autre ambition. Je m'attache simplement, à l'exemple de mes précurseurs anthropophages, à trouver une formule qui couvre tous les faits observés. « Quelles raisons ai-je de croire que ceci *n'est pas* vrai ? » Telle est la question qu'il faut toujours se poser, lorsqu'on est parvenu à se rendre compte, autrement que par la spéculation scientifique, de la profonde ignorance où nous sommes de ce que l'Univers est réellement.

Je reconnais en tout cas que ma propre ignorance est telle que mes notions concernant ce qui est probable et ce qui est improbable dans l'Univers ne me paraissent pas suffisantes pour me faire écarter des faits qui me semblent dûment attestés et qui ne se trouvent pas en contradiction avec d'autres faits et généralisations mieux établis. Quelque vaste que soit le domaine des faits établis scientifiquement, ils ne représentent, de l'aveu même des représentants les plus autorisés de la science, qu'un coup d'œil rapide dans le domaine inconnu et infini des lois.

C'est ainsi que j'ai été amené à abandonner ma première manière de voir et, au lieu de prendre pour point de départ la conception d'une impulsion télépathique se transmettant simplement d'un esprit à un autre, de mettre à la base de tous ces phénomènes la conception de la dissociabilité du moi en admettant que différentes fractions du moi sont susceptibles d'agir indépendamment l'une de l'autre, au point que l'une ne soit pas consciente des actes de l'autre.

Au fond ces deux conceptions se contre-balancent en grande partie. Là où il s'agit d'une transmission expérimentale de pensées et même des variétés les plus communes d'apparitions coïncidentelles, la seconde formule apparaît comme une variation inutile et non prouvée de la première. Mais dès que nous nous trouvons en présence de catégories difficiles, cas de réciprocité, de clairvoyance, cas collectifs et avant tout manifestations de morts, nous trouvons que la conception d'une impulsion télépathique qui une fois envoyée est abandonnée à elle-même en ce qui concerne l'effet qu'elle doit produire, cette conception, disons-nous, a besoin, pour devenir évidente, d'être analysée, examinée, manipulée de différentes façons. D'un autre côté, c'est précisément dans ces régions difficiles que s'observent les analogies avec d'autres formes de désintégration de la personnalité et que les actions apparitionnelles et automatiques nous rappellent celles par lesquelles se manifestent des segments de la personnalité détachée de la personnalité primitive, mais opérant à travers un organisme qui est le même dans les deux cas.

L'innovation que nous prétendons faire consiste à supposer que les segments de la personnalité sont capables d'opérer d'une façon indépendante en apparence de l'organisme. Une telle supposition n'aurait pu nous venir à l'esprit sans la preuve de la télépathie et ne peut que difficilement être maintenue sans la preuve de la survivance après la mort corporelle. C'est que dans la télépathie nous avons à faire à un élément psychique faisant partie de la personnalité, mais opérant indépendamment de l'organisme et que dans la survivance après la mort corporelle nous nous trouvons en présence d'un élément de la personnalité, disons de son dernier élément, opérant après la destruction de l'organisme. Il n'y a donc rien de téméraire à admettre qu'un élément de la personnalité peut opérer indépendamment de l'organisme, alors que ce dernier est encore en vie.

Il s'agit en dernier lieu d'une dissociation de la personnalité manifestant son activité dans un milieu méta-éthéré; telle sera, conformément à la terminologie employée dans ce livre, la formule qui résume le plus nettement tous les cas jusqu'ici connus d'apparitions véridiques. C'est que pour la clarté de mon exposé je suis obligé de me servir des mots les plus simples et les plus courts, quelque vague et discutable que soit leur sens. C'est ainsi que je me sers du mot *esprit* pour exprimer cette fraction inconnue de la personnalité humaine, qui n'est pas sa fraction supraliminale et dont nous surprenons l'activité avant ou après la mort dans un milieu méta-éthéré. Je ne trouve pas d'autre terme pour exprimer cette conception, mais le mot *esprit* n'implique pour moi rien de plus. De même le sens des termes *envahisseur* et *envahi*, tout étrangers et barbares qu'ils paraissent, dépendra de conceptions dont l'évidence se dégagera pour nous de plus en plus.

Les faits que nous possédons actuellement présentent, au point de vue du contenu et de la qualité, une variété qui ne laisse pas de nous rendre perplexes. Pour la plus grande partie de ces faits, je n'ai qu'à renvoyer les lecteurs à l'ouvrage de Gurney. Je me contenterai de relever et de discuter ici quelques points seulement.

Je rappellerai en premier lieu que tous les cas véridiques de coïncidence se dégagent sous forme d'un groupe isolé d'un fonds d'hallucinations qui n'ont aucune prétention à la coïncidence ni à la véridicité. Si les hallucinations purement subjectives des sens n'affectaient que les cerveaux malades et déséquilibrés, affirmation qui avait cours, même dans les milieux scientifiques, au début de nos recherches, notre tâche serait beaucoup plus aisée. L'état sain et normal de la plupart de nos sujets étant incontestable, ce serait pour nous une grande simplification, si nous pouvions dire, dans le cas par exemple de cet écolier qui aperçut le fantôme de son frère, pendant qu'il jouait au cricket : « Cet écolier est en parfaite santé ; cette apparition est la seule qu'il ait jamais eue ; donc elle a dû nécessairement lui venir du dehors. »

C'est ainsi que raisonnent en effet la plupart des gens, lorsqu'une apparition, unique dans leur vie, se présente à eux à un moment où ils se sentent aussi sains de corps que d'esprit. Au cours de son enquête, Edmond Gurney a eu l'occasion de se convaincre que des hallucinations isolées, uniques dans la vie, partielles, sans lien apparent avec une circonstance quelconque, s'observaient chez des personnes saines et normales avec une fréquence qu'il était impossible de soupçonner.

Et puisque les hallucinations occasionnelles chez des personnes normales sont si *fréquentes,* il semble difficile d'admettre qu'elles soient toutes *véridiques.* Et l'existence de toutes ces hallucinations peut-être purement subjectives complique grandement nos recherches concernant les hallucinations véridiques. Il en résulte que l'existence pure et simple des hallucinations, de quelque façon, souvent très bizarre, qu'elles se trouvent interposées dans la vie ordinaire, ne leur confère aucune valeur objective, et c'est en dehors d'elles, dans la coïncidence par exemple qui existe entre telle hallucination et quelque événement se

déroulant à distance, que nous devons chercher des éléments d'évidence, La sensation du sujet percevant ne nous
fournit aucun criterium nous permettant de dire si dans tel
cas donné une hallucination est ou non provoquée par quelque
chose d'inconnu existant en dehors du sujet. Les hallucinations hypnotiques par exemple qui ne correspondent à aucun
fait externe au delà de l'ordre suggéré et entendu de la
façon usuelle constituent peut-être le groupe le plus distinct
et le plus constant d'hallucinations normales. Je le répète,
nous ne possédons aucun témoignage subjectif permettant
de distinguer les fausses hallucinations des véridiques, ce
qui ne veut pas dire que nous devions renoncer à trouver
ce témoignage. Certains individus particulièrement sensitifs
et sujets aux hallucinations des deux genres croient avoir
appris à distinguer pour eux-mêmes entre les deux classes
et même à distinguer, parmi les hallucinations véridiques,
celles qui sont dues à l'action de personnes vivantes de celles
provoquées par des esprits désincarnés ; et il est à espérer
qu'à mesure qu'on arrivera à mieux reconnaître cette sensibilité et à l'apprécier plus sérieusement, la faculté discrimi-
native du sujet lui-même deviendra un facteur de plus en
plus important dans l'établissement de l'évidence des phénomènes dont il s'agit.

En attendant nous n'avons à compter qu'avec l'évidence
qui découle de la coïncidence externe, avec ce simple fait,
pour exprimer cette coïncidence dans sa forme la plus
simple, que je vois le fantôme de mon ami Smith au moment
même où Smith se meurt à distance, et sans que je sois
prévenu de son état. Une coïncidence de ce type général,
lorsqu'elle se produit, n'est pas difficile à vérifier, et nous
l'avons vérifié et établi en effet dans plusieurs centaines
de cas.

La conclusion qui semble la plus logique est celle d'un rapport causal entre la mort et l'apparition. Pour réfuter cette conclusion, il faut pouvoir ou contester l'exactitude du témoignage du sujet ou montrer que la coïncidence en question est un simple effet de hasard.

Chacune de ces questions a fait l'objet d'une discussion aussi complète que fréquente. On la trouvera exposée tout au long dans le « Rapport de la Commission des hallucinations » (*Proceedings S. P. R.*, vol. X). Je ne puis que citer textuellement la conclusion de la Commission : « Entre la mort et l'apparition de personnes mourantes il existe un rapport qui s'explique difficilement par le simple hasard. »

En formulant cette conclusion, on a choisi de préférence les apparitions au moment de la mort, parce que la mort étant un événement unique dans l'existence humaine, les coïncidences entre la mort et les apparitions fournissent un élément très favorable au point de vue des recherches statistiques. Mais les coïncidences entre les apparitions et des crises autres que la mort, quoiqu'inaccessibles à la même estimation rigoureusement arithmétique, n'en sont pas moins tout aussi convaincantes. C'est ce grand groupe de cas spontanés que nous allons considérer maintenant.

La classification logique de ces cas n'est pas chose facile, parce que chaque récit peut être considéré à plusieurs points de vue : il y a d'abord à considérer la nature de l'événement externe, mort ou crise, auquel correspond l'apparition, ensuite le mode même de l'apparition, selon que celle-ci se présente pendant le sommeil ou dans l'état de demi-somnolence ou pendant l'état de veille ; il faut encore tenir compte du sens spécial qui se trouve affecté, tels que la vue ou l'ouïe, et enfin de l'effet produit, soit qu'il s'agisse d'une perception *collective* commune à plusieurs personnes à la fois, soit qu'on se trouve en présence d'une perception *élective* particulière à une personne déterminée. Une de ces divisions, la distinction entre les cas *auditifs* et les cas *visuels,* dont il a été tenu suffisamment compte dans la classification de la première collection de *Phantasms of the Living,* peut être laissée de côté. Les proportions statistiques des hallucinations visuelles, auditives, bi-sensorielles ou tri-sensorielles ont été suffisamment déterminées, autant que le permettaient les documents dont on disposait ; et puisque nous supposons qu'il ne s'agit pas de vision *oculaire* ni d'ouïe *auriculaire,* la question de savoir quel sens interne se trouve le plus facilement stimulé chez chaque sujet donné, perd de son importance. Cette distinction peut bien, avec quelques autres, être discutée à propos de chaque cas individuel : mais nous devons poser à la base de notre classification générale un caractère plus fondamental.

Or, un des avantages de la conception de l'*invasion ou de l'excursion psychique* à laquelle j'ai déjà fait allusion consiste précisément en ceci que cette conception est suffisamment fondamentale pour servir de base à la classification générale de tous les cas relatés, peut-être de tous les cas possibles d'apparitions. Et quoiqu'il existe certains cas pour lesquels le terme métaphorique d'*invasion* paraît trop fort, alors que l'ancienne métaphore d'*influence télépathique* serait tout à fait suffisant, ces cas, tout en étant dans une certaine mesure moins complets, n'en rentrent pas moins naturellement dans les mêmes divisions.

Soit A. l' « agent », ou l'esprit supposé envahisseur ou excursif dans un cas donné, et P. le sujet percevant, esprit jouant un rôle plus passif, recevant et quelquefois observant la visite de A. Naturellement A. est souvent, sinon *toujours,* à son tour un sujet percevant, qui acquiert des connaissances en même temps qu'il en communique, avec cette restriction que son moi subliminal qui accomplit cette excursion n'est pas toujours à même de faire part de ses résultats au moi supraliminal qui seul est accessible à notre observation externe.

Nous avons besoin d'un schéma embrassant, conformément à la conception de l'*invasion* ou de l'*excursion*, toutes les actions télépathiques observables, depuis les courants de faible intensité que nous pouvons nous imaginer comme passant continuellement d'un homme à un autre, jusqu'à un point, réservé pour les chapitres suivants, où une des parties de l'interaction télépathique a définitivement quitté l'enveloppe charnelle. Le *premier* terme de notre série sera forcément un peu vague; mais le *dernier* nous conduira au seuil du monde spirituel.

Commençons donc par les cas où l'action du fragment excursif de la personnalité est la plus faible, la moins capable d'affecter d'autres observateurs ou d'être gardée dans la mémoire du sujet même à l'état de veille.

Il est naturellement difficile à rendre ces cas évidents. Ce n'est souvent que par hasard que ces excursions psychiques faibles et sans but sont observées, et cela de façon à nous les faire considérer comme quelque chose qui dépasse à peine une illusion subjective de l'observateur.

Comment une vision fortuite, disons d'une dame assise dans sa chambre ou d'un homme s'en retournant à la maison à 6 heures, peut-elle être distinguée d'un côté d'une image-souvenir et d'un autre côté de ce que je pourrais appeler « images d'attente » ? L'image de la dame peut être une réminiscence légèrement modifiée et extériorisée, celle de l'homme s'approchant de la porte une simple projection de ce que l'observateur espère voir.

J'ai supposé que ces fantômes ne coïncident avec aucun événement marqué. La dame peut avoir eu l'idée d'aller dans sa chambre, l'homme pouvait être en train de rentrer chez lui ; ce sont là des circonstances banales qui se reproduisent tous les jours.

Mais, quelque banal qu'il soit, presque chaque concours de circonstances humaines est suffisamment complexe pour donner lieu à la coïncidence. Si celui qui est assis dans la chambre porte un vêtement que le sujet percevant n'a jamais vu avant son hallucination, si l'homme objet de l'hallucination apparaît portant un paquet d'un aspect peu ordinaire, que l'homme réel se trouve réellement avoir apporté chez lui sans que personne s'y attendît, nous sommes pleinement autorisés à admettre qu'il existe un lien causal entre l'état apparent de l' « agent » à ce moment-là et l'apparition.

Tel est le cas du colonel Bigge qui crut apercevoir un jour, à quelques pas de distance, un de ses collègues, vêtu d'un costume spécial que M. Bigge ne lui avait jamais vu auparavant et portant des ustensiles de pêche, alors que M. Bigge ignorait complètement que son collègue fût allé ce jour-là à la pêche, et cela dix minutes avant l'apparition *réelle* de ce collègue dans l'endroit en question. Et quel ne fut pas l'étonnement de M. Bigge lorsqu'il s'assura que son collègue portait réellement le costume et les ustensiles de pêche avec lesquels il lui *apparut* dix minutes auparavant (*Phantasms of the Living*, II, 94).

A propos des cas de ce genre il y a tout lieu de croire que l'esprit d'un homme peut être réellement fixé sur l'endroit où il doit retourner, de sorte que son fantôme apparaît là où lui-même et les autres croient voir le but le plus probable de sa course.

Mais il existe d'autres cas où le fantôme d'un homme apparaît dans un endroit sans qu'il existe une raison spéciale pour qu'il soit vu là plutôt qu'ailleurs, quoique l'endroit en question semble se trouver dans les limites de son courant habituel d'idées.

Dans ces cas encore, il y a des circonstances de nature à faire penser que l'apparition est rattachée à l'*agent* apparent par un lien causal. Le fantôme d'une personne donnée peut être vu *à plusieurs reprises* par plusieurs sujets ou *collectivement* par plusieurs personnes à la fois ; ou il peut réunir ces deux caractères et être vu à plusieurs reprises par plusieurs personnes à la fois.

Or, considérant la rareté des apparitions fantômales et ce fait qu'à peine une personne sur cinq mille est susceptible d'être vue à l'état fantômal, le fait seul que le fantôme d'une personne donnée est vu deux fois, par plusieurs sujets (car une deuxième apparition *au même* sujet n'a pas la même valeur) est déjà assez remarquable ; et lorsqu'il se reproduit *trois* ou *quatre* fois il devient difficile de l'expliquer par un simple hasard.

Tel est le cas de Mme Hawkins dont le fantôme fut vu par quatre personnes (ses deux cousins, sa bonne, son fils) à des intervalles plus ou moins éloignés, et la première fois par deux personnes simultanément et d'une façon absolument identique (*Phantasms of the Living*, II, 78).

Dans d'autres cas, la perception a été collective, quoique non répétée. Tel est le cas des deux sœurs, Mlles C.-J. E... et H. E... qui, se trouvant toutes deux à l'église, l'une jouant de l'orgue, l'autre écoutant, aperçoivent toutes deux le fantôme de leur troisième sœur qui, ainsi qu'il a été constaté plus tard, se trouvait bien à proximité de l'église et avait bien eu l'intention d'y entrer, mais ne l'a pas fait, s'étant attardée dans la bibliothèque paroissiale où elle était occupée à déchiffrer les papiers de famille de son oncle le pasteur. Elle est apparue à ses deux sœurs dans la robe même qu'elle avait portée pendant qu'elle était dans la bibliothèque et ayant à la main un rouleau de papier (Rapport de la Commission des hallucinations, *Proceedings S. P. R.*, X, p. 306). Il est possible que, dans ce cas, la troisième sœur fût occupée par quelque idée supraliminale ou subliminale de la scène, au milieu de laquelle elle apparut en fantôme, et qu'une de ses sœurs l'ayant aperçue par un simple acte de tranquille reconnaissance ait communiqué à l'autre un choc télépathique de façon à lui faire apercevoir la même figure.

Dans le cas de Mme Hall (*Phantasms of the Living*, II, p. 217), son propre fantôme lui apparut à elle, à son mari et à deux de ses parents, pendant que toutes ces personnes se trouvaient à table. Personne n'a paru étonné de cette apparition qui sembla, à Mme Hall elle-même, complètement étrangère à sa personnalité, comme s'il s'était agi d'un tableau ou d'une statue.

La question de la vraie importance de la collectivité de la perception reconstitue sous une autre forme le problème de l'*invasion* auquel notre exposé nous ramène si souvent. Lorsque deux ou trois personnes voient ce qui paraît être le même fantôme à la même place et au même moment, cela signifie-t-il que cette portion spéciale de l'espace soit modifiée d'une façon quelconque? ou qu'une impression mentale communiquée par un agent éloigné, celui auquel appartient le fantôme, à un des sujets percevants se réfléchisse télépathiquement de l'esprit de ce dernier à l'esprit d'autres sujets percevants, de sujets pour ainsi dire secondaires? Je préfère la première de ces deux explications et je vois une objection contre la deuxième, qui est celle de la contagion psychique. Dans ce fait, ainsi que dans certains cas collectifs, nous ne discernons aucun lien probable entre l'esprit d'un sujet percevant quelconque et celui de l'agent éloigné.

Il n'existe en effet aucune indication d'un lien nécessaire entre l'état d'esprit de l'agent au moment de l'apparition et le fait que telles ou telles personnes aperçoivent son fantôme. La projection de ce dernier constitue un acte aussi automatique de la part de l'agent et aussi peu intentionnel qu'un rêve ou un songe.

Admettant donc que ces « bilocations » se produisent sans cause extérieure appréciable, et dans des moments de calme et d'indifférence apparente nous devons nous demander : de quelle façon ce fait pourra-t-il modifier nos conceptions antérieures ?

Je suppose que la vie de rêve qui évolue d'une façon continue parallèlement à notre vie éveillée est assez puissante pour déterminer de temps à autre une dissociation suffisante pour qu'un élément quelconque de notre personnalité devienne capable d'être perçu à une certaine distance de l'organisme. Cette notion d'un quasi-rêve incohérent devenant perceptible aux autres s'accorde parfaitement avec les théories exposées au cours de cet ouvrage, car je considère les opérations subliminales comme s'accomplissant d'une façon *continue* et je crois que le degré de dissociation susceptible d'engendrer un fantôme perceptible n'équivaut pas nécessairement à une modification très profonde, cette perceptibilité dépendant de l'idiosyncrasie encore inexpliquée de l'agent et du sujet percevant.

J'appellerai cette idiosyncrasie de l'agent du nom de *psychorrhagie*, dont la traduction littérale signifie : échappement, dégagement de l'âme. Ce qui d'après mon hypothèse s'échappe ou se dégage, ce n'est pas (comme d'après le

sens grec du mot) le principe total de la vie de l'organisme,
mais un certain élément psychique, d'un caractère probablement variable et qui ne peut être défini que par sa propriété de produire des fantômes perceptibles pour une ou
plusieurs personnes, dans telle ou telle portion de l'espace.
Ces effets fantasmogénétiques peuvent se manifester soit
dans l'esprit et par conséquent dans le cerveau d'une autre
personne, auquel cas cette personne discerne le fantôme
quelque part dans son voisinage, selon ses propres habitudes mentales ou sa prépossession, ou bien cet effet se
manifeste directement dans une portion de l'espace, auquel
cas plusieurs personnes peuvent discerner simultanément le
même fantôme au même endroit.

Passons maintenant de ces cas de psychorrhagie qui
n'impliquent pour ainsi dire aucune connaissance nouvelle
pour le sujet apparaissant sous forme d'un fantôme, à ceux
où il existe en quelque sorte une communication d'un esprit
à un autre et qui impliquent une acquisition de connaissances nouvelles par l'esprit excursif.

Il est impossible de classer ces cas en groupes logiquement continus. Mais, d'une façon générale, le degré auquel
cette rencontre psychique *reste dans le souvenir* de chacune
des deux parties indique en quelque sorte son *intensité* et
peut servir de guide à une classification provisoire.

Me conformant à ce schéma, je commencerai par un
groupe de cas qui semble ne fournir qu'une très faible information, ceux notamment où l'agent A. influence ou envahit
pour ainsi dire le sujet percevant P., sans que ni A. ni P. ne
gardent aucun souvenir supraliminal de ce qui s'est passé.

Ces cas sont assez fréquents. Le *rapprochement* psychique
se produit, par hypothèse, dans une région subliminale
pour A. et pour P., région dont quelques impressions rares

et fragmentaires seulement dépassent le seuil de la conscience. C'est ainsi que la télépathie semble opérer d'une façon beaucoup plus continue que nous ne sommes disposés à le croire.

Mais comment l'observateur externe peut-il savoir quelque chose de ces incidents télépathiques dont les parties intéressées elles-mêmes ne se souviennent pas toujours ?

Dans la vie ordinaire nous pouvons quelquefois apprendre par des assistants des incidents sur lesquels les parties intéressées ne sont pas à même de nous renseigner. Peut-il y avoir des assistants, témoins de ces invasions psychiques ?

Cette question est d'une grande importance théorique. Puisque je considère qu'il se produit un transfert réel de quelque chose de l'agent, ce transfert déterminant une certaine modification dans une certaine portion de l'espace, on peut admettre théoriquement la présence d'un assistant capable de discerner cette modification beaucoup plus distinctement que les personnes au profit desquelles pour ainsi dire cette modification s'était produite. Mais si, d'un autre côté, ce qui s'est produit est le simple transfert d'une impulsion d'un esprit à un autre, il devient difficile de comprendre comment un esprit autre que l'esprit visé a pu percevoir l'impression télépathique. Cependant, dans les cas *collectifs*, des personnes auxquelles l'agent ne porte aucun intérêt ou dont la présence à côté de la personne à laquelle il est censé s'adresser lui est inconnue, reçoivent réellement l'impression de la même façon que la personne visée. Ceci a été expliqué par Gurney comme une nouvelle transmission télépathique, se faisant cette fois de l'esprit de la personne que vise l'impression à celui de son voisin du moment.

Une telle supposition, déjà assez problématique en elle-même, le devient davantage, lorsque, ainsi que cela arrive souvent, l'impression télépathique n'a pas pénétré dans l'esprit de la personne principalement visée. Lorsque dans des cas de ce genre un assistant perçoit la figure de l'agent, il faut supposer qu'il la perçoit en simple assistant, non comme une personne subissant l'influence télépathique du sujet visé, puisque celui-ci ne perçoit rien en réalité.

Tel est le cas de Frances Reddell (*Phantasms of the Living*, II, 214), qui, une nuit qu'elle était en train de veiller une de ses compagnes gravement malade, aperçut le fantôme de la mère de cette dernière qu'elle ne connaissait pas et qu'elle n'avait jamais vue auparavant, mais dont elle put donner la description tellement exacte que, lorsque cette femme arriva réellement plus tard à la nouvelle de la mort de sa fille, tous ceux auxquels Frances Reddell parla de sa vision furent frappés de la ressemblance entre cette dernière et la personne réelle. Elle décrivit même un certain costume de nuit et un certain bougeoir dont l'existence fut confirmée par les parents de la malade.

Voici ce qui a dû se passer dans ce cas : la mère, inquiète de l'état de sa fille, lui aura fait pour ainsi dire une visite psychique pendant qu'elles dormaient toutes deux ; et ce faisant elle aura modifié une portion de l'espace, ni matériellement, ni optiquement, mais de telle façon que des personnes susceptibles se trouvant dans cette portion espace auront été à même d'y distinguer en quelque sorte une image répondant approximativement à la conception qui existait dans l'esprit de la mère relativement à son propre aspect, alors que la mère elle-même ne se souvenait plus d'avoir pensé à sa fille cette nuit-là et que celle-ci étant morte on ne pouvait savoir si elle a, tout comme Frances Reddell, perçu l'image de sa mère.

Tel est encore le cas de ce matelot qui, veillant un de ses camarades mourant (*Phantasms of the Living*, II, 144), vit autour de son hamac des figures en habits de deuil qui lui parurent représenter la famille du mourant. La famille, sans être fixée exactement sur l'état de son chef, a été alarmée par des bruits qu'elle a pris à tort ou à raison pour l'indication de quelque danger qui le menaçait. Je suppose alors que la femme a fait à son mari une visite psychique et je vois dans les habits de deuil et dans les figures des enfants qui accompagnaient la mère une représentation symbolique de cette idée : « Mes enfants vont devenir orphelins ». Cette interprétation me paraît plus probable que celle qui verrait dans l'apparition des enfants un fait du même genre que l'apparition de la mère. Les figures secondaires ne sont pas rares dans les apparitions télépathiques. Quelqu'un peut se représenter soi-même aussi bien tenant un enfant par le bras ou se promenant dans une voiture à deux chevaux, aussi vivement comme s'il portait une ombrelle ou se promenait de long en large dans une pièce ; et il peut de la même façon se présenter à d'autres. Je citerai, comme exemple de cette perception *défléchie,* le cas de Mme Clerke (*Phantasms of the Living,* II, p. 61), dont le frère mourant (ou mort), qui désirait probablement apparaître à sa sœur, n'a pas réussi à attirer son attention et n'a été aperçu que par une nurse noire qui ne le connaissait pas et ne l'a jamais vu en chair et en os.

Il me semble que la *nurse* a été une simple assistante douée d'une sensibilité spéciale qui s'est montrée plus efficace que la parenté de sa maîtresse.

J'aborde maintenant un nouveau groupe de cas, ceux de *télesthésie,* où l'agent et le sujet percevant sont réunis dans la même personne qui fait une excursion clairvoyante (d'un caractère plus sérieux que les simples psychorrhagies décrites jusqu'ici) et rapporte un certain souvenir de la scène qu'elle a visité psychiquement. Ce souvenir peut ne pas exister ou bien la personne intéressée ne veut pas en faire part à qui que ce soit. Dans les cas de ce genre, comme dans ceux de télépathie dont j'ai déjà parlé, il arrive que le fantôme excursif a été observé par un assistant, et cela dans des circonstances qui excluent toute idée d'une hallucination subjective de ce de. nier.

Mme Mc Alpine était assise, par une belle journée d'été, sur les bords d'un lac aux environs de Castleblaney, en attendant sa sœur qui devait arriver par le train, lorsqu'elle se sentit tout d'un coup prise d'un frisson et d'une raideur dans les jambes, au point qu'elle ne put se lever de sa place et sentit ses regards comme fixés par une force extérieure sur la surface du lac. Elle vit ensuite apparaître un nuage noir, au milieu duquel se trouvait un homme de grande taille qui tomba dans le lac et disparut. Quelques jours plus tard elle apprit qu'un certain M. Espy, un homme de grande taille et qui, d'après la description, portait un costume absolument identique à celui dans lequel le vit Mme Alpine, se noya dans ce lac, et cela quelques jours après que cette dame eut la vision de son suicide. Il paraît que M. Espy avait depuis longtemps conçu l'idée de se suicider en se noyant dans le lac de Castleblaney (Rapport de la Commission des hallucinations, *in Proceedings S. P. R.*, X, p. 332. Le récit du suicide a paru dans *Northern Standard*, du 6 juillet 1889).

Il est certes possible d'expliquer cette apparition comme un simple pressentiment, comme une image de l'avenir qui se serait présentée, d'une façon que nous ne connaissons pas, devant la vision interne du sujet. Nous nous trouvons plus loin en présence de cas qui semblent justifier cette hypothèse extrême. Mais ici il paraît plus simple de supposer que le malheureux avait déjà prémédité sa noyade dans le lac, au moment où Mme Mc Alpine se trouvait assise sur la rive, et que son idée intense avait effectué une auto-projection, consciente ou non, d'une partie de son moi.

Les réflexions de ce genre se rapportant à un suicide projeté fournissent peut-être l'exemple le plus frappant de la préoccupation mentale liée à un endroit donné. Mais vu notre ignorance de la qualité précise de pensée et d'émotion nécessaire pour favoriser une excursion psychique, il n'est pas surprenant si dans certains cas cette excursion nous semble identique à ce qu'on observe dans les cas dit d'*approche*, comme dans celui du colonel Bigge, cité plus haut. Ce qui rend ce cas frappant, c'est la tenue peu ordinaire dans laquelle le colonel aperçut son collègue, tandis que l'arrivée de ce dernier à l'endroit où il avait apparu était un fait tout à fait probable et possible. Je vais maintenant citer des cas où l'arrivée d'un homme n'est pas attendue du tout, de sorte que le fait que son fantôme est aperçu dans un endroit vers lequel il se dirige, avant qu'il y soit arrivé réellement, constitue une véritable coïncidence.

M. Carroll (*Phantasms of the Living*, II, p. 96) aperçut un soir dans sa chambre, alors qu'il ne songeait même pas encore à se coucher, l'image de son frère qui habitait Londres, alors que lui-même habitait Sholebrook Lodge, Towcester, Northamptonshire. Il fut un peu effrayé de cette apparition et avant qu'il eût eu le temps de se remettre de son émotion, il entendit frapper à une fenêtre de sa chambre : c'était son frère, cette fois en chair et en os, qui est arrivé exprès de Londres pour le voir, sans lui avoir annoncé au préalable sa visite. Il faut ajouter que le frère de M. Carroll ne connaissait pas du tout la maison qu'habitait ce dernier et, ainsi qu'il l'a dit lui-même, il trouva la maison et frappa à la fenêtre, sûr de trouver son frère dans cette maison et derrière cette fenêtre.

Voici maintenant un cas de pressentiment *auditif* d'une arrivée (*Phantasms of the Living*, II, p. 100) :

M. Stevenson était assis chez lui à côté de sa femme. Il était 7 heures du soir. Tout était tranquille dans la pièce, lorsqu'il entendit nettement ces mots : « David arrive. » Croyant qu'ils ont été prononcés par sa femme, il l'interroge ; mais elle assure n'avoir pas prononcé un seul mot. David était le frère de M. Stevenson qui avait l'habitude de sortir tous les soirs entre 5 heures et 6 heures et ne rentrait jamais avant 10 heures. Or, trois minutes ne s'étaient pas écoulées depuis que M. Stevenson eut entendu prononcer les mots cités plus haut, lorsqu'il vit la porte s'ouvrir et David entrer, sans qu'on l'ait le moins du monde attendu à cette heure-là.

Je n'ai pas besoin de dire que mon hypothèse d'une modification réelle d'une portion de l'espace qui se trouve transformée en un centre fantasmogénétique s'applique aussi bien à la voix fantômale qu'aux figures fantômales. La voix n'est pas plus entendue acoustiquement que la figure n'est vue optiquement. Mais une voix fantômale peut *venir* d'un endroit donné au sens propre du mot. Dans les cas cependant comme celui de M. Stevenson, où elle n'est entendue que par une seule personne, il est plus simple de supposer que le trajet auditif du sujet percevant a été la seule portion de l'espace affectée.

Ces cas de télesthésie et d'autres analogues ont ceci de particulier que l'excursion psychique ne comporte aucune acquisition de connaissances supraliminales. Il existe en revanche des cas caractérisés par une véritable acquisition de connaissances nouvelles. De quelle façon se fait donc cette acquisition ?

Ces connaissances peuvent d'abord être acquises, grâce à l'accroissement de puissance des sens ordinaires. D'autres fois, l'acquisition s'opère au moyen d'artifices particuliers utilisant les sens ordinaires dans une voie nouvelle, comme dans la cristalloscopie. Un troisième moyen est constitué par la télépathie qui souvent prend la forme de la télesthésie pure, lorsque l'esprit excursif est attiré non par un autre *esprit* éloigné, mais par une *scène* éloignée. Enfin, en dernier lieu, je crois utile de rappeler que c'est principalement sous forme de *rêve* et de *vision* que les exemples les plus frappants de télesthésie que j'ai cités se sont produits. Existe-t-il un moyen de rattacher les uns aux autres tous ces divers modes de perception ? Pouvons-nous trouver dans l'état même du sujet percevant un élément qui leur soit commun à tous ?

Jusqu'à un certain degré, une telle coordination est possible. C'est ainsi que la télesthésie est presque toujours caractérisée par une tendance à quelque chose d'analogue au rêve ; et quoique l'hyperesthésie s'observe parfois chez des personnes tout à fait éveillées, elle constitue un attribut caractéristique des états somnambuliques.

Au cours de notre discussion de l'hypnotisme, nous avons vu qu'il était parfois possible d'étendre par une suggestion graduelle la puissance perceptive du sujet au point de transformer une hyperesthésie qui peut encore s'expliquer par l'action des organes des sens en une télesthésie que cette action n'explique plus. Il est à remarquer que dans les cas de ce genre les sujets en décrivant leurs sensations parlent souvent d'impressions reçues ou d'images vues comme si elles étaient placées devant eux ; d'autres fois, ils croient *voyager* et visiter des scènes éloignées ; ou bien encore la sensation oscille entre les deux genres d'impression, tout comme le sens de la *relation du temps* dans l'image vue oscille entre le présent, le passé et le futur.

Les phénomènes de cristalloscopie présentent des analogies assez étroites avec toutes ces sensations si complexes. J'ai déjà insisté sur ce fait curieux que le simple artifice de regarder dans une glace a pour effet de provoquer des phénomènes appartenant à tous ces groupes si différents. Les images elles-mêmes qui dans le cristal présentent le même aspect peuvent avoir des origines différentes, et certaines sensations peuvent accompagner ces images, non seulement la sensation de *contemplation,* mais encore celle (quoique plus rarement) de *possession,* de *bilocation,* de *présence* psychique parmi les scènes ébauchées dans le cristal, mais qui ne sont plus ni limitées par lui, ni contenues en lui.

Cette idée d'excursion psychique doit pourtant être conciliée avec le caractère souvent *symbolique* de ces visions. Dans la cristalloscopie, il s'agit très souvent non d'une simple transcription de faits matériels, mais d'une sélection abrégée opérée parmi ces faits, et même d'une modification hardie de ces faits dans le but de rendre le récit de telle histoire plus complet et plus clair. Nous connaissons cette même succession de scènes symboliques dans le songe et dans la rêverie éveillée.

Un élément analogue est commun à toutes les visions télesthésiques, une indication que l'*esprit* a collaboré à la construction de l'image, que la scène n'a pas été présentée pour ainsi dire dans son objectivité brute, mais avec un certain *choix* de détails et un certain *symbolisme* dans la façon dont ils ont été présentés.

MYERS. 16

Voyons maintenant la façon dont toutes ces particularités affectent les théories concernant le mécanisme de la clairvoyance. Supposons d'abord qu'il existe une certaine transition de l'hyperesthésie à la télesthésie, de sorte que lorsque la sensation périphérique n'est plus possible, la perception centrale peut toujours opérer à travers des obstacles autrement insurmontables.

S'il en est ainsi, il est fort probable que la perception centrale s'adaptera aux formes de perception auxquelles les trajets centraux du cerveau sont accoutumés, et que la *connaissance supérieure,* la connaissance télesthésique, de quelque façon qu'elle ait été acquise, se présentera avant tout soit comme clairvoyance, soit comme clairaudience, comme une certaine forme de la vue ou de l'ouïe. Mais cette vue et cette ouïe télesthésiques garderont certaines traces de leur origine inusitée. Elles présenteront par exemple une *coordination imparfaite* avec les sensations visuelles et acoustiques fournies par les organes externes et, comme elles constituent pour ainsi dire une traduction d'impressions supranormales en termes sensoriels, elles présenteront certainement un caractère *symbolique.*

A chacune des étapes de nos recherches, nous nous heurtons à cette tendance au symbolisme subliminal. Comme exemple de sa forme la plus simple, je citerai ici le cas de cet étudiant en botanique qui, passant distraitement devant l'enseigne d'un restaurant, crut y lire les mots : *Verbascum Thapsus.* Or, le mot qui y était imprimé réellement était : *Bouillon* ; et le mot *Bouillon* constitue la désignation française vulgaire de la plante Verbascum Thapsus. Il s'est produit ici une transformation subliminale de la perception optique actuelle, et les mots Verbascum Thapsus ont été le message envoyé au moi supraliminal distrait par le moi subliminal plus occupé de botanique que d'un dîner.

Nous savons, en outre, que notre propre perception optique est dans son genre symbolique au plus haut degré. La scène que l'enfant voit instinctivement, que le peintre impressionniste cherche à voir par une sorte d'auto-simplification voulue, est fort différente de la façon dont l'homme mûr ordinaire interprète le monde visible et se représente la distribution des couleurs.

Or, nous autres adultes, nous adoptons à l'égard du symbolisme subliminal la même attitude que l'enfant garde vis-à-vis notre symbolisme optique perfectionné. De même que l'enfant ne saisit pas la troisième dimension, de même nous ne saisissons pas la quatrième dimension ou quelle que soit la loi de cette connaissance supérieure qui apporte à l'homme par fragments ce que ses sens ordinaires sont incapables de discerner.

Je ne veux nullement dire par là que toute connaissance symbolique soit une connaissance qui nous vient d'un esprit extérieur au nôtre. Le symbolisme peut être le langage inévitable à l'aide duquel une des couches de notre personnalité communique avec une autre. Bref, le symbolisme peut être le souvenir psychique ou le plus facile ou le seul possible de faits objectifs actuels, que ces faits aient été tout d'abord discernés par notre *moi* profond ou qu'ils nous aient été fournis dans cette forme par d'autres esprits, prêts à être digérés par le nôtre, tout comme la nourriture anormale est élaborée en vue de notre digestion corporelle, d'un état primitif de crudité.

Mais, au point de vue idéaliste, il est permis de se demander si, dans les cas de ce genre, il existe une distinction réelle entre le symbolisme et la réalité, entre le subjectif et l'objectif, au sens commun de ces mots. La matière résistante que nous voyons et touchons possède une réalité « solide » pour les esprits constitués de façon à avoir la sensation subjective de sa solidité. Mais à d'autres esprits, doués d'autres formes de sensibilité, à des esprits peut-être à la fois supérieurs aux nôtres et plus nombreux que les nôtres, cette matière solide peut paraître discutable et irréelle, tandis que la pensée et l'émotion, perçues par des voies à nous inconnues, présentent pour eux la seule réalité.

Ce monde matériel constitue en fait un « cas privilégié », un exemple simplifié, parmi tous les mondes discernibles aux esprits incarnés. Pour des esprits désincarnés il n'est plus un « cas privilégié » ; il leur est apparemment plus facile de discerner des pensées et des émotions à l'aide de signes non matériels. Mais ils ne sont pas plus complètement dépourvus de la faculté de percevoir les choses matérielles que les esprits incarnés ne sont dépourvus de celle de percevoir des choses immatérielles, des émotions et des idées symbolisées dans une forme fantômale.

Il semble ressortir de toutes ces réflexions qu'il existe une transition continue de la télesthésie à la télépathie, de la perception supranormale d'idées existant dans d'autres esprits à la perception supranormale de ce que nous connaissons comme étant la matière. Toute la matière peut exister sous forme d'idée dans un esprit cosmique, avec lequel tout esprit individuel peut se trouver en relation, tout comme avec d'autres esprits individuels. La différence réside peut-être plutôt dans ce fait que c'est à la suite d'un *appel* venu d'un esprit similaire que celui de l'*agent* entre en action ; tandis que les excursions parmi des objets inanimés sont souvent privées de toute impulsion. Cette supposition, si elle était vraie, expliquerait le fait que ces excursions ont le plus souvent réussi sous l'influence de la suggestion hypnotique.

Si nous nous reportons maintenant aux cas de clairvoyance à distance, nous y trouvons une sorte de fusion de toutes les manifestations des facultés supranormales : télépathie, télesthésie, rétroconnaissance, préconnaissance, coexistant dans une synthèse pour nous incompréhensible. Ce n'est qu'artificiellement que nous pouvons classer ces cas selon la prédominance de tel ou tel phénomène.

Nous obtenons ainsi, expérimentalement, des cas où semble se manifester une faculté indépendante de visiter n'importe quel endroit, dont la position a peut-être été décrite auparavant en suivant des points de repère déjà connus. La clairvoyante (j'emploie le genre féminin, quoique dans certains cas des hommes manifestent la même faculté) manquera souvent son chemin et décrira souvent des maisons et des scènes qui se trouvent à côté de celles qu'elle désire visiter. Mais lorsqu'elle aura littéralement flairé la trace et trouvé la place que l'homme qu'elle est chargée de chercher a traversée à un moment donné, elle suivra cette trace avec la plus grande facilité, reconnaissant apparemment aussi bien des événements passés que des circonstances actuelles de sa vie. Dans ces cas expérimentaux prolongés nous disposons d'un temps suffisant pour permettre à la clairvoyante de traverser certains endroits tels que chambres vides, usines, etc., où aucun lien apparent avec des personnes vivantes n'a pu l'attirer ; et c'est ainsi que la possibilité de l'existence de la *télesthésie*, indépendamment de la télépathie, a pu être prouvée *incidemment*, au cours d'expériences purement télépathiques.

Ces voyages clairvoyants prolongés se rapprochent plutôt des *songes* que des hallucinations éveillées.

Nous citerons le cas d'un médecin qui a désiré garder l'anonyme, pour ne pas être accusé de « défendre des opinions contraires au dogme scientifique général ». Il soignait la femme d'un pasteur pour une maladie au cours de laquelle sont survenus des délires qui semblaient n'avoir aucun rapport avec la maladie principale. La patiente habitait une maison qui n'avait pas de sonnette extérieure et dont la porte était fermée à partir de minuit. Un soir, vers 9 heures, le médecin était revenu de chez sa malade plus perplexe que jamais ; il se coucha de bonne heure, mais vers 1 heure du matin il se leva, disant à sa femme qu'il retournait voir sa malade. A son objection que la porte de sa maison devait être close et que par conséquent il ne pourrait pas y entrer, il répondit qu'il voyait le propriétaire de la maison causer dans la rue avec un autre homme. Sa femme ne fut pas peu étonnée de cette réponse, d'autant plus que le mari l'assurait qu'il était complètement éveillé. Il sortit donc et trouva effectivement devant la maison le propriétaire qui lui ouvrit la porte. En entrant dans la chambre de la malade, il la trouva en train de boire dans un verre rempli d'une liqueur alcoolique. Il eut alors l'explication des délires qui étaient tout simplement de nature éthylique. Il en parla au mari de la malade, lequel nia énergiquement et pria le docteur de ne plus continuer ses visites. Trois semaines plus tard le médecin apprit que sa malade se trouvait dans un asile d'alcooliques (*Phantasms of the Living*, I, p. 267).

Il est difficile de dire si c'est la malade en train de s'enivrer ou si c'est le propriétaire qui a joué dans un certain sens le rôle d'*agent* dans le cas en question. D'une façon ou d'une autre, le désir persistant du médecin de trouver une occasion de s'éclairer sur le cas de sa malade a amené une collaboration du moi subliminal et du moi supraliminal, analogue à une inspiration de génie ; mais tandis que le génie opère dans les limites sensorielles ordinaires, le moi subliminal du médecin a déployé ses forces supranormales à un degré extrême.

Il existe d'autres cas où une scène ainsi entrevue comme dans un éclair présente un intérêt spécial pour le sujet percevant, quoiqu'aucun des personnages de la scène n'ait eu le désir de la lui rendre visible. Dans d'autre cas encore les sujets voient un événement réel s'accomplissant à distance apparaître subitement, à la façon d'images cristalloscopiques, sur le mur ou même dans l'air, quelquefois dans un cercle de lumière, sans arrière-fond apparent.

Et maintenant peut-on voir par clairvoyance un incident plusieurs heures après qu'il s'est produit ? Peut-on dire d'une scène qu'elle a été visitée en clairvoyance ou qu'elle s'était montrée spirituellement, lorsque cette scène représente une chambre mortuaire, où toute émotion se trouve apaisée, mais vers laquelle l'esprit libéré désire attirer l'attention et la sympathie d'un ami ?

Nous possédons des observations de ce genre : celle par exemple de Mme Agnès Paquet qui eut un jour la vision de son frère, matelot, se noyant par accident, vision tellement nette qu'elle put décrire toutes les particularités de costume et jusqu'aux circonstances les plus insignifiantes au milieu desquelles s'est produit l'accident, une vérification ultérieure ayant montré que sa description était exacte de tous points et relevé ce fait que la vision lui est apparue quelques heures après l'accident (*Proceedings S. P. R.,* VII, p. 32-35).

Dans un autre cas il s'agit d'une dame qui eut un jour la vision de son médecin, qu'elle n'avait pas revu depuis un an et qu'elle avait d'ailleurs quitté en pleine santé, étendu mort dans un petit lit, dans une pièce nue, sans tapis ni tentures. Elle apprit plus tard qu'il était mort le jour même où elle avait eu cette vision et quelques heures avant celle-ci, dans un petit hôpital de village, en pays étranger où il s'était rendu à cause de son climat chaud (*Phantasms of the Living*, I, p, 265).

Nous arrivons maintenant au groupe de cas où B envahit A et où A se rend compte de cette invasion, alors que B n'en garde aucun souvenir supraliminal.

Nous avons déjà discuté quelques cas de ce que nous avons appelé *psychorrhagie,* où l'invasion se fait en dehors de la volonté ou de l'intention de l'envahisseur. Dans ceux qui nous occupent maintenant il s'agit probablement d'une projection réelle de la volonté ou du désir de l'envahisseur, ayant pour effet la projection de son fantôme reconnaissable à quelque ami éloigné, sans que l'*agent* lui-même se souvienne ultérieurement de ce fait. Ces cas sont intermédiaires aux cas *psychorrhagiques* déjà décrits et aux *expérimentaux* dont nous allons parler.

Je citerai, dans cette catégorie l'observation de Mme Elgee qui eut, un jour, dans une petite chambre qu'elle occupait dans un hôtel du Caire, la vision d'un de ses meilleurs amis qu'elle savait à ce moment-là en Angleterre ; et, ce qui augmente encore l'intérêt de cette observation, une jeune fille qu'elle a été chargée de conduire aux Indes et qui occupait avec elle la même chambre, eut au même moment la même vision, avec la même netteté, et quoiqu'elle n'ait jamais ni vu ni connu le monsieur en question, elle en donna la première à Mme Elgee une description tellement exacte que celle-ci ne pouvait plus douter de la réalité de la vision. Elle apprit plus tard que son ami avait à cette époque-là de grandes préoccupations et que, à la veille de

prendre une grave décision, il regrettait beaucoup de ne
pouvoir consulter son amie Mme Elgee ; et à l'heure où
celle-ci vit son fantôme dans la chambre d'hôtel du Caire, il
était assis chez lui pensant à l'amie absente (*Phantasms of
the Living*, II, p. 239).

Les cas qui viennent ensuite dans l'ordre croissant d'*intensité* apparente sont ceux où l'un et l'autre sujet gardent
un souvenir de ce qui s'est passé, de sorte que l'expérience
est *réciproque*. Ces cas méritent une étude particulière, car
c'est en notant les circonstances dans lesquelles se produisent ces cas réciproques que nous pourrons arriver à les
reproduire expérimentalement. On verra qu'il s'agit de degrés variables de la tension d'esprit du côté de l'*agent*.

Un autre groupe assez important, quoique peu nombreux,
est celui de l'accomplissement prématuré d'unions pour
ainsi dire posthumes. Nous verrons dans le chapitre suivant que la promesse que deux amis échangent entre eux
d'apparaître, si possible, l'un à l'autre après la mort est
loin d'être une simple et inutile affaire de sentiment. Ces
apparitions posthumes peuvent, il est vrai, être impossibles
dans la plupart des cas, mais il n'en existe pas moins des
raisons sérieuses de croire que la tension préalable de la volonté dans cette direction rend probable l'accomplissement
de la rencontre désirée. S'il en est ainsi, il s'agit d'une sorte
d'*expérience* que chacun est à même de faire de son vivant.

Et des expériences de ce genre ont été faites, en effet,
et avec plein succès. Nous ne citerons que le cas de M. S.
H. B. qui réussit, par un effort de volonté, à apparaître à
deux reprises à des personnes de ses connaissances, un jour
qu'il s'était fixé d'avance et à une heure déterminée, et cela
sans prévenir les personnes en question. La première fois
son apparition a été vue par deux personnes simultané-

ment, deux sœurs qui se trouvaient dans la même chambre. « En faisant cet effort de volonté, dit M. S. H. B., j'éprouvais une sorte d'influence mystérieuse qui imprégnait tout mon corps, et une impression bien nette que je mettais là en œuvre une force que je ne connaissais pas auparavant, mais que je suis maintenant à même de manifester à volonté, à de certains moments » (*Phantasms of the Living*, I, 104-109).

Dans ces auto-projections nous avons devant nous la manifestation, je ne dirai pas la plus utile, mais la plus extraordinaire de la volonté humaine. Qu'y a-t-il qui dépasse davantage toutes nos facultés connues que cette puissance de produire sa propre apparition à distance ? Existe-t-il une action plus *centrale*, qui provienne plus manifestement de la partie la plus profonde et la plus unitaire de l'être humain ? Ici commence la justification de la conception que nous avons ébauchée au commencement de ce chapitre, à savoir que le moi subliminal, loin de former un simple enchaînement de remous et de tourbillons, isolés en quelque sorte du courant principal de l'existence humaine, en constitue, au contraire, lui-même, le courant principal et puissant, celui que nous pouvons avec le plus de raison identifier avec l'homme lui-même. D'autres manifestations ont leurs limites précises ; quelles sont les limites de celles-ci ? L'esprit s'est montré dissocié en partie de l'organisme ; jusqu'où va cette dissociation ? Il manifeste une certaine indépendance, une certaine intelligence, une certaine permanence. Quel degré d'indépendance, d'intelligence et de permanence peut-il atteindre ? De tous les phénomènes vitaux, celui-là est le plus significatif ; l'auto-projection est le seul acte défini que l'homme semble capable d'accomplir aussi bien avant qu'après la mort corporelle.

CHAPITRE VII

FANTOMES DE MORTS

Nous voilà arrivés insensiblement à un point d'une importance capitale. Une question profonde et centrale que nous
n'avons effleurée que d'une façon irrégulière et intermittente dans les chapitres précédents doit être maintenant
abordée directement. Des actions et perceptions d'esprits
encore incarnés, communiquant les uns avec les autres,
nous passerons à l'étude des actions d'esprits dépouillés de
leur enveloppe charnelle et des formes de perceptions à
l'aide desquelles des hommes encore en vie répondent à
ces influences insolites et mystérieuses.

Cette transition se fait en réalité sans solution de continuité. Le moi subliminal que nous avons déjà suivi à travers les différentes phases de sensibilité croissante, que nous
avons vu acquérir une indépendance de plus en plus grande
des liens organiques, sera maintenant étudié au point de vue
de sa sensibilité à l'égard d'influences encore plus éloignées,
comme doué d'une existence indépendante même après
la destruction de l'organisme. Notre sujet présente tout
naturellement trois divisions principales. En premier lieu,
nous discuterons brièvement la validité des arguments
théoriques en faveur de la survivance après la mort et leurs
rapports avec les arguments exposés dans les chapitres pré-

cédents. En second lieu, et ceci constitue le point capital
du chapitre présent, nous avons besoin d'une classification
raisonnée des arguments en faveur de la survivance, en tant
qu'il s'agit notamment de l'automatisme sensoriel, voix ou
apparitions, les faits d'automatisme moteur, écriture automatique et possessions, étant réservés pour une discussion
ultérieure. En troisième lieu enfin nous aurons à nous
occuper de la signification de l'ensemble des faits en question et de leur importance au point de vue de l'avenir
scientifique et moral de l'humanité.

En ce qui concerne d'abord l'évidence relative à la
survivance humaine, nous nous heurtons dans la majorité
des cas, même de la part de personnes intelligentes, à
un parti pris absolu, à une résolution bien arrêtée de ne
pas croire à des faits de ce genre. Ces personnes disent
qu'elles ne se laisseraient convaincre que le jour où on
leur aura prouvé qu'il existe un lien de continuité entre
les phénomènes en question et ceux déjà connus et prouvés,
et pour le moment ils se refusent à concevoir tout lien de
continuité entre l'hypothèse de l'existence du monde spirituel et l'évidence qui découle de nos expériences se rapportant à un monde matériel. Je reconnais ce besoin de continuité, et je reconnais aussi que les arguments invoqués
jusqu'ici en faveur de l'existence du monde spirituel avaient
trop ostensiblement méconnu et négligé ce besoin. L'esprit populaire a toujours désiré quelque chose d'extraordinaire, dépassant les lois de la nature ; il a toujours professé,
sinon le *Credo quia absurdum*, le *Credo quia non probatum*.
Il en est résulté fatalement une grande insécurité dans la
conviction ainsi acquise, et privé de l'appui du système général des sciences, l'acte de foi semble reculer et s'effacer,
à mesure que le système avance et grandit.

Je ne saurais trop répéter que le but que je poursuis est d'un caractère tout à fait opposé. Croyant que tout l'esprit connaissable est aussi continu que toute la matière connaissable, je voudrais faire pour le domaine de l'esprit ce que l'analyse spectrale et la loi de la gravitation ont fait pour celui de la matière et montrer que dans les opérations du monde spirituel inconnu règne la même uniformité de subtance et d'interaction que dans le monde connu de la matière. Et pour explorer ces altitudes inaccessibles, je ne me placerai pas avec les théologiens sur une tour dont le sommet se perd dans les nuages, mais bien sur la terre ferme, à la base mesurée d'une figure trigonométrique.

Pour pouvoir mesurer cette base, nous devons commencer par déblayer le terrain. Occupons-nous d'abord des définitions les plus simples, de façon à nous rendre claires à nous-mêmes les choses que nous désirons analyser ou découvrir. Pour parler le langage populaire, nous cherchons des *esprits*. Quelle signification devons-nous donner à ce mot *esprit*, autour duquel se sont formées tant de théories arbitraires et qui a été la cause de tant de frayeurs sans cause ? Il serait préférable, dans l'état actuel de nos connaissances, si nous pouvions nous borner à réunir simplement des faits sans aucun commentaire spéculatif. Mais il paraît nécessaire d'un autre côté d'exposer brièvement les erreurs manifestes du point de vue traditionnel, lequel, s'il n'est pas réfuté, paraîtrait comme le seul possible même à ceux qui se sont toujours refusés à l'accepter.

Or, d'après l'opinion populaire, un *esprit* est *une personne décédée autorisée par la Providence à se tenir en communication avec les survivants.* Cette brève définition renferme à mon avis au moins trois assertions qui ne reposent sur rien.

En premier lieu, des mots tels que *Providence* ou *autorisation,* s'appliquent au phénomène en question ni plus ni moins qu'à un autre phénomène quelconque. Nous admettons que tous les phénomènes s'accomplissent selon les lois de l'univers et par conséquent avec l'autorisation de la puissance suprême de l'univers. Sans doute l'accomplissement des phénomènes dont nous nous occupons est autorisé, mais pas à un titre spécial qui ferait de cet accomplissement une exception à la loi, alors qu'il n'en est qu'une des applications particulières. Et d'un autre côté ces phénomènes ne renferment pas plus de justice poétique et ne sont pas plus adaptés aux désirs et aux prières humaines que les phénomènes qui se déroulent dans le cours ordinaire de l'histoire terrestre.

En deuxième lieu, rien ne nous autorise à affirmer que le fantôme ou le spectre que nous voyons, lors même qu'il est *occasionné* par une personne décédée, *soit* cette personne elle-même, au sens ordinaire du mot. Il s'agit plutôt de ces figures hallucinatoires ou fantômes analogues à ceux que des personnes vivantes sont susceptibles de projeter à distance, sans qu'on soit autorisé à affirmer que l'apparition que nous voyons soit la personne vivante *elle-même* ; de même ce que nous appelons un spectre ou un revenant n'est nullement la personne décédée elle-même : il existe certainement une connexion entre le spectre et la personne décédée, connexion dont la nature est à déterminer, mais qui est loin de signifier identité complète.

En troisième lieu, pas plus que nous ne devons voir dans le fantôme la personne décédée *elle-même,* nous ne devons attribuer au premier les mobiles que nous croyons pouvoir attribuer à cette dernière. Nous devons donc exclure de notre définition de l'esprit tout ce qui serait une allusion à une intention de sa part de communiquer avec les vivants. L'esprit peut se trouver avec la personne décédée dans un rapport tel qu'il reflète ou représente le désir présumé de cette dernière de se tenir en communication avec les vivants, ou bien ce rapport peut ne pas exister. Si, par exemple, il existe entre lui et sa vie *post mortem* un rapport analogue à celui que nous constations entre nos rêves et notre vie terrestre, il peut ne représenter que peu de chose qui lui appartienne en propre, si ce n'est quelques souvenirs et instincts vagues dans le genre de ceux qui donnent une individualité diffuse et obscure à nos rêves les plus ordinaires.

Essayons donc une définition plus exacte. Au lieu de voir dans l'*esprit* une personne décédée autorisée à entrer en communication avec les vivants, définissons-la comme une *manifestation de l'énergie personnelle persistante* ou comme une indication qu'une certaine puissance dont l'idée est attachée à celle d'une personne que nous avons connue autrefois pendant sa vie terrestre continue de se manifester après sa mort. Et, pour éliminer de notre définition jusqu'à la moindre assertion populaire, nous devons ajouter qu'il est théoriquement possible que cette force ou influence qui, après la mort d'une personne, crée une impression fantasmagorique de cette personne soit due non à une action actuelle de cette dernière, mais à quelque résidu de la force ou de l'énergie qu'elle a produite pendant qu'elle était encore vivante. Il peut s'agir de ces *post-images véridiques* dont parle Gurney qui, commentant les apparitions répétées du fantôme d'une vieille femme vue dans le lit dans lequel elle a été assassinée, fait observer que ce fantôme « suggère moins l'idée d'un intérêt local continu de la part de la personne décédée que celle de la survivance d'une simple

image imprimée, nous ne savons comment ni sur quoi, par
l'organisme physique de cette personne et perceptible de
temps à autre à d'autres personnes douées d'une sensibilité spéciale » (*Proceedings S. P. R.*, vol. V, p. 417).

Quelque étrange que paraisse cette notion, elle semble
pourtant confirmée par quelques-uns des cas de *hantise* que
nous citerons plus tard. Nous y verrons la fréquence de
l'apparition des mêmes figures hallucinatoires dans les
mêmes localités et le peu de vraisemblance qu'il y a à
admettre l'idée d'une intention quelconque attachée à ces
apparitions ou un rapport quelconque entre elles et les personnes décédées, ou des tragédies dans le genre de celles
qui dans l'esprit du peuple s'associent souvent au phénomène
de l'apparition. Dans quelques-uns de ces cas d'apparition
fréquente, injustifiée, d'une figure donnée dans un endroit
donné, nous pouvons nous demander si c'est la fréquentation
faite autrefois par la personne décédée de l'endroit en
question ou si c'est plutôt quelque action récente s'étant
manifestée après la mort qui a donné naissance à ce que j'ai
appelé la post-image véridique, en ce sens qu'elle communique des informations qui avaient été inconnues jusque-
là à la personne percevante, en tant qu'ancien habitant de
la localité hantée.

Telles sont quelques-unes des questions que soulève
notre sujet. Et le seul fait que des problèmes aussi bizarres
peuvent se présenter à chaque instant tend à montrer dans
une certaine mesure que ces apparitions ne sont pas des
phénomènes purement subjectifs, naissant exclusivement
dans l'imagination de la personne percevante. Elles ne sont
pas tout à fait telles que les hommes se les figurent. La
moisson infinie de légendes et d'histoires fictives concernant les esprits montre combien est grande la tendance de

l'esprit humain à broder sur ces sujets et fournit une preuve curieuse de la persistance de notions préconçues, ces notions reposant sur un code tout particulier et se rapportant à des phénomènes imaginaires totalement différents des phénomènes réels. Il est difficile de revêtir pour ainsi dire un phénomène réel d'un caractère romantique. La plupart d' « histoires de revenants » peuvent se ressembler entre elles et paraître aussi fragmentaires que dépourvues de sens. C'est qu'elles tirent leur véritable sens de leur conformité non à un instinct mythopoétique de l'humanité qui produit et orne les contes imaginaires, mais à quelque loi inconnue qui n'a rien à faire avec les sentiments et les convenances humains.

C'est ainsi que nous assistons souvent à ce fait assez absurde d'entendre des gens tourner en ridicule des phénomènes se produisant actuellement, tout simplement parce que ces phénomènes ne leur paraissent pas conformes à leurs notions préconçues concernant les histoires de revenants ; ils ne s'aperçoivent pas que c'est précisément cette divergence, ce caractère d'inattendu qui constitue une sérieuse indication pour que les phénomènes en question aient leur origine *en dehors* de l'esprit, incapable de se représenter par anticipation des phénomènes de ce genre.

Je considère que c'est la première fois que nous commençons à nous former, au sujet des communications spirituelles, une conception qui soit plus ou moins en rapport avec d'autres conceptions déjà prouvées et plus établies et qui puisse jusqu'à une certaine mesure être présentée comme le développement de faits vérifiés par l'expérience. Nous avons besoin de deux conceptions préliminaires déjà connues aux anciennes, dont la première a trouvé place dans la science de nos jours seulement, tandis que la seconde attend encore son

brevet d'orthodoxie. La première est celle que l'hypnotisme
et les automatismes variés nous ont rendue familière, la conception de la personnalité multiple, de la coexistence potentielle de plusieurs états et de plusieurs mémoires dans le même
individu. La seconde conception est celle qui concerne la télépathie, c'est-à-dire l'action d'un esprit sur un autre en dehors
des organes des sens ordinaires, et plus particulièrement l'action au moyen des hallucinations, par la production de fantômes véridiques qui constituent pour ainsi dire des messages
de la part de personnes encore en vie. Et je crois que ce qui
relie entre elles ces deux conceptions, c'est que les messages
télépathiques ont généralement leur point de départ dans la
couche subconsciente ou submergée de l'agent, pour aboutir
à la couche subsconsciente ou submergée du percipient.
Toutes les fois qu'il y a hallucination, fausse ou véridique,
il s'agit, à mon avis, d'un message quelconque se frayant
la voie d'une couche de la personnalité à une autre, que ce
message affecte la forme d'un rêve incohérent ou qu'il
symbolise d'une façon quelconque un fait qui est autrement
inaccessible à la personne percevante. Le mécanisme est le
même dans le cas où le message se déplace d'une couche
à une autre au sein d'un même individu et dans celui où il
est transmis d'un individu à un autre ; dans le cas où le
moi conscient de A est stimulé par son moi inconscient et
dans celui où B est stimulé télépathiquement par les sources
profondes et cachées de perception de A. Si cette opinion
est tant soit peu vraie, il paraît tout indiqué de chercher
dans ce que nous savons au sujet des communications anormales ou supranormales entre esprits encore incarnés ou
des états anormaux ou supranormaux du même esprit non
encore dépourvu de l'enveloppe charnelle, des analogies capables de jeter une certaine lumière sur les phénomènes de

communications entre des esprits incarnés et des esprits
désincarnés.

Or, une communication (si toutefois elle est possible) entre
une personne décédée et une personne vivante est une communication entre un esprit à une certaine phase de l'existence et un autre esprit à une phase de l'existence toute
différente ; c'est en outre une communication qui s'accomplit par une voie autre que les organes des sens ordinaires,
puisque d'un côté les organes matériels des sens n'existent
plus. Nous nous trouvons évidemment en présence d'un
exemple extrême aussi bien de communications entre les
divers états du même individu que de communications télépathiques ; et nous pourrons peut-être nous former une
idée plus exacte du phénomène en question en considérant
les manifestations les moins avancées de ces deux catégories.

Dans quels cas voyons-nous un esprit communiquer avec
un autre esprit se trouvant dans des conditions différentes
de celles qui entourent le premier, habitant un monde différent, considérant les mêmes choses à un point de vue
également différent, toutes ces différences exprimant autre
chose que des inégalités de caractère existant entre les
deux personnages ?

Ceci se produit d'abord dans le somnambulisme spontané,
dans des colloques entre une personne endormie et une
personne éveillée. Et remarquez avec quelle facilité nous
pouvons entrer en communication avec un état qui, à première vue, semble celui de l'isolement complètement fermé.
Un vieux proverbe dit : « éveillés nous possédons le monde
en commun, mais chaque dormeur habite un monde particulier. »

Et pourtant ce dormeur, si enfermé en lui-même en

apparence, peut être amené doucement à entrer spontanément en communication avec des hommes éveillés.

Le somnambule ou plutôt le somniloque, car il s'agit plutôt de conversation que de déambulation, représente ainsi le premier type naturel du *revenant*.

En observant les habitudes des somnambules, on s'aperçoit que la mesure dans laquelle ils sont susceptibles de communiquer avec d'autres esprits varie d'un cas à l'autre. Tel somnambule vaquera à ses occupations habituelles sans reconnaître la présence d'une personne quelconque; tel autre reconnaîtra certaines personnes seulement ou ne répondra que lorsqu'il sera questionné sur certains sujets, son esprit ne se mettant en contact avec d'autres esprits que sur des points peu nombreux. Le somnambule ne s'apercevra que rarement, pour ne pas dire jamais, de ce que font d'autres personnes, pour régler sa conduite en conséquence.

Passons maintenant du somnambulisme naturel, idiopathique ou spontané au somnambulisme provoqué, au sommeil hypnotique. Ici aussi nous trouvons, à chaque phase du sommeil, une faculté de communication partielle et variable. Tantôt le sujet hypnotisé ne manifeste rien; tantôt il paraît capable d'entendre une seule personne et de lui répondre, à l'exclusion de toutes les autres; tantôt il conversera librement avec n'importe qui, mais, même dans ce dernier cas, ce n'est pas son moi éveillé qui parle et généralement il ne se rappelle qu'imparfaitement, ou point du tout, à l'état de veille, ce qu'il a dit ou fait pendant son sommeil.

Par analogie avec ce qui se passe lors des communications entre des personnes vivantes se trouvant dans des états différents nous pouvons nous attendre à ce que les communications entre des esprits incarnés et des esprits désincarnés, si elles sont possibles, soient très restreintes et limitées et ne fassent pas partie du courant ordinaire de la conscience présumée désincarnée.

Ces considérations préliminaires sont applicables à tous les modes de communication avec des personnes décédées, aussi bien à sa forme motrice qu'à sa forme sensorielle.

Considérons maintenant quels modes de communication avec les morts sont de nature à paraître probables par analogie avec ce que nous savons des communications entre vivants. Il me semble qu'il existe un parallélisme rigoureux entre toutes les manifestations de l'automatisme expérimental d'un côté et toutes les variétés des phénomènes spontanés d'un autre côté. Nous pouvons dire d'une façon générale que l'expérience et l'observation nous ont permis de dégager jusqu'ici cinq catégories de phénomènes : 1° la suggestion hypnotique ; 2° les expériences télépathiques ; 3° la télépathie spontanée pendant la vie ; 4° fantômes survenant au moment de la mort ; 5° apparitions après la mort. Nous trouvons en outre qu'à chacune de ces phases s'observent les mêmes modes de communication ; de sorte que cette similitude constante des modes permet de supposer que le mécanisme qui préside aux manifestations est le même à chacune de ces phases.

Adoptant encore une division sommaire, nous pouvons attribuer à chaque phase trois formes de manifestations : a) hallucinations des sens ; b) impulsions émotionnelles et motrices ; c) messages mentaux déterminés.

1° Commençons par un groupe d'expériences où la télépathie fait défaut, mais qui montrent dans sa forme la plus simple le mécanisme de la transmission automatique de messages d'une couche de la personnalité à une autre. Je parle des suggestions post-hypnotiques. Ici l'agent est repré-

senté par un homme vivant, opérant par des moyens ordinaires, par la parole directe. Le trait caractéristique est
formé par l'état de la personne qui perçoit, cette personne
étant hypnotisée à ce moment-là et subissant ainsi une
sorte de désintégration de la personnalité, d'émergence
momentanée d'une partie de son moi qui à l'état normal se
trouve cachée profondément. Cette personnalité hypnotique,
atteignant momentanément la surface, reçoit la suggestion
verbale de l'agent dont le moi éveillé du sujet percevant n'a
aucune idée. Plus tard, lorsque le moi éveillé a repris sa
position superficielle, le moi hypnotique accomplit au
moment fixé la suggestion donnée, un acte dont l'origine
est inconnue à la couche superficielle de la conscience, mais
qui constitue en réalité un message transmis à la couche
superficielle par la couche actuellement submergée ou subconsciente qui a originairement reçu la suggestion.

Et ce message peut revêtir une des trois principales formes mentionnées plus haut : celle d'une image hallucinatoire
de l'hypnotiseur ou d'une autre personne quelconque ; celle
d'une impulsion à accomplir un certain acte ; celle d'un
certain mot ou d'une certaine phrase à écrire automatiquement par le moi éveillé qui apprend ainsi l'ordre qu'avait
reçu le moi hypnotique pendant l'absence de la conscience
éveillée.

2° Dans nos expériences concernant la transmission des
pensées, l'agent est encore un homme vivant, mais qui
n'opère plus par les moyens ordinaires, tels que les mots
parlés ou les gestes visibles. Il agit sur le moi subconscient
du sujet percevant à l'aide d'une impulsion télépathique
qu'il projette intentionnellement et que le sujet percevant
peut être désireux de recevoir, mais dont le *modus operandi*
reste inaperçu du moi éveillé ordinaire de chacun d'eux.

Les messages de cette catégorie peuvent à leur tour être divisés en trois groupes, les mêmes que plus haut : figures hallucinatoires, représentant toujours ou presque toujours l'image de l'agent que celui-ci rend visible au sujet percevant ; impulsions à agir communiquées télépathiquement, comme dans le cas où l'hypnotiseur désire que le sujet vienne le trouver à une heure qui ne lui a pas été notifiée préalablement ; écriture post-hypnotique de mots et de figures définies, à la suite d'une transmission télépathique de mots, figures, etc. de la part de l'agent, se servant de moyens de communications qui ne sont pas les moyens ordinaires, au sujet percevant, soit hypnotisé, soit éveillé.

3° Dans les apparitions spontanées survenant pendant la vie, nous trouvons les mêmes trois grands groupes de messages, à cette différence près que les apparitions actuelles qui dans nos expériences télépathiques étaient malheureusement si rares deviennent ici le groupe le plus important. Je n'ai pas besoin de rappeler les cas cités dans les chapitres IV et VI, où un agent subissant quelque crise soudaine semble en quelque sorte produire sa propre apparition visible à un autre sujet éloigné. On peut rapprocher de ces cas ceux, non moins importants, d'apparitions doubles, où un agent est vu à plusieurs reprises sous forme de fantôme par plusieurs personnes, à des moments où il ne subit aucune crise spéciale.

Nous avons encore, parmi les impressions télépathiques produites (spontanément, non expérimentalement) par des agents vivants, des cas que je n'ai pas besoin de récapituler ici, où il existe une sensation profonde de détresse ou une impulsion à rentrer chez soi, analogue à l'impulsion qu'éprouve le sujet à s'approcher de l'hypnotiseur éloigné, au moment précis où celui-ci le désire.

4° Nous retrouvons encore les mêmes trois groupes de messages dans les cas d'apparitions se produisant au moment même de la mort. Nos lecteurs connaissent déjà les cas *visuels*, où l'apparition d'un homme mourant est vue par une ou plusieurs personnes, et les cas *émotionnels* et *moteurs* où l'impression, quoique assez puissante, n'a plus le caractère sensoriel. Et plusieurs cas ont été publiés où le message avait consisté en mots définis qui n'étaient pas toujours extériorisés sous forme d'une hallucination auditive, mais quelquefois *prononcés* ou *écrits* automatiquement, comme dans le cas communiqué par le Dr Liébeault, où une jeune fille a écrit un message annonçant la mort de son ami, au moment où cet ami mourait réellement dans une ville éloignée [1].

5° Je considère que les cas *post mortem* comportent la même classification et que les trois groupes principaux s'y observent dans la même proportion. Les plus remarquables sont les *apparitions* actuelles qui feront l'objet principal des pages qui vont suivre. Il est très rare de trouver une apparition impliquant un message verbal ; le plus souvent, elles sont automatiques en apparence, semblent dépourvues de but. Nous avons aussi un groupe de cas *post mortem* émotionnels et moteurs, peut-être plus nombreux que ne semble l'indiquer notre collection, car vu le caractère vague et indéterminé de l'impression, son témoignage en faveur d'une communication avec une personne décédée n'est utilisé que rarement

Je voudrais montrer maintenant que, à côté de ces deux groupes de manifestations posthumes, il en existe un troisième constitué par des messages verbaux qui, dans certains cas tout au moins, fournissent la preuve de leur origine posthume.

___

1. *Phantasms of Living*, I, p. 293.

J'ajourne, pour la commodité du lecteur, ces cas moteurs au chapitre suivant, de sorte que la preuve de la survivance que nous aurons en attendant sera fort incomplète. Nous avons en tout cas devant nous une tâche bien définie : nous avons à rappeler et à analyser dans ce chapitre des expériences sensorielles de vivants qui semblent pouvoir être attribuées à l'action de quelque individualité humaine persistant après la mort.

Essayons de nous rendre compte, car la chose ne paraît nullement évidente à première vue, quelles conditions doit remplir un fantôme visuel ou auditif, pour pouvoir être considéré comme une indication de l'influence exercée par un esprit désincarné. Nous ne pouvons mieux faire que de citer les paroles prononcées à la *Société de Recherches Psychiques* par Gurney en 1888, lors de la discussion de cette question. Ces paroles gardent aujourd'hui encore toute leur valeur, quoique les années qui se sont écoulées depuis aient multiplié considérablement les témoignages et ajouté d'autres preuves en faveur des communications posthumes que nous allons aborder maintenant.

« Ceux, dit Gurney, qui ont suivi les rapports et discussions publiés dans les *Comptes Rendus* et le *Journal* de cette société savent, sans qu'on soit obligé d'y insister, combien peu les preuves qui ont souvent amené des personnes même instruites à croire à la réapparition réelle d'amis décédés justifient réellement cette croyance. La raison en peut être formulée en quelques mots. Dans la plupart des cas où des personnes prétendaient avoir vu ou avoir communiqué avec des amis et parents morts, il n'existe rien qui permette de différencier le phénomène qui s'était présenté à leurs sens d'une simple hallucination subjective. Malgré la simplicité de cette proposition, la vérité qu'elle renferme était restée insoupçonnée pendant des siècles. Ce n'est qu'à une époque relativement récente que les faits d'hallucinations sensorielles ont commencé à être compris et qu'on a commencé à s'apercevoir que les objets les plus illusoires peuvent affecter parfois un degré de netteté extrême. Mais ces notions n'ont pas encore eu le temps de pénétrer dans l'esprit populaire. La réplique ordinaire du sens commun moyen à tout récit d'apparition est que le témoin ment ou exagère grossièrement, ou bien qu'il était fou ou ivre ou dans un état d'excitation émotionnelle à ce moment-là, ou bien encore qu'il est victime d'une illusion, d'une fausse interprétation d'un son ou d'une vision d'un caractère purement objectif. Mais une étude plus consciencieuse de la question ne peut tarder à montrer que dans la plupart des cas toutes ces hypothèses sont à éliminer, que le témoin est en bonne santé, ne présente aucun état de nervosité ou d'excitation exceptionnelle et que ce qu'il voit ou entend peut bien avoir une origine exclusivement subjective, être une projection de son propre cerveau. Et l'on doit naturellement s'attendre à ce que, parmi les objects qui se présentent de cette façon, un certain nombre affectent la forme d'une figure ou d'une voix humaine que le sujet reconnaît comme étant celle d'une personne morte ; car la mémoire de telles figures et voix fait partie de son bagage mental, les images latentes étant prêtes à fournir les matériaux des hallucinations éveillées, de même qu'elles fournissent ceux des rêves.

« Il est évident en outre que dans les cas connus d'apparitions de morts il manque l'élément qui permette de distinguer certaines apparitions de personnes vivantes des hallucinations purement subjectives. Cet élément consiste dans la *coïncidence* entre l'apparition et quelque état critique ou

exceptionnel de la personne qui semble apparaître ; or, en
ce qui concerne les personnes décédées, nous n'avons aucune connaissance de leur état ni par conséquent l'occasion
d'observer une coïncidence de ce genre.

« Il reste trois, et seulement trois, conditions qui permettent d'établir une présomption en faveur du fait qu'une apparition ou telle autre manifestation immédiate d'une personne décédée est quelque chose de plus qu'une simple
hallucination subjective : 1° plusieurs personnes peuvent,
indépendamment les unes des autres, être affectées par le
même phénomène ; 2° le fantôme peut fournir des informations reconnues plus tard comme étant véridiques, au sujet
de quelque chose dont la personne percevante n'avait auparavant aucune idée ; 3° le sujet percevant peut donner une
description exacte et précise d'une personne qu'il n'a jamais
vue, dont l'aspect lui était totalement inconnu. Mais quoique
ces trois conditions, lorsqu'elles sont remplies, soient suffisantes pour permettre d'attribuer à une apparition une
cause qui réside en dehors de l'esprit du sujet qui perçoit,
les faits de ce genre possèdent un caractère de plus, beaucoup plus général et qui fournit une nouvelle preuve en
faveur de l'extériorité de la cause. C'est le nombre exceptionnellement grand de cas survenant *peu de temps après* la
mort de la personne représentée.

« Cette relation de temps, si elle se répète avec assez de
fréquence, est de nature à rendre probable l'origine objective du phénomène d'une manière analogue a celle qui nous
amène à conclure que telle apparition d'un vivant a une
origine objective (télépathique). Car, conformément à la
théorie des probabilités, une hallucination représentant une
personne connue ne présentera, avec un événement spécial,
telle que la mort de cette personne, une relation de temps

déterminée que dans tant pour cent de toutes les hallucinations similaires qui se produisent ; si la proportion est décidément trop élevée, on est autorisé à admettre l'action d'un facteur autre que le hasard, autrement dit d'une cause objective externe.

« La question de la relation de temps acquiert ainsi une signification particulière. L'esprit populaire s'empresse de formuler une explication d'un fait frappant, avant que le fait lui-même soit bien établi. C'est ainsi qu'on dit que la personne décédée vient prendre congé ou consoler le cœur des parents en deuil pendant que leur douleur est encore vive, ou que son « esprit » est « attaché à la terre » et ne peut se libérer que graduellement. Ou encore on nous propose une théorie comme celle de M. d'Assier, d'après laquelle il resterait, après la mort de la conscience et de l'individualité, une certaine base de manifestation physique qui ne disparaîtrait que par degrés. Je ne discuterai aucune de ces hypothèses. Nous ne nous occupons pour le moment que des *apparitions posthumes*, et la seule question qui nous intéresse est celle de savoir si ces faits peuvent être rattachés à une cause externe ; c'est de son rapport avec cette question fondamentale que l'enquête relative à la fréquence avec laquelle ces phénomènes se produisent immédiatement après la mort tire toute son importance.

« C'est en collectionnant un grand nombre de témoignages de première main se rapportant aux hallucinations sensorielles que j'ai été frappé pour la première fois par la grande proportion des cas où le fantôme représentait un ami ou un parent récemment décédé. Sur 231 hallucinations représentant des êtres humains reconnus, 28, soit un huitième, sont survenues quelques semaines après la mort de la personne représentée. Nous avons pourtant deux raisons d'attribuer peu de valeur à ce fait : en premier lieu un fantôme représentant une personne morte récemment est particulièrement propre à exciter l'intérêt et à être noté et retenu, ce qui est de nature à élever la proportion des cas de ce genre dans une collection comme la mienne. En second lieu, le fait de la mort était dans chacun de nos cas connu à la personne percevante. Il paraît donc naturel de conclure que l'état émotionnel de cette personne suffit à rendre compte de l'hallucination ; et cette explication sera adoptée par la grande majorité des experts, psychologues et médecins. Je m'en contenterais de mon côté bien volontiers, si l'on pouvait me citer un cas d'apparition fantômale d'une personne que l'ami ayant vu cette apparition croyait morte, mais qui en réalité était vivante et en bonne santé. Or de fausses alertes à propos de la mort sont trop rares pour qu'on puisse citer beaucoup de cas de ce genre. Je crois cependant que la douleur et le sentiment de terreur attachés à la mort peuvent être considérés comme la cause suffisante des expériences sensorielles anormales se rapportant à des personnes dont on déplore la mort récente, jusqu'à ce que la réalité objective des fantômes de morts dans certains cas soit établie sur des preuves indépendantes.

« Si maintenant nous avions à tirer quelque conclusion probable relativement à la nature objective des apparitions et communications posthumes (ou de quelques-unes d'entre elles) du fait de la fréquence particulière avec laquelle elles se produisent très peu de temps après la mort, nous devrions nous limiter au cas où le fait de la mort a été inconnu au sujet percevant au moment même de l'expérience. Or, à notre époque de lettres et de télégrammes, la plupart des gens apprennent la mort de leurs amis ou parents quelques jours, souvent même quelques heures après la mort, de sorte que les apparitions, pour satisfaire aux conditions que nous posons, doivent suivre de très près la mort. Possédons-nous un nombre suffisant de cas de ce genre ?

« Les lecteurs des *Phantasms of the Living* savent que ces cas existent. Dans certains d'entre eux qui sont cités dans ce livre comme des exemples de transmission télépa-thique de la part d'une personne décédée, la personne était réellement morte au moment où s'était produite l'ex-périence ; et la publication de ces cas sous le titre commun de *Phantasms of the Living* (Fantômes de vivants) a natu-rellement soulevé des critiques. Il est à remarquer que la désignation que j'ai donnée à ces cas suppose une condition qui ne peut en aucune façon être considérée comme cer-taine. Nous devons supposer notamment que la transmission télépathique s'était produite immédiatement avant la mort ou exactement au moment de la mort, mais que l'impres-sion était restée latente dans l'esprit du sujet, pour n'émer-ger dans sa conscience qu'après un certain intervalle, soit comme une vision éveillée, soit comme un rêve, soit sous une autre forme quelconque. Admettons momentanément que cette hypothèse soit justifiée. C'est qu'en effet le mo-ment de la mort constitue, au point de vue du temps, le point central autour duquel se groupent les expériences anormales que le sujet éprouve à distance et dont quelques-unes *précèdent* la mort. tandis que d'autres la suivent ; il est donc naturel de supposer que la même explication s'applique au groupe tout entier et que dans chacune de ses divisions la force déterminante est constituée par l'état de l'*agent* anté-rieur à sa mort corporelle. Quelques faits de transmission ex-périmentale de pensées confirment en outre l'opinion d'après laquelle les « impressions transmises » peuvent rester la-tentes pendant quelque temps, avant que le sujet qui les a

reçues s'en aperçoive; et de récentes découvertes relatives
à l'automatisme et à l'*intelligence secondaire* rendent très
probable le fait que la télépathie manifeste ses premiers effets sur la portion « inconsciente » de l'esprit[1]. A ces deux
arguments il faut ajouter que la période de la latence supposée
a été dans bon nombre de cas une période pendant laquelle
la personne affectée s'était trouvée occupée et son attention
sollicitée par d'autres objets; et dans les cas de ce genre il
est tout à fait facile de supposer que l'impression télépathique, pour pénétrer dans la conscience, a besoin d'une période de silence et de recueillement[2]. Mais quoique la théorie de la latence a pour elle beaucoup de probabilité, nous ne
voudrions pas avoir l'air, mes collègues et moi, d'ériger en
dogme ce qui pour le moment ne doit être considéré que
comme une hypothèse. De toutes les recherches, les recherches psychiques sont celles où il importe le plus d'éviter
les erreurs et de tenir l'esprit prêt à accepter de nouvelles
interprétations de faits. Et dans l'état actuel de la question
plusieurs objections sérieuses peuvent être opposées à l'hypothèse d'après laquelle des impressions télépathiques venant
de personnes décédées seraient susceptibles de n'émerger
qu'après être restées pendant des heures à l'état latent. Les
cas expérimentaux que j'ai cités comme analogues sont trop
peu nombreux et certains et la période de latence y a en
outre été mesurée en secondes et en minutes, non en heures.
Et quoique, ainsi que je l'ai dit, le délai apparent observé
dans certains cas d'apparitions de morts puisse être expliqué par la nécessité de soustraire l'esprit et les sens du

---

1. Nous devons rappeler que dans certaines expériences, comme dans
l'écriture automatique, l'impression se produit par le système *moteur* et non
sensoriel du sujet, de sorte que celui-ci ne s'en aperçoit jamais directement.

2. Voir par exemple, le cas 500, dans *Phantasms of the Living*, II, p. 462.

sujet à d'autres occupations, afin que le phénomène puisse avoir lieu, nous avons d'autres cas où il n'en est pas de même et où rien ne semble autoriser à rattacher le délai à l'état du sujet percevant. Quoi qu'il en soit, nous nous trouvons en présence de l'hypothèse suivante qui est la seule dont il faille tenir compte : il s'agit d'un état (physique ou psychique) de l'agent se manifestant à un certain intervalle après la mort et dont le sujet est affecté au moment même, et non avant, où il devient conscient de son impression.

« Je n'ai parlé jusqu'ici que des cas où l'intervalle entre la mort et l'apparition a été suffisamment court pour rendre la théorie de la latence probable. D'après la règle adoptée dans *Phantasms of the Living*, cet intervalle ne devait pas dépasser 17 heures. Mais nous connaissons quelques cas où cet intervalle a été grandement dépassé et où le fait même de la mort n'était pas connu du sujet au moment de l'expérience. La théorie de la latence ne peut raisonnablement pas être appliquée aux cas où des semaines et des mois séparent l'apparition du moment de la mort, qui est le dernier pendant lequel une idée ordinaire[1] transmise télépathiquement ait pu trouver accès auprès du sujet. Et l'existence de ces cas, en tant qu'elle tend à établir la réalité d'apparitions de morts dues à des causes externes, diminue la valeur des objections qu'on oppose à la conception qui considère les apparitions, etc., ayant *suivi* de près la mort comme ayant des causes différentes de celles qui coïncident

---

1, Par « ordinaires » je désigne les groupes reconnus et étudiés dans *Phantasms of the Living*. Mais si les personnes décédées survivent, la possibilité d'une transmission de pensées entre elles et ceux qui restent constitue une hypothèse soutenable. Notre théorie télépathique étant une théorie psychique, dépourvue de toute interprétation physique, elle est parfaitement applicable (au *nom* près) aux états de l'existence « désincarnée » (*Phantasms*, I, p. 512).

avec la mort et la *précèdent* de très près » (*Proceedings S. P. R.*, V, p. 403-408).

L'hypothèse de la *latence* que nous rencontrons ici au début même de notre enquête est d'une grande importance, quoique, ainsi que nous le verrons plus tard, il arrive un moment où elle n'est plus capable de couvrir tous les faits. Si nous pouvions tracer une courbe exprimant le nombre relatif des apparitions avant et après la mort, nous verrions que ce nombre augmente rapidement pendant les quelques heures qui précèdent, pour diminuer graduellement pendant les premières heures et les premiers jours qui suivent la mort ; après la première année, les apparitions deviennent tout à fait rares et exceptionnelles.

« Le moment de la mort. dit Gurney, est le centre d'un groupe d'expériences anormales dont quelques-unes précèdent, tandis que d'autres suivent la mort. » Cette phrase ne doit pas être comprise comme si Gurney avait voulu dire que c'est la mort elle-même qui est la cause de ces expériences. Celles qui se produisent avant la mort peuvent être causées ou déterminées non par la mort elle-même, mais par l'état anormal, coma, délire, etc., qui la précède. C'est qu'en effet nous possédons beaucoup d'exemples de fantômes véridiques ayant coïncidé avec des crises, telles qu'accidents de voiture, etc., survenues à des agents éloignés, mais n'ayant pas été suivies de morts. Nous trouvons en outre que dans presque tous les cas où un fantôme, véridique en apparence, a *précédé* la mort de l'agent, la mort a été l'effet d'une maladie, non d'un accident. Il n'existe que très peu d'exceptions à cette règle. Dans un cas cité dans *Phantasms of the Living* (II, p 52), le fantôme semble avoir précédé d'une demi-heure la mort subite par noyade ; le sujet percevant habitait une ferme à Norfolk, tandis que

la victime, ou l'agent, a péri au cours d'une tempête près
de l'île Tristan d'Acunha ; et nous avons supposé qu'une
erreur d'heure ou d'observation suffisait à expliquer cette
prétendue exception à la règle que nous avons posée plus
haut. Dans un autre cas il s'agissait d'une mort violente,
d'un suicide ; mais l'état d'excitation morbide dans lequel
devait se trouver la victime quelques heures avant la mort,
c'est-à-dire au moment où l'apparition a été vue, n'était
qu'un état de crise. Il existe d'autre cas encore (non cités
dans *Phantasms of the Living*), où un fantôme ou le double
d'une personne a été vu quelques jours avant la mort accidentelle de cette personne ; mais les cas de ce genre sont
trop peu nombreux pour rendre probable l'existence d'une
connexion causale entre la mort et l'apparition.

Il n'est pas facile d'arriver à la certitude en ce qui concerne les cas où l'intervalle a été mesuré en *minutes* ; car, si
le sujet est éloigné de l'agent nous pouvons toujours avoir
des doutes aussi bien quant à l'exactitude avec laquelle
l'heure a été prise aux deux endroits qu'en ce qui concerne
l'exactitude de l'observation ; et d'un autre côté, si le sujet
et l'agent se trouvent dans le même endroit, nous pouvons
toujours nous demander si le fantôme observé n'a pas été
une simple hallucination subjective. C'est ainsi que nous
avons plusieurs récits de cris perçants entendus par des
veilleurs de personnes mourantes immédiatement après la
mort apparente, ou d'une sorte de luminosité observée autour d'un mort ; mais tout ceci s'est produit à un moment
très favorable aux hallucinations subjectives et si les phénomènes en question n'ont affecté qu'un seul sujet, il est
difficile de leur attribuer une grande valeur. Là, où le phénomène semble frapper plusieurs sujets, il peut très bien
s'agir d'une transmission de pensée entre les esprits de ces

sujets, que le phénomène lui-même soit ou non produit par
la personne décédée.

Il existe quelques autres circonstances aussi, dans lesquelles, malgré que le fait de la mort soit déjà connu, une
hallucination survenant peu de temps après peut avoir une
certaine valeur objective. C'est ainsi que nous connaissons
le cas d'une dame qui savait sa sœur morte depuis plusieurs
heures et qui, sans se trouver elle même dans un état
d'excitation morbide, crut voir entrer quelqu'un dans sa
salle à manger, ouvrant et fermant la porte derrière lui.
Elle fut très étonnée de ne voir personne dans la pièce ; et
ce n'est que quelque temps après qu'elle pensa qu'il pouvait y avoir un rapport entre l'apparition et la perte
qu'elle venait d'éprouver. Ceci nous rappelle le cas d'un
M. Hill qui a vu pénétrer dans sa chambre une figure de
haute taille qui, après l'avoir effrayé et surpris, disparut avant
qu'il ait eu le temps de la reconnaître. Or, un de ses oncles,
un homme de grande taille était mourant à ce moment-là,
et il est à remarquer que, quoique M. Hill sût son oncle
malade, l'anxiété qu'il en éprouvait n'était pas suffisante
pour donner naissance à cette apparition non reconnue et
effrayante.

Il existe encore des cas où le sujet ayant vu l'apparition
d'un ami peu de temps après la mort de ce dernier a eu
d'autres hallucinations *véridiques*, et jamais aucune hallucination subjective. Les sujets de cette catégorie ont naturellement pu supposer que l'apparition de l'ami décédé avait
le même caractère véridique que les hallucinations antérieures, quoique la chose ne fût pas évidente en elle-même,
le fait de la mort ayant été connu au moment de l'apparition.

Les cas où le fait de la mort était inconnu du sujet sont

évidemment beaucoup plus démonstratifs et communiquent à l'apparition un degré de véridicité beaucoup plus grand.

Un M. Farler vit deux fois en l'espace d'une nuit, le fantôme ruisselant d'un de ses amis qui, ainsi qu'il l'a appris plus tard, s'était noyé la veille. La première apparition s'était produite quelques heures après la mort, ce qui peut s'expliquer par ce fait que l'impression était restée latente jusqu'au moment favorable à sa manifestation, c'est-à-dire le calme et le silence de la nuit. La seconde apparition peut avoir été une recrudescence de la première ; mais, si la théorie de la la latence doit être écartée, de façon à faire dépendre la première apparition (en tant qu'il ne s'agit pas d'une simple coïncidence fortuite) d'une certaine énergie déployée par la personne décédée après sa mort, on est autorisé à considérer la *seconde* apparition comme étant également véridique. La même figure a été revue 15 jours plus tard, dans son costume ordinaire, ne portant aucune trace de l'accident. On trouvera dans *Phantasms of the Living* beaucoup d'autres cas de ces apparitions *répétées*, s'étant produites alors que le fait de la mort n'était pas connu.

Dans d'autres cas l'apparition est unique et survient quelques heures après la mort. Voyons l'application qu'on peut faire de l'hypothèse de la *latence* aux cas de ce genre.

Là où il n'y a pas d'hallucination proprement dite, mais un sentiment *unique* de malaise et d'angoisse survenant quelques heures après la mort d'un ami éloigné, comme dans le cas de M. Wilson (*Ph. of the Liv.*, I, p. 280), il nous est difficile de nous rendre compte de ce qui se passe. Quelque secousse communiquée au cerveau du sujet au moment de la mort de l'agent peut s'être manifestée lentement à la conscience. Le délai peut être dû alors à des causes plutôt physiologiques que psychiques.

Dans les observations où une hallucination auditive ou visuelle nette survient au milieu de la nuit, quelques heures après la mort, nous pouvons admettre l'hypothèse d'une impression télépathique reçue pendant le jour et restée latente jusqu'à la disparition d'autres excitations, s'étant ensuite extériorisée sous forme d'une hallucination après le premier sommeil, de même que nous sommes réveillés de notre premier sommeil par quelque fait susceptible d'exciter en nous de l'intérêt ou de l'angoisse et qui, oublié pendant le jour, envahit tout à coup notre conscience avec une force et une netteté remarquables. Dans le cas de Mme Teale au contraire (*Ph. of the Liv.*, II, p. 693) l'hallucination survint 8 heures environ après la mort, alors que cette dame était assise toute éveillée au milieu de sa famille. Dans d'autres cas il s'agit d'une véritable « clairvoyance télépathique », d'une image transmise par l'esprit du décédé, mais transmise *après la mort*, car nous assistons à une vision d'un accident et de ses conséquences beaucoup plus complète que celle qui a pu traverser l'esprit du mourant au moment même de sa mort. Les cas de ce genre nous font penser que l'esprit du décédé continue d'être attaché aux choses terrestres et qu'il est capable de faire partager au sujet les images qui le préoccupent lui-même. Tel le cas de ce médecin bien connu de Londres, mort à l'étranger dans un hôpital de campagne et qui apparut à une dame, dix heures environ après sa mort, couché dans une chambre pauvre et nue.

On voit que ces phénomènes ne sont pas suffisamment simples pour que nous puissions les considérer au point de vue du *temps* seulement qui les sépare de la mort. Ce qu'on appelle « un esprit » constitue probablement un des phénomènes les plus complexes dans la nature. Il constitue la fonction de deux facteurs variables et inconnus : la sensibilité de l'esprit incarné et la faculté que possède l'esprit désincarné de se manifester lui-même. Notre essai d'étudier cette action réciproque doit donc commencer par l'un ou l'autre de ces deux facteurs, par le sujet ou par l'agent. Nous aurons à nous demander ; *a)* comment l'esprit incarné reçoit-il le message ? *b)* Comment l'esprit désincarné le produit-il et le transmet-il ?

C'est en approfondissant la *première* de ces deux questions que nous avons les plus grandes chances d'obtenir une certaine lumière. Tant que nous considérons les esprits incarnés, nous nous trouvons, jusqu'à une certaine mesure tout au moins, sur un terrain connu ; et nous pouvons espérer trouver dans d'autres opérations de l'esprit des analogies qui nous permettent de comprendre ces opérations peut-être les plus complexes qui consistent dans le fait de prendre connaissance de messages venant d'esprits désincarnés et d'un monde invisible. Je crois donc que « le moyen le plus sûr, quoique le plus détourné », comme aurait dit Bacon, de comprendre ces phénomènes subits et étonnants, consiste dans l'étude de phénomènes mentaux moins rares, pouvant être observés plus aisément, de même que « le moyen le plus sûr, quoique le plus détourné » d'étudier les astres inaccessibles avait consisté dans l'étude des spectres d'incandescence de substances terrestres qui se trouvent sous nos pieds. J'espère que l'étude des différentes formes de conscience subliminale, de facultés subliminales, de perception subliminale nous permettra d'obtenir finalement, en ce qui concerne notre être et notre mode de fonctionnement, une conception qui prouvera que la perception par des esprits incarnés de messages ayant leur origine dans des esprits désincarnés, loin de constituer une anomalie isolée, résulte plutôt de l'exercice de facultés ordinaires et innées.

C'est par leur côté humain et terrestre que je voudrais autant que possible commencer l'étude de tous nos cas. S'il nous était possible non seulement de partager, mais encore d'interpréter les sentiments subjectifs des sujets, si nous pouvions les comparer à d'autres sentiments provoqués par des visions ordinaires, par la télépathie parmi les vivants, nous obtiendrions une connaissance beaucoup plus intime de ce qui arrive que celle que peut nous fournir l'observation extérieure des détails d'une apparition. Mais une pareille étude systématique n'est guère possible pour le moment, tandis qu'il est relativement facile de ranger tout l'ensemble de nos cas en plusieurs séries, selon leurs caractères et détails extérieurs, en commençant par ceux qui manifestent la connaissance la plus profonde et un but défini, pour finir par ceux où les indices d'une intelligence quelconque deviennent de plus en plus rares et faibles, jusqu'à se résoudre en sons et visions vagues, sans signification appréciable.

Nous possédons peu de cas d'apparitions témoignant que l'esprit possède une connaissance *continue* de ce qui arrive à ses amis survivants. Les témoignages de ce genre sont naturellement fournis le plus souvent par l'écriture ou la parole automatique. Mais dans le cas Palladia relaté par M. Mamtchitch et publié dans le Rapport de la Commission des Hallucinations paru dans *Proceedings P. S. R.*, X, p. 387-91, il s'agit d'un esprit à apparitions répétées, jouant le rôle d'un ange gardien et prévoyant, et s'intéressant plus particulièrement au futur mariage du survivant.

Plus fréquents sont les cas où une apparition unique, non répétée, indique une connaissance continue des affaires terrestres. Cette connaissance se manifeste principalement dans deux directions. Elle porte souvent sur quelque cir-

constance en rapport avec la mort même de la personne
décédée, avec l'apparence de son corps après la dissolution,
ou avec le lieu de son dépôt temporaire ou de son inhumation définitive. Et d'un autre côté elle porte sur la mort
imminente ou réelle d'un ami de la personne décédée. Je
considère, notamment, qu'une certaine portion de la conscience posthume peut pendant quelque temps être occupée
par des scènes terrestres. Et, d'un autre côté, lorsqu'un
ami survivant s'approche graduellement vers le même état
de dissolution, ce fait peut être perceptible dans le monde
spirituel. Lorsque cet ami est réellement mort, la connaissance que son prédécesseur peut avoir eue de cette transition est une connaissance des événements de l'autre monde
aussi bien que de celui-ci.

A côté de ces informations acquises peut-être à la limite
entre les deux états, il y a des apparitions qui impliquent
une perception d'événements terrestres plus déterminés, tels
que crises morales (mariages, querelles graves, menaces
de crimes) survenant à des amis survivants.

Dans quelques-uns des cas où l'esprit semble avoir connaissance de *la mort imminente* d'un ami, cette connaissance anticipée ne ressemble en rien à notre prévoyance
mortelle. Je ne m'occuperai de ces cas que dans un chapitre
ultérieur où viendra en discussion la question même des
limites de la préconnaissance spirituelle. Mais dans d'autres
cas le degré de préconnaissance ne paraît pas supérieur à
celui de spectateurs ordinaires et dans celui que je vais
résumer en premier lieu la mort, quoique n'ayant pas été
prévue par la famille, aurait pu l'être par un médecin qui
aurait examiné la personne dont il s'agit.

M. G..., voyageur de commerce, homme très positif, eut
un matin la vision d'une de ses sœurs morte depuis 9 ans.

Lorsqu'il raconta le fait à sa famille, il ne fut écouté qu'avec incrédulité et scepticisme. Mais en décrivant la vision telle qu'elle lui était apparue, il mentionna l'existence, sur le côté droit de la face, d'une égratignure qui était rouge comme si elle venait d'être faite. Ce détail frappa tellement sa mère qu'elle tomba évanouie. Lorsqu'elle eut repris connaissance, elle raconta que c'est elle qui a fait cette égratignure à sa fille au moment même de la mise en bière, qu'elle l'avait ensuite dissimulée en la couvrant de poudre, de sorte que personne au monde n'était au courant de ce détail. Le fait qu'il a été aperçu par son fils était donc une preuve incontestable de la véridicité de sa vision et elle y vit en même temps l'annonce de sa mort prochaine qui survint en effet quelques semaines plus tard.

Il est impossible d'interpréter ce cas autrement qu'en y voyant la perception par l'esprit de la mort imminente de sa mère.

Nous avons ensuite un petit groupe de cas dont le principal intérêt consiste en ceci qu'ils servent pour ainsi dire de trait d'union entre les cas cités tout à l'heure et où les esprits ont une connaissance anticipée de la mort d'un ami, et ceux dont nous allons nous occuper où l'esprit paraît saluer un ami ayant déjà quitté la terre. Ce groupe forme en même temps une extension naturelle de la clairvoyance des morts illustrée par quelques cas de « réciprocité » (comme, par exemple, dans celui de Mme W..., où une tante mourante a la vision de sa petite nièce qui voit au même moment l'apparition de sa tante ; voir *Phantasms of the Living,* II, p. 253). De même que la séparation imminente de l'esprit et du corps permet à l'esprit de projeter son fantôme parmi les esprits incarnés se trouvant à une certaine distance sur la terre, de même ici la même séparation

imminente permet à la personne mourante de voir des
esprits habitant déjà l'autre monde. Il n'est pas rare d'entendre des personnes mourantes dire ou indiquer autrement
qu'elles voient des esprits amis tout près d'eux. Mais les
visions de ce genre n'ont de valeur qu'en tant que la personne mourante ne sait pas que l'ami dont elle voit l'esprit
a déjà quitté, ou est sur le point de quitter, la terre.

De ce groupe, nous passons insensiblement à celui où les
esprits désincarnés manifestent la connaissance qu'ils ont
de la mort d'un de leurs amis ou parents. Cette manifestation se produit rarement dans ce monde-ci et affecte différentes formes, depuis la manifestation de sympathie jusqu'à la simple présence silencieuse.

Un soir, entre onze heures et minuit, alors qu'elle était
tout à fait éveillée, Mme Lucy Dadson s'entendit appeler
trois fois par son nom et vit aussitôt la figure de sa mère,
morte depuis seize ans, portant deux enfants sur les bras
qu'elle lui tendit, en disant : « Prenez soin d'eux, car ils
viennent de perdre leur mère. » Le surlendemain, Mme Dadson apprend que sa belle-sœur était morte des suites de
couches, trois semaines après avoir donné naissance à un
enfant qui était son deuxième. Il est à remarquer que les
deux enfants que Mme Dadson avait vus sur les bras de sa
mère, lui parurent en effet avoir l'âge des deux enfants de
sa belle-sœur, et qu'elle ne savait rien ni de l'accouche-
ment de celle-ci ni de la naissance du dernier enfant (*Proceedings S. R. P.*, X, p. 380-382).

J'arrive maintenant à un groupe considérable de cas où
l'esprit désincarné manifeste une connaissance précise de
quelques faits en rapport avec sa vie terrestre, avec sa mort
ou d'événements ultérieurs en rapport avec la mort. La
connaissance de ces événements ultérieurs, telle que la pro-

pagation de la nouvelle de sa mort, ou ayant trait au lieu de
son inhumation, est d'un caractère plus achevé que la simple remémoration des faits qu'il avait connus pendant la
vie. Mais tous les degrés de connaissance se tiennent et leur
connexion sera mieux mise en lumière si l'on commence par
le degré le plus bas, par la simple mémoire terrestre.

Dans le cas suivant, l'information communiquée par une
vision s'était montrée précise, exacte et très importante pour
les survivants : un homme est trouvé mort dans un endroit
assez éloigné de son domicile ; ses vêtements qui étaient
couverts de boue ont été remplacés par d'autres plus propres et jetés au fond d'une cour. Dès que la nouvelle de sa
mort fut parvenue dans sa maison, une de ses filles tomba
évanouie et quand elle eut repris connaissance elle dit
qu'elle venait de voir son père portant des vêtements qui
n'étaient pas les siens et dont elle donna une description
exacte en ajoutant que son père lui révéla en même temps
qu'après avoir quitté la maison il avait cousu dans une de
ses poches une certaine somme d'argent et que le vêtement
renfermant cet argent fut jeté avec les autres. Vérification
faite, on s'assura que la description qu'elle donna des nouveaux vêtements de son père était en tous points exacte et
une certaine somme d'argent fut en effet trouvée cousue dans
le vêtement qu'elle avait désigné. Le fantôme lui a donc communiqué deux faits dont un n'était connu que de quelques
étrangers et l'autre de lui seul. On voudrait être mieux renseigné sur l'état de la fille au moment où elle a reçu ce message,
car il semble s'agir ici d'une extase plutôt que d'un rêve.

On peut rapprocher de ce cas celui du baron von Driesen
qui, neuf jours après la mort de son beau-père, avec lequel
il avait eu autrefois des discussions, vit l'apparition de
celui-ci qui était venu lui demander pardon des torts qu'il

a pu avoir envers lui. La même apparition a été vue au même moment par le prêtre du village qu'habitaient M. von Driesen et son beau-père, et le but de cette apparition était de solliciter le prêtre d'opérer la réconciliation entre le gendre et le beau-père.

Nous voyons dans ces deux cas des esprits occupés après leur mort de devoirs et d'engagements, grands ou petits, qu'ils avaient assumés pendant la vie. Des liens de ce genre semblent favoriser ou faciliter l'action des esprits sur les survivants. Pouvons-nous créer de ces liens, de façon à permettre aux âmes qui le désirent d'apparaître, de se manifester ? Il me semble que la chose est possible jusqu'à certain point. Quand nous avons commencé à réunir notre collection, Edmond Gurney a été frappé du nombre très grand de cas où le sujet nous informait qu'il s'était produit entre lui et la personne décédée un engagement en vertu duquel celui qui mourrait le premier apparaîtrait à l'autre. « Considérant, ajoute-t-il, le petit nombre de personnes qui prennent cet engagement, par rapport à celles qui ne le prennent pas, il est difficile de résister à la conclusion que le fait d'avoir pris un engagement de ce genre possède une certaine efficacité. »

Or, sur les douze cas de cette catégorie, cités dans *Phantasms of the Living*, nous en avons trois où le fantôme était apparu à un moment où l'agent était encore en vie ; dans la plupart des autres, la détermination exacte du temps n'a pu être faite, et à propos de quelques-uns seulement on sait avec certitude que c'est bien après la mort de l'agent que son fantôme était apparu. Il en résulte que l'existence d'une promesse ou d'un engagement peut agir efficacement aussi bien sur le moi subliminal avant la mort que (très probablement) sur l'esprit après la mort.

Cette conclusion est confirmée par d'autres cas, dont nous ne citerons ici que deux. Dans le premier, il s'agit de l'accomplissement, par la personne décédée, d'un engagement immédiat. C'est le cas de M. Edwin Russel qui tenait la partie de basse dans le chœur de l'église Saint-Luc à San Francisco, et qui tomba un vendredi dans la rue frappé d'une attaque d'apoplexie. Trois heures après sa mort, M. Reeves, le maître de chapelle, qui ne savait rien de ce qui était arrivé à sa basse et qui était en train de choisir un *Te Deum* pour le dimanche suivant, vit le fantôme de M. Russel qui lui était appa   tenant une main sur le front et lui tendant de l'autre un rouleau de musique. L'apparition dura quelques secondes à peine, laissant M. Reeves effrayé et bouleversé. Ce n'est que plus tard qu'il apprit la mort de M. Russel ; celui-ci devait en effet venir le lendemain chez son maître de chapelle, en vertu d'une promesse qu'il lui en avait faite quelques jours auparavant. Homme dévoué, sa dernière pensée aura été qu'il ne pourrait pas venir au rendez-vous, et c'est probablement dans l'intention d'offrir sa démission de membre de la maîtrise en alléguant son mal de tête qu'il s'était présenté chez M. Reeves (*Proceedings S. P. R.*, VIII, p. 214).

Dans un autre cas, plus remarquable encore, un individu atteint de tuberculose avait échangé avec une jeune fille dont il venait de faire la connaissance dans une station hivernale, la promesse que celui qui mourrait le premier apparaîtrait à l'autre « de façon à ne pas l'effrayer désagréablement ». Plus d'un an après il apparut en effet, non pas à la jeune fille en question, mais à sa sœur, et cela au moment où celle-ci montait dans sa voiture ; la jeune fille qui se trouvait également dans la voiture n'avait rien vu. Renseignements pris, l'apparition s'était produite deux jours avant la mort du sujet, alors que celui-ci était déjà à l'agonie (*Proceedings S. P. R.*, X, p. 284, cas de la comtesse Kapnist).

Ce cas suggère la réflexion suivante : lorsqu'on a fait la promesse d'apparaître après la mort, l'apparition ne doit pas nécessairement être vue par celui-là même auquel la promesse a été faite, mais par la première personne de son entourage qui est la plus susceptible d'être impressionnée.

Je passe maintenant aux cas où la connaissance manifestée par les esprits se rapporte à l'aspect de leur corps après la mort ou aux scènes au milieu desquelles il se trouve déposé temporairement ou inhumé définitivement. Cette connaissance peut paraître vulgaire, indigne d'esprits transportés dans un monde supérieur. Mais il s'agit le plus souvent d'une confusion d'idées suivant une mort subite ou violente, rompant brusquement des affections profondes. Les cas de ce genre sont nombreux, mais je ne citerai que le suivant :

M. D..., riche industriel, avait à son service un nommé Robert Mackenzie qu'il avait littéralement tiré de misère et qui en éprouvait pour son patron une reconnaissance et une fidélité sans bornes. Un jour que M. D... se trouvait à Londres, il eut l'apparition de son employé (qui était attaché à la succursale de Glasgow) lequel était venu le supplier de ne pas croire à ce dont il allait être accusé. Et l'apparition s'évanouit sans que M. D... eût été renseigné davantage sur le genre d'accusation qui pesait sur Robert. Il n'eut pas le temps de revenir de sa stupéfaction, lorsque Mme D... entra dans la pièce tenant une lettre à la main et disant à son mari qu'elle venait de recevoir la nouvelle du suicide de Robert. C'était donc l'accusation qui pesait sur ce dernier, et jusqu'à nouvel ordre M. D... était décidé à n'y pas croire. En effet, le courrier suivant lui apporta une lettre de son régisseur lui disant que Robert s'était non pas suicidé, comme on l'avait cru tout d'abord, mais empoisonné en avalant un flacon d'acide sulfurique qu'il avait pris pour de l'eau-de-vie. Après avoir ensuite consulté un dictionnaire de médecine, M. D... n'eut pas de peine à se rappeler que l'aspect de l'apparition répondait exactement à celui décrit par ce dictionnaire comme s'observant chez les individus empoisonnés par l'acide sulfurique (*Proceedings S. P. R.* II, p. 95).

Dans le cas de Mme Green nous nous trouvons en face d'un problème intéressant. Deux femmes se noient dans des circonstances particulières. Un ami a apparemment une vision clairvoyante de la scène, non au moment où elle s'était passée, mais quelques heures plus tard, en même temps qu'une autre personne, portant le plus grand intérêt au sort des deux victimes, apprend l'événement. On peut donc supposer que la scène clairvoyante en apparence a été communiquée télépathiquement au premier sujet par un autre esprit vivant. Je pense cependant que la nature de la vision aussi bien que certaines analogies que nous ferons ressortir plus tard au cours de notre exposé rendent probable une conception différente, impliquant l'action simultanée des morts et des vivants. Je suppose qu'un courant d'action peut partir d'une personne décédée, mais ne devient suffisamment puissant pour être perceptible au sujet que lorsqu'il est renforcé par un courant d'émotion ayant pour point de départ un esprit vivant.

Ce n'est qu'à la suite d'une accumulation progressive de faits que j'en étais arrivé à croire que la supposition bizarre attribuant aux esprits désincarnés la faculté de connaître le moment où la nouvelle de leur mort parvient à leurs amis n'est pas tout à fait dépourvue de réalité. La possibilité pour l'ami de deviner par clairvoyance l'existence dans sa proximité d'une lettre annonçant cette mort rend la preuve de cette connaissance assez difficile. Ainsi qu'il a été montré dans *Phantasms of the Living,* il peut s'agir d'un phénomène de clairvoyance, même dans les cas où la lettre ne présente en elle-même aucune importance. Existerait-il une action réciproque entre la sphère de connaissance de l'esprit vivant et celle de l'esprit désincarné, de sorte que l'intuition de l'un est dans une certaine mesure renforcée par celle de l'autre ?

Voici un exemple assez difficile, mais typique, de coïncidence entre une apparition et l'arrivée de la nouvelle de la mort.

M. Tandy, en visite chez un de ses amis, emporte chez lui un journal encore entouré de sa bande et pris au hasard parmi ceux qui venaient d'arriver. Il rentre chez lui le soir, allume une bougie et se met à chercher dans sa bibliothèque un livre dont il avait besoin. Se retournant par hasard du côté de la fenêtre qui faisait face à la bibliothèque, il aperçoit la figure d'un ancien ami qu'il n'avait pas revu depuis plus de dix ans. Il s'approche de la fenêtre, mais la figure avait disparu. Un peu plus tard il ouvre son journal, et la première nouvelle qui lui tombe sous les yeux est l'annonce de la mort de l'ami en question (*Proceedings S. P. R.,* V, p. 409).

Cet incident, pris isolément et sans connexion apparente avec d'autres formes d'action manifestées par les morts apparaît presque comme trop bizarre pour être inclus dans un groupe plus ou moins cohérent. Mais sa compréhension nous est facilitée par certains autres cas où le sujet éprouve une sensation de dépression inexplicable au moment de la mort de son ami survenant à distance, sensation qui persiste jusqu'à l'arrivée de la nouvelle, quand, au lieu de devenir plus intense, elle s'évanouit subitement. Dans un ou deux cas de ce genre l'apparition avait persisté jusqu'à l'arrivée de la nouvelle, pour se dissiper ensuite. Et d'un autre côté l'apparition semble souvent préparer l'esprit du sujet au choc qui l'attend. On peut en conclure que dans les cas en question l'attention de l'esprit est concentrée d'une façon plus ou moins continue sur le survivant jusqu'à ce que celui-ci reçoive la nouvelle. Ceci ne nous explique pas comment l'esprit apprend que la nouvelle est arrivée ; mais dans cette hypothèse la connaissance de ce genre nous apparaît comme moins bizarre et moins isolée.

Et ici je citerai un cas qui s'écarte tellement des types admis qu'on serait tenté de le passer sous silence comme incompréhensiblement absurde. Mais on ne tardera pas à s'assurer qu'il a sa place toute marquée dans le groupe dont nous nous occupons en ce moment.

Il s'agit de deux jeunes filles, deux sœurs, qui, après avoir veillé leur mère qui venait de mourir, se sont retirées dans leur chambre, pour se reposer des émotions qu'elles venaient d'éprouver. Il était dix heures environ du soir. Tout d'un coup elles entendent la voix de leur frère qui se trouvait à ce moment-là dans un endroit distant de 700 kilomètres du lieu de leur résidence, chanter un duo avec une voix de soprano, avec l'accompagnement d'un harmonium. Elles ont pu distinguer nettement non seulement la musique, mais même les paroles du chant. Elles apprirent plus tard que ce soir-là, leur frère avait en effet prêté son concours à un concert de société et qu'il avait réellement chanté, avec un soprano, le morceau dont ses sœurs avaient entendu la musique et les paroles. Elles apprirent encore que le télégramme qu'elles avaient envoyé à leur frère pour lui annoncer la mort de leur mère était arrivé avant le commencement du concert et ne lui a été remis exprès qu'après qu'il eut ini son morceau (*Proceedings S. P. R.*, VIII, p. 220).

Il est impossible d'expliquer ce cas autrement qu'en supposant que c'est l'esprit de la mère qui s'était chargé de faire part à ses filles qu'un retard était survenu dans la transmission de leur télégramme et de leur montrer indirectement la cause de ce retard.

Nous pourrions multiplier les cas où les apparitions présentent différents degrés de connaissance et de mémoire. Mais nous préférons aborder un type plus commun où l'apparition est impuissante à communiquer un message plus défini que celui qui est d'ailleurs le plus important de tous et qui concerne la persistance de sa vie et de son amour. Ces cas peuvent cependant être divisés en plusieurs catégories. Mais chaque apparition, même momentanée, est un phénomène plus complexe que nous ne croyons. Nous devons donc chercher quelques larges lignes de démarcation, de façon à obtenir des séries qui embrassent un grand nombre de propriétés différentes, tout en continuant dans une certaine mesure les séries que nous avions suivies jusqu'ici.

On peut établir une première division en apparitions *personnelles* et apparitions *locales*, les premières étant destinées à frapper l'esprit de certains survivants, les secondes attachées à des endroits déterminés, souvent, il est vrai, ayant aussi pour but d'impressionner les survivants, mais susceptibles de dégénérer et de se résoudre en sons et visions qui semblent exclure un but et une intelligence quelconques.

Considérons donc ces propriétés, sans nous attendre à ce que nos séries présentent une simplicité logique, car il arrivera souvent que les caractères personnel et local seront confondus, comme dans les cas où le sujet recherché par l'apparition habite une maison connue, familiale. Mais dans quelques cas, comme dans celui de l'*égratignure rouge* (voir plus haut) ou celui de la comtesse Kapnist (voir plus haut), l'apparition se produit dans un milieu étranger et inconnu à la personne décédée. Ce sont les manifestations d'une forme supérieure et mieux développée qui s'observent dans les cas de ce genre. Parmi les apparitions plus brèves et moins développées, ces fréquentations par les fantômes de milieux inconnus sont relativement rares. Dans les cas de cette catégorie ainsi que dans ceux où l'apparition atteint le sujet *en pleine mer*, il n'y a que la personnalité du sujet qui soit capable de guider l'apparition dans ses recherches. Dans le cas de M. Keulemann (*Phantasms of the Living*, I, p. 196), on voit son fils lui apparaître deux fois : au moment de la mort et après la mort ; on dirait que la première fois le fils avait cherché le père dans un milieu connu, la seconde fois dans un milieu inconnu. Il existe encore des cas auditifs où la parole fantômale se produit en des endroits que la personne décédée n'avait pas connus.

Un des caractères particulièrement intéressants des apparitions est leur collectivité occasionnelle, c'est-à-dire le fait que plusieurs personnes peuvent simultanément voir une figure ou entendre une voix fantômale. Ce n'est pas dans les cas supérieurs, mais dans ceux de simple *hantise* que la figure est vue simultanément ou successivement par plusieurs personnes. Je ne sais comment expliquer cette tendance apparente, à moins d'admettre que les esprits « familiers » sont plus « attachés à la terre », et pour ainsi

dire plus rapprochés de la matière que les autres. Mais les
exemples de collectivité abondent dans tous les groupes
d'apparitions ; et l'apparence irrégulière d'un caractère qui
nous paraît aussi fondamental nous montre précisément à
quel point peut varier le mécanisme interne dans des cas
qui nous semblent composés sur le même modèle.

J'aborde un groupe de cas à la fois personnels et locaux,
quoique avec prédominance de l'élément personnel. J'en
citerai le suivant :

Il s'agit d'un M. Town dont l'apparition, sous forme
d'un médaillon, de grandeur naturelle, réfléchi sur la surface polie d'une armoire, a été vue un soir, six semaines
après sa mort, dans une chambre éclairée au gaz, et cela
simultanément par six personnes, dont ses deux filles, sa
femme et trois domestiques, et de telle façon que chacune
de ces personnes avait aperçu l'apparition indépendamment des autres, ce qui exclue toute possibilité de suggestion (*Phantasms of the Living*, II, p. 213).

A côté de ce cas *collectif*, où l'apparition a été vue par la
famille et les domestiques du défunt, dans sa propre maison, nous pourrions en citer beaucoup d'autres où l'apparition n'a été vue que par une seule personne à la fois et où
l'élément personnel et l'élément local s'entremêlent dans
des proportions variées. Tel est par exemple le cas du petit
Gore Booth (*Proceedings S. P. R.*, VIII, 173) qui vit au bas
d'un escalier de service qui faisait communiquer la maison
avec la cuisine, et au seuil de celle-ci, c'est-à-dire dans un
endroit où le défunt avait, pour ainsi dire, l'habitude de se
tenir, un ancien domestique de la maison, parti depuis
quelque temps et qu'il savait malade. Renseignements pris,
l'apparition s'était produite deux heures après la mort du
domestique en question, et alors que personne dans la mai-

son, pas plus Gore Booth que les autres, n'était encore au courant de cet événement. Il faut ajouter que la sœur de Gore Booth qui avait accompagné son frère à la cuisine n'a rien vu. Il est possible qu'il s'agisse ici d'une influence transmise par l'esprit du défunt à l'esprit du vivant et qui ne s'est manifestée que lorsque ce dernier se fut trouvé dans un endroit où le souvenir du décédé pouvait être évoqué facilement.

On peut rapprocher de ce cas celui de Mme de Fréville (*Phantasms of the Living*, I, p. 212), femme un peu excentrique, qui aimait à fréquenter le cimetière et à rôder autour de la tombe de son mari et qui a été aperçue un soir par un jardinier qui traversait le cimetière, et cela, ainsi que la chose fut élucidée plus tard, 7 ou 8 heures après la mort de cette dame.

Il est de toute évidence que cette dame ne pouvait en aucune façon avoir le désir d'apparaître au jardinier en question. Nous nous trouvons plutôt en présence d'un cas de *hantise* élémentaire, d'un commencement de ces réapparitions sans but et sans conscience dans des endroits familiers qui persistent souvent pendant des années après la mort.

Un cas assez analogue est celui du colonel Crealock (*Proceedings S. P. R.*, V, p. 432) où un soldat a été aperçu par son supérieur, quelques heures après sa mort, roulant et emportant son lit.

C'est en insistant sur ces cas intermédiaires aux apparitions porteuses de messages et aux hantises sans but, que nous arriverons le plus facilement à comprendre les hantises typiques qui, tout en constituant jusqu'à un certain point un des phénomènes les plus populaires parmi ceux qui nous occupent, satisfont très difficilement l'observateur.

C'est qu'il existe une tendance à trouver un rapport quelconque entre l'histoire de la maison hantée d'un côté et les visions et sons vagues et souvent variés qui troublent et terrifient ses habitants vivants, d'un autre côté. Or, nous devons autant que possible nous affranchir de cette idée d'après laquelle un grand crime ou une grande catastrophe serait dans tous les cas la cause principale d'une hantise de ce genre. Tous les cas que nous connaissons sont de nature à infirmer cette idée. Il s'agit presque toujours d'une apparition vue par un étranger quelques mois après la mort, sans raison apparente pour que l'apparition se produise à tel moment précis plutôt qu'à un autre.

Je considère que l'action continue de l'esprit désincarné constitue le principal élément déterminant de ces apparitions. Mais elle n'est pas le *seul* élément, en tant que les pensées et les émotions des personnes vivantes interviennent souvent dans une grande mesure pour aider ou conditionner l'action indépendante des esprits. Je crois même qu'il est possible que la fixation intense de mon esprit par exemple sur l'esprit d'une personne décédée soit capable d'aider ce dernier à se manifester à un moment donné, pas même à moi, mais à une personne plus sensible que moi.

Il existe encore un autre élément qui joue un certain rôle dans ces groupes d'apparitions vagues, ce rôle étant plus difficile à déterminer que celui de l'action possible des esprits incarnés. Je parle des *résultats* possibles de l'activité mentale passée qui, d'après ce que nous savons, peuvent persister d'une façon en quelque sorte perceptible, sans être renforcés, de même que persistent les résultats de l'ancienne activité corporelle. Cette question nous conduit à une autre plus vaste, celle de la *connaissance posthume* et des rapports entre les phénomènes psychiques et le *temps* en général, que nous ne pouvons traiter dans ce chapitre. Nous tenions seulement à rappeler que de telles possibilités existent et qu'elles nous fournissent l'explication de certains phénomènes dans lesquels des manifestations récentes de l'intelligence entrent pour une part minime, comme par exemple dans les prétendus cas de persistance pendant des années dans telle maison ou dans telle pièce de sons n'ayant aucune signification.

Dans certains cas cependant, très peu nombreux il est vrai, où des sons de source inconnue sont entendus, soit avant, soit après la mort d'une personne, il est permis de supposer qu'il s'agit de *sons de bienvenue* analogues aux *apparitions de bienvenue* dont nous avons déjà parlé, autrement dit d'une véritable manifestation de la personnalité. Les sons en question peuvent être non articulés et affecter la forme de bruits musicaux ou imiter ceux que la personne décédée avait la coutume de produire (dans l'exercice de sa profession par exemple).

Mais en excluant tous ces cas (assez singuliers en eux-mêmes) dont la principale caractéristique consiste dans la production de sons non articulés, nous nous trouvons en présence de faits de hantise, où plusieurs personnes ont vu dans la même maison, indépendamment l'une de l'autre, des figures fantômales qui très souvent, quoique non toujours, ressemblaient les unes aux autres. Ces faits sont bien prouvés et incontestables, mais leur interprétation présente de grandes difficultés. Plusieurs hypothèses ont été formulées à ce sujet ; quant à moi, je considère que lorsque le même fantôme est discerné par plus d'une personne à la fois, il s'agit d'une modification dans cette portion de l'espace où le fantôme est perçu, sans que la matière elle-même qui occupe cet espace ait subi une modification quelconque. Il

ne peut donc pas être question d'une perception optique ou
acoustique, de rayons de lumière réfléchis ou d'ondes
sonores mis en mouvement ; mais d'une forme inconnue de
perception supranormale qui n'agit pas nécessairement par
les organes des sens terminaux. Je suis en outre porté à voir
une certaine analogie entre ces récits de hantises et les
fantômes de vivants que j'ai désignés sous le nom de *psychorrhagiques*. Il me semble qu'il se produit dans chaque
cas un dégagement involontaire d'un élément de l'esprit,
indépendamment du principal centre de la conscience. Ces
« hantises par les vivants », si l'on peut les appeler ainsi,
où par exemple un homme est aperçu sous forme de fantôme se tenant devant sa cheminée, sont peut-être susceptibles de se renouveler plus facilement après que l'esprit
s'est séparé du corps.

Quant à la question du rôle que certaines *maisons* jouent
dans la production d'apparitions, elle fait partie de la question plus vaste de la connaissance posthume ; autrement dit,
nous n'avons pas affaire ici à des propriétés spéciales à ces
maisons, mais à une branche du grand problème des rapports qui existent entre les phénomènes supranormaux et le
temps. Les manifestations qui se produisent dans les maisons
hantées dépendent pour ainsi dire d'un événement ancien.
Quel est le genre de dépendance dans ce cas ? Ces manifestations sont-elles une conséquence ou un simple résidu ?
S'agit-il d'une opération actuelle ou seulement d'une perception actuelle d'un événement déjà accompli ? Pouvons
nous, dans les cas de ce genre, établir une distinction réelle
entre une action continue et une perception continue d'une
action passée ? Il me semble qu'il existe une analogie étroite,
quoique non évidente à première vue, entre ces phénomènes
de hantise, ces sons et ces visions persistants et certains

phénomènes de cristalloscopie et d'écriture automatique qui, eux aussi, dépendent d'événements depuis longtemps accomplis, dont ils sont, soit la conséquence, soit le résidu. Il existe des cas où le rapport entre l'apparition de hantise et une personne depuis longtemps décédée paraît certain, et d'autres où il devient de moins en moins évident, jusqu'à ce qu'on ne se trouve plus en présence que de scènes fantasmagoriques qu'il est impossible d'attribuer à l'activité actuelle d'un esprit humain. Une vision par exemple comme celle d'une silhouette d'un animal fantasmagorique traversant un gué, si elle est vue à la même place par plusieurs observateurs indépendants, peut être considérée comme quelque chose de plus qu'une simple illusion subjective, mais la question de savoir ce que cette image signifie en réalité nous conduit à des théories concernant la permanence ou la simultanéité de tous les phénomènes se déroulant au sein d'une âme universelle située en dehors du temps.

Ces conceptions appartiennent aux plus élevées que notre esprit soit capable d'atteindre. Si nous pouvions les approcher de plus près, elles seraient de nature à influer très profondément sur l'idée même que nous avons de notre destinée éloignée. Il en sera peut-être ainsi un jour; pour le moment nous devons nous contenter de jeter un simple coup d'œil derrière le voile impénétrable qui était jusqu'ici tendu devant nos yeux.

Il ne nous paraît ni nécessaire, ni même prudent de clore ce chapitre sans ajouter quelques mots concernant le côté moral et esthétique du problème que nous y avons discuté. Celui qui se propose d'agir sur l'opinion et de la pousser plus loin dans la voie de la vérité doit commencer par se rendre compte de son état actuel. Or, ce que ce livre renferme de nouveau est destiné à agir sur des préjugés d'un caractère moral aussi bien qu'intellectuel. Ce serait faire preuve de pédantisme que de s'interdire de mentionner des questions d'ordre moral, lorsqu'on touche à des matières que la majorité de ceux qui pensent considèrent plutôt du point de vue moral que du point de vue scientifique. Lorsque des faits nouveaux, d'une importance aussi considérable, sont appelés à entrer profondément dans la conscience de notre race, ils doivent être cohérents et acceptables aussi bien moralement qu'intellectuellement.

Nous discuterons la plupart des questions qui se rapportent à ce sujet dans notre chapitre final. Mais un point se trouve. dès à présent au-dessus de toute contestation, et son importance est telle qu'il mérite qu'on y prête une certaine attention : c'est qu'il se dégage de tous les faits que nous avons cités une conclusion qui, appliquée aux superstitions et aux terreurs humaines, constitue un dissolvant plus puissant que celui qu'aurait pu trouver un Lucrèce.

Dans toute cette longue série de récits, quelques complexes et bizarres que soient leurs détails, nous constatons que la nature de l'apparition varie d'une certaine façon selon son degré de netteté et son individualité. Des fantômes de revenants incohérents et inintelligents peuvent paraître inquiétants et d'un mauvais augure. Mais à mesure qu'augmentent leur netteté, leur intelligence et leur individualité, ils deviennent des sources de joie et d'amour. Je ne me rappelle pas un seul cas authentique de combinaison posthume d'intelligence et de méchanceté.

Lorsque nous nous occuperons de l'écriture automatique, nous aurons à nous demander d'où viennent les plaisanteries vulgaires et les mystifications absurdes qui se trouvent associées aux phénomènes de ce genre. Nous aurons à agiter la question de savoir s'il s'agit d'une sorte de rêve propre à l'automate lui-même. Aussi ces mystifications et plaisanteries indiquent-elles l'existence d'intelligences désincarnées du niveau de celle du chien ou du singe. Mais, d'un autre côté, toute cette vieille conception d'esprits méchants, de puissances malveillantes qui se trouve à la base du culte du diable et de la plupart des terreurs surnaturelles et vagues, disparaît insensiblement de l'esprit à mesure que nous étudions les faits que nous avons devant nous.

Nos récits nous ont été communiqués par des hommes et des femmes représentant toutes les variétés de l'opinion moyenne ; et pourtant tous ces récits convergent vers un seul but qui est celui d'établir une différence profonde entre le point de vue scientifique et le point de vue superstitieux appliqués aux phénomènes spirituels. La terreur qui avait formé les théologies primitives se manifeste toujours chez le peuple toutes les fois qu'on fait allusion à la possibilité de communication avec des âmes séparées des corps. Mais la transformation de la terreur sauvage en curiosité scientifique constitue l'essence même de la civilisation. Tous nos faits tendent incontestablement à hâter cette transformation. Dans ce monde de l'esprit qui s'entr'ouvre pour nous, je crois discerner, plutôt qu'une intensification, une désintégration de l'égoïsme, de la malveillance, de l'orgueil. Et n'est-ce pas le résultat naturel de l'évolution morale du monde ? Si l'homme égoïste est, selon l'expression de Marc Antonin « un abcès et un ulcère sur l'Univers », ces impulsions égoïstes ne doivent-elles pas, dans ce monde plus vaste, subir une décadence sûre, quoique pénible, vu qu'elles ne trouvent aucun appui ni support parmi les forces permanentes qui maintiennent le cours des choses ?

CHAPITRE VIII

AUTOMATISME MOTEUR

Le lecteur qui m'a suivi jusqu'ici n'aura pas manqué de s'apercevoir qu'il existe un vaste groupe de phénomènes d'une très grande importance dont je ne me suis pas encore occupé. L'automatisme *moteur*, quoique moins familier au grand public que les fantômes que j'ai groupés sous le nom d'automatisme *sensoriel*, embrasse un ensemble de phénomènes en réalité plus fréquents et plus importants.

Nous avons déjà rencontré plus d'un exemple d'automatisme moteur au cours de cet ouvrage, en premier lieu et sous une forme très développée, dans le chapitre II, à propos de la multiplication de la personnalité. Nous y avons cité de nombreux exemples d'effets moteurs produits par le moi secondaire sans l'intervention du moi primitif, souvent même en dépit de sa résistance. Toute action motrice du moi secondaire est une action automatique par rapport au moi primitif. Et nous pouvons par analogie étendre l'usage de ce mot et qualifier d'automatiques non seulement les actes post-épileptiques, mais encore les manies, en tant que ces actes sont accomplis en dehors de l'initiative de la personnalité primitive présumée normale. Ce n'est pas de ces phénomènes dégénératifs que nous nous occuperons dans le présent chapitre. L'automatisme qui en forme le su-

jet est un phénomène *évolutif*, dont je vais donner une définition plus précise, en définissant en même temps les rapports qu'il présente avec les phénomènes moteurs dissolutifs
qui occupent une si large place dans les connaissances
populaires.

Mais avant d'aller plus loin, je crois devoir formuler ici
d'une façon plus distincte une thèse qui nous a déjà été suggérée plus d'une fois pendant que nous avions affaire à des
groupes spéciaux de nos phénomènes : *on peut s'attendre à
ce que des phénomènes vitaux supranormaux se manifestent
autant que possible par les mêmes voies que les phénomènes
vitaux anormaux ou morbides, lorsque les mêmes centres et
les mêmes synergies se trouvent mis en œuvre.*

Pour illustrer le sens de cette thèse, je reprendrai une remarque formulée depuis longtemps par Gurney et par moi,
à propos des « fantômes des vivants » ou des hallucinations
véridiques produites (ainsi que nous l'avions soutenu) non
par un état particulier du cerveau du sujet, mais par une
action télépathique d'un agent éloigné. Nous avons observé
que, lorsqu'une hallucination ou une image subjective doit
être provoquée par cette énergie éloignée, elle sera probablement provoquée avec le plus de facilité de la même manière que les hallucinations morbides consécutives à une lésion cérébrale. Nous avons montré par de nombreux
arguments que tel était en effet le cas, aussi bien en ce qui
concerne le mode d'évolution du fantôme dans le cerveau
du sujet que quant à la façon dont il se présente à ses sens.

Je me propose ici de généraliser ce principe en montrant
que s'il existe en nous un moi secondaire tendant à se manifester à l'aide de moyens physiologiques, il est probable
que sa *voie d'extériorisation* la plus courte, le chemin le plus
commode au point de vue de sa manifestation en action vi-

sible se trouvera souvent le long d'un trajet que les processus morbides de désintégration ont montré comme étant
la voie de la moindre résistance, ou bien, en modifiant la
métaphore, nous pouvons supposer d'avance que la séparation entre le moi primaire et secondaire se fera le long d'une
surface que les dissociations *morbides* de nos synergies psychiques ont déjà montré une tendance à suivre. Si l'épilepsie, la folie, etc., tendent à dissocier nos facultés d'une façon
déterminée, l'automatisme doit être capable de le dissocier
à son tour d'une façon à peu près analogue.

Les sauvages prennent l'épilepsie pour de l'inspiration.
Ils ont raison, en tant que l'épilepsie est une destruction
temporaire de la personnalité à la suite de sa propre instabilité, tandis que l'inspiration est considérée comme une
soumission temporaire de la personnalité envahie par une
puissance extérieure. Dans le premier cas, pour me servir
d'une métaphore, il y a combustion spontanée ; dans le second, il s'agit d'un embrasement par un feu céleste. Pour
parler moins métaphoriquement, l'explosion et l'épuisement
des centres nerveux supérieurs doivent avoir quelque
chose de commun, quelle que soit la nature du stimulus
qui a rompu leur stabilité.

Mais comment distinguer ce qui est supranormal de ce qui
n'est qu'anormal ? Qu'est-ce qui nous fait dire que dans ces
états aberrants il y a quelque chose en dehors de l'hystérie,
de l'épilepsie, de la folie ?

Dans les chapitres précédents nous avons déjà répondu en
partie à cette question. Le lecteur aura dû déjà se familiariser
avec le point de vue qui considère toutes les activités psychiques et physiologiques comme tendant nécessairement
soit à l'évolution soit à la dissolution. Et maintenant, laissant complètement de côté toute spéculation téléologique, je

le prierai de supposer hypothétiquement qu'un *nisus* évolutif, quelque chose que nous pouvons nous représenter comme un effort vers le développement, vers l'adaptation, vers la rénovation personnels, puisse être discerné particulièrement du côté psychique des formes supérieures de la vie. Notre question : supranormal ou anormal? reçoit alors la transformation suivante : évolutif ou dissolutif? Et en étudiant successivement tous les phénomènes psychiques, nous aurons à nous demander si chacun d'eux constitue l'indice d'une simple dégénérescence de forces déjà acquises ou bien « la promesse et la possibilité », sinon la possession actuelle, de puissances non reconnues encore ou inconnues.

C'est ainsi, par exemple, que la télépathie constitue sûrement un pas en avant dans la voie de l'*évolution*[1]. Le fait de pouvoir lire les pensées nées dans d'autres esprits, sans l'intermédiaire des sens spéciaux, indique manifestement la possibilité d'une extension très vaste des forces psychiques. Et toute nouvelle connaissance relative aux conditions dans lesquelles l'action télépathique est susceptible de se produire nous servira de point de départ d'une grande valeur pour la détermination du caractère évolutif ou dissolutif d'états psychiques peu familiers[2].

1· Pour éviter tout malentendu, je dois dire que je ne songe nullement à nier que la télépathie (ou son corollaire la télergie) puisse sous certains rapports être plus fréquente ou plus puissante parmi les sauvages que parmi nous-mêmes. Les processus évolutifs ne sont pas nécessairement *continus*. L'acquisition par nos ancêtres d'organisation inférieure du sens de l'*odorat* par exemple a été un pas en avant dans la voie de l'évolution. Mais le sens de l'odorat a probablement atteint son degré d'énergie le plus élevé chez des races antérieures à l'homme et il a sensiblement diminué de puissance, même dans le court intervalle qui sépare l'homme civilisé des sauvages qui nous sont contemporains. Si cependant une modification quelconque de notre milieu rendait le sens de l'odorat de nouveau utile, sa réacquisition n'en constituerait pas moins un processus évolutif, vu que l'évolution avait été interrompue.

2. Je ne veux pas dire que *tous* les états psychiques peu familiers soient

Il résulte par exemple de nos connaissances relatives à la télépathie que l'aspect superficiel de certaines phases de l'évolution psychique peut, de même que l'aspect superficiel de certaines phases de l'évolution physiologique, affecter la forme soit d'une *inhibition,* soit d'une *perturbation,* dont la première implique une dynamogénie latente, tandis que la seconde masque l'évolution. Le sujet hypnotisé traverse une phase de léthargie, avant d'entrer dans la phase où il se trouve en communauté de sensations avec l'opérateur, et la main de l'automate passe par une phase de mouvements incoordonnés qui ressemblent presque à des mouvements choréiques avant d'acquérir la faculté de l'écriture facile et intelligente. De même le développement d'une dent peut être précédé par une phase de douleur indéfinie, qui serait de nature à faire croire à la formation d'un abcès, si la dent elle-même ne se montrait pas plus tard. Des exemples encore plus frappants de la *perturbation qui masque l'évolution* pourraient être tirés de l'histoire de l'organisme humain évoluant vers la maturité ou préparant la naissance d'un nouvel organisme destiné à lui succéder.

C'est ainsi que des analogies aussi bien physiologiques que psychiques nous défendent de conclure au caractère dégénératif d'une psychose donnée, tant qu'un examen serré de ses résultats n'aura pas montré que cette psychose ne constitue pas en réalité un élargissement des facultés

nécessairement évolutifs ou dissolutifs d'une façon quelconque. Je préfère supposer qu'il existe des états qui seraient mieux désignés sous le nom d'*allotropiques,* c'est-à-dire des modifications dans l'arrangement des éléments nerveux dont dépend notre identité consciente, sans que tel état soit plus *supérieur* à tel autre que ne l'est le charbon par rapport au graphite ou inversement. Mais il peut y avoir des états où, pour parler métaphoriquement, le charbon devient *diamant,* ce qui constitue un *progrès* dû à la substitution de la structure cristalline à la structure amorphe.

humaines, une nouvelle porte ouverte à la perception de la vérité objective, autrement dit un phénomène *évolutif*.

En ce qui concerne en particulier les mouvements, nous n'avons aucune raison de prétendre que ceux qui ne dépendent *pas* de la volonté consciente sont moins importants et moins significatifs que ceux qui en dépendent. Nous constatons au contraire que dans notre région organique les mouvements indépendants de la volonté consciente sont les plus importants, quoique les mouvements volontaires à l'aide desquels l'homme cherche à se procurer de la nourriture et à se défendre de ses ennemis soient eux aussi d'une très grande importance pratique : il faut en effet que l'homme vive et se multiplie avant d'étudier et d'apprendre. Mais il faut se garder de confondre ce qui est important au point de vue de la vie pratique immédiate avec ce qui l'est au point de vue de la science dont la vie pratique elle-même dépend en dernière analyse. Du moment que le problème de l'existence matérielle et de la multiplication cesse de dominer tous les autres, nous commençons à changer notre estimation relative des valeurs et à trouver que ce ne sont pas les phénomènes les plus imposants en apparence et les plus évidents, mais bien les moins perceptibles et les plus petits qui sont susceptibles de nous révéler de nouvelles sources de connaissances. Et je voudrais persuader à nos lecteurs que tel est le cas aussi bien en psychologie qu'en physique.

Je dois dire tout de suite que quelques-uns des mouvements automatiques dont nous aurons à nous occuper, certaines manifestations et écritures obtenues pendant l'état de « possession », appartiennent à mon avis aux phénomènes les plus importants que l'homme ait jamais observés. Nous allons les passer successivement en revue, montrer les liens qui les rattachent les uns aux autres, et dégager, en même temps que leur signification, le degré de certitude que nous pouvons considérer comme acquis en ce qui concerne les phénomènes en question.

Un premier caractère commun à toutes les manifestations automatiques, malgré les différences qui les séparent sous tous les autres rapports, consiste dans leur *indépendance* : ce sont ce que les médecins appellent des phénomènes *idiognomoniques,* c'est-à-dire qu'ils ne sont pas symptomatiques d'une autre affection, et ne constituent pas l'expression accidentelle d'une modification plus profonde. Le simple fait par exemple qu'un homme écrit un message dont il n'est pas l'auteur conscient, ne prouve rien, pris en lui-même, quant à l'état de celui qui écrit : ce dernier peut être parfaitement sain et ne présenter, à part ce phénomène de l'écriture inconsciente, aucun autre phénomène anormal accessible à l'observation. Ce caractère que confirment l'observation et l'expérience différencie les automatismes de tous les autres phénomènes en apparence analogues. C'est ainsi que nous pouvons comprendre dans notre catégorie les émissions automatiques de mots et de phrases ; tandis que la vocifération continue et épuisante de la manie aiguë, étant un phénomène purement *symptomatique,* se trouve en dehors de cette catégorie, de même que le *cri hydrocéphalique* qui lui aussi, loin d'être un phénomène indépendant, est déterminé par une lésion définie. Nous comprendrons encore dans notre catégorie certains mouvements simples des mains coordonnés en vue de l'acte de l'écriture ; mais en seront exclus par définition les mouvements *choréiques,* symptomatiques d'un certain état morbide du système nerveux, ou des mouvements que nous pouvons, si nous voulons, appeler *idiopathiques,* en tant que constituant une maladie indépendante.

Or, les mouvements automatiques dont nous nous occupons ne sont pas idiopathiques, mais idiognomoniques ; ils peuvent être associés à certains états de l'organisme ou favorisés par eux, mais ils ne sont pas plus un symptôme d'une autre maladie qu'ils ne constituent à eux-mêmes une maladie.

Un autre caractère commun à tous ces phénomènes est qu'ils constituent des mouvements automatiques *porteurs* ou *transmetteurs de messages* et *avertisseurs* ; ce qui ne veut pas dire que les messages qu'ils apportent proviennent tous de sources extérieures à l'esprit du sujet ; il en est probablement ainsi dans certains cas, mais le plus souvent les messages ont leurs sources dans la personnalité même de l'automate, et dans ce dernier cas ce sont des messages qu'une couche quelconque d'une personnalité transmet à une autre couche de la même personnalité et qui, créés dans la région profonde de l'être humain, se manifestent à la surface sous forme d'actes, de visions, de rêves, de mots tout prêts, sans qu'il existe la moindre perception du processus qui a présidé à leur élaboration.

Considérons, par exemple, une de ces expériences de *lecture de mouvements musculaires* improprement appelée lecture de pensées, qui sont sans doute familières à plus d'un de nos lecteurs, et supposons que j'aie à cacher une épingle qu'un lecteur expérimenté de mouvements musculaires doit découvrir en me tenant la main et en notant mes mouvements musculaires. J'ai caché d'abord l'épingle dans le tapis ; changeant d'idée je l'ai mise ensuite sur un rayon de la bibliothèque. Je fixe mon esprit sur ce dernier endroit, tout en ayant résolu de ne faire aucun mouvement susceptible de servir d'indication. L'autre prend ma main, me conduit vers le tapis d'abord, vers le rayon de la bibliothèque ensuite et trouve l'aiguille. Qu'est-il arrivé dans ce cas? Quels mouvements ai-je fait?

Je n'ai fait aucun mouvement *volontaire* ou *involontaire conscient,* mais un mouvement *inconscient involontaire* se trouvant sous la dépendance directe d'une idéation consciente. J'ai pensé fixement au rayon de la bibliothèque et lorsque dans notre voyage à travers la pièce nous avons atteint cet endroit, j'ai fait un mouvement, disons plutôt qu'il s'est produit une contraction musculaire du bras, mouvement inconscient, mais suffisant pour fournir à la sensibilité délicate de mon guide les indications dont il avait besoin. Tout ceci est actuellement admis et jusqu'à un certain point expliqué; nous définissons ce phénomène en disant que mon idéation consciente renfermait un élément moteur, lequel élément, tout en étant préservé d'une manifestation consciente, ne s'en est pas moins extériorisé sous forme d'une contraction périphérique.

Mais il s'est produit quelque chose de plus. Avant que mon guide se fût arrêté devant le rayon de la bibliothèque, il s'était arrêté devant le tapis. Je n'avais plus aucune idée consciente de ce dernier; mais l'idée de l'épingle dans le tapis a dû se réfugier dans ma région subconsciente; et ce souvenir inconscient s'était révélé par une contraction périphérique aussi distincte que celle qui correspondait à l'idée consciente de l'épingle placée sur le rayon de la bibliothèque.

La contraction était donc en un certain sens un mouvement automatique transmetteur d'un message; l'extériorisation d'une idée qui, autrefois consciente, était devenue inconsciente, à un degré très léger il est vrai, puisqu'il aurait suffi d'un léger effort pour la ramener dans le champ de la conscience.

Mais il existe des cas où la démarcation entre les deux zones de la personnalité est très tranchée, au point que la communication de l'une à l'autre est tout à fait impossible. C'est ainsi que dans la *suggestion post-hypnotique* où l'on ordonne, par exemple, au sujet d'écrire au réveil des mots qui lui ont été suggérés pendant le sommeil hypnotique, nous assistons à des mouvements automatiques dont le sujet réveillé n'a aucune conscience.

Mais il y a plus. Nous aurons plus bas de nombreux exemples de transformations de chocs psychiques en énergie musculaire d'un genre bizarre en apparence. Ces transformations de force pour ainsi dire psychique en force physique s'opèrent en nous d'une façon continue. Mais leur nature est généralement rendue obscure par le problème concernant la véritable efficacité de la volonté, et il ne serait pas sans intérêt de citer un ou deux exemples de ces transformations où il s'agit d'un processus automatique et où nous nous trouvons en présence de l'équivalent moteur d'une émotion ou d'une sensation qui semble ne renfermer aucun élément moteur.

Un moyen facile, quoique grossier, de constater les transformations de ce genre, nous est fourni par le dynamomètre. Il faut d'abord déterminer le degré de pression que le sujet est capable d'exercer sur le dynamomètre, en le comprimant de toutes les forces dont il dispose à l'état ordinaire. Après un certain exercice, le maximum de force de pression devient à peu près constant, et il est alors possible de le soumettre à différentes influences et de mesurer le degré de réaction, c'est-à-dire le degré de compression en plus ou en moins, selon l'influence qu'il subit. J'amène un enfant au cirque ; il est assis à côté de moi me tenant par la main ; on tire des coups de fusil, et son étreinte devient plus serrée; supposons qu'au lieu de tenir ma main, il cherche à serrer de toutes ses forces un dynamomètre et que l'excitation brusque le rende capable de le comprimer plus fortement qu'il ne l'avait fait avant cette excitation : devons-nous considérer ce surplus de contraction musculaire comme automatique ou comme volontaire?

M. Féré[1] et d'autres ont montré que les excitations de tout genre, brusques ou prolongées, désagréables ou agréables, tendent à augmenter la force dynamométrique du sujet. En premier lieu, et le fait est d'une grande importance, la force moyenne avec laquelle s'exerce la compression est plus élevée chez l'homme cultivé que chez l'ouvrier, ce qui montre que ce n'est pas tant une musculature bien développée qu'un cerveau plus ou moins actif qui rend possible la concentration brusque de la force musculaire. M. Féré a constaté en outre sur lui-même et sur certains de ses amis que le simple fait d'écouter une lecture intéressante ou de donner libre cours à ses pensées dans un endroit isolé, que le simple acte de parler ou d'écrire produisent une augmentation incontestable de la compression, surtout dans la main droite. On obtient des effets de dynamogénie identiques chez des sujets hypnotisés, à l'aide de sons musicaux, de la lumière colorée, de la lumière rouge en particulier, et même par la simple suggestion hallucinatoire de la lumière rouge. « Toutes nos sensations, conclut M. Féré, sont accompagnées d'un développement d'énergie potentielle qui passe à l'état kinétique et s'extériorise en manifestations motrices qu'un procédé même aussi grossier que celui du dynamomètre est susceptible d'observer et d'enregistrer. »

---

1. *Sensation et mouvement*, Paris, 1887, F. Alcan.

Quelles sont les voies suivies par les messages pour arriver d'une couche de la personnalité à une autre ? Pour répondre à cette question, nous devons considérer d'abord, plutôt que les messages exprimés par des paroles ou par l'écriture, c'est-à-dire par des moyens assez compliqués, ceux qui affectent une forme plus rudimentaire. Or, le geste constitue le moyen de communication le plus élémentaire commun à l'homme et aux animaux; et le son lui-même ne constitue qu'une forme spécialisé du geste. Les animaux supérieurs différencient leurs cris ; l'homme développe la parole ; et les impulsions aboutissant à la transmission de messages se résolvent toutes en mouvements : mouvements du gosier, mouvements de la main. Les gestes manuels se développent à leur tour, jusqu'à pouvoir produire le tracé grossier des objets, et cette impulsion graphique en se perfectionnant se différencie dans deux directions : d'un côté elle devient l'art plastique et pictural transmettant les messages à l'aide d'un symbolisme direct, opposé au symbolisme arbitraire, et d'un autre côté elle s'adapte aux lois de la parole et devient idéographique, pour aboutir peu à peu au symbolisme arbitraire s'exprimant dans l'écriture alphabétique, l'arithmétique, l'algèbre, la télégraphie.

Existe-t-il, parmi les moyens de communication dont dispose le moi subliminal, des procédés analogues à ceux que nous venons d'énumérer ? La chose est possible ; et comme le moi subliminal commence son effort, à l'exemple du télégraphiste, avec la pleine connaissance de l'alphabet, il est vrai, mais en ne disposant que d'une force d'action faible et grossière sur le mécanisme musculaire, il paraît probable *a priori* que le moyen de communication le plus facile consistera dans une répétition de mouvements simples, arrangés de façon à correspondre aux lettres de l'alphabet.

Tout le monde a entendu parler, ne serait-ce que comme d'une chose ridicule, du phénomène mystérieux des « tables tournantes », des « esprits frappants », etc. Voyons si les considérations qui précèdent ne seraient pas de nature à fournir de ce phénomène une explication suffisante reposant sur une base plus ou moins solide.

Quand une ou plusieurs personnes appartenant à cette catégorie spéciale qu'on désigne par le terme peu explicite et barbare de « médiums » se tiennent tranquillement pendant quelque temps les mains en contact avec un objet facile à mettre en mouvement et qu'elles désirent que le mouvement de l'objet se produise, il arrive souvent que leur désir est réalisé. Quand elles désirent en outre que l'objet indique par ses mouvements les lettres de l'alphabet, en frappant par exemple un coup pour *a*, deux coups pour *b*, etc., la chose se produit assez souvent et on obtient des réponses auxquelles personnes ne s'attendait.

Jusqu'ici, et quelle que soit notre interprétation, nous nous trouvons en présence de faits faciles à reproduire et que chacun peut vérifier.

Mais en dehors de ces mouvements simples des tables tournantes et des réponses intelligibles des tables parlantes, mouvements et réponses qu'on peut à la rigueur expliquer par la compression inconsciente qu'exercent les mains des personnes assises autour et sans avoir besoin de postuler l'intervention de quelque force physique inconnue, certaines personnes prétendent qu'il se produit d'autres phénomènes physiques, que les tables se meuvent notamment dans une direction et avec une force qu'aucune pression inconsciente ne suffit à expliquer et qu'elles donnent souvent des réponses qu'aucune action inconsciente, aucune des forces que nous connaissons ne paraît capable de provoquer. Et les spirites attribuent les mouvements et les réponses de cette dernière catégorie à l'action d'intelligences désincarnées; mais si une table produit des mouvements sans que personne y touche, il n'y a pas de raison d'attribuer ces mouvements à l'intervention de mon grand-père décédé plutôt qu'à la mienne propre, car si l'on ne voit pas la façon dont j'aurais pu la mettre en mouvement moi-même, on ne voit pas plus comment cet effet aurait pu être produit par l'action de mon grand-père.

L'explication bien connue de Faraday, d'après laquelle les mouvements des tables tournantes seraient le résultat d'une sommation de plusieurs mouvements inconscients, vraie pour les cas les plus simples, laisse ouverte la question plus difficile concernant l'origine de ces messages intelligents transmis par des mouvements distincts et répétés d'objets facilement mobiles. Lorsqu'on dit que les mouvements affectent la forme du mot désiré et attendu, on ne tient compte que de la minorité des cas, car le plus souvent les réponses fournies par les tables sont des plus capricieuses et nullement en rapport avec celles qu'on désirait et auxquelles on s'attendait. L'explication la plus plausible me paraît celle qui admettrait que ces réponses sont dictées non par le moi conscient, mais par cette région profonde et cachée où s'élaborent des rêves fragmentaires et incohérents.

Or, les mouvements des tables constituent dans une certaine mesure la forme la plus simple, la moins différenciée de réponse motrice. C'est tout simplement un genre de *geste*, quoique de geste impliquant la connaissance de l'alphabet, et comme le geste, le mouvement de réponse est susceptible de se développer dans deux directions : le *dessin* automatique et la *parole*. Nous nous sommes déjà occupés en partie du premier au chapitre iii, et nous nous occuperons plus spécialement de la parole automatique au chapitre ix. Ici, nous ne ferons qu'indiquer brièvement la place qu'occupe chacune de ces formes de mouvement par rapport à d'autres manifestations analogues de l'automatisme.

Quelques-uns de nos lecteurs ont vu sans doute de ces dessins, quelquefois en couleurs, dont les auteurs affirmaient les avoir dessinés sans aucun plan, sans avoir conscience de ce que faisait leur main. Cette affirmation pouvait être parfaitement vraie, et les personnes qui la formulaient parfaitement saines. Les dessins ainsi faits s'accordent de façon curieuse avec ce que l'opinion que j'ai formulée nous autorise à attendre ; car ils présentent un mélange d'arabesques et d'idéographie, c'est-à-dire qu'ils ressemblent en partie à ces formes d'ornementation que trace la main de l'artiste lorsqu'elle se promène sur le papier sans plan défini, et d'un autre côté ils rappellent les premières tentatives d'expression symbolique que l'on observe chez les sauvages qui ne possèdent pas encore d'alphabet. Comme l'écriture du sauvage, ils présentent des transitions insensibles du symbolisme pictural direct à une idéographie abrégée.

Mais avant d'aborder l'étude de l'écriture automatique proprement dite, il ne serait pas sans intérêt d'illustrer par quelques exemples cette influence profonde qu'exerce le moi subliminal sur l'organisme tout entier et que nous considérons comme le principal facteur des manifestations automatiques. Les exemples les plus frappants et les plus connus sont ceux de Socrate et de Jeanne d'Arc : le démon du premier agisssait principalement dans le sens de l'*inhibition,* tandis que chez la seconde les voix qu'elle prétendait entendre déterminaient une *impulsion à agir* conformément aux

ordres qu'elles formulaient. Dans un cas comme dans
l'autre, il s'agissait donc bien, en dernière analyse, de manifestations motrices automatiques, quoiqu'à première vue
l'élément sensoriel, consistant en hallucinations auditives,
y semble jouer le principal rôle. Dans la plupart des autres
cas de ce genre, l'élément moteur et l'élément sensoriel se
trouvent mêlés d'une façon assez intime et leur séparation
est souvent très difficile, sinon tout à fait impossible.

Quoi qu'il en soit, l'inhibition, consistant dans l'arrêt
brusque de l'action ou dans une incapacité soudaine
d'action, constitue la forme la plus simple, la plus rudimentaire de l'automatisme moteur ; elle constitue la voie
naturelle par laquelle une impression forte, mais obscure,
se manifeste au dehors. Telle est par exemple l'impression
de l'*alarme* suggérée par quelque son ou quelque odeur
vague perçus seulement par le moi subliminal; l'automatisme
moteur se présente alors comme déterminé par un souvenir
subliminal, par un état d'hyperesthésie subliminale.

Une action accomplie d'une façon hésitante et incertaine,
à cause de certaines objections qu'elle avait soulevées autrefois et qui ont complètement disparu de la mémoire supraliminale; des employés de chemin de fer arrêtant brusquement un train, parce qu'ils sont avertis par quelque chose
dont ils ne se rendent pas compte, et qui n'est probablement que la perception subliminale d'un son ou d'une odeur,
qu'un autre train se dirige à toute vitesse en sens inverse
et qu'une catastrophe est inévitable ; des personnes évitant
des obstacles et des dangers dans l'obscurité, grâce probablement à la perception subliminale d'une différence dans la
pression atmosphérique, dans la résistance de l'air, perception qui chez quelques-uns est susceptible d'atteindre un
degré d'acuité très élevé — telles sont les principales for-

mes de l'inhibition motrice déterminée par le souvenir subliminal ou l'hyperesthésie subliminale.

A côté de ces formes, il en existe d'autres où il est impossible de relever la moindre sensation hyperesthésique et où l'avertissement reçu par le sujet est de nature plutôt télesthésique comme s'il s'agissait de l'intervention d'un véritable ange gardien. Tel est le cas du Dr Parsons qui, au moment d'entrer dans une pièce de son habitation éprouva une sensation de stupeur qui l'immobilisa sur place et le força de retourner : il fit à peine quelques pas pour s'éloigner de la porte qui conduisait dans cette pièce qu'il entendit un coup de revolver, et une balle entra dans la pièce en question à travers la fenêtre qui donnait sur la rue ; comme il l'apprit plus tard, elle a été tirée par un individu qui croyait depuis longtemps avoir des griefs contre M. Parsons, mais que celui-ci ne croyait pas capable d'un acte pareil (*Proceedings S. P. R.*, XI, p. 459).

Parallèlement à ces cas d'inhibition motrice de nature pour ainsi dire télesthésique, nous avons un groupe de cas caractérisés par une impulsion motrice massive, entièrement indépendante d'un élément sensoriel quelconque. Nous ne mentionnerons brièvement entre tant d'autres que le cas de M. Thomas Garrisson qui, assistant avec sa femme à un office religieux, se lève subitement au milieu du sermon, sort du temple et, comme poussé par une impulsion irrésistible, fait dix-huit milles à pied pour aller voir sa mère qu'il trouve morte en arrivant. Or sa mère était encore relativement jeune (58 ans) et non seulement il ne possédait aucun renseignement qui lui permît de soupçonner la mort imminente de sa mère, mais il ne la savait même pas malade (*Journal S. P. R.*, VIII, p. 125).

Cette sensibilité spéciale à l'élément moteur d'une impul-

sion rappelle les susceptibilités spéciales aux différentes
formes d'hallucinations ou de suggestions manifestées par
différents sujets hypnotisés. Quelques-uns peuvent être
rendus capables de voir, d'autres d'entendre, d'autres encore d'agir conformément aux conceptions qu'on leur suggère
Le Dr Bérillon a même montré que certains sujets qui paraissaient à première vue absolument réfractaires à l'hypnotisation, n'en étaient pas moins capables d'obéir, même à
l'état de veille, à une suggestion motrice. Tels étaient les
cas d'un homme robuste, d'hommes et de femmes faibles
et d'un sujet atteint d'ataxie locomotrice. C'est ainsi
que l'abolition du contrôle supraliminal sur certaines combinaisons musculaires n'exclut pas la *suggestibilité motrice*
par rapport à ces combinaisons ; de même que l'abolition de la sensibilité supraliminale dans une plaque d'anesthésie n'exclut pas la sensibilité subliminale au niveau de
la même plaque. D'un autre côté, un contrôle supraliminal
spécialement bien développé favorise particulièrement la
suggestibilité motrice ; par exemple les sujets sachant déjà
chanter obéissent d'autant plus facilement aux suggestions
se rapportant au chant. Nous devons donc attendre de nouvelles observations avant de pouvoir dire à l'avance si chez
un sujet donné le message affectera la forme motrice ou la
forme sensorielle.

Encore moins pouvons-nous expliquer la prédisposition
spéciale de tel sujet à une ou plusieurs des formes communes d'automatisme moteur : parole automatique, écriture
automatique, mouvements de tables, etc. Ces formes de
messages peuvent présenter les combinaisons les plus variées ; et le contenu d'un quelconque de ces messages peut
être soit fantastique et capricieux, soit véridique d'une
façon quelconque.

Nous allons énumérer les différentes formes de messages moteurs subliminaux, autant que possible dans leur spécialisation croissante.

1° Nous avons en premier lieu les impulsions motrices massives (le cas de M. Garisson) intermédiaires aux affections cœnesthésiques et aux impulsions motrices proprement dites. Dans les cas de ce genre, il n'existe pas d'impulsion à un mouvement spécial d'un membre, mais celle d'atteindre un certain endroit par les moyens ordinaires.

2° Viennent ensuite, dans l'ordre de spécialisation, les impulsions musculaires subliminales simples qui donnent naissance aux mouvements de tables et phénomènes analogues.

3° On peut citer en troisième lieu l'exécution musicale commencée subliminalement ; les cas de cette catégorie présentent une certaine difficulté, le seuil de la conscience des exécutants musicaux étant très vague et indéfini (« Dans le doute, jouez avec vos doigts, non avec votre tête »).

4° Le quatrième groupe est constitué par les cas de dessin et de peinture automatiques. Ce groupe curieux de messages n'a que rarement un contenu télépathique et se rapproche plutôt des cas de *génie* et d'autres formes non télépathiques de faculté subliminale.

5° L'écriture automatique à laquelle sera consacrée le reste de ce chapitre forme le cinquième groupe.

6° La *parole* automatique qui ne présente pas *en soi* une forme plus développée de message moteur que l'écriture automatique est souvent accompagnée de modifications profondes de la mémoire ou de la personnalité qui se rapprochent de l' « inspiration » et de la « possession », ces deux mots signifiant, malgré la différence de leur sens théologique, la même chose au point de vue de la psychologie expérimentale.

7° Je puis clore cette énumération par un groupe de phénomènes moteurs que je ne mentionnerai ici qu'en passant, sans en tenter une explication; il s'agit de ces mouvements télékinésiques des objets dont l'existence réelle est encore sujette à contestation.

En comparant cette liste des manifestations automatiques motrices avec celle des manifestations automatiques sensorielles que j'ai donnée dans le chapitre VI, nous trouverons à la base de chacune d'elles une certaine tendance générale. Les automatismes sensoriels commencent par des sensations vagues, non spécialisées, qui deviennent ensuite plus définies et se spécialisent en suivant l'ordre des sens connus, pour dépasser finalement les formes de spécialisation ordinaires, pour embrasser dans un acte de perception en apparence non analysable une vérité plus complète que toutes celles que nos formes de perception spécialisées sont capables de nous fournir. Les messages moteurs les plus élémentaires présentent à leur tour un caractère des plus vagues; eux aussi naissent des modifications de l'état organique général du sujet ou cœnesthésiques, et les premières impulsions télépathiques vagues hésitent apparemment entre plusieurs modes d'expression. Ils traversent ensuite une phase de spécialisation définie, pour aboutir, comme dans l'écriture automatique, à un acte de perception non analysable dont tout élément moteur a disparu.

Abordons maintenant l'étude de l'écriture automatique. Par ses expériences sur l'écriture obtenue pendant les différentes phases du sommeil hypnotique, Gurney a ouvert cette longue série de recherches qui, conduites indépendamment par le Pr Pierre Janet en France, ont bientôt acquis une haute importance psychologique et médicale. Le principal intérêt consiste dans ce fait incontestable qu'il

est possible de créer artificiellement de nouvelles personnalités temporaires écrivant des choses complètement étrangères au caractère de la personnalité primitive et que
celle-ci n'a jamais connues. Il est à remarquer, en outre,
que ces personnalités artificielles tiennent obstinément à
leurs noms fictifs et se refusent à admettre qu'elles ne constituent que des aspects et des portions du sujet pris dans son
ensemble. On doit se souvenir de ce fait lorsque la *prétention* persistante à quelque identité spirituelle, disons avec
Napoléon, est mise en avant à titre d'argument pour attribuer une série de messages à cette source spéciale. L'étude
de ces automatismes auto-suggérés est riche en enseignements intéressants, et les discussions que renferment mes
précédents chapitres se rapportent à un grand nombre de
points qui devraient être familiers à tous ceux qui veulent
être à même de comprendre les phénomènes moteurs plus
avancés et plus difficiles.

Pour que l'étude de ces cas avancés donne des résultats
plus ou moins concluants, il faut s'efforcer sans cesse d'en
augmenter le nombre, d'enrichir nos collections. Encouragé
par les écrits de M. Moses, j'ai recherché depuis 27 ans
des cas de ce genre et crois me trouver à l'heure actuelle
en possession de 50 observations personnelles d'écriture
automatique idiognomonique. Quoique la plupart de ces
observations ne présentent pas grand intérêt et soient peu
probantes, elles ne m'en paraissent pas moins suffisantes
pour admettre que les effets observés sur des personnes
saines se prêtent à des conclusions plus adéquates que celles
tirées de l'observation de malades d'hôpital ou que tant
d'auteurs formulent par ouï-dire.

Dans deux cas l'habitude de l'écriture automatique développée en dépit de mon interdiction, par des personnes sur

lesquelles je n'avais aucune influence, s'est montrée jusqu'à un certain degré en inspirant aux sujets la conviction obstinée que les bagatelles qu'ils écrivaient étaient aussi véridiques qu'importantes. Dans les autres cas il ne s'est produit rien de pareil, et non seulement les sujets qu'ils concernent ne présentaient aucune maladie ni trouble qu'on pût considérer comme la cause de l'automatisme, mais plusieurs d'entre eux présentaient une santé physique et intellectuelle au-dessus de la moyenne.

En ce qui concerne le *contenu* des messages automatiques, il varie selon les sources apparentes de ces derniers. On peut sous ce rapport distinguer les variétés suivantes :

A. Le message peut avoir sa source dans l'esprit du sujet lui-même et tirer son contenu, soit des ressources de sa mémoire ordinaire, soit de celles de sa mémoire subliminale plus étendue ; la *dramatisation* du message, c'est-à-dire son attribution à un esprit autre que celui du sujet ressemble dans ces cas à la dramatisation des rêves et de la suggestion hypnotique.

B. Le contenu du message peut avoir sa source dans l'esprit d'une autre personne encore vivante, cette personne étant consciente ou non de la suggestion qu'elle transmet.

C. Le message peut être inspiré par une intelligence désincarnée d'un type inconnu, en tout cas autre que celle de l'agent invoqué. On peut classer sous cette rubrique les messages attribués d'un côté aux « mauvais esprits », d'un autre côté à des « guides » et des « gardiens » d'une bonté et d'une sagesse surhumaines.

D. En dernier lieu il est possible que le message provienne, d'une façon plus ou moins directe, de l'esprit de l'agent (un ami décédé) même qu'il semble invoquer. "

Mon principal effort tend naturellement à montrer qu'il

MYERS. 21

existe des messages appartenant à d'autres catégories que
la catégorie *A* dans laquelle la plupart des psychologues
voudraient les ranger tous. Quant à moi, quoique réservant
un certain nombre de messages aux autres groupes, je ne
suis pas moins fermement convaincu que la plupart d'entre
eux représentent des effets du travail subliminal de l'esprit
du sujet seul. Il ne s'ensuit pas que ces messages présentent
pour nous moins d'intérêt ou de nouveauté. Au contraire,
ils forment un passage instructif, indispensable de l'ancienne
introspection psychologique aux méthodes plus hardies sur
lesquelles je me propose d'insister. L'action subliminale de
l'esprit qu'ils révèlent diffère de l'activité supraliminale
d'une façon qu'il est impossible de prévoir ni d'expliquer.
On dirait qu'il existe des tendances subliminales se répan-
dant dans certaines directions obscures et qui sont aux
traits individuels de la personne dont nous réussissons
quelquefois à entrevoir les profondeurs ce que les courants
profonds de l'océan sont aux vagues et aux vents qui s'agitent
à sa surface.

Je ne ferai que mentionner ici un autre point d'une
importance fondamentale, en rapport avec la puissance du
moi subliminal. Il est évident notamment que des messages
dont le contenu est formé par des faits que l'automate connaît
ou prétend connaître ne peuvent avoir leur origine que dans
son esprit à lui. Mais la proposition contraire n'est pas
vraie au même degré, autrement dit des messages dont le
contenu est formé par des faits que l'automate ne connaît
pas, ne tirent pas nécessairement leur origine d'un esprit
autre que le sien. Si le moi subliminal est capable d'acquérir des connaissances supranormales, il peut arriver à ce
résultat par des moyens autres que l'impression télépathique
ayant sa source dans un esprit étranger au sien. Il peut

assimiler sa nourriture supranormale par un procédé plus direct, la digérer toute crue. S'il est possible que le sujet reçoive des connaissances de ce genre, grâce à l'influence exercée sur lui par d'autres esprits, incarnés ou non, il n'est pas moins possible qu'il les acquière à la suite d'une perception clairvoyante ou d'une absorption active de faits situés bien au delà de sa portée supraliminale.

Il arrive souvent à ceux qui poursuivent pendant des années des recherches peu familières au public que des points de vue qui au début n'avaient provoqué que des attaques et des objections finissent par être admis peu à peu, tandis que le chercheur intéressé à de nouvelles idées s'aperçoit à peine du revirement qui s'est produit dans l'opinion concernant les anciennes. Les lecteurs des premiers volumes des « Comptes rendus de la société de Recherches Psychiques » seront souvent à même de constater ces progrès de l'opinion. Dans son livre : « Des Indes à la planète Mars ; études sur un cas de somnambulisme avec glossolalie » (Paris et Genève, 1900), M. Flournoy nous montre d'une façon remarquable les changements qui se sont produits en psychologie durant ces vingt dernières années. Ce livre, qui est un modèle d'impartialité d'un bout à l'autre, renferme, pour la plus grande partie, une critique *destructive* des phénomènes quasi-supranormaux dont il s'occupe. Mais il ne laisse pas de montrer quelle foule de conceptions empruntées à ce domaine le psychologue compétent considère aujourd'hui comme établies et prouvées, alors qu'il y a vingt ans la science officielle aurait à peine supporté la moindre allusion à ce sujet.

Je dois relever tout d'abord un point important qui corrobore d'une façon décisive une constatation que j'ai faite moi-même il y a longtemps et qui à l'époque aurait paru fantastique à plus d'un de nos lecteurs. Affirmant la *continuité* potentielle de la mentation subliminale (contrairement à ceux qui prétendaient qu'il n'existe que des émergences accidentelles de la pensée subliminale, analogues à des rêves détachés et incohérents), j'ai dit qu'on serait bientôt obligé de pousser cette notion du moi subliminal continu jusqu'à ses dernières conséquences, si l'on ne voulait pas admettre la possibilité d'une direction et d'une possession extérieures continues. Or, toute la discussion concernant le sujet de M. Flournoy tourne autour de ce point. Nous nous trouvons incontestablement en présence de séries continues et complexes de pensées et de sentiments évoluant au-dessous du seuil de la conscience de Mlle « Hélène Smith ». Cette mentation sublimale est-elle due à un degré quelconque à l'activité d'esprits autres que celui de Mlle Smith ? Telle est la question principale ; mais elle se complique d'une question secondaire, celle de savoir si des incarnations précédentes de Mlle Smith, si d'autres phases de son histoire spirituelle affectant maintenant des rapports complexes avec le passé, sont pour quelque chose dans cette multitude de personnalités qui semblent lutter les unes avec les autres pour s'exprimer à travers l'organisme sain.

Mlle Smith, il importe de le dire sans tarder, n'a jamais été un médium payé. Au moment où M. Flournoy composait son livre, elle occupait une belle situation dans une grande maison de commerce de Genève et donnait des séances à ses amis, tout simplement parce que l'exercice de ses facultés médiumistiques lui faisait plaisir et qu'elle s'intéressait beaucoup à leur explication.

Son organisme, je le répète, est réputé par elle-même et par d'autres comme parfaitement sain. Mlle Smith, dit M. Flournoy, déclare catégoriquement qu'elle est saine de corps et d'esprit, parfaitement équilibrée et répudie avec indignation l'idée que le rôle de médium tel qu'elle le remplit soit susceptible d'entraîner une anomalie nuisible ou le moindre danger.

« Je suis si peu anormale, écrit-elle, que je n'ai jamais été aussi clairvoyante, aussi lucide, aussi capable d'un jugement rapide sur n'importe quel point, que depuis que je remplis le rôle de médium. » Personne ne semble discuter cette appréciation que les faits qui se sont révélés au fur et à mesure des progrès faits par Mlle Smith confirment en effet pleinement.

« Il est en effet incontestable, continue M. Flournoy (p. 41), que Mlle Smith a une tête extrêmement bien organisée et, au point de vue des affaires par exemple, elle dirige admirablement bien le rayon très important et très compliqué à la tête duquel elle se trouve dans le magasin où elle est employée ; de sorte que lui attribuer un état morbide, pour la seule raison qu'elle est un médium, équivaut tout au moins à l'énoncé d'une pétition de principe inadmissible, puisque la nature de ce qui constitue et caractérise un médium est encore obscure et sujette à discussion.

« Il est clair qu'il existe parmi les savants des esprits étroits et bornés, forts chacun dans sa spécialité, mais prêts à jeter l'anathème sur tout ce qui ne s'accorde pas avec leurs idées préconçues et à traiter de morbide, de pathologique, de fou tout ce qui diffère du type normal de la nature humaine tel qu'ils le conçoivent d'après le modèle de leur propre personnalité.

« Mais en premier lieu le critère essentiel d'après lequel nous devons apprécier la valeur d'un être humain nous est fourni non par son état de bonne et de mauvaise santé, ni par le degré de sa ressemblance avec d'autres individus, mais par la façon dont il accomplit sa tâche spéciale, dont il s'acquitte des fonctions qui lui incombent et par ce qu'on peut attendre et espérer de lui. Je ne sache pas que les facultés psychiques de Mlle Smith l'aient jamais empêchée d'accomplir aucun de ses devoirs; elles l'y ont plutôt aidée, car son activité normale et consciente a souvent trouvé une assistance inattendue dans ses inspirations subliminales et dans ses manifestations automatiques.

« En deuxième lieu il est loin d'être démontré que l'état de médium soit un phénomène pathologique; c'est sans doute un phénomène anormal, en ce sens qu'il est *rare, exceptionnel,* mais rareté ne signifie pas morbidité. Le peu d'années pendant lesquelles ces phénomènes ont été étudiés sérieusement et scientifiquement ne suffisent pas pour nous permettre de nous prononcer sur leur nature. Il est intéressant à noter que dans les pays où les études de ce genre ont été poussées le plus loin, en Amérique et en Angleterre, l'opinion qui prédomine chez les savants ayant le plus approfondi la matière n'est nullement défavorable au mediumisme; et que loin de considérer ce dernier comme un cas spécial d'hystérie, ils voient en lui une faculté supérieure, avantageuse, saine, dont l'hystérie est une manifestation de dégénérescence, une parodie pathologique, une caricature morbide. »

Les phénomènes que présente cette sensitive (à laquelle M. Flournoy donne le pseudonyme d'Hélène Smith) apparaissent à première vue comme variés et multiples, mais cette variété ne tarde pas à se montrer plus apparente que réelle et il est facile de constater qu'ils peuvent s'expliquer par l'auto-suggestion.

Nous constatons d'abord les irruptions de toute sorte d'éléments subliminaux dans la vie supraliminale. Ainsi que le dit M. Flournoy (p. 45) : « phénomènes d'hypermnésie, divinations, découverte mystérieuse d'objets perdus, inspirations heureuses, pressentiments exacts, intuitions justes, bref, automatismes téléologiques de tout genre : elle possède à un haut degré cette petite monnaie du génie qui constitue une compensation plus que suffisante des inconvénients résultant de ces distractions et de ces absences momentanées qui accompagnent ses visions et qui le plus souvent passent inaperçues. »

Au cours de séances, où des transformations plus profondes ne présentent aucun inconvénient, elle subit une sorte d'auto-hypnotisation qui produit des états léthargiques et somnambuliques variés. Et quand elle se trouve seule et à l'abri de toute interruption, elle a des visions spontanées pendant lesquelles elle s'approche de l'état d'extase. Elle éprouve pendant les séances des hallucinations positives et négatives ou des anesthésies systématisées, de sorte que par exemple elle cesse de voir quelque personne présente, plus spécialement celle qui doit être le destinataire des messages qui s'élaborent au cours de la séance. « On dirait qu'une incohérence comme celle qui caractérise les rêves et les songes préside au travail préliminaire de désagrégation, grâce à laquelle les perceptions normales se trouvent arbitrairement divisées ou absorbées par la personnalité subconsciente, en quête de matériaux pour composer les hallucinations qu'elle prépare. » Ensuite, la séance commencée, le seul acteur est le guide d'Hélène, *Léopold* (pseudonyme de Cagliostro) qui parle et écrit par son intermédiaire et qui fort probablement n'est en réalité que la forme la plus développée de sa personnalité secondaire.

Hélène en effet a parfois l'impression de *devenir* momentanément Léopold (p. 117). M. Flournoy compare cette sensation avec l'expérience de M. Hill Tout (*Proceedings S. P. R.*, XI, p. 399) qui se sent *devenir* son propre père qui se manifeste à travers lui. « Léopold, dit M. Flournoy, manifeste certainement un côté très honorable et aimable du caractère de Mlle Smith, et en le prenant pour « guide » elle a suivi des inspirations qui sont incontestablement parmi les plus élevées de sa nature » (p. 134).

La haute qualité morale de ces communications automatiques, sur lesquelles M. Flournoy insiste tant, est un phénomène digne de considération. Je ne veux pas dire par là qu'il paraisse spécialement étrange dans le cas de Mlle Smith. Elle apparaît (s'il est permis de s'exprimer ainsi en décrivant un médium) comme une personne ayant l'esprit remarquablement bien réglé.

On n'est pas étonné de voir son moi subliminal aussi exempt de reproche que son moi supraliminal. Mais en réalité la remarque que fait ici M. Flournoy est d'une application beaucoup plus large. La haute valeur morale presque universelle des manifestations automatiques primitives, considérées soit comme des communications spirituelles, soit comme provenant du sujet lui-même, n'a pas encore été que je sache suffisamment mise en lumière ni expliquée d'une façon satisfaisante. Je vais mentionner deux points qui m'ont frappé tout spécialement et qu'il me paraît intéressant de relever : en premier lieu j'ai lu de nombreux sermons et autres attaques contre le « spiritisme », nom par lequel on désigne généralement toutes les manifestations automatiques, et je ne me rappelle pas un seul exemple où l'on ait cité à l'appui de ces attaques quelque passage à tendance immorale, basse, cruelle ou impure ; les attaques ont toujours été de ce genre qui, aux yeux du philosophe, est plutôt élogieux pour les écrits attaqués, car il semble (et ceci est le deuxième point sur lequel je veux attirer l'attention) qu'aucune des différentes églises en conflit n'ait réussi à détourner en faveur de ses dogmes les preuves fournies par les messages automatiques. Les différents controversistes, lorsqu'ils étaient sincères, en ont bien admis l'élévation morale, mais, partant de points de vue opposés, s'accordaient à en déplorer le relâchement théologique.

La doctrine de la *réincarnation* ou des vies successives traversées par chaque âme sur cette planète inspire la plupart des communications reçues par Mlle Smith.

Le fait seul que Platon et Virgile partageaient cette doctrine montre qu'elle ne renferme rien qui soit contraire à la meilleure raison et aux instincts les plus élevés de l'homme. Il n'est certes pas facile d'établir une théorie posant la *création directe* d'esprits à des phases d'avancement aussi diverses que celles dans lesquelles ces esprits entrent dans la vie terrestre sous forme d'hommes mortels ; il *doit* exister une certaine continuité, une certaine forme de passé spirituel. Pour le moment nous ne possédons aucune preuve en faveur de la réincarnation, et notre devoir est de montrer que son affirmation dans un cas donné, celui de Mlle Smith par exemple, constitue un argument en faveur de l'autosuggestion plutôt que de l'inspiration extérieure.

Toutes les fois que les hommes civilisés avaient reçu ce qu'ils considéraient comme une révélation (qui dans son expression première a généralement été quelque peu fragmentaire) ils se sont naturellement appliqués à la compléter et à la systématiser dans la mesure du possible. En ce faisant ils visaient trois buts : a) ils voulaient *comprendre* le plus de mystères possible de l'univers ; b) ils voulaient *justifier* autant que possible la conduite du Ciel envers les hommes et c) *s'approprier* dans la mesure du possible le bénéfice

et les faveurs que les croyants devaient pouvoir retirer de
la révélation. Pour toutes ces raisons la doctrine de la réincarnation a été très en faveur dans plus d'une contrée et à
plus d'une époque. Mais dans aucun cas elle ne paraît plus
propre à remplir les buts qu'on lui assignait que dans la
révélation (pour l'appeler ainsi) à travers l'écriture automatique.

Pour citer un exemple historique, un prédicateur vigoureux de la foi nouvelle, connu sous le nom d'Allan Kardec, a
repris la doctrine de la réincarnation, en la remplaçant (d'après
ce qu'il est permis de croire) par la suggestion assez forte
exercée sur l'esprit de différents écrivains automatiques, et l'a
exposée dans des ouvrages dogmatiques qui ont exercé une
grande influence, surtout parmi les nations latines, grâce à
leur clarté, à leur symétrie, à leur bon sens intrinsèque.
Mais les données recueillies étaient absolument insuffisantes,
et le *Livre des Esprits* doit être considéré comme un essai
prématuré de formuler une nouvelle religion, de systématiser une science naissante.

Je crois avec M. Flournoy que l'étude de cet ouvrage a dû
influencer, directement ou non, l'esprit de Mlle Smith et
provoquer chez elle la croyance à ces incarnations antérieures à son sort et à ses sensations actuels.

D'une façon générale, chaque incarnation, si la dernière
a été bien employée, constitue un certain progrès dans
l'existence générale de l'être. Si une vie terrestre a été mal
employée, la vie terrestre suivante peut fournir la possibilité d'une expiation ou d'un exercice plus large d'une vertu
spéciale qui n'a été acquise que d'une façon imparfaite.
C'est ainsi que la vie actuelle de Mlle Smith dans une position plutôt humble peut-être considérée comme une expiation pour l'excès d'orgueil dont elle avait fait preuve dans

sa dernière incarnation, lorsqu'elle était Marie-Antoinette.

Mais cette mention concernant Marie-Antoinette nous met sur la voie du risque que fait courir cette théorie, en favorisant les prétentions des sujets de descendre d'une lignée illustre d'ancêtres spirituels. Pythagore prétendait que son moi passé n'était incarné que dans un héros secondaire, Euphorbe. Mais de nos jours, Anna Kinghlund et Edward Maitland prétendaient n'avoir été rien moins que la Vierge Marie et saint Jean-Baptiste. Et Victor Hugo qui était naturellement porté à ces auto-multiplications s'empara de la plupart des personnages marquants de l'antiquité qu'il put rattacher les uns aux autres dans un ordre chronologique.

Dans chaque cas la personnification présente des traits frappants; mais dans chaque cas aussi il suffit d'une analyse plus ou moins attentive pour écarter l'idée qu'on se trouve en présence d'une personnalité ayant réellement vécu à une époque antérieure et habité une autre planète et pour nous faire voir dans tous ces faits des effets de « cryptomnésie » (mot par lequel M. Flournoy désigne la mémoire subliminale) et de cette faculté d'invention subliminale qui nous est déjà suffisamment connue.

M. Flournoy n'a pas été le premier à s'occuper de Mlle Smith. Avant lui M. Lefébure, de Genève, a publié sur le même sujet dans les *Annales des sciences psychiques*, mars-avril 1897 et mai-juin 1897, des articles dans lesquels il s'efforçait de prouver le caractère supranormal de la faculté de Mlle Smith qu'il croyait vraiment possédée par des esprits et admettait la réalité de ses incarnations antérieures ainsi que de son langage extra-terrestre ou Martien. Après avoir lu ces articles, je les ai laissés de côté comme trop peu concluants, surtout à cause des considérations sur le langage sur lequel M. Lefébure semblait insister le plus, lesquelles me parurent factices au point d'autoriser le doute sur tous les arguments formulés par un auteur qui était capable de croire que les habitants d'une autre planète parlaient une langue ressemblant en tous points à l'idiome français et comprenant des mots tels que *quisa* pour *quel*, *quisé* pour *quelle*, *vétéche* pour *voir*, *véche* pour *ver*, véritables expressions fantastiques de *nursery*. Comme preuve de la consistance et de la réalité du langage extra-terrestre, M. Lefébure cite le fait suivant : « l'un des premiers mots que nous ayons eus, *métiche*, signifiant *monsieur*, se retrouve plus tard avec le sens de *homme* ». C'est-à-dire que par une imitation naïve de l'usage français, Hélène, après avoir transformé *monsieur* en *métiche*, changea *les messieurs* en *cée métiché*. Et l'auteur admet que cette langue a surgi indépendamment de toutes les influences qui ont formé la grammaire terrestre en général et la langue française en particulier ! Et même après que M. Flournoy eut réfuté cette absurdité, j'ai vu des journaux parler de cette langue Martienne comme d'un phénomène étonnant ! Ils semblent croire que si l'évolution d'une autre planète a abouti à l'apparition de la vie consciente, cette vie consciente doit être telle que nous pouvons tous y entrer sans difficulté, un livre de conversation d'Ollendorff à la main : « eni cée métiché oné qudé » — « ici les hommes (messieurs) sont bons », etc.

A celui qui étudie l'automatisme, tout ceci suggère irrésistiblement l'idée d'un travail subliminal accompli par le sujet lui-même. C'est un cas de « glossolalie », et nous ne connaissons pas de cas moderne, depuis le cas demi-mythique des Miracles des Cévennes, où un langage de ce genre ait été autre chose qu'un baragouinage. Je m'étais trouvé en possession de plusieurs écrits hiéroglyphiques faits automatiquement, avec cette assurance qu'ils représentaient l'écriture japonaise ou celle d'un ancien dialecte du Nord de la Chine ; mais des experts non prévenus auxquels j'ai soumis ces écrits ont vite fait de montrer qu'il ne représentaient que des réminiscences vagues de paraphes ornant des plateaux à thé venant de l'Orient.

Il me semble tout à fait impossible qu'un cerveau puisse recevoir télépathiquement ne serait-ce que des fragments d'une langue qu'il n'a pas apprise. On peut dire d'une façon générale que tout ce qui est élaboré, fini, hardi, semble être de facture subliminale : tandis que tout ce qui nous vient véritablement de l'extérieur est fragmentaire, embrouillé, timide.

La particularité la plus intéressante de la langue Martienne est sa formation *exclusivement française* ; ce qui prouverait qu'elle n'a pu être élaborée que par un esprit auquel le français seul est familier. Or, Mlle Smith qui, entre parenthèses, est loin d'être une linguiste, avait pris étant enfant quelques leçons d'allemand, ce qui nous conduirait à cette curieuse supposition que la langue Martienne a été inventée par quelque élément de sa personnalité antérieurement aux leçons d'allemand.

« Ce fait de la nature primitive des différentes élucubrations hypnoïdales de Mlle Smith, dit M. Floürnoy (p. 45) et les différents âges de la vie auxquels elles appartiennent me semblent constituer un des points psychologiques les plus intéressants de son médiumisme, en ce qu'il tend à montrer que ces personnalités secondaires sont probablement, quant à leur origine, et en partie tout au moins, des phénomènes de réversion par rapport à la personnalité ordinaire, des survivances ou des retours momentanés à des phases inférieures dépassées depuis un temps plus ou moins long et qui normalement auraient dû être absorbées par le développement de l'individu, au lieu de se manifester extérieurement en proliférations bizarres. De même que la tératologie éclaire l'embryologie qui à son tour explique la tératologie et que les deux réunies éclairent à leur tour l'anatomie, de même on peut espérer que l'étude des faits de médiumnisme nous fournira un jour une vue exacte et féconde concernant la psychogénèse normale et qui à son tour nous permettra de mieux comprendre les apparences de ces phénomènes singuliers ; de sorte que finalement la psychologie gagnera une conception meilleure et plus exacte de la personnalité humaine. »

La faculté dont il s'agit ici, celle d'évoquer des états émotionnels depuis longtemps disparus, me semble en tout cas éminemment caractéristique du génie poétique et artistique. L'artiste doit souvent aspirer à vivre dans le passé avec plus d'intensité que dans le présent, à sentir de nouveau ce qu'il avait senti autrefois et même à revoir ce qu'il avait vu jadis. Des souvenirs visuels et auditifs poussés à leur vivacité absolue deviennent des hallucinations visuelles et auditives ; et ce point d'hallucination absolue, peu d'artistes sont désireux ou capables de l'atteindre. Mais la mémoire émotionnelle et affective peut chez quelques natures privilégiées recouvrer toute son ancienne netteté, pour le plus grand profit de l'art ; et même, lorsque l'homme lui-même est devenu plus capable de sentir, les émotions revécues (semblables en cela à certains souvenirs-images optiques) peuvent dépasser les émotions originales.

Mais retournons à Mlle Smith. Une de ses incarnations précédentes a été celle d'une princesse Hindoue, et cette incarnation offre un problème linguistique d'un genre un peu différent. Elle écrivait certaines lettres sanscrites, pronon-

çait certains mots sanscrits, mélangés il est vrai à un bara-
gouin quasi-sanscrit et ne dépassant pas ce qu'un bon œil
et une bonne mémoire auraient pu retenir après avoir feuil-
leté pendant quelques heures une grammaire sanscrite.
Hélène pourtant dont la bonne foi est attestée de tous côtés
et qui elle-même croyait certainement le plus sincèrement
du monde à l'hypothèse spirite, affirme n'avoir jamais consulté ni vu de grammaire sanscrite. D'un autre côté, il résulte des recherches minutieuses faites par M. Flournoy
que les incidents de l'histoire, ou pseudo-histoire hindoue
sur lesquels repose le récit de cette incarnation font partie
d'un passage du livre rare et épuisé de Marlés sur l'Inde,
livre que Mlle Smith affirme n'avoir jamais vu, ce qui paraît
d'ailleurs plus que probable [1].

Cette connaissance se manifeste de façon à indiquer une
grande familiarité avec les choses d'Orient, et les sons et les
gestes quasi-hindous sont employés avec beaucoup de
vraisemblance.

Je n'ai pas besoin d'entrer dans les détails de l'incarnation plus moderne et plus accessible de Marie-Antoinette.

Dans les faits déjà cités, ce problème se trouve réduit à
sa forme la plus simple ; et je vais formuler ici, aussi brième-
ment que possible, une théorie que M. Flournoy n'a pas
invoquée. Je suis d'accord avec lui pour considérer tout ce
roman hindou comme fantastique. Mais je n'en conclus pas

---

1. Voir cependant *Nouvelles observations* du même auteur (p. 212-213),
d'où il résulterait qu'un monsieur dans la maison duquel Mlle Smith avait
l'habitude de donner des séances possédait une grammaire sanscrite qui se
trouvait dans la pièce même où les séances avaient lieu. Dans le même livre
(p. 206-210), M. Flournoy montre qu'il existe d'autres sources que le livre
de Marlés (lequel se trouve d'ailleurs dans les deux principales librairies de
Genève) d'où Mlle Smith aurait pu tirer ses renseignements sur l'Inde ; et il
relève (p. 203-206) dans le roman hindou de nombreuses contradictions
internes qui le rendent incompatible avec toute hypothèse de réincarnation.

que Mlle Smith a dû voir, sans en avoir conscience, l'Histoire de Marlés et une grammaire sanscrite, et je considère comme possible que les faits que renferme le livre de Marlés et la grammaire soient arrivés à sa connaissance par clairvoyance, à travers son moi subliminal.

Je passe de ces romans incarnationnistes à certains phénomènes moindres, mais tout aussi intéressants, que M. Flournoy qualifie d'*automatismes téléologiques*. « Un jour, dit M. Flournoy (p. 55), que Mlle Smith se proposait de descendre un objet grand et lourd qui se trouvait sur un rayon assez élevé, elle fut empêchée de le faire, son bras élevé étant resté en l'air pendant quelques secondes comme pétrifié et incapable de mouvement. Elle considéra ce fait comme un avertissement et renonça à son projet. A une séance ultérieure Léopold certifia que ce fut lui qui empêcha son bras de saisir l'objet, car il était trop lourd pour elle et lui aurait causé quelque accident. Une autre fois, un commis qui cherchait en vain depuis quelque temps certain échantillon, demande à Hélène si elle ne savait pas ce qu'il était devenu. Mécaniquement et sans réflexion, celle-ci répond qu'il a été envoyé à M. J. (un client de la maison). En même temps elle vit à une certaine hauteur du parquet le nombre 18 tracé en grands chiffres noirs, et elle ajouta inconsciemment : « il y a 18 jours de cela ». Ceci était tout à fait improbable, mais ne s'en était pas moins montré exact. Léopold n'avait aucun souvenir de ce fait et ne semble pas avoir été l'auteur de cet automatisme cryptomnésique. »

Mlle Smith a encore vu l'*apparition* de Léopold lui barrant un chemin qu'elle se proposait de prendre, et cela dans des circonstances telles que si elle avait pris ce chemin, il est fort probable qu'elle aurait eu à le regretter.

La question suivante est celle de savoir si une faculté

supranormale quelconque se manifeste dans les phénomènes que nous présente le cas de Mlle Smith. Il paraît y exister un certain degré de télépathie (p. 363 et suivantes), comme dans cette séance où elle vit un village situé sur une colline couverte de vignes et un vieillard habillé en « demi-monsieur » descendant la colline le long d'un sentier caillouté ; pressée de donner les noms du village et du monsieur, elle écrivit pour le premier « Chessenaz » et pour le second « Chaumontet-syndic » ; quelques jours après elle revit le même monsieur accompagné d'un autre qu'elle disait être le curé du village dont elle écrivit le nom : « Burnier-salut ». Il résulte des renseignements qui furent pris plus tard que Chessenaz est un village inconnu situé dans la Haute-Savoie, à 26 kilomètres de Genève, qu'un nommé Jean Chaumontet a été syndic de ce village en 1838 et 1839 et un nommé André Burnier curé de 1824 à 1841 ; les deux noms figurent sur un grand nombre d'actes de naissance, etc. ; les signatures données par Mlle Smith ressemblent beaucoup aux signatures authentiques de ces deux personnages.

Mlle Smith avait bien eu autrefois des connaissances dans les environs de Chessenaz, mais ne se rappelle pas avoir jamais vu ce village, elle ne croit même pas en avoir entendu parler, pas plus que des deux noms du syndic et du curé. Ces deux noms sont pourtant assez répandus dans la région, et il est possible qu'au cours de ses visites ses amis lui aient montré quelque acte portant ces deux signatures lesquelles (nous pouvons l'affirmer, puisque sa probité est au-dessus de tout soupçon) auront complètement disparu de sa mémoire supraliminale.

Ce cas de M. Flournoy, qu'on peut bien considérer comme un cas classique, présente un exemple frappant du libre essor et de l'activité incessante du moi subliminal indé-

pendants de toute influence extérieure. L'élément télépathique, s'il existe, y est relativement peu important. Ce que
nous observons chez Mlle Hélène Smith ressemble à une
sorte d'exagération de la faculté constructive subliminale, à
une hypertrophie de génie, sans cette originalité innée de
l'esprit qui fait même des rêves d'un R.-L. Stevenson une
source de plaisir pour des milliers de lecteurs.

Pour nous, des cas de ce genre, quelques curieux qu'ils
soient, ne forment qu'une introduction à des automatismes
d'un caractère plus profond. Dans notre tentative de tracer
les séries évolutives des phénomènes attestant l'existence de
facultés humaines de plus en plus élevées, le moindre incident télépathique, la preuve la plus banale, pourvu qu'elle
soit une preuve, de communications reçues, sans l'intermédiaire des sens, d'un esprit incarné ou désincarné,
dépassent en importance les ramifications et les productions
les plus complexes de l'esprit de l'automate lui-même.

Nous possédons toute une série de cas où des expériences
faites avec la planchette ont révélé d'une façon incontestable
l'intervention d'un élément télépathique ; d'une influence à
distance exercée inconsciemment par des personnes présentes sur l'esprit des opérateurs et provoquant de leur part
des mouvements automatiques enregistrés par la table, soit
que celle-ci donnât les noms des personnes au moment où
leurs portraits étaient regardés par les assistants, soit qu'elle
devinât le nombre des pièces de monnaie qui se trouvaient
dans la poche d'un assistant, alors que celui-ci n'était pas
suffisamment fixé lui-même sur ce nombre, soit qu'elle
désignât à l'avance et la somme d'argent que telle personne
devait recevoir à titre d'étrennes d'un ami et le nom de ce
dernier. Même dans les cas où la personne intéressée semblait ignorer le fait annoncé par la table et la concernant,

il était facile de s'assurer que cette personne avait du fait en question une connaissance tout à fait subliminale.

Le fait le plus frappant de ce genre est celui de M. et de Mme Newnham, qui se sont livrés à des expériences qui consistaient pour cette dernière à écrire des réponses à des questions formulées par le premier également par écrit, sans qu'elle ait jamais entendu ni vu une seule de ces questions. Ces expériences ont été répétées pendant un temps suffisamment long, et si quelques-unes des réponses écrites par M^mo Newnham n'ont aucun rapport avec les questions auxquelles elles étaient destinées, le nombre des réponses exactes et justes n'en reste pas moins encore très considérable et autorise à conclure qu'il s'agissait là de quelque chose de plus qu'une simple coïncidence (Voir *Proceedings S. P. R.*, IX, p. 61-64).

Jusqu'ici nous n'avons que des cas où l'action télépathique s'exerçait entre des personnes rapprochées, réunies dans la même pièce. Dans le cas de Mme Kirby qui habitait Santa Cruz, en Californie, les mouvements automatiques de la table ont révélé des faits concernant des personnes habitant Plymouth en Angleterre, notamment la sœur d'un domestique de Mme Kirby qui prenait part aux expériences et qui lui était connu sous un nom d'emprunt, son vrai nom ayant été également révélé par la table (*Proceedings S. P. R.*, IX, p. 48).

A côté de ces cas de communications *entre vivants* il en existe d'autres où le message semble venir d'une personne décédée, alors qu'en réalité elle a le plus souvent sa source dans l'esprit d'une des personnes présentes. Tel est le cas souvent cité de M. Lewis (*Proceedings S. P. R.*, IX, p. 64) auquel un médium qui ne pouvait en aucune façon être au courant des affaires de famille de M. Lewis qu'il ne connais-

sait même pas, communiqua par l'intermédiaire d'une table
un message provenant d'une des sœurs de ce dernier, morte
à l'âge de 2 ans, avant que M. Lewis fût né. Tel est encore
le cas de M. Long (*Proceedings S. P. R.*, IX, p. 65) auquel
un médium communiqua un message d'un ancien domestique, le nom de ce dernier ayant été orthographié d'une
façon inexacte, et le message portant que le domestique
était mort depuis 14 ou 15 ans, alors qu'il résultait des renseignements pris plus tard que, au moment où le message
a été communiqué à M. Long, le domestique était encore
vivant. On peut encore ranger dans la même catégorie le
cas communiqué à M. Barrett (*Proceedings S. P. R.*, II,
p. 236) et concernant un médium qui, ayant prié une jeune
fille de sa connaissance de penser à une personne quelconque,
décrivit automatiquement certains faits qui concernaient
cette personne.

Au cours d'une séance de spiritisme qui a eu lieu chez le
Dr Barallos, de Rio-de-Janeiro, la table annonça qu'un vase
renfermant de l'acide phénique s'était brisé à 8 heures du
soir dans l'appartement de la belle-sœur du docteur qui
assistait également à la séance. Sa maison était située assez
loin du domicile de son beau-frère. En rentrant chez elle,
elle a pu constater que le fait était vrai, ou à peu près. Elle
apprit également que ses filles qui sont restées à la maison,
en entendant du bruit dans une chambre voisine où cou-
chait un enfant atteint de variole et où se trouvait également
le vase d'acide phénique, sont entrées précipitamment dans
cette chambre en s'écriant : « Le vase d'acide phénique est
brisé. » Il est possible, et c'est aussi l'explication du
Pr Alexander, de Rio-de-Janeiro, qui nous a communiqué
ce cas, que l'impression émotionnelle qu'ont éprouvée les
jeunes filles en poussant cette exclamation ait exercé une

influence télépathique sur leur mère et consécutivement
sur la table, en amenant à la surface le message que la première a reçu subconsciemment (*Journal S. P. R.*, VI,
p. 112-115).

Nous avons ensuite toute une série de cas qui offrent
un champ intéressant à la discussion des deux hypothèses
rivales : celle de la cryptomnésie et celle de l'influence
exercée par des esprits. Ce sont par exemple les cas observés par M. Wedgwood (*Journal S. P. R.*, V, p. 174 et
Proceedings S. P. R., IX, p. 99-109) et dans lesquels il a
même joué un rôle actif, en ce sens que lui, qui n'a jamais
présenté de manifestations d'automatisme, a participé à des
séances d'écriture automatique en compagnie d'une jeune
fille qui, elle, était sujette à des impulsions automatiques.
L'écriture obtenue dans ces cas constituait la relation de
faits concernant des personnages historiques, morts depuis
plus ou moins longtemps, plus ou moins célèbres, en tous
cas inconnus à M. Wedgwood et à sa partenaire, à cette dernière surtout qui avait très peu lu et possédait sur toutes
choses des connaissances plus qu'insuffisantes. La seule explication possible de ces cas est que M. Wedgwood, cousin
et beau-père de Charles Darwin, savant bien connu lui-même,
ayant beaucoup lu et possédant des connaissances très éten-
dues, pouvait bien ne pas avoir un souvenir supraliminal des
personnages historiques qui traçaient par l'intermédiaire
de sa main les événements de leur vie, mais qu'il pouvait
très bien s'agir d'une émergence de souvenirs subliminaux.

Ces cas montrent toutes les difficultés que présente la
théorie des souvenirs oubliés. On verra qu'avec un automate
de bonne foi on peut, à force de patience, arriver à une solution satisfaisante de la question ; il suffit qu'il nous four-
nisse, avec des partenaires différents, une série de commu-

nications assez longue, dont l'examen nous permettra de
constater jusqu'à quel point les faits que ces communications
relatent ont été vus ou entendus et oubliés ensuite. Des
communications pareilles fournies par d'autres automates
nous mettront à même de tirer une conclusion générale
quant à la source de ces faits rétrocognitifs, si le souvenir
oublié ne suffit pas à les expliquer toutes. Le fait le plus
important sous ce rapport consiste dans le récit absolument véridique, je crois, donné par M. Stainton Moses,
dans « *Spirit Identity,* » d'une série de messages communiqués par des compositeurs de musique et relatant les
principaux événements de la vie de chacun d'eux, à peu
près tels qu'on peut les trouver dans n'importe quel dictionnaire biographique. Si de pareils messages nous étaient
présentés par des automates d'une probité douteuse ou incapables de nous fournir la preuve d'autres messages qui
ne pouvaient en aucune façon être préparés d'avance, nous
n'aurions qu'à ne pas en tenir compte. Mais dans le cas
de M. Moses, comme dans celui de la jeune fille des
expériences de M. Wedgwood, et à un degré encore plus
prononcé, nous avons tant de preuves incontestables de
l'existence de facultés subliminales que nous pouvons
considérer ses biographies musicales comme faisant partie
des séries qui nous intéressent en ce moment. Leur nature
particulière a excité la curiosité de M. Moses et de ses amis
qui ont été informés par des « guides » qu'il s'agissait réellement de messages provenant des esprits en question,
mais que ces esprits ont rafraîchi les souvenirs de leur vie
terrestre en consultant des sources d'informations imprimées. Ceci équivaut à ruiner la preuve qu'on veut fournir.
Si un esprit est capable de consulter sa biographie imprimée, d'autres esprits le peuvent également et l'esprit incarné

de l'automate aussi bien que les autres. C'est ce dont M. Moses se rendait compte, puisqu'il me racontait que la sensation subjective qu'il éprouvait en écrivant ces biographies était différente de celle que faisait naître en lui la communication directe et réelle avec un esprit.

De ces récits historiques portant sur des faits éloignés dans le temps, je passe aux messages provenant de personnes récemment décédées et qui renferment un élément personnel plus prononcé. Cet élément est constitué surtout par l'*écriture*. Or, la preuve de l'identité fournie par la ressemblance des écritures peut être assez concluante. Mais dans l'appréciation de cette ressemblance on doit tenir compte des considérations suivantes.: d'abord la ressemblance est souvent affirmée et admise après un examen superficiel et insuffisant. Pour qu'il n'y ait pas de doute à ce sujet, il faut, sinon recourir à l'avis d'un expert, examiner minutieusement les trois écritures : l'écriture automatique du même sujet et celle du sujet à l'état normal, celle de la personne qui est l'auteur présumé du message. Ceci se rapporte aux cas où le sujet n'a jamais vu l'écriture de la personne décédée. Dans les cas au contraire où il connaît cette écriture, nous devons nous rappeler en deuxième lieu qu'un sujet hypnotisé peut souvent imiter n'importe quelle écriture connue plus facilement qu'à l'état de veille et que nous pouvons par conséquent avoir souvent affaire à une faculté mimétique du sujet subliminal se manifestant dans les messages sans intervention aucune du moi supraliminal.

Je citerai maintenant quelques cas dont le principal intérêt consiste dans l'annonce d'une mort inconnue au médium. Tel est le cas observé par le Dr Liébeault (*Phantasms of the Living*, I, p. 293) se rapportant à une jeune fille américaine qui, lors d'un séjour à Nancy, apprend, par le moyen de l'écriture automatique, la mort d'une de ses amies restée en Amérique. Renseignements pris, le fait fut trouvé vrai, l'amie en question étant morte le jour même où l'annonce en a été reçue à Nancy. Dans le cas de M. Aksakoff, une jeune fille, Mlle Stramon, habitant Wilna, en Russie, est informée de la mort d'un jeune homme habitant la Suisse et dont elle avait autrefois refusé la main. D'après le message qui, ainsi qu'on l'a appris plus tard, était parvenu cinq heures après la mort, celle-ci aurait été occasionnée par un « engorgement de sang ». Or, il s'agissait en réalité de suicide. Dans une lettre que la jeune fille reçut trois jours plus tard de son père qui se trouvait à ce moment-là en Suisse, il était également dit que la cause de la mort a été un engorgement de sang, alors que l'auteur de la lettre ne pouvait ne pas savoir la cause exacte de la mort. M. Aksakoff suppose que la personne décédée a dû agir d'un côté sur Mlle Stramon en lui faisant parvenir le message automatique et d'un autre côté sur le père de la jeune fille en l'empêchant de donner dans sa lettre la cause exacte de la mort (*Proceedings S. P. R.*, VI, p. 343-48).

Le cas de M. W... est des plus curieux (*Proceedings S. P. R.*, VIII, p. 242-248). Homme sérieux, magistrat, il assiste un jour à une séance de « tables parlantes » où lui apprend qu'il possède le don de l'écriture automatique. Aussitôt il se met à l'œuvre et, après avoir acquis la conviction qu'il possédait réellement ce don, il l'exerce toutes les fois que l'occasion se présente, et souvent avec des résultats surprenants ; il obtient, à l'aide de l'écriture automatique, des renseignements sur un grand nombre d'affaires qui l'intéressent : état de santé de personnes absentes, mort imminente de personnes malades que les médecins ne croyaient nullement en danger, détournement de succession malgré les dénégations de la personne inculpée, description de l'extérieur et des circonstances de la vie et de la mort de personnes qu'il n'a jamais vues ni connues, mais auxquelles une autre personne présente à la séance se contentait de *penser*, etc., etc. On voit que quelques-uns de ces messages peuvent s'expliquer par l'hypothèse de la télesthésie subliminale, d'autres par celle de la télépathie ayant sa source dans l'esprit de personnes vivantes, d'autres encore semblaient provenir de l'esprit de personnes décédées.

Le cas suivant publié par M. Aksakoff montre jusqu'à quel point les personnes décédées peuvent continuer à être au courant des choses terrestres. Une jeune fille russe, Schura (diminutif d'Alexandrine), s'empoisonna à l'âge de 17 ans, après avoir perdu son fiancé Michel qui, arrêté comme révolutionnaire, perdit la vie en tentant de s'évader. Le frère de Michel, Nicolas, était, au moment où a été prise cette observation, étudiant à l'Institut Technologique. Un jour, une dame de Wiessler et sa fille (dont la première s'occupait beaucoup de spiritisme) qui ne connaissaient que très peu la famille de Michel et de Nicolas et dont les relations avec Schura et sa famille remontaient déjà à une époque éloignée et n'ont jamais été très suivies, reçoivent par l'intermédiaire d'une table un message de Schura leur enjoignant de prévenir sans retard la famille de Nicolas que leur fils court le même danger dont avait péri son frère. En présence des hésitations de ces deux dames, Schura devient de plus en plus insistante, prononce des paroles de colère dont elle avait l'habitude de se servir de son vivant et, pour leur fournir une preuve de son identité, va jusqu'à apparaître à Sophie un soir, la tête et les épaules encadrées d'un cercle lumineux. Ceci n'a pas encore suffi à décider

Mme von Wiessler et sa fille. Enfin, un jour, Schura leur fait savoir que tout est fini, que Nicolas va être arrêté et qu'elles auront à se repentir de ne pas lui avoir obéi. Les deux dames se décident alors à porter tous ces faits à la connaissance de la famille de Nicolas qui, très satisfaite de la conduite de ce dernier, ne prêta aucune attention à ce qu'on venait lui raconter. Deux années se passèrent sans incidents, lorsqu'on apprit un jour que Nicolas venait d'être arrêté pour avoir pris part à des réunions révolutionnaires qui ont eu lieu à l'époque même des apparitions et des messages de Schura (*Proceedings S. P. R.*, VI, p. 349-353).

Le cas suivant est pour ainsi dire unique dans son genre. Il relate le succès d'une expérience directe, d'un message projeté avant et communiqué après la mort, par un homme qui considérait que l'espoir d'une existence certaine après la mort valait bien un effort résolu, quelqu'en soit le résultat. Le frère de Mme Finney (*Proceedings S. P. R.*, VIII, p. 248-251) se fit apporter, quelques mois avant sa mort, une brique qu'il marqua à l'encre d'une certaine façon, et la cassant ensuite en deux, en donna une moitié à sa sœur, lui disant qu'il lui communiquerait, après sa mort à lui, l'endroit où sera cachée l'autre moitié de la brique, ainsi que le contenu d'une lettre cachetée qui se trouverait cachée dans le même endroit. Après le décès de son frère, Mme Finney reçut par l'intermédiaire d'une table les communications qui lui ont été promises, concernant aussi bien le contenu de la lettre que l'endroit où elle était cachée avec la moitié de la brique. Ces communications étaient absolument exactes.

Des expériences de ce genre peuvent être tentées par tout le monde. Et je dois ajouter que ce sont les expériences avec l'écriture automatique, la cristalloscopie, etc., plutôt que celles concernant les apparitions spontanées, qui sont capables de nous fournir une information réelle quant au degré où les esprits désincarnés gardent une connaissance des choses terrestres.

Avant de clore ce chapitre, essayons de nous rendre compte du chemin que nous avons parcouru jusqu'ici et du point où nous en sommes. Nous constaterons ici que les phénomènes moteurs n'ont fait que confirmer et étendre les résultats que l'étude des phénomènes sensoriels nous avait déjà fait entrevoir. Nous avons déjà attiré l'attention sur le degré variable d'extension des facultés subliminales, aussi bien dans le sommeil qu'à l'état de veille. Nous avons vu une intensification hyperesthésique d'une faculté ordinaire aboutir à la télesthésie et à la télépathie dont des personnes vivantes ou décédées constituaient le point de départ. A côté de ces facultés qui, dans l'hypothèse d'une existence indépendante de l'âme, nous paraissaient susceptibles d'une explication suffisante, nous avons noté aussi l'existence d'une faculté précognitive d'un genre tel qu'aucun fait scientifique connu n'est capable de nous l'expliquer.

Au cours de l'étude des automatismes moteurs nous avons trouvé un *troisième* groupe de cas qui confirment de tous points les résultats que nous a fournis l'analyse des automatismes moteurs dans le sommeil et à l'état de veille. Des preuves à ce point convergentes supposent, pour être mises en doute, une hardiesse de négation peu commune. Mais les automatismes moteurs nous ont encore appris quelque chose de plus. A la fois plus énergiques et plus persistants que les automatismes sensoriels, ils nous mettent en présence de certains problèmes que la nature superficielle et fugitive des impressions sensorielles nous permettait en quelque sorte d'esquiver. C'est ainsi que lors de la discussion du mécanisme des fantômes visuels et auditifs, deux conceptions rivales se sont offertes à notre choix, celle de *l'influence télépathique* et celle de *l'invasion psychique* : nous disions qu'il faut admettre ou une action exercée par l'agent sur l'esprit du sujet percevant, stimulant les trajets sensoriels du cerveau de ce dernier, de telle sorte que l'impression s'extériorise sous forme d'une quasi-perception, ou bien une modification opérée par l'agent dans cette portion de l'espace où une apparition est discernée, peut-être par plusieurs sujets à la fois.

A ce moment-là c'est l'hypothèse de l'influence télépathique qui nous a paru la plus naturelle, la moins extrême des deux, peut-être parce que les images auxquelles nous avions affaire étaient si vagues et obscures. Mais à présent, au lieu des hallucinations flottantes, nous avons devant nous des impulsions fortes et durables qui semblent venir des profondeurs de l'être et qui, à l'exemple de la suggestion hypnotique, sont capables de surmonter les résistances et les répugnances du sujet qui ne connaît pas de repos tant qu'il n'a pas agi conformément à cette impulsion. Nous pouvons encore, si nous le voulons, parler d'*influence télépathique,* mais maintenant ce terme sera difficile à distinguer de *l'invasion psychique.* Cette forte, quoique bizarre en apparence, innervation motrice correspond en réalité aussi exactement que possible à l'idée que nous avons de *l'invasion,* invasion non plus de l'espace seul où se trouve le sujet, mais de son corps et de ses facultés. Cette invasion, se prolongeant suffisamment, peut devenir de la *possession* et elle unit et intensifie à la fois les deux hypothèses précédentes : celle de l'action télépathique sur l'esprit du sujet et celle de la présence fantasmogénique dans son entourage. Ce qui apparaissait d'abord comme une simple influence, tend à devenir une direction persistante ; ce qui apparaissait d'abord comme une simple incursion dans le milieu du sujet devient une incursion dans son organisme même. Ce léger progrès de l'état vague à une clarté relative de la conception pose devant nous toute une série de problèmes nouveaux. Mais, comme nous devions nous y attendre, quelques-uns de nos phénomènes antérieurs peuvent servir à nous faire comprendre des phénomènes plus avancés.

Dans les cas de dédoublement de la personnalité, pour commencer par ceux-là, nous avons vu survenir les mêmes phénomènes, alors qu'aucune autre personnalité que celle du sujet n'était en jeu. Nous avons vu une partie du moi subliminal dominer partiellement ou temporairement l'organisme entier, soit en dirigeant par exemple les mouvements d'un seul bras, soit en dirigeant temporairement tout le système nerveux ; et tout ceci avec des degrés variables de déplacement de la personnalité primitive.

Il en est de même de la suggestion post-hypnotique. Nous avons vu le moi subliminal recevoir l'ordre d'écrire par exemple : « il a cessé de pleuvoir » et écrire immédiatement ces mots en dehors de la volonté consciente du sujet, et cette fois aussi avec des degrés variables de déplacement du moi éveillé. De ces cas à celui de Mme Newnham il n'y a qu'un pas à faire. Le moi subliminal de cette dernière mettant en œuvre des facultés supranormales et faisant un certain effort de son côté, acquiert la connaissance de certains faits provenant de l'esprit de M. Newnham et se sert de sa main pour les écrire automatiquement. Le grand problème qui se pose à ce propos est celui de savoir comment Mme Newnham acquiert la connaissance des faits en question, plutôt que celui de la façon dont elle parvient à les écrire.

Mais à mesure que nous avançons, il devient de plus en

plus difficile de limiter le problème aux activités du moi subliminal de l'automate. Nous ne pouvons pas toujours affirmer qu'une partie de la personnalité du sujet arrive à la connaissance supranormale par un effort personnel. Les preuves en faveur de l'influence ou de l'action télépathique du dehors semblent s'accumuler de plus en plus. Dans le cas Kirby par exemple (voir plus haut) on peut supposer que l'esprit de la sœur avait exercé sur le frère une action télépathique du *dehors,* qui aboutissait à des mouvements automatiques absolument semblables à ceux qui naissent du *dedans.* De quel mécanisme s'agit-il donc ici ? Devons-nous supposer que le moi subliminal de l'automate exécute les mouvements, obéissant à un ordre ou à une influence extérieure ? Ou bien l'agent extérieur qui envoie le message télépathique exécute-t-il lui-même les mouvements télékinétiques accompagnant le message (point que nous n'avons pas encore discuté, mais qui est d'une importance capitale)? Devons-nous supposer qu'eux aussi sont effectués par le moi subliminal du sujet, sous la direction d'un esprit extérieur, incarné ou désincarné ? ou bien sont-ils effectués directement par cet esprit extérieur ?

Il est impossible de dire laquelle de ces deux hypothèses est la plus facile.

A un certain point de vue il paraît plus simple de nous en tenir autant que possible à cette *vera causa* qu'est le moi subliminal de l'automate et de recueillir des observations attestant l'existence en lui d'une faculté capable de produire des effets physiques s'étendant au delà de l'organisme. Nous possédons bien à ce sujet des observations fragmentaires, et même Mme Newnham (je le dis en passant) croyait que sa plume, en écrivant les messages qu'elle recevait télépathiquement de son mari, était mise en mouvement par autre

chose que l'action musculaire des doigts qui la tenaient.
D'un autre côté, il paraît inconséquent d'attribuer à l'action
d'un esprit extérieur des impulsions et impressions qui appartiennent en propre à l'automate lui-même et en même
temps de se refuser à attribuer à la même action extérieure
des phénomènes qui se passent en dehors de l'organisme
de l'automate et qui se présentent à lui comme des faits
objectifs, aussi extérieurs à son être que la chute d'une
pomme sur le sol.

En réfléchissant sur ces points et en admettant ce genre
d'interaction entre l'esprit de l'automate et un esprit extérieur, incarné ou désincarné, nous obtenons une variété
vraiment déconcertante de combinaisons possibles entre ces
deux facteurs, variété d'influences de la part de l'esprit actif, variété d'effets se manifestant dans l'esprit et dans l'organisme du sujet passif.

Qu'est-ce qui produit ces influences et qu'est-ce qui se
trouve déplacé ou remplacé par ces influences ? De quelle
façon deux esprits peuvent-ils coopérer dans la possession
et la direction d'un seul et même organisme ?

Ces derniers mots : *possession* et *direction* nous rappellent
le grand nombre de traditions et de croyances relatives aux
effets que les esprits des personnes décédées peuvent faire
naître grâce à la possession et à la direction qu'ils exercent
sur les vivants. A ces croyances anciennes et vagues nous
nous efforcerons de donner dans le chapitre suivant une
forme aussi exacte et aussi stable que possible. Et remarquez
avec quelle disposition entièrement nouvelle de l'esprit nous
abordons cette tâche. L'étude de la « possession » n'est plus
pour nous, comme pour le savant civilisé ordinaire, une
simple recherche archéologique ou anthropologique de formes de superstition complètement étrangères à la pensée

saine et systématique. Au contraire cette étude découle directement de notre argumentation précédente ; elle nous est absolument nécessaire aussi bien pour la compréhension de faits déjà connus qu'en vue de la découverte de faits encore inconnus. Nous sommes obligés d'examiner certains phénomènes définis du monde spirituel, afin de pouvoir expliquer certains phénomènes définis du monde matériel.

CHAPITRE IX

POSSESSION, RAVISSEMENT, EXTASE

En attendant que les nouvelles données que nous verrons apparaître au cours de ce chapitre nous permettent de donner de la *possession* une définition plus large, nous la définirons ici en disant qu'elle n'est qu'une forme plus développée de l'automatisme moteur. La différence entre ces deux états consiste en ceci que dans la possession la personnalité de l'automate disparaît complètement pour quelque temps et qu'il se produit une *substitution* plus ou moins complète de la personnalité ; la parole et l'écriture sont des manifestations d'un esprit étranger à l'organisme dont il a pris possession. Les changements qui se sont produits dans l'opinion relative à cette question depuis 1888, année où nous avons pour la première fois conçu l'idée de ce livre, sont des plus significatifs. Il existait bien, à cette époquelà, un certain nombre de preuves en faveur des idées que nous défendons, mais, pour des raisons diverses, ces preuves pouvaient être interprétées de plus d'une façon. Même en ce qui concerne les phénomènes que présentait M. W. S. Moses on pouvait dire que la « direction » sous laquelle il parlait et écrivait en état de possession se réduisait à une simple auto-suggestion ou à des impulsions venant de sa personnalité plus profonde. Je n'ai pas eu alors l'occasion

que l'amabilité de ses exécuteurs testamentaires m'a offerte
depuis, d'étudier toute la série de ces phénomènes d'après
les notes originales de M. Moses et de me former la conviction que j'ai à présent qu'un facteur spirituel jouait un
rôle important dans cette longue série de communications.
Bref, je ne me doutais pas alors que la théorie de la possession pourrait être présentée comme quelque chose de plus
qu'une spéculation plausible, comme une nouvelle preuve
en faveur de la survivance de l'homme après la mort corporelle.

L'état de choses a, comme tout lecteur des comptes
rendus de la *Société de Recherches Psychiques* le sait,
subi un changement complet dans ces dix dernières années.
Les phénomènes d'extase de Mme Piper, si longtemps et si
soigneusement observés par le Dr Hodgson et autres, formaient, je crois, l'ensemble de preuves psychiques le plus
remarquable de toutes celles qui ont jamais été produites
dans aucun domaine. Et plus récemment, d'autres séries de
phénomènes d'extase obtenues avec d'autres « médiums »,
tout en étant encore incomplètes, ont ajouté des preuves
matérielles à celles qui découlent des expériences de
Mme Piper. Et il résulte que les phénomènes de possession
sont actuellement les mieux attestés et intrinsèquement les
plus avancés de tous ceux dont nous nous occupons.

Mais le simple accroissement de preuves directes, quelle
qu'en soit l'importance, est loin d'être la seule cause des
changements dont nous parlons. Non seulement l'évidence
directe s'est accrue, mais l'évidence indirecte grandissait à
son tour. La notion de la personnalité, celle de la direction
exercée sur l'organisme par des esprits se sont peu à peu
modifiées à un point tel que la possession qui, jusqu'à une
époque récente, passait pour une simple survivance de la

pensée primitive, peut maintenant être considérée comme
l'achèvement, le développement ultérieur de la plupart des
expériences, observations et réflexions que les chapitres
précédents nous ont fait connaître.

Voyons ce que la notion de la possession signifie en réalité. Il est préférable de considérer dès le début cette signification dans toute son extension, attendu que les preuves
obtenues à des époques différentes ne font que confirmer
en dernière analyse la signification ancienne de ce terme.
Les cas modernes les plus saillants, dont ceux de Stainton
Moses et de Mme Piper peuvent être considérés comme les
plus caractéristiques, présentent de l'un à l'autre des analogies assez intimes et des ressemblances qu'une analyse
attentive ne tarde pas à découvrir.

On prétend donc, en premier lieu, que l'automate tombe
dans l'extase, pendant laquelle « son esprit quitte son
corps », en partie tout au moins ; qu'il entre en tout cas
dans un état dans lequel le monde spirituel s'ouvre plus ou
moins à sa perception et dans lequel aussi, et c'est là l'élément nouveau, l'esprit quittant l'organisme favorise l'invasion de celui-ci par un autre esprit qui s'en sert à peu
près de la même façon que l'esprit propre du sujet.

Le cerveau se trouvant ainsi temporairement et partiellement dépourvu de direction, un esprit désincarné réussit
quelquefois, pas toujours, à s'en emparer et à assumer, à un
degré qui varie d'un cas à l'autre, sa direction. Dans certains cas (Mme Piper) deux ou plusieurs esprits peuvent diriger simultanément différentes portions d'un seul et même
organisme.

Les esprits dirigeants prouvent leur identité en reproduisant, par la parole ou par l'écriture, des faits qui appartiennent à *leurs* souvenirs à eux, non à ceux de l'automate.

Ils peuvent aussi donner des preuves d'autres perceptions supranormales.

Les manifestations de ces esprits peuvent différer considérablement de celles de la personnalité normale de l'automate. Mais jusqu'à certain point il s'agit là d'un processus de sélection plutôt que d'addition ; l'esprit choisissant les parties du mécanisme cérébral dont il est désireux de se servir, mais ne pouvant demander à ce mécanisme plus que ce qu'il est capable de fournir en vertu de son organisation fonctionnelle. L'esprit peut, il est vrai, produire des faits et des noms inconnus de l'automate ; mais ces faits et noms doivent être tels que l'automate soit capable de les répéter facilement, s'ils lui étaient connus : il ne doit pas s'agir par exemple de formules mathématiques ou de phrases chinoises, si l'automate est ignorant en mathématiques ou ne connaît pas le chinois.

Au bout d'un certain temps l'esprit de l'automate reprend sa place et son activité. A son réveil l'automate peut ou non se rappeler ce qui lui a été révélé du monde spirituel pendant l'extase. Dans certains cas (Swedenborg) il existe le souvenir du monde spirituel, sans qu'il y ait eu possession de l'organisme par un esprit extérieur. Dans d'autres (sujet de Cahagnet) l'automate exprime pendant l'extase ce qu'il éprouve, mais ne s'en souvient plus, une fois réveillé. Dans d'autres encore (Mme Piper) ce n'est pas le plus souvent l'esprit de l'automate lui-même qui se manifeste, et lorsque cela arrive, ces manifestations ont une très courte durée, mais c'est généralement un esprit dirigeant qui parle et qui écrit, sans que l'automate garde le moindre souvenir de ce qui s'est passé pendant l'extase.

Une pareille doctrine semble nous ramener tout directement aux croyances de l'âge de pierre. Elle nous ramène aux pratiques primitives des shamans et des sorciers, à une doctrine de rapports spirituels qui a été autrefois œcuménique, mais s'est réfugiée de nos jours dans les déserts de l'Afrique et dans les marécages de la Sibérie, dans les plaines neigeuses des Peaux-Rouges et des Esquimaux. Si, comme cela arrive parfois, nous voulions juger de la valeur des idées d'après leurs *origines,* il n'y a pas de conception dont les origines aient été plus humbles et qui paraisse plus indigne de l'homme civilisé.

Heureusement, nos discussions antérieures nous ont fourni un critère plus pénétrant. Au lieu de nous demander à quelle époque a pris naissance telle ou telle doctrine, avec cette opinion préconçue que la doctrine est d'autant meilleure que son origine est plus récente, nous pouvons nous demander à présent jusqu'à quel point elle est en accord ou en désaccord avec cette masse énorme de preuves récentes qui se rapportent plus ou moins à presque toutes les croyances que les hommes occidentaux ont professées relativement au monde invisible. Soumise à cette épreuve, la théorie de la possession donne un résultat remarquable. Elle n'est en désaccord avec aucun des faits prouvés. Nous ne connaissons absolument rien qui prouve son impossibilité.

Mais ce n'est pas tout. La théorie de la possession nous fournit en réalité une méthode puissante de coordination et d'explication de quelques groupes de phénomènes antérieurs, si toutefois nous consentons à les expliquer d'une façon qui nous avait paru au début user d'affirmations exagérées, avoir trop largement recours au merveilleux. Mais en ce qui concerne cette dernière difficulté, nous savons aussi depuis quelque temps qu'il n'existe pas de phénomène psychique dont l'explication soit réellement simple et que le meilleur moyen d'arriver à une explication de ce genre consiste à extraire de l'ensemble un groupe qui n'admet qu'une interprétation univoque, pour s'en servir comme d'un point de repère dans l'appréciation de problèmes plus complexes.

Or, je crois que le groupe des phénomènes Moses-Piper ne peut être expliqué d'une façon plus ou moins plausible par aucune autre théorie que celle de la possession. Et il me paraît important de considérer par quels chemins les phénomènes antérieurs nous ont conduits à la possession et de quelle façon les faits de la possession sont à leur tour susceptibles de modifier nos vues concernant les phénomènes antérieurs.

En analysant nos observations de possession, nous y découvrons deux éléments principaux : l'opération centrale, c'est-à-dire la direction exercée par un esprit sur l'organisme d'un sujet sensible, et la condition indispensable qui consiste dans l'abandon temporaire et partiel de l'organisme par l'esprit du sujet lui-même.

Examinons d'abord jusqu'à quel point les données déjà acquises rendent concevable cette séparation entre l'esprit et l'organisme chez homme.

Et tout d'abord la désagrégation de la personnalité et les substitutions de certaines de ses phases à d'autres que notre deuxième chapitre nous a déjà fait connaître, possèdent une grande importance également au point de vue de la *possession*.

Nous y avons vu des personnalités secondaires, débutant par des manifestations sensorielles et motrices légères et isolées, acquérir peu à peu une prédominance complète et assurer la direction sans partage de toutes les manifestations supraliminales.

Le simple collectionnement et la description de ces phé-

nomènes ont été considérés jusqu'ici comme ayant une certaine saveur de hardiesse. L'idée de tracer le mécanisme
possible présidant à ces transitions était à peine née.

Mais il est évident qu'il doit y avoir un ensemble complexe
de lois qui conditionnent ces usages alternants des centres
cérébraux et qui ne constituent probablement que le développement de ces lois physiques inconnues qui président à
la mémoire ordinaire.

Un cas d'ecmnésie ordinaire peut présenter des problèmes
aussi insolubles que ceux que soulève la possession spirituelle. Il peut y avoir dans l'ecmnésie des périodes de vie
absolument et complètement disparues de la mémoire et
d'autres qui n'en disparaissent que temporairement.

Déjà dans le *génie* nous avons pu observer, pour certains
centres cérébraux importants, une substitution temporaire
d'une direction à une autre. Nous devons considérer ici le
moi subliminal comme un centre partiellement distinct du
moi supraliminal, et le fait de son accaparement de ces
centres cérébraux destinés à un travail supraliminal est déjà
un genre de possession. Le génie le plus complet serait ainsi
l'expression de l'*autopossession* la plus complète, de l'occupation et de la direction de l'organisme tout entier par les
éléments les plus profonds du moi qui agissent en vertu
d'une connaissance plus parfaite et par des voies plus sûres.

Le sommeil, qui est celui de tous les états normaux qui
se rapproche le plus de la possession, a depuis longtemps
fait surgir la question dont la solution implique la reconnaissance de la possibilité de l'extase: que devient l'âme pendant le sommeil? Les faits que nous avons cités ont montré
que souvent pendant le sommeil ordinaire apparent, l'âme
abandonne le corps et rapporte un souvenir plus ou moins
confus de ce qu'elle a vu pendant son excursion clairvoyante.

Ceci peut arriver également, mais avec la rapidité d'un éclair, pendant les moments de veille. Mais le sommeil ordinaire semble favoriser ce phénomène d'une façon toute particulière, surtout les états de sommeil, spontané ou provoqué, très profond. Dans le coma qui précède la mort ou dans cette « suspension de l'animation » qui est parfois prise pour la mort, la faculté en question paraît susceptible d'atteindre son degré le plus élevé.

J'ai parlé des états de sommeil « spontané ou provoqué » très profond, et, à ce propos, le lecteur se rappellera naturellement beaucoup de ce qui a été dit du somnambulisme ordinaire et du sommeil hypnotique. Ce dernier crée en effet des situations qui, extérieurement, sont difficiles à être distinguées de ce que j'appellerai désormais la possession vraie. Une quasi-personnalité arbitrairement créée peut occuper l'organisme, répondant d'une certaine façon caractéristique à la parole ou à des signes, au point de faire croire parfois qu'on se trouve en présence d'une personnalité nouvelle. D'un autre côté, l'esprit du sujet prétend avoir été présent ailleurs, de même qu'il s'imagine avoir été absent dans le sommeil ordinaire, mais avec plus de persistance et de lucidité.

Les sujets affirment souvent avoir revu dans le sommeil des scènes terrestres et y avoir constaté des changements qui s'y sont effectivement produits depuis que le sujet a pour la dernière fois visité la même scène, à l'état de veille. Mais quelquefois il s'y joint un élément *symbolique* en apparence, la scène terrestre renfermant un élément d'action humaine présentée en abrégé, comme si quelque esprit s'était proposé de tirer de l'histoire complexe un sens spécial. Souvent cet élément devient tout à fait dominant; le sujet voit des figures fantômales ou il peut y avoir une représentation symbolique prolongée d'une entrée dans un monde spirituel.

Ces excursions psychiques fournissent en dernier lieu les plus fortes présomptions en faveur de l'existence d'une faculté humaine nouvelle, celle de l'*extase*, d'une vision à distance qui n'est pas confinée à cette terre ou à ce monde matériel, mais introduit le voyant dans un monde spirituel et dans des milieux supérieurs à ceux que connaît cette planète. Mais la discussion relative au transport sera mieux à sa place, lorsque nous aurons cité les faits et les données en faveur de la possession.

En reprenant l'analyse de l'idée de la possession, nous retrouvons son caractère spécifique qui est l'occupation par un élément spirituel de l'organisme endormi et partiellement abandonné. C'est ici que nos études antérieures nous seront d'un grand secours. Au lieu d'aborder tout de suite la question de savoir ce que sont les esprits, ce qu'ils peuvent et ce qu'ils ne peuvent pas, la question de la possibilité antécédente de leur rentrée dans la matière, etc., nous ferons mieux de commencer par développer l'idée de la télépathie jusqu'à ses dernières conséquences, par nous figurer la télépathie comme devenant aussi intense et aussi centrale que possible, et nous trouverons que des deux variétés de télépathie qui se présenteront ainsi à nous, une aboutira progressivement à la possession, l'autre à l'extase.

Quelle est à l'heure actuelle notre conception exacte de la télépathie? La *notion centrale*, celle de communications indépendantes des organes des sens, trouve dans ce *mot* une expression assez adéquate. Mais rien ne dit que notre compréhension réelle des processus télépathiques soit autre chose qu'une simple définition verbale. Notre conception de la télépathie, pour ne rien dire de la télesthésie, avait

besoin d'être élargie à chaque nouvelle étape de notre
recherche. Cette dernière nous a révélé tout d'abord certaines transmissions de pensées et d'images qui pouvaient
s'expliquer par la transmission d'un cerveau à un autre de
vibrations éthérées. Or, s'il est impossible de dire, à un
point quelconque de notre argumentation, que tels phénomènes sont déterminés par des vibrations de l'éther, et si
nous ne savons pas jusqu'à quelle distance du monde matériel s'étend l'action possible de ces vibrations, il n'en est
pas moins vrai que nos phénomènes télépathiques n'ont pas
tardé à revêtir une forme que l'explication par analogie à
l'aide de vibrations de l'éther laissait en grande partie
inexpliquée.

C'est que la simple transmission d'idées et d'images isolées aboutit, par une progression continue, à des impressions et impulsions beaucoup plus persistantes et complexes.
Nous nous trouvons finalement en présence d'une influence
qui n'est plus le simple effet des vibrations éthérées, mais suggère l'idée d'une *présence* intelligente et d'une analogie
tirée des communications humaines entre des personnes
rapprochées par leurs corps. Les visions et auditions de ce
genre, intérieures ou extériorisées, inspirent souvent l'idée
d'un contact spirituel plus intime que celui que permettent
les communications terrestres. On ne peut en attribuer la
cause aux ondulations de l'éther, à moins d'expliquer par le
même mécanisme les émotions que nous éprouvons les uns
vis-à-vis les autres ou même le pouvoir de contrôle que nous
possédons sur notre propre organisme.

Ce n'est pas tout. Il existe, ainsi que j'ai essayé de le montrer, une progression plus avancée qui va de ces intercom-
munications télépathiques entre personnes vivantes à celles
entre personnes vivantes d'un côté et des esprits désin-

carnés de l'autre. Et cette nouvelle thèse, sous tous les rapports d'une importance vitale, tout en résolvant pratiquement un des problèmes dont je m'occupe, ouvre également une possibilité de détermination d'un autre problème qui jusqu'ici nous a été inaccessible. En premier lieu, nous pouvons avoir à présent la certitude que les communications télépathiques ne sont pas nécessairement propagées par des vibrations procédant d'un *cerveau* matériel ordinaire, car les esprits désincarnés ne possèdent pas de cerveau capable d'engendrer des vibrations de ce genre. Voilà pour le mode d'activité de l'*agent*. En ce qui concerne celui du *sujet,* nous allons pour plus de clarté mettre de côté tous les cas où l'impression télépathique a pris une forme extériorisée et ne tenir compte que des impressions intellectuelles et des automatismes moteurs.

Ces impressions et ces automatismes peuvent passer par tous les degrés de *centralité* apparente. Lorsqu'un homme éveillé et en pleine possession de lui-même, sent sa main poussée à tracer des mots sur un papier, sans avoir conscience d'un effort moteur *personnel,* l'impulsion ne lui paraît pas être d'origine *centrale,* quoiqu'une portion de son cerveau puisse participer à cet effort. D'un autre côté, une invasion moins prononcée est souvent susceptible de revêtir un caractère de centralité plus marqué, comme par exemple dans le pressentiment d'un mal s'exprimant par un accablement intérieur indéfinissable. L'automatisme moteur peut finalement atteindre un point où il devient de la *possession,* c'est-à-dire où la conscience personnelle de l'homme a totalement disparu, chaque partie de son corps étant utilisée par l'esprit ou les esprits envahisseurs. Nous verrons tout à l'heure les conditions que cet état crée à l'esprit du sujet. Mais en ce qui concerne l'organisme, l'invasion semble complète et indique une puissance qui est certes télépathique au sens vrai du mot, mais non au sens que nous lui avons attaché jusqu'ici. Nous avons commencé par nous représenter la télépathie comme une communication entre deux esprits, tandis que dans le cas présent il s'agit plutôt d'une communication entre un esprit et un corps, l'esprit étant extérieur et étranger au corps.

Il n'y a pas de communication apparente entre l'esprit désincarné et l'esprit de l'automate, mais bien plutôt une sorte de contact entre le premier et le *cerveau* de l'automate, l'esprit désincarné poursuivant ses propres fins et se servant dans une certaine mesure des capacités accumulées par le cerveau de l'automate, tout en étant d'un autre côté gêné par ses incapacités.

Mais, je le répète, l'élément le plus caractéristique de la télépathie semble disparu, en ce sens qu'il n'existe pas de communion perceptible entre l'esprit du sujet et un autre esprit. Le sujet est *possédé*, mais inconscient et ne recouvre jamais la mémoire de ce que ses lèvres ont prononcé pendant la crise.

Mais avons-nous ainsi expliqué tous les phénomènes qui se rapportent à la télépathie, et ne renferment-ils pas un élément plus véritablement, plus centralement télépathique ?

En remontant aux premières phases des expériences télépathiques, nous voyons que le processus expérimental implique deux facteurs différents. L'esprit du sujet doit d'une façon ou d'une autre recevoir l'impression télépathique, et à cette perception nous ne pouvons assigner aucun corollaire physique défini ; et les centres moteurs et sensoriels du sujet doivent recevoir une excitation laquelle peut être provoquée, ainsi que nous le savons, soit par l'esprit propre du sujet par les procédés ordinaires, soit par l'esprit de l'agent, et cela d'une façon plus ou moins directe que j'appellerai *télergique*, donnant ainsi un sens plus précis au mot que j'avais depuis longtemps proposé comme corrélatif du mot *télépathique*. Ceci revient à dire qu'il peut y avoir dans ces cas simples en apparence d'abord une transmission de l'agent au sujet dans le monde spirituel, et ensuite une action sur le cerveau physique du sujet, du même genre que la possession spirituelle. Cette action sur le cerveau physique peut être due, soit à l'esprit du sujet lui-même ou à son moi subliminal, soit directement à celle de l'esprit de l'agent. Car je dois répéter que les phénomènes de possession semblent indiquer que l'esprit étranger agit sur l'organisme du sujet exactement de la même façon que l'esprit propre du sujet. On peut donc considérer le corps comme un instrument sur lequel joue l'esprit, ancienne métaphore qui constitue actuellement la plus grande approximation de la vérité.

Le même caractère double, les mêmes traces des deux éléments mélangés dans des proportions variées se manifestent dans les apparitions télépathiques ou véridiques. Au point de vue spirituel, il peut y avoir ce que nous appelons des visions clairvoyantes, des images manifestement symboliques et non localisées par l'observateur dans l'espace ordinaire à trois dimensions. Elles semblent analogues à ces visions du monde spirituel dont le sujet jouit pendant l'extase. Vient ensuite la catégorie plus nombreuse des apparitions véridiques où l'image semble avoir été projetée en dehors de l'esprit du sujet par quelque stimulus appliqué au centre cérébral approprié. Ces cas d' « automatisme sensoriel » ressemblent aux cas expérimentaux où le sujet devine, ou plutôt voit à distance, les figures de cartes à jouer, etc. Après ces cas, viennent, dans l'ordre physique ou plutôt ultra-physique, ces apparitions *collectives* qui, à mon avis, impliquent une modification de nature inconnue d'une certaine portion de l'espace que n'occupe aucun organisme, en opposition avec les modifications ayant lieu dans des centres d'un cerveau donné. Ici s'accomplit la transition graduelle du subjectif à l'objectif, la portion de l'espace en question étant modifiée de façon à affecter un nombre de plus en plus grand de sujets.

En passant de ces apparitions de vivants aux apparitions de morts, nous retrouvons, à peu de chose près, les mêmes catégories. Nous trouvons des *visions symboliques* de personnes décédées et des circonstances au milieu desquelles elles paraissent se trouver. Nous trouvons des *apparitions* extériorisées et des fantômes de personnes décédées, ce qui indique qu'un point donné du cerveau du sujet a été stimulé par son propre esprit ou par un esprit autre que le sien.

Et finalement nous trouvons, ainsi qu'il a déjà été dit, que dans certains cas de possession ces deux genres d'influence sont simultanément poussés à l'extrême. L'automate encore capable de perception tel que nous l'avons vu pendant les premières phases devient un automate pur et simple ne percevant plus rien, tout au moins en ce qui concerne son corps, car tout son cerveau, et non plus un seul point, semble désormais stimulé et dirigé par un esprit étranger et il ne se rend aucun compte de ce que son corps écrit ou prononce. Et pendant ce temps son esprit, partiellement délivré du corps, peut être accessible aux perceptions et jouir de cette autre forme spirituelle de communication plus complètement que dans aucun des genres de vision décrits jusqu'ici.

Il existe un autre état qui présente certaines analogies avec celui de la possession. Nous avons parlé notamment des *personnalités secondaires*, de dissociations et alternances affectant l'esprit propre du sujet et présentant des rapports très variés avec l'organisme. Or, qu'est-ce qui nous permet de conclure, dans chaque cas particulier, que l'organisme du sujet est dirigé par sa propre personnalité modifiée et non par une personnalité étrangère, extérieure ? La confusion est ici facile, et on peut dire d'une façon générale que toutes les fois que l'état d'extase n'est pas accompagné d'acquisition de connaissances nouvelles, nous pouvons exclure la possibilité d'une possession par un esprit étranger. Cette règle a une conséquence très importante et qui modifie profondément l'ancienne idée de la possession : il n'existe, à notre connaissance tout au moins, aucune preuve en faveur de la possession angélique, diabolique ou hostile.

Le diable n'est pas une créature dont l'existence indépendante soit reconnue par la science ; et tous les récits concernant la conduite de diables envahisseurs paraissent être dictés par l'auto-suggestion. Nous devons insister sur cette règle que seule la connaissance supranormale permet d'affirmer l'intervention d'une influence extérieure. On peut nous objecter que dans tel cas le caractère manifesté par le diable était hostile à la personne possédée et nous demander s'il est possible que le tourmenteur fût réellement une fraction du tourmenté. A quoi nous répondrons que cette dernière supposition, loin d'être absurde, est au contraire confirmée par les phénomènes bien connus de la folie et de l'hystérie.

Au moyen âge spécialement, dans les auto-suggestions puissantes et terribles dont le diable faisait tous les frais, ces quasi-possessions atteignaient une intensité et une violence que l'atmosphère calme et sceptique des hôpitaux

modernes dissipe et affaiblit. Les diables aux noms terri-
fiants qui possédaient sœur Angélique de Loudun auraient
de nos jours figuré à la Salpêtrière comme de simples manifestations de « clownisme » et comme des « attitudes pas-
sionnelles ».

Aujourd'hui encore, comme dans le cas de Léonie de
M. Pierre Janet, ces désintégrations de la personnalité
semblent détruire quelquefois jusqu'au moindre lien de
sympathie entre l'individu normal et une de ses fractions,
d'où il semble résulter que notre nature morale est sujette
aux désintégrations au même degré que notre nature intellectuelle, et lorsqu'un courant secondaire de notre personnalité s'engage dans une direction nouvelle, il peut arriver
que les liens, aussi bien moraux qu'intellectuels, qui le
rattachent à la personnalité principale se trouvent rompus.

A propos de possessions diaboliques observées chez les
Chinois, M. Nevius nous raconte, sans citer des arguments
convaincants, que les diables possesseurs manifestent parfois une connaissance supranormale. Ceci prouverait davantage leur existence indépendante que l'argument tiré de
leur caractère hostile, mais ne nous paraît pas encore suffisant pour affirmer cette existence. La connaissance en
question ne semble pas appropriée spécialement à l'esprit
qui est censé la fournir. Elle paraît souvent tenue à une exagération de la mémoire, accompagnée d'une certaine aptitude aux perceptions télépathiques ou télesthésiques. L'exagération de la mémoire est particulièrement caractéristique
de certains états hystériques, et même des traces possibles
de télépathie ont été observées dans ces états où rien ne
permet d'admettre l'intervention d'un esprit envahisseur.

Direction temporaire de l'organisme par un fragment
plus ou moins important détaché du reste de la personna-

lité, dégénérant, en vertu d'une auto-suggestion, en une hostilité envers la personnalité principale et peut-être plus capable que cette dernière d'atteindre et de manipuler certaines impressions de réserve ou même certaines influences supranormales, telle serait la formule à laquelle se réduiraient probablement la plupart des cas de soi-disant possessions par le diable.

La plupart, mais pas tous peut-être. Il serait en effet étonnant que des phénomènes dans le genre de ceux présentés par Mme Piper aient apparu dans le monde, sans jamais avoir eu des précédents. Il paraît plus probable d'admettre que des phénomènes du même genre s'étaient toujours produits sporadiquement, depuis les temps les plus reculés, sans que les hommes aient été à même de les analyser.

Quoi qu'il en soit, on peut affirmer que les seuls envahisseurs de l'organisme humain qui jusqu'ici aient fait valoir leurs titres ont été d'essence humaine et d'un caractère amical. « Les diables de Loudun » et autres n'ont pas réussi, je le répète, à justifier leur existence indépendante. Les influences supérieures qui ont inspiré les « Martyrs des Cévennes » se confondent pour nous à distance avec des inspirations de génie.

Toutes ces considérations seront, je l'espère, de nature à faire disparaître ces associations farouches qui se sont accumulées autour du mot *possession*. Dans ce que nous allons décrire à présent il peut y avoir souvent des motifs de perplexité, mais pas de terreur. Et l'on verra dans la suite à quel point le sentiment final est loin de celui de la frayeur.

Admettant donc, comme je me crois maintenant autorisé à le faire, que nous nous trouvons seulement en présence d'esprits qui ont été autrefois des hommes semblables à nous et qui sont toujours animés des mêmes motifs que ceux

qui nous inspirent, nous pouvons examiner brièvement la
question de savoir quels sont les esprits les plus susceptibles de nous atteindre et quelles difficultés s'opposent à
leur action. Certes, l'expérience seule peut nous fournir des
réponses à ces questions; mais nos anticipations peuvent
être modifiées utilement, si, en réfléchissant aux changements de la personnalité que nous connaissons déjà, nous
en tirons des indications quant aux limites possibles de ces
substitutions plus profondes.

Or que savons-nous concernant l'addition d'une nouvelle
faculté dans les états alternants? Dans quelle mesure les
modifications de ce genre semblent-elles engendrer des facultés qui ne nous soient pas familières?

En nous reportant aux cas déjà mentionnés, nous verrons
d'abord qu'une faculté déjà existante est susceptible d'être
exagérée et exaltée. Il peut y avoir exagération aussi bien
du pouvoir de perception réelle que de celui de remémoration et de reproduction de ce qui a été perçu une fois.
Dans les états secondaires il existe souvent un pouvoir de
contrôle plus grand en ce qui concerne les mouvements
musculaires, se manifestant par exemple dans une sûreté de
main plus grande chez le joueur de billard. Mais, les phénomènes de télépathie mis à part, il n'existe aucune preuve
en faveur de l'acquisition réelle d'un ensemble de connaissances nouvelles, telles qu'une langue inconnue ou un degré inconnu de connaissances mathématiques. Nous n'avons
donc aucune raison de nous attendre à ce qu'un esprit extérieur ayant assumé la direction de l'organisme, soit capable
de modifier facilement celui-ci au point de lui faire parler au
sujet une langue qu'il n'avait jamais apprise. Le fonctionnement du cerveau tient à la fois de celui de la machine à
écrire et de celui de la machine à calculer. Des mots alle-

mands par exemple, ne sont pas de simples assemblages
de lettres, mais des formules spécifiques ; ce n'est que rarement et très difficilement qu'on peut les faire produire à
une machine qui n'a pas été construite en vue de leur production.

Considérons les analogies relatives à la *mémoire*. Dans les
cas d'alternances de la personnalité, la mémoire défaille et
change d'une façon qui paraît capricieuse. Les lacunes qui
en résultent ressemblent, ainsi que je l'ai dit, aux *amné-
sies* ou à ces espaces noires irrémémorables qui suivent quelquefois les traumatismes de la tête ou les accès de fièvre,
lorsque tous les souvenirs se rapportant à une personne
donnée ou à une période donnée de la vie ont disparu, tous
les autres restant intacts. Considérons maintenant le souvenir de la vie éveillée tel que nous le possédons dans le *rêve*.
Il est d'abord absolument capricieux ; je puis ne pas me
rappeler mon propre nom, mais me rappeler parfaitement
la forme et l'aspect des chaises de ma salle à manger ; ou
bien tout en me rappelant les chaises, je puis les localiser
dans une maison autre que la mienne. Il est impossible de
prévoir le degré de confusion qui peut se produire de cette
façon.

La *conversation des somnambules* nous fournit une autre
analogie. En parlant à un somnambule, qu'il s'agisse de
somnambulisme spontané ou provoqué, nous ne tardons pas
à nous apercevoir qu'il est difficile de soutenir avec lui une
conversation continue sur des sujets qui nous intéressent.
Et tout d'abord il est incapable de tenir une conversation
continue quelconque, car il ne tarde pas à tomber dans un
état où il devient tout à fait incapable de s'exprimer. Quand
il parle, ce n'est que sur des sujets qui l'intéressent ; il suit
le cours de ses propres idées, interrompu plutôt qu'in-

fluencé par ce que *nous* lui disons. Il existe entre les deux
états, celui de veille et celui de sommeil, une différence
irréductible.

Nous avons ainsi trois genres d'analogies qui nous permettent de tracer les limites de nos anticipations. De l'analogie qui existe entre les possessions et les personnalités
secondaires, nous pouvons conclure qu'un esprit possédant
ne doit pas être capable de suggérer au cerveau du sujet
des idées et des mots d'un genre qui ne lui soit pas familier.
De l'analogie entre la possession et le rêve, nous pouvons
conclure que la mémoire de l'esprit possédant peut être soumise à des omissions et à des confusions bizarres. De l'analogie enfin entre la possession et le somnambulisme, il
résulte que le colloque entre l'observateur humain et l'esprit possédant n'est ni complet ni libre, mais plutôt entravé
par la différence qui existe entre l'état de l'un et celui de
l'autre, et abrégé par la difficulté de maintenir un contact
psychique prolongé.

Les remarques qui précèdent auront, je l'espère, préparé le
lecteur à considérer les problèmes qui concernent la possession avec la même largeur d'esprit que celle qu'avait néces-
sitée l'étude des autres problèmes abordés dans cet ouvrage.
J'ai montré en effet que ce nouveau problème peut être
considéré comme une conséquence, un effet naturel de l'ancien. J'ai montré dans les mouvements et les expressions de
l'organisme possédé, des *manifestations motrices automatiques* poussées à l'extrême degré, et dans l'invasion de
l'esprit possédant, la victoire complète de l'*invasion télépathique,* et j'ai dès le début mis en garde contre certains mal-
entendus qui avaient dans le passé détourné les hommes de
l'étude sérieuse des messages parvenus par cette voie.

Avant d'aller plus loin, nous devons attirer l'attention

sur un autre aspect de la possession concernant un groupe
de phénomènes qui de différentes manières ont fait naître
une confusion et retardé notre étude, mais qui, examinés à
leur place et convenablement compris, semblent devoir
former un élément inévitable de toute théorie ayant pour
but de découvrir l'influence que des facteurs invisibles exercent sur le monde que nous connaissons.

Je n'ai considéré jusqu'ici les influences télépathiques et
supranormales que du point de vue psychologique, comme si
le champ de l'action supranormale était situé dans le monde
méta-éthéré. Mais malgré la vérité profonde de ce point
de vue, il ne représente pas *toute* la vérité « pour des êtres
tels que nous sommes, dans un monde tel que le nôtre ».
Pour nous, tout fait psychologique a son côté physique, et
les événements méta-éthérés, pour nous être perceptibles,
doivent d'une façon ou d'une autre affecter le monde de la
matière.

Dans les automatismes sensoriels et moteurs, nous voyons
réellement des effets qui commencent à se manifester d'une
façon supranormale, atteindre le monde de la matière.

En premier lieu et tout naturellement, dans la vie ordinaire, nos propres esprits (leur existence une fois admise)
affectent nos propres corps et nous fournissent l'exemple
permanent de l'esprit agissant sur la matière. Ensuite,
lorsqu'un homme reçoit une influence télépathique ayant sa
source dans un autre esprit incarné et déterminant la
vision de figures fantômales, nous pouvons supposer que
le cerveau de cet homme a été effecté par son propre esprit
plutôt que par celui de son ami éloigné. Mais il n'est pas
toujours vrai, même dans les cas d'automatisme sensoriel,
que l'esprit du sujet soit le simple exécuteur des suggestions venant d'un esprit éloigné ; et dans les automatismes

moteurs aboutissant à la possession, il existe des indications
de nature à faire admettre que l'influence de l'esprit de
l'agent est *télergique* plutôt que télépathique, et que certains esprits extérieurs sont susceptibles d'influencer le cerveau et l'organisme humains, c'est-à-dire de produire des
mouvements de la matière, lors même qu'il s'agit de matière
organisée et de mouvements moléculaires.

Ce fait une fois établi, et il n'a pas toujours été saisi par
ceux qui s'attachaient à établir une différence fondamentale
entre l'influence spirituelle affectant nos esprits et celle qui
affecte le monde matériel, nous sommes aussitôt amenés à
nous demander si la matière inorganique révèle, aussi bien
que la matière organique, l'action, l'influence d'esprits extérieurs. La réponse semble à première vue devoir être négative. Nous avons constamment affaire à la matière inorganique, et nous n'avons pas besoin de l'hypothèse de
l'influence spirituelle pour expliquer nos expériences. Mais
c'est là une proposition sommaire, insuffisante pour couvrir
des faits aussi rares et fugitifs que quelques-uns de ceux
exposés dans ce livre. Commençons pour ainsi dire par
l'autre bout, non par l'expérience vaste de la vie, mais par
les cas délicats et exceptionnels de *possession* dont nous aurons encore à parler.

Supposons qu'un esprit désincarné, en possession temporaire d'un organisme vivant, provoque de sa part des manifestations motrices automatiques. Pouvons-nous dire *a
priori* où s'arrêteront les mouvements automatiques de l'organisme, de même que nous pouvons prévoir les limites de
ses mouvements volontaires ? L'esprit extérieur ne pourrait-
il faire manifester à l'organisme plus de puissance motrice
que ce que peut tirer de lui-même un homme éveillé ? Nous
ne serions pas surpris alors de voir les mouvements pré-

senter une *concentration* exagérée pendant l'extase et de
voir le dynamomètre serré avec plus de force par l'esprit
agissant à travers l'homme que par l'homme lui-même. Pou-
vous-nous imaginer un autre moyen permettant à un esprit
qui me possède d'employer ma force vitale plus habilement
que je ne le fais moi-même ?

Je ne sais pas comment ma volonté met mon bras en mouvement ; mais je sais par expérience que ma volonté met
en mouvement mon bras seulement et les objets qu'il peut
toucher, tous les objets actuellement en contact avec le
« squelette protoplasmique » qui représente la vie de mon
organisme. Mais je puis quelquefois provoquer des mouvements dans des objets avec lesquels je ne suis pas en contact actuel, comme lorsque je les fais fondre au moyen de
la chaleur ou que je les allume (dans l'air sec du Colorado) à
l'aide de l'électricité qui se dégage de mes doigts. Je ne connais pas toutes les formes d'énergie que mes doigts sont susceptibles de dégager, à la suite d'un exercice approprié.

Et maintenant supposons qu'un esprit possédant puisse
se servir de mon organisme plus habilement que je ne le
puis moi-même. Ne pourrait-il pas faire déployer à l'organisme une énergie capable de mettre en mouvement des
objets pondérables qui ne sont pas en contact actuel avec
ma chair ? Ce serait là un phénomène de possession qui ne
différerait pas beaucoup des autres : ce serait de la *télékinésie*.
Par ce mot (proposé par M. Aksakoff) il convient de désigner
et de décrire ce qui a été appelé « les phénomènes physiques du spiritualisme » et dont l'existence en tant que
réalité et non comme un système d'apparences mensongères
a donné lieu pendant un demi-siècle à des controverses ar-
dentes qui se continuent toujours.

La simulation persistante de la télékinésie avait naturelle-

ment toujours inspiré des doutes quant à la réalité du phénomène, et cela même dans les cas où toutes les précautions
ont été prises contre la simulation et où le caractère des
sujets rendait le soupçon de simulation tout à fait improbable.
Malgré toute son importance ce sujet n'est pas assez intimement lié au sujet principal de cet ouvrage, pour que je me
croie obligé d'en donner une revue historique détaillée. Je
ne m'en occuperai que dans la mesure où il figurera comme
un des éléments de la possession spirituelle, dans le cas de
M. Stainton Moses par exemple [1].

———

Les analogies que nous avons pu établir entre les phénomènes de la possession et ceux qui ont été décrits dans
les chapitres précédents vont nous faciliter l'intelligence
des premiers et, sans nous arrêter aux cas d'importance secondaire, nous allons exposer ceux qui concernent M. Stainton Moses et Mme Piper que nous avons pu observer per-
sonnellement et dans lesquels les phénomènes de possession
revêtent la forme la plus caractéristique.

M. Stainton Moses était un clergyman dogmatique, con-
sciencieux, laborieux, animé du désir de faire du bien et prê-
chant aux autres les meilleurs moyens d'atteindre ce but.
Lui-même voyait l'élément essentiel de ce qu'il appelait ses
« messages » dans les mots automatiquement prononcés ou
écrits, non dans les phénomènes qui les accompagnaient et qui
seuls donnaient à ces processus automatiques leur importance
et leur intérêt pour ainsi dire uniques. Dans un livre intitulé

1. Le reste de ce chapitre a été composé par les éditeurs avec les fragments
trouvés dans les manuscrits de M. Myers que la mort a empêché de les réunir
ensemble et de leur donner une forme définitive.

Spirit Teaching il a réuni ce qu'il considérait comme les résultats réels de ces années de séjour mystérieux dans le vestibule d'un monde inconnu.

Sa vie a été une des plus extraordinaires de notre siècle, et son histoire véridique se trouve consignée dans cette série de manifestations physiques qui se sont continuées pendant 8 années, à partir de 1872, et dans les séries de manifestations automatiques, écrites ou parlées, qui, ayant commencé en 1873, se sont prolongées pendant 10 années, pour ne cesser complètement que très peu de temps avant la mort.

Les esprits dont M. Moses se prétendait possédé peuvent être divisés en trois catégories :

A. La première catégorie et la plus importante se composait de personnes récemment décédées et qui souvent se manifestaient au cours des séances, avant que la nouvelle de leur mort fût arrivée et par une des voies ordinaires, à une des personnes prenant part à la séance. Ces esprits ont souvent fourni des preuves de leur identité en mentionnant des faits en rapport avec leur vie terrestre et qui plus tard ont été trouvés exacts.

B. Vient ensuite un groupe de personnages appartenant à des générations plus reculées et généralement plus ou moins célèbres de leur vivant. Grocyn, l'ami d'Érasme, peut être considéré comme le représentant typique de ce groupe. Plusieurs d'entre eux ont également fourni, pour prouver leur identité, des faits qui étaient plus exacts que l'idée ou la connaissance consciente que pouvaient en avoir les personnes présentes à la séance. Mais, dans ces cas, la difficulté de prouver l'identité est augmentée de ce fait que la plupart des données exactes se trouvent consignées dans des volumes imprimés et que M. Moses a pu les lire et les oublier ensuite ou bien apprendre leur contenu par clairvoyance.

C. Le troisième groupe se compose d'esprits portant des noms tels que Recteur, Docteur, Théophile et surtout Empereur. De temps à autre ils révèlent les noms qu'ils prétendent avoir porté pendant leur vie terrestre. Ces noms cachés sont le plus souvent et plus illustres et plus anciens que ceux du groupe *B*.

En ce qui concerne les rapports entre les esprits et les phénomènes télékinésiques, on ne doit pas oublier que ces phénomènes, tout étranges et grotesques qu'ils paraissent quelquefois, ne peuvent pas être considérés comme absurdes et inutiles. Les opérateurs présumés se donnent la peine de décrire ce qu'ils regardent comme une *fin* et ce qu'ils considèrent comme un *moyen* en vue de cette fin. Leur objectif constant et avoué est de promulguer par l'intermédiaire de M. Moses certaines opinions religieuses et philosophiques ; et les manifestations physiques sont décrites comme étant simplement une preuve de puissance et une base pour l'autorité invoquée en faveur des enseignements sérieux.

Des considérations d'ordre moral et le fait que les phénomènes physiques se reproduisaient toujours lorsque M. Moses était seul nous empêchent de les considérer comme des manœuvres frauduleuses produites par quelque personne présente à la séance. Et il me paraît d'autre part moralement et physiquement incroyable de les considérer comme des impostures ayant pour auteur M. Moses luimême. Il est physiquement impossible et incompatible avec ses propres récits et avec ceux de ses amis qu'il ait pu les préparer et les produire pendant l'extase. On doit donc les considérer comme étant survenus d'une manière réellement supranormale.

J'examinerai brièvement la nature des preuves tendant à
montrer que les esprits invoqués étaient réellement ce qu'ils
paraissaient être, à en juger tout au moins d'après les carnets où se trouvent consignées les écritures automatiques de
M. Moses. Le contenu de ces carnets est formé en partie
de messages ayant pour but de prouver l'identité des esprits,
en partie de discussions et d'explications de phénomènes
physiques, en partie enfin de dissertations religieuses et
morales.

Ces messages automatiques ont été presque entièrement
écrits de la main de M. Moses, à l'état normal de veille.
Les exceptions portent sur deux points : a) il existe un long
passage que M. Moses prétendait avoir écrit pendant qu'il
était en extase ; b) il existe, de-ci de-là, quelques mots d'une
écriture soi-disant « directe », c'est-à-dire écrits par des
mains invisibles, en présence de M. Moses, et décrits à plusieurs reprises dans les comptes rendus des séances auxquelles avaient assisté d'autres personnes encore.

En laissant de côté ces deux exceptions, nous trouvons
que les écrits présentent le plus souvent la forme d'un dia-
logue, M. Moses posant les questions de son écriture épaisse
et large et les réponses étant écrites par M. Moses encore
et de la même plume, mais d'une écriture qui varie d'un cas
à l'autre et diffère plus ou moins de sa propre écriture.

Que ces messages aient été écrits par M. Moses avec la
conviction sincère qu'ils émanaient des personnes dont ils
portaient la signature, personne n'osera en douter. Mais ce
qui est plus douteux, c'est la question de savoir s'ils émanaient réellement des personnes invoquées. Vu les conditions
dans lesquelles se sont faites ces communications, elles ne
révèlent pas une intelligence directrice et n'apprennent aucune vérité réellement nouvelle, attendu que ces manifesta-

tions sont par hypothèse limitées, non par les *connaissances*
préalables, mais par les *capacités* préalables du sujet. Et si
elles fournissent des données dont le sujet-médium n'a pas
de connaissance consciente, et qui présentent cependant un
caractère achevé, on peut supposer que ces données ont été
acquises subliminalement par le médium, à la suite d'un regard inconscient jeté sur une page imprimée, ou bien même
qu'elles ont été *apprises par clairvoyance,* sans l'intervention
d'un autre esprit que celui, quoique fonctionnant d'une façon
supranormale, du médium.

Cette hypothèse n'est ni fantastique ni de nature à mettre
en doute la probité de M. Moses, car il m'a avoué lui-même
que dans ses rapports avec des esprits éloignés dans le
temps il n'éprouvait pas la même sensation que lorsqu'il
conversait avec des esprits plus rapprochés. Il n'en répu-
diait pas moins toute idée de mémoire subconsciente et af-
firmait qu'il n'a jamais pu voir ou lire au préalable la plupart de ce qu'il avait écrit automatiquement. Et ceci peut
être vrai, ses connaissances par exemple en littérature et
en histoire ne dépassant pas celles d'un maître d'école ordinaire. Il n'en reste pas moins que parmi toutes les communications historiques qui lui auraient été faites il n'y en a pas
une seule qui ne se trouve dans des sources imprimées accessibles à tout le monde.

Les preuves d'identité fournies par M. Moses dans les cas
concernant des esprits de personnes mortes depuis moins
longtemps paraissent plus satisfaisantes. Mais ici encore il
est difficile d'établir si les faits affirmés ne font pas partie
des connaissances subliminales de l'automate. On a parfois
l'impression que ces faits ont pu être retenus en parcourant
machinalement les notices nécrologiques des journaux ou
les inscriptions sépulcrales ; ou bien des noms et des faits

connus d'une des personnes présentes à la séance, mais non
de M. Moses, ont pu être mentionnés en sa présence et se
graver dans sa mémoire subliminale. Dans le cas d'Hélène
Smith, nous avons vu le degré d'acuité que peut atteindre
l'hyperesthésie et l'hypermnésie du moi subliminal ; mais en
présence de l'ignorance dans laquelle se trouvait le monde
scientifique d'alors relativement à ces questions, il n'est
pas étonnant que M. Moses et ses amis se soient refusés à
admettre l'explication que nous proposons ici. Que les esprits invoqués aient ou non manifesté directement leur action, ce qui parfois a bien pu être le cas, nous ne pouvons
nous empêcher de croire que le moi subliminal du médium
a dû tout au moins jouer un rôle assez actif dans ces communications.

Deux fois M. Moses avait reçu une annonce de décès,
alors qu'il était impossible qu'il ait appris la nouvelle par
une voie normale. Je citerai un de ces cas (d'après mon
article publié in *Proceedings S. P. R.*, XI, pp. 96 et suivantes) qui est sous beaucoup de rapports le plus remarquable. Il s'agit d'une dame que j'avais connue et que
M. Moses n'avait vue, je crois, qu'une seule fois. La publication du vrai nom ayant été interdite par l'esprit lui-même
pour des raisons qui m'ont paru suffisantes lors de la
lecture du récit de ce cas, mais qui n'étaient point connues
de M. Moses, et le fils de la dame s'y étant opposé à son
tour, je l'appellerai ici Blanche Abercrombie.

Cette dame est morte un après-midi de dimanche, il y a
26 ans, dans une maison de campagne située à 200 milles
environ de Londres. La nouvelle de sa mort, qui était un
événement d'un intérêt général, fut immédiatement télé-
graphiée à Londres et parut dans le *Times* du lendemain,
lundi ; il est certain toutefois que, sauf la presse et les parents

les plus rapprochés, personne n'était au courant de cette nouvelle le dimanche soir. Or, ce soir-là, vers minuit, une communication prétendant venir d'elle parvint à M. Moses dans son logement isolé situé dans la partie Nord de Londres. L'identité a été confirmée quelques jours plus tard par quelques lignes présumées comme venant directement d'elle et écrites de son écriture. Il n'existe aucune raison de supposer que M. Moses ait jamais vu son écriture. La seule fois où il s'était rencontré avec cette dame et son mari fut au cours d'une séance, non d'une séance à lui, où il a été froissé par le scepticisme hautement exprimé par le mari à l'égard des phénomènes de cette nature.

Après avoir reçu ces messages, M. Moses semble n'en avoir parlé à personne et les colla sur les pages de son livre manuscrit en inscrivant sur l'extérieur du livre : « Matières privées ». Lorsque, autorisé par les exécuteurs testamentaires, j'ouvris ce livre, j'ai été surpris d'y trouver une courte lettre qui, sans relater des faits bien précis, n'en était pas moins tout à fait caractéristique de la Blanche Abercrombie que j'avais connue. Mais bien que j'aie reçu de ses lettres de son vivant, je ne me rappelais pas son écriture, et comme je connaissais un de ses fils, je l'avais prié de me prêter une des lettres écrites par sa mère, afin que je pusse comparer les deux écritures. Il eut l'obligeance de le faire, et je n'ai pas tardé à constater une ressemblance frappante entre l'écriture automatique et l'écriture de la lettre qui m'avait été prêtée, sauf en ce qui concerne la lettre *A* du nom de famille. Le fils me permit alors d'étudier toute une série de lettres de sa mère qui ont été écrites à des époques différentes, jusqu'aux derniers jours de sa vie. Et j'ai pu me convaincre que, dans les dernières années, elle avait pris l'habitude (imitée de son mari) d'écrire la lettre *A* de la façon même dont elle était écrite dans le message automatique.

Le docteur Hodgson auquel j'ai soumis les deux écritures a trouvé que l'écriture automatique, et surtout la signature, révélait une tentative d'imiter de mémoire, et non d'après un spécimen, les principaux caractères de l'écriture originale.

Il ne. serait pas inutile de résumer ici les principaux caractères qui donnent aux messages reçus par M. Moses leur identité, c'est-à-dire fournissent la preuve qu'ils viennent réellement des sources auxquelles ils sont attribués. Nous avons sous ce rapport à distinguer plusieurs degrés :

1º Nous avons d'abord les messages les plus ordinaires, ceux dans lesquels tous les faits qu'ils renferment o... été connus de l'automate d'une façon consciente. Dans les cas de ce genre nous pouvons supposer qu'il ne s'agit que de sa propre personnalité et que les messages ont une source *subliminale*, non *extérieure*.

2º Viennent ensuite les messages composés de faits qui paraissent avoir été connus de l'esprit invoqué, mais dont l'automate ne possède pas de connaissance consciente, quoiqu'ils aient pu autrefois être notés par lui inconsciemment et se graver dans sa mémoire subliminale.

3º En ce qui concerne les messages du groupe suivant, il peut être prouvé, avec des degrés de certitude aussi variés que l'admettent les preuves négatives de ce genre, que l'automate ne les a jamais connus de quelque façon que ce soit, mais qu'ils n'en sont pas moins faciles à trouver dans des livres, de sorte que l'automate a pu les apprendre par clairvoyance ou à la suite d'une communication faite par un esprit autre que l'esprit invoqué par lui.

4º Il peut être prouvé, avec un degré de certitude variable selon les circonstances, que les faits n'ont jamais été connus de l'automate et ne sont pas imprimés, mais qu'ils ont été connus des esprits invoqués et peuvent être vérifiés par les souvenirs de personnes vivantes.

5° On pourrait citer ensuite ce groupe de messages *expérimentaux* ou de lettres posthumes dans lesquelles la personne décédée avait avant sa mort consigné une preuve spéciale, ou un fait ou une phrase qu'elle seule connaissait, pour la transmettre après sa mort, si possible, comme signe de son retour (voir le cas de M. Finney, chap. viii).

6° Nous n'avions affaire jusqu'ici qu'à des messages verbaux qu'il nous était facile de manier et d'analyser. Mais en réalité ce ne sont pas les conclusions tirées de ces messages écrits qui ont le plus souvent servi à inspirer au survivant la croyance à l'apparition de son ami décédé. Logiquement ou non, ce n'est pas tant le message écrit qu'il invoque que le fantôme d'une figure ou d'une voix qu'il avait si bien connue. C'est sur cette présence que les survivants ont toujours insisté, depuis le temps où Achille cherchait en vain à embrasser l'ombre de Patrocle.

Jusqu'à quel point un fantôme constitue-t-il une preuve d'une action réelle exercée par l'esprit? Cette question a été discutée plus haut[1]. Mais, quoique l'apparition d'une personne décédée ne constitue pas en elle-même une preuve de sa présence, elle n'est pas non plus une simple forme que les fantômes purement hallucinatoires semblent revêtir si fréquemment, et lorsqu'il existe des preuves supplémentaires, comme par exemple une écriture prétendant venir de la même personne, les chances en faveur de sa présence réelle s'en trouvent considérablement augmentées. Dans le cas de M. Moses presque toutes les figures qu'il avait vues apportaient avec elles une confirmation de ce genre.

---

1. Chap. vii.

7° Ceci nous amène à un groupe de cas largement représentés dans les séries de M. Moses, où des messages écrits
prétendant venir d'un certain esprit étaient accompagnés de
phénomènes physiques dont le même esprit prétendait être
l'auteur. Qu'il soit ou non possible de donner à cette preuve
un caractère rigoureusement logique, il n'en est pas moins
facile a imaginer plus d'un cas où elle paraîtra décisive à tout
le monde. Mais en eux-mêmes les phénomènes physiques ne
fournissent pas de preuve en faveur d'une intelligence autre
que celle du sujet et, ainsi que je l'ai dit, peuvent dans plus
d'un cas constituer une simple extension de ses forces musculaires ordinaires, au lieu d'être dus à une action extérieure quelconque.

En nous en tenant aux messages verbaux, nous trouvons
que les cas le plus largement représentés dans les récits de
M. Moses appartiennent aux trois premiers groupes ; quant
à ceux du quatrième groupe qui embrasse des faits vérifiables
dont il n'existe aucun récit imprimé et dont on est sûr que
le médium ne les avait jamais connus, ils sont relativement
peu nombreux. Ceci peut être attribué en partie au petit
nombre de ceux qui assistaient aux séances de M. Moses et
qui étaient tous de ses amis personnels. Les récits de
Mme Piper, au contraire, dont nous allons nous occuper maintenant, sont particulièrement riches en incidents appartenant au quatrième groupe, et la valeur évidentielle des messages verbaux est donc dans son cas supérieur à celle que
nous pouvions accorder aux messages de M. Moses. Tandis
que chez ce dernier l'identité d'un grand nombre de communications reposait principalement sur ce fait qu'elle était
garantie par Empereur et son groupe d'auxiliaires, dans
le cas de Mme Piper, les esprits de quelques amis récemment décédés qui ont donné plus d'une preuve de leur iden-

tité apparaissent pour maintenir la réalité indépendante et
la direction qu'elles exercent sur Mme Piper des mêmes intelligences, Empereur, Recteur, Docteur et autres, dont
M. Moses prétendait qu'elles intervenaient dans ses propres expériences. Nous reviendrons, à propos du cas de
Mme Piper, sur la question de la supra-vision de ces esprits.

Deux différences importantes séparent le cas de Mme Piper de celui de M. Moses. D'abord ses manifestations supranormales ne sont accompagnées d'aucun phénomène de
télékinésie ; et ensuite son moi supraliminal ne présente
pas la moindre trace d'une faculté supranormale quelconque. Elle présente un exemple d'automatisme extrême,
où la possession n'est pas seulement locale ou partielle,
mais affecte, pour ainsi dire, toute la région psychique, où
le moi supraliminal se trouve momentanément supprimé
d'une façon complète et où toute la personnalité subit des
modifications intermittentes. En d'autres termes, elle entre
dans un état où les organes de la parole et de l'écriture sont
guidés par d'autres personnalités que sa personnalité normale éveillée. Occasionnellement le moi subliminal apparaît soit immédiatement avant, soit immédiatement après
l'extase, pour assumer pendant un court intervalle la direction de l'organisme ; mais, à cette exception près, les personnalités qui écrivent ou parlent pendant l'extase prétendent être des esprits désincarnés.

Les « possessions » de Mme Piper peuvent être divisées en
trois périodes :

a) La première qui s'étend de 1884 à 1891 et pendant laquelle la principale personnalité directrice est connue sous
le nom de « Dr Phinuit » et se sert presque exclusivement
des organes vocaux, se manifestant dans un état d'extase ;

b) Pendant la deuxième période qui s'étend de 1892 à

1896 les communications se font principalement par l'intermédiaire de l'écriture automatique et sous une direction portant le nom de « Georges Pelham » ou « P. G. », quoique le Dr Phinuit se fût également manifesté pendant cette période à l'aide de la voix ;

c) Pendant la troisième période qui commence en 1897 la supravision serait exercée par l'Empereur, le Docteur, le Recteur et autres déjà mentionnés à l'occasion des expériences de M. Moses, le plus souvent par l'intermédiaire de l'écriture, de temps à autre à l'aide de la parole.

Je ne discuterai pas ici l'hypothèse de la fraude qui a déjà été discutée et réfutée par le Dr Hodgson, le Pr William James, le Pr Newbold, de l'Université de Pensylvanie, le Dr Walter Leaf et sir Oliver Lodge [1], et je n'analyserai pas davantage tout au long le caractère de la personnalité de Phinuit. D'après mon expérience personnelle, pendant le séjour de Mme Piper, en Angleterre, en 1889-90, différentes extases et différentes parties de la même extase présentaient souvent une qualité inégale. Il y a eu quelques interviews au cours desquelles Phinuit ne posait pas une seule question et ne formulait pas une seule proposition qui ne fussent vraies. Il y en avait d'autres au cours desquelles il ne manifestait pas la moindre connaissance réelle et se bornait à des questions et à des réponses posées et formulées au hasard. L'extase ne pouvait pas toujours être provoquée à volonté. Un état d'expectation tranquille en favorisait souvent l'apparition, mais parfois aussi toute tentative de la provoquer échouait. L'extase une fois provoquée durait une heure environ, et il y avait souvent une différence notable entre les quelques premières minutes et le reste de sa durée.

1. Voir l'article de M. W. James, in *Psychological Review*, juillet 1898.

Dans ces occasions, tout ce qui était de quelque valeur était dit pendant les premières minutes, le reste de la conversation consistant en généralités vagues ou simples répétitions de ce qui a été déjà dit. Phinuit prétendait toujours être un esprit en communication avec d'autres esprits et il avait l'habitude de dire qu'il se rappelait leurs messages pendant quelques minutes seulement, après « être entré dans le médium », et qu'ensuite ses souvenirs se brouillaient, et il n'était pourtant pas capable de s'en aller lorsque sa provision de faits était épuisée. Il paraissait se produire une décharge inutile d'énergie qui durait jusqu'au moment où l'impulsion primitive aboutissait à l'incohérence. Ma conclusion générale à cette époque était que les manifestations de Phinuit devaient être considérées comme un élément de cette longue série de messages automatiques de tout genre qu'on commence seulement à recueillir et à analyser. J'ai considéré comme démontré que ces phénomènes attestaient une large extension, télépathique ou clairvoyante, des facultés normales de l'esprit humain, et il me parut possible que les connaissances de Phinuit dérivassent d'une faculté télépathique ou clairvoyante que Mme Piper possédait à l'état latent et qui se manifestait d'une façon à laquelle nos expériences précédentes ne nous avaient pas habitués. D'un autre côté, les messages automatiques que nous avons déjà étudiés comprenaient des phénomènes très variés dont quelques-uns paraissaient à première vue dus à l'intervention, peut-être indirecte, de la personnalité survivante de la personne décédée, et je me suis dit que si ces exemples de communications venant d'esprits extra-terrestres doivent un jour être acceptés par la science, les messages de Phinuit pourront, malgré tous leurs défauts et toutes leur inconséquences, être ajoutés au nombre.

Je n'ai pas besoin de dire que c'est cette dernière hypothèse que j'ai fini par adopter et, quoiqu'il soit évident que
les difficultés concernant l'identité de Phinuit ne sont pas
levées, il paraît possible de le considérer comme une intelligence extérieure à Mme Piper, comme un esprit désincarné.
On ne doit pas oublier cependant qu'il a complètement
échoué dans ses tentatives d'établir son identité personnelle
et qu'il ne réussit même pas à prouver sa prétention d'être
un médecin français. Nous ne possédons malheureusement
aucun récit contemporain relatif aux premières extases de
Mme Piper, ni aucune information concernant les premières
manifestations de la personnalité de Phinuit. Il paraît clair
tout au moins que le *nom* de Phinuit était le résultat d'une
suggestion faite pendant ces premières extases (voir *Proceedings S. P. R.*, VIII, pp. 46-58), et plus d'un pensera que
la supposition la plus probable est que la direction exercée
par Phinuit n'était autre chose que. celle d'une personnalité
secondaire de Mme Piper. Mais, selon les affirmations (dont
il n'existe aucune preuve) faites par *Empereur*, Phinuit
serait un esprit inférieur, « attaché à la terre, » qui a été
troublé et égaré lors de ses premières tentatives de communication et avait perdu pour ainsi dire « la conscience de son
identité personnelle ». Or, les cas cités au chapitre II montrent qu'une pareille éventualité n'est pas rare dans cette
vie et il n'est pas impossible que des troubles profonds de
la mémoire surviennent chez un esprit désincarné inexpéri-
menté lors de ses premières tentatives de communiquer avec
nous à travers le monde matériel. Quoiqu'il en soit, la personnalité de Phinuit ne s'était plus manifestée ni directement ni indirectement depuis le mois de janvier 1897, époque
à laquelle *Empereur* avait commencé à présider aux supra-
visions de Mme Piper.

Phinuit remplissait généralement le rôle d'intermédiaire reproduisant les communications faites par des parents et amis « décédés » des personnes présentes aux séances, et dans une série de séances favorables l'impression générale a été telle que la décrit sir Oliver Ludge dans le cas suivant (*Proceedings S. P. R.*, VI, p. 454) : « Un des meilleurs assistants a été mon voisin le plus rapproché, Isaac C. Thompson, à l'adresse duquel, et avant qu'il fût introduit, Phinuit envoya un message prétendant venir de son père. Trois générations de membres vivants et décédés de la famille de sa femme et de la sienne ont été mentionnés avec la plus grande exactitude au cours de deux ou trois séances, chaque membre étant caractérisé avec une précision remarquable ; le principal informateur se donnant pour son frère décédé, un jeune docteur d'Édimbourg, mort depuis une vingtaine d'années. Le caractère familier et touchant de ces communications était tout à fait remarquable et il est impossible de s'en faire une idée d'après le compte rendu imprimé des séances. »

Les cas de ce genre ne sont pas bien fréquents et bien qu'il semble y avoir eu, pendant la première période de l'histoire de Mme Piper, des preuves abondantes de l'existence d'une faculté supranormale qui exigeait tout au moins l'hypothèse de la transmission de pensées de personnes vivantes rapprochées ou éloignées et rendait probable l'hypothèse d'une faculté de télesthésie ou peut-être même de prémonition, il n'en est pas moins vrai que la principale question qui nous intéresse à présent, celle de savoir si l'organisme de Mme Piper était guidé, directement ou indirectement, par des esprits désincarnés susceptibles de fournir des preuves satisfaisantes de leur identité, cette question reste en suspens.

Au point de vue de la question de l'identité personnelle, les séries de séances tenues par Mme Piper pendant la deuxième période, de 1892 à 1896, sont beaucoup plus importantes. L'informateur ou intermédiaire principal pendant cette période a été G. P. Ce G. P., dont le nom (quoique connu de plusieurs personnes) a été transformé, en vue de la publication, en « Georges Pelham », était un jeune homme très capable qui s'adonnait beaucoup à des travaux littéraires. Quoique né citoyen américain, il appartenait à une famille anglaise noble. Je ne l'ai jamais vu, mais j'ai eu la bonne fortune de compter quelques-uns de ses amis au nombre des miens et j'ai pu m'entretenir intimement avec plusieurs d'entre eux sur la nature des communications qu'ils recevaient. J'ai été de cette façon mis au courant de quelques-unes des manifestations les plus significatives de G. P., qui ont été jugées de nature trop intime pour être imprimées, et j'ai moi-même assisté à des séances où G. P. s'était manifesté. Pour la discussion complète des preuves tendant à montrer l'identité de G. P., je n'ai qu'à renvoyer mes lecteurs aux récits originaux publiés dans *Proceedings S. P. R.*, XIII, pp. 284-582, et XIV, pp. 6-49.

Nous pourrions citer d'autres exemples empruntés à l'histoire de Mme Piper et qui tous tendent à montrer que son organisme corporel était possédé et guidé par des esprits désincarnés qui essayaient de prouver leur identité en reproduisant des souvenirs de leur vie terrestre.

Nous devons essayer maintenant de nous former une idée définie du processus de la possession, basée, non sur des théories préconçues, mais sur l'observation réelle des faits, quoiqu'il soit à peine besoin de dire que l'idée la plus adéquate que nous soyons à même de nous former pour le moment recevra nécessairement, du fait de notre propre

existence matérielle, une foule de restrictions et de limitations et ne pourra être exprimée qu'à l'aide d'analogies
sommaires.

Je dois dire dès le début que cette union de deux êtres
humains aussi différents qui s'exprime dans la *possession* d'un
organisme n'a en elle-même rien de fatidique ni d'alarmant.
Dans le cas de Mme Piper, le commencement et la fin d'une
extase qui, selon l'expression de M. James, étaient accompagnés au début de « troubles respiratoires et de contractions
musculaires prononcés », s'accomplissent à présent aussi
tranquillement que les faits de s'endormir et de se réveiller,
et son état de veille ne se ressent en aucune façon de son
extase, sauf une fatigue passagère lorsque l'extase a été trop
prolongée ou, d'un autre côté, un état de bien-être vague
et diffus semblable à celui qu'on éprouve quelquefois en se
réveillant à la suite d'un rêve agréable. L'influence sur la
santé, loin d'être nuisible, aurait été plutôt salutaire. En
tout cas, après des troubles sérieux qu'elle avait éprouvés à
la suite d'un accident de traîneau et des opérations consécutives, Mme Piper est actuellement « une femme dont la
santé est en parfait état ». Au point de vue du caractère,
elle présente le type de la femme américaine, tranquille et
s'occupant beaucoup de son ménage et de ses enfants (elle
s'était mariée en 1881 et a deux filles, dont une âgée de 17,
l'autre de 18 ans). D'après le Dr Hodgson, la direction qu'elle
subit de la part d'intelligences supérieures à la sienne a
augmenté sa stabilité et sa sérénité. Tant que nous ne considérons en effet que le côté matériel et charnel de ses rapports bizarres, il nous semble assister à un processus d'évolution qui se déroule devant nous avec une facilité inattendue,
de sorte qu'il est de notre devoir de rechercher soigneusement
et d'exercer d'autres individus favorisés présentant la même

faculté, toujours latente peut-être, mais de nos jours émergeant graduellement dans la race humaine. *Die Geisterwelt
ist nicht verschlossen* ; les sensitifs n'ont qu'à se plonger dans
un profond recueillement, pour apercevoir la porte qui
s'entr'ouvre sur ce monde des esprits. C'est plutôt de l'autre
côté de ces rapports que commencent les difficultés et les
perplexités les plus grandes.

En abordant les choses qui se trouvent au delà de l'expérience humaine, notre principal but doit être d'établir leur
continuité avec ce que nous savons déjà. Il nous est impossible par exemple de nous former, indépendamment de ce
que nous savons, une conception satisfaisante du monde invisible. Et cependant cette conception n'a jamais été considérée franchement du point de vue de nos idées modernes de
continuité, de conservation de l'énergie, d'évolution. Les
principales notions se rapportant à la survivance ont été formées par les hommes primitifs d'abord, par les philosophes
aprioristes ensuite. Aux yeux de l'homme de science, la
question ne présentait pas une actualité suffisante pour qu'il
la jugeât digne d'être abordée à l'aide des méthodes scientifiques. Il se contentait, comme le reste de l'humanité, de
quelque théorie traditionnelle, d'une préférence sentimen-
tale pour telle description qui lui paraissait la plus satisfaisante et la plus élevée. Mais il sait bien que ce principe
subjectif du choix avait conduit dans l'histoire à l'accepta-
tion de plus d'un dogme que nos notions d'hommes civilisés nous font considérer comme blasphématoires et cruels
au plus haut degré.

La seule différence entre les conceptions des philosophes
modernes et celles de l'homme primitif consiste en ceci que
tandis que ce dernier admettait *trop peu* de différence entre
le monde matériel et le monde spirituel, le premier consi-

dère cette différence comme étant *trop grande*, creuse entre l'un et l'autre un abîme infranchissable, les oppose d'une façon quasi-absolue.

Toute la question tourne autour de la persistance de l'identité personnelle au delà de la mort. Comment devons-nous concevoir cette identité ? Au cours de la vie terrestre, le corps réel de notre ami par exemple qui, dans l'idée que nous avons de cet ami, constitue un élément plutôt subordonné, n'en recouvre pas moins, par sa continuité physique, à la façon d'un symbole, toutes les lacunes de la mémoire, toutes les modifications du caractère. Mais c'étaient la mémoire et le caractère, c'est-à-dire les impressions emmagasinées sur lesquelles il réagissait et son mode de réaction spécifique, qui constituaient notre ami proprement dit. Que doit-il conserver de sa mémoire et de son caractère pour être reconnu par nous ?

Notre mémoire (ou la sienne) doit-elle persister entière ou éternelle ? Sa mémoire doit-elle prendre une extension qui confine à l'omniscience et son caractère revêtir une qualité divine ? Et quelles que soient les hauteurs qu'il atteigne, devons-nous demander qu'il se révèle à nous quand même ? Les limitations qui découlent de notre monde matériel ne sont-elles pas pour lui un obstacle ?

Rappelons-nous les quelques points qui semblent se dégager des considérations que nous avons formulées plus haut au sujet des communications de ce genre. L'esprit entre en rapport avec une personne vivante, occupant une place donnée à un moment donné et animée de certaines pensées et émotions. L'esprit peut dans certains cas trouver la personne en question et la suivre à volonté. Il possède donc dans une certaine mesure une connaissance de l'espace, tout en n'étant pas limité par l'espace, son pouvoir d'orientation

dans l'espace est jusqu'à un certain point à notre vue ce
que celle-ci est aux tâtonnements de l'aveugle. De même
l'esprit paraît avoir une connaissance partielle du *temps*,
tout en n'étant pas limité par lui. Il est capable de voir dans
le présent des choses qui apparaissent pour nous comme
situées dans le passé et d'autres que nous situons dans le futur.

L'esprit est de plus conscient, en partie tout au moins,
des pensées et émotions de ses amis terrestres, en tant que
ces pensées et émotions se rapportent à lui, et ceci non seulement lorsque l'ami se trouve en présence du médium,
mais aussi (comme l'a plus d'une fois montré G. P.) lorsque
l'ami est chez lui, vivant de sa vie ordinaire.

Admettant donc, pour les besoins de la cause, que tel est
l'état normal de l'esprit par rapport aux choses humaines,
comment peut et doit-il procéder pour se mettre en communication avec des vivants ? Or, s'il garde non seulement la mémoire des amours terrestres, mais une conscience actuelle
de toutes les émotions amoureuses dont il est l'objet après
sa mort, il paraît probable qu'il aura tout au moins *la volonté*,
le désir d'entrer en communications avec les vivants.

Cherchant alors une issue, il commencera par discerner
quelque chose qui correspond (selon l'expression de G. P.),
à une *lumière*, à une lueur qui perce l'obscurité confuse du
monde matériel. Cette « lumière » n'est autre chose qu'un
médium, c'est-à-dire un organisme humain constitué de telle
façon que l'esprit peut pendant un certain temps lui fournir
des informations et le diriger, sans interrompre nécessairement le courant de sa conscience ordinaire, en se servant
soit de sa main seulement, soit (comme dans le cas de Mme
Piper) de sa main et de sa voix à la fois et occupant tous les
canaux par lesquels le médium se manifeste. Les difficultés
inhérentes à cet acte de contrôle ou de direction sont dé-

crites par le Dr Hodgson de la façon suivante : « Si en effet chacun de nous est un « esprit » survivant à la mort du corps charnel, il existe certaines suppositions que nous pouvons faire non sans raison et concernant la possibilité pour un esprit désincarné de se mettre en communication avec des esprits incarnés. Même dans les meilleures conditions il peut arriver que l'aptitude aux communications soit aussi rare que les dons qui font un grand artiste, un grand mathématicien, un grand philosophe. Mais il se peut aussi que sous l'influence des changements qu'entraîne la mort elle-même, l' « esprit » se trouve au début troublé et égaré, et cela pendant un temps plus ou moins long ; et même après s'être accoutumé à son nouveau milieu, il est possible qu'en établissant avec un autre organisme vivant la même relation qu'il avait eue autrefois avec son propre organisme, il se trouve encore troublé, comme lorsqu'on se réveille dans un milieu étrange après une longue période d'inconscience. Si mon propre corps ordinaire pouvait être préservé dans son état actuel et que je puisse moi-même, l'abandonnant pour des mois et des années, mener une existence dans un autre ensemble de conditions, il est possible qu'en rejoignant, après cette longue absence, mon corps, je me montrerais au début troublé et incohérent dans mes manifestations par son intermédiaire. Combien mon trouble et mon incohérence seraient-ils plus prononcés si je rejoignais un *autre* corps humain ! Je serais troublé par différentes formes d'aphasie et d'agraphie, je serais sujet à des troubles de l'inhibition, je trouverais les nouvelles conditions opprimantes et épuisantes, et mon esprit fonctionnerait d'une façon automatique et comme dominé par un rêve. Or les communications que recevait Mme Piper présentaient précisément ce genre de confusion et d'incohérence auquel nous pouvions nous attendre *a priori,* si elles étaient vraiment ce qu'elles prétendaient être. »

J'ai comparé au commencement de ce chapitre les phéno- mènes de la possession avec ceux de la désintégration de la personnalité, avec les rêves et avec le somnambulisme. Or, il paraît probable que la théorie des personnalités multiples, par laquelle on affirme qu'aucun des courants connus de la personnalité humaine n'épuise toute sa conscience et qu'au- cune de ses manifestations connues n'exprime toute la poten- tialité de son être, puisse s'appliquer aux hommes désincarnés aussi bien qu'aux hommes incarnés, et ceci nous permet de supposer que les manifestations des premiers ressembleront à ces communications fugitives et instables qui existent entre les différentes couches de la personnalité chez l'homme vivant.

Mais cette difficulté elle-même et ce caractère fragmentaire des communications sont susceptibles en dernière analyse de nous fournir des renseignements précieux. Nous assistons au mystère central de la vie humaine, se déroulant dans de nouvelles conditions et plus que jamais accessible à notre observation. Nous voyons un esprit se servir d'un cerveau. Un cerveau humain est en dernière analyse un arrangement de matière adapté de façon à être influencé, mis en action par un esprit, mais tant qu'il reçoit des impulsions d'un esprit auquel il est accoutumé, l'action est trop faible pour nous permettre d'en saisir le mécanisme. Mais *main- tenant* nous avons affaire à un esprit étranger au cerveau, non habitué à l'instrument, s'installant et tâtonnant. Nous sommes ainsi à même d'apprendre des choses infiniment plus profondes et importantes que celles que nous apprennent les interruptions morbides de l'œuvre de l'esprit ordinaire, normal. Dans l'aphasie par exemple nous assistons à certaines difficultés de la parole dépendant de certains troubles cérébraux. Mais dans la *possession* nous voyons l'esprit dirigeant en train de lutter contre des difficultés analogues, écrivant ou prononçant un mot inexact, pour le remplacer par le mot juste, et même trouvant parfois le moyen de nous expliquer quelque chose de ce mécanisme verbal minutieux dont l'arrêt ou le dérangement avait donné naissance à l'erreur.

Il est possible qu'avec les progrès que feront nos investigations, à mesure que nous-mêmes d'un côté et les esprits désincarnés de l'autre serons de plus en plus initiés aux conditions nécessaires pour le contrôle parfait du cerveau et du système nerveux des intermédiaires, il est possible, disons-nous, que les communications deviendront de plus en plus complètes et cohérentes et atteindront un niveau de plus en élevé de conscience unitaire. Les difficultés peuvent être grandes et nombreuses, mais peut-il en être autrement lorsqu'il s'agit de réconcilier l'esprit avec la matière, d'ouvrir à l'homme, de la planète où il est emprisonné, une trouée sur le monde spirituel ?

Nous avons vu, au cours de ce chapitre, les phénomènes de la possession intimement liés à ceux de l'extase. Ceci s'explique si l'on songe que, du moment où un esprit extérieur est susceptible d'entrer dans un organisme pour s'en emparer, l'esprit intérieur peut à son tour être capable d'abandonner l'organisme auquel il est habituellement attaché, changer son centre de perception et d'action, quoique d'une façon moins complète et moins irrévocable qu'à la suite des changements qui résultent de la mort. L'extase devient ainsi simplement l'aspect complémentaire et corrélatif de la possession spirituelle. Un tel changement ne doit pas être forcément *spatial*, pas plus que celui qui consiste dans l'invasion de l'organisme déserté par un esprit extérieur. On peut aller plus loin et dire que puisque l'esprit incarné est capable de changer de cette façon son centre de perception, en réponse pour ainsi dire à l'invasion de l'organisme par un esprit désincarné, on ne voit pas pourquoi il ne pourrait pas en faire autant dans d'autres occasions. Nous connaissons déjà la « clairvoyance migratrice » qui consiste en ce que l'esprit change de centre de perception au milieu de scènes du monde matériel. Pourquoi n'y aurait-il pas une extension de la clairvoyance migratrice au monde spirituel ? une transmission spontanée du centre de perception dans cette région d'où les esprits désincarnés semblent de leur côté capables de communiquer avec une liberté grandissante ?

La conception de l'*extase*, dans son sens à la fois le plus littéral et le plus sublime, s'est ainsi dégagée toute seule, d'une façon presque insensible, de tout un ensemble de preuves modernes ; et ce n'est pas avant longtemps que nous réussirons à séparer de façon adéquate, je ne dirai pas l'élément objectif de l'expérience de son élément subjectif, car nous aurons dépassé la région où ces mots conservent encore leur sens, mais l'élément de l'expérience qui appartient à des esprits autres que celui de l'homme en extase de l'élément qui appartient en propre à ce dernier.

Il n'est pas paradoxal de dire que les preuves qui existent en faveur de l'extase sont plus sérieuses que celles que nous possédons en faveur de n'importe quelle autre croyance religieuse. De toutes les expériences subjectives de la religion, l'extase est celle qui a été affirmée avec le plus de force, le plus de conviction. Elle ne constitue pas le monopole d'une seule religion quelconque, et si au point de vue psychologique la principale preuve de l'importance d'un phénomène subjectif faisant partie de l'expérience religieuse consiste dans le fait qu'il est commun à toutes les religions, il en existe à peine un autre qui réponde à cette condition au même degré que l'extase. Depuis le sorcier des sauvages les plus primitifs, jusqu'à saint Jean, saint Pierre, saint Paul, sans oublier Bouddha et Mahomet, nous possédons des données qui, tout en présentant des différences considérables au point de vue moral et intellectuel, ont une base psychologique commune.

A toutes les époques l'esprit est conçu comme étant susceptible de quitter le corps ou, s'il ne le quitte pas, d'étendre considérablement son champ de perception en faisant naître un état qui ressemble à l'extase. Toutes les formes connues d'extase s'accordent sur ce point et toutes elles reposent sur un fait réel.

Nous établissons ainsi la continuité et la réalité de phénomènes qui jusqu'ici ont été considérés sans connexion aucune et d'une façon à peu près inintelligible. Guidés par notre point de vue à nous, nous pouvons établir une connexion entre les formes supérieures et les formes inférieures, sans aucun préjudice pour les premières. Le shaman, le sorcier, lorsqu'il n'est pas un imposteur, pénètre aussi réellement dans le monde spirituel que saint Pierre ou saint Paul ; mais il ne pénètre pas dans la même région de ce monde ; des visions confuses et obscures le terrifient au lieu de l'exalter. Mais, en ce qui nous concerne, le fait seul que nous croyons à ses visions ne fait que confirmer et corroborer notre foi relative à la vision du « septième ciel » des apôtres.

CHAPITRE X

CONCLUSION

La tâche que je m'étais proposée au commencement de cet ouvrage peut être considérée comme remplie. Abordant successivement chacun des points de mon programme, j'ai présenté, non certes toutes les preuves que je possède et que j'aurais voulu exposer, mais un nombre de données suffisant pour illustrer un exposé continu, sans faire courir à mon livre les risques de dépasser les limites au delà desquelles il n'aurait pas trouvé de lecteurs. J'ai indiqué aussi les principales conclusions qui se dégagent immédiatement de ces données. Les généralisations plus vastes auxquelles je puis me livrer maintenant sont dangereusement spéculatives ; elles sont de nature à détourner de ce genre de recherches plus d'un esprit scientifique dont l'adhésion m'importe avant tout. C'est là pourtant un risque que je veux courir, et cela pour deux raisons, ou plutôt pour une raison capitale susceptible d'être considérée sous deux aspects : il m'est notamment impossible de laisser cette masse d'observations obscures et peu familières sans quelques mots de généralisation plus vaste, sans une conclusion qui établisse un rapport plus clair entre ces nouvelles découvertes et les schémas déjà existants de la pensée et des croyances des hommes civilisés.

Je considère en premier lieu cet essai de synthèse comme nécessaire pour le but pratique qui consiste à enrôler le plus possible d'auxiliaires dans cet ordre de recherches. Comme j'ai eu l'occasion de le dire plus d'une fois, ce n'est pas l'opposition, mais l'indifférence qui a été le véritable obstacle à leur progrès. Ou, si le mot indifférence est trop fort, l'intérêt évoqué par ces recherches n'a pas été suffisant pour susciter des collaborations aussi nombreuses et efficaces que celles qui se manifestent dans une quelconque des sciences que tout le monde a pris l'habitude de respecter. Nos recherches portent sur un ordre des faits qui ne sont ni ceux de la religion ni ceux de la science, et elles ne peuvent demander l'appui ni du « monde religieux » ni de la *Société Royale*. Mais, à part même l'instinct de curiosité scientifique pure (qui certes a rarement vu s'ouvrir devant lui un champ aussi vaste et peu exploré), les problèmes capitaux dont ces phénomènes gardent le mystère constituent un appel suffisamment, exceptionnellement puissant. Je me propose de formuler cet appel, et non seulement d'entraîner la conviction, mais encore de susciter la coopération. Et des conversations que j'ai eues avec de nombreuses personnes, je crois pouvoir conclure que, pour obtenir cette coopération, même de la part des hommes de science, il est nécessaire de donner une vue d'ensemble, quel qu'en soit le caractère spéculatif et incertain, des conséquences morales de tous ces phénomènes.

D'un autre côté, et ici la raison d'ordre pratique que nous avons donnée plus haut prend un caractère plus large et plus profond, il serait injuste envers les données elles-mêmes que nous avons acquises de terminer cet ouvrage sans toucher d'une façon plus directe que nous ne l'avons fait jusqu'ici à quelques-unes des convictions les plus profondes de l'homme. Leur influence ne doit pas être limitée aux conclusions, quelques importantes qu'elles soient, qui en découlent immédiatement. Ces découvertes sont plutôt de nature à contribuer, plus que toutes les autres, à l'achèvement ultime du programme de domination scientifique que l'*Instauratio Magna* avait formulé pour l'humanité. Bacon avait prévu la victoire progressive de l'observation et de l'expérience, le triomphe du fait réel et analysé, dans tous les domaines des études humaines; dans tous sauf un. C'est en effet à l'Autorité et à la Foi qu'il abandonna le domaine des « choses divines ». Je tiens à montrer que cette grande exception n'est plus justifiée. Je prétends qu'il existe une méthode d'arriver à la connaissance de ces choses divines avec la même certitude, la même assurance calme auxquelles nous devons les progrès dans la connaissance des choses terrestres. L'autorité des religions et des églises sera ainsi remplacée par celle de l'observation et de l'expérience. Les impulsions de la foi se transformeront en convictions raisonnées et résolues qui feront naître un idéal supérieur à tous ceux que l'humanité avait conçus jusqu'ici.

La plupart des lecteurs des pages précédentes auront sans doute été préparés à l'opinion ainsi exprimée franchement. Mais peu nombreux seront ceux auxquels cette opinion ne paraîtra pas à première vue bizarre et invraisemblable. La philosophie et l'orthodoxie s'accorderont à la trouver présomptueuse, et la science elle-même n'acceptera pas sans objection qu'on fasse entrer dans ses cadres des faits dont elle avait pendant longtemps l'habitude soit de nier l'existence, soit en tout cas de méconnaître la valeur. Je n'en suis pas moins convaincu qu'il apparaîtra à la réflexion que le changement de point de vue que je propose est plus que nécessaire : il est inévitable.

Je n'ai pas besoin de décrire ici tout au long l'inquiétude profonde de notre époque. A aucune autre, le degré de satisfaction spirituelle de l'homme n'a été à ce point au-dessous de l'intensité de ses besoins. L'ancienne nourriture, quoique administrée de la façon la plus consciencieuse, est trop peu substantielle pour nous autres modernes. Deux courants opposés traversent nos sociétés civilisées : d'un côté la santé, l'intelligence, la moralité, tous ces dons que les progrès rapides de l'évolution planétaire sont à même de procurer à l'homme, se sont accrues dans des proportions extraordinaires ; d'un autre côté, cette même santé, cette même prospérité font ressortir davantage le *Welt-Schmerz* qui ronge la vie moderne, la perte de toute foi réelle dans la dignité, le sens, l'infinité de la vie.

Nombreux, certes, sont ceux qui acceptent facilement cette limitation de l'horizon, qui voient sans regret tout espoir plus élevé se dissiper et s'obscurcir sous l'influence des activités et des plaisirs terrestres. Mais d'autres ne se montrent pas satisfaits à aussi bon compte ; ils ressemblent à des enfants qui sont trop grands pour les jeux avec lesquels on les amuse, qui sont prêts à tomber dans l'indifférence et le mécontentement contre lesquels le seul remède consiste dans l'initiation aux travaux sérieux des hommes.

L'Europe avait déjà connu une crise pareille. Il y a eu une époque où la naïveté joyeuse, les impulsions irréfléchies du monde primitif avaient disparu, où la beauté avait cessé d'être le culte des Grecs, et Rome la religion des Romains. La décadence Alexandrine, la désolation byzantine ont trouvé leur expression dans plus d'un épigramme qui aurait pu être écrit de nos jours. Il se produisit alors une grande invasion du monde spirituel, et avec de nouvelles races et de nouveaux idéaux l'Europe a recouvré sa jeunesse.

L'effet unique de cette grande impulsion chrétienne commence peut-être à s'atténuer. Mais plus de grâce peut venir d'une région d'où la grâce était déjà venue une fois. L'agitation de notre époque est celle de l'adolescence, non celle de la sénilité ; elle annonce plutôt l'approche de la puberté que celle de la mort.

Ce que notre époque demande, ce n'est pas l'abandon de tout effort, mais une tension de tous nos efforts ; elle est mûre pour une étude des choses invisibles aussi sérieuse et aussi sincère que celle que la Science avait appliquée aux problèmes terrestres. C'est que de nos jours l'instinct scientifique, développé depuis si peu de temps dans l'humanité, semble prendre un essor pour acquérir l'importance que l'instinct religieux avait eue aux temps passés, et s'il existe la moindre fente à travers laquelle il soit possible de regarder ce qui se passe en dehors de la cage planétaire, nos descendants ne se feront pas faute d'en profiter et de l'élargir. Le schéma de connaissances qui s'impose à ces chercheurs doit être tel que, tout en *dépassant* nos connaissances actuelles, il les *continue* ; par conséquent un schéma non catastrophique, mais évolutionniste, non promulgué et terminé en un moment, mais se développant graduellement en recherches progressives.

Ne doit-il pas y avoir également un changement continu, un avancement sans fin de l'idéal humain lui-même, de sorte que la foi abandonne son point de vue du passé limité pour se placer à celui du futur sans fin, moins pour suppléer aux lacunes de la tradition que pour rendre plus intense la conviction qu'il existe une vie supérieure pour laquelle on doit travailler, une sainteté qui peut être atteinte un jour en vertu d'une grâce et à l'aide d'efforts jusqu'ici inconnus ?

Il se peut que pour quelques générations à venir la foi
la plus vraie consistera dans des efforts incessants de démê-
ler parmi les phénomènes confus quelque trace du monde
supérieur, de trouver ainsi « la substance des choses espérées,
la preuve des choses invisibles ». J'avoue pour ma part avoir
souvent eu l'impression que notre époque a été favorisée d'une
façon exceptionnelle, qu'aucune révélation et aucune certitude futures n'égaleront la joie de ce grand effort contre le
doute pour la certitude, contre le matérialisme et l'agnos-
ticisme, qui ont accompagné les premiers progrès de la
science, pour une conviction scientifique plus profonde que
l'homme possède une âme immortelle. Je ne connais pas
d'autre crise d'un charme aussi profond; mais ceci n'est
peut-être après tout que l'incapacité de l'enfant affamé de
se figurer quelque chose de plus agréable que la première
bouchée de pain qu'il avale. Donnez-lui *cela* seulement, et
peu lui importe de savoir s'il est appelé à être un jour premier ministre ou valet de charrue.

Tout aussi transitoire et dépendant au même degré de la
place que nous occupons dans l'histoire des efforts humains
est une autre nuance de sentiment que beaucoup ont connue.
Ils ont senti notamment que l'incertitude communique à
la foi une portée et un courage que la certitude scientifique
est impuissante à donner. Ils ont éprouvé une joie austère
dans le choix de la vertu, sans attendre aucune récompense de la vertu. Cette joie, semblable à la joie de Colomb
naviguant vers l'Ouest de Hierro ne pourra peut-être pas
se reproduire sous les mêmes formes. Mais, pour descendre à une comparaison plus humble, jamais l'homme
fait ne sera capable de se vouer à l'étude dans le même
esprit de foi pure, sans anticipation des résultats, comme
lorsqu'il apprenait l'alphabet sur les genoux de sa mère.

Notre effort intellectuel a-t-il pour cela diminué depuis ?
Avons-nous senti qu'il n'était plus nécessaire de lutter
contre l'oisiveté puisque nous avons appris que la connaissance apportait une récompense certaine ?

Les variétés de la joie spirituelle sont infinies. A l'époque
de Thalès, la Grèce avait éprouvé la joie de la première
notion vague de l'unité et de la loi cosmiques. A l'époque
du christianisme, l'Europe avait reçu le premier message
authentique d'un monde situé au delà du nôtre. A notre
époque, la conviction se fait jour que les messages sont susceptibles de devenir continus et progressifs, qu'entre le
monde visible et le monde invisible il existe un chemin de
communication que les générations futures auront à cœur
d'élargir et d'éclairer. Notre époque peut nous sembler la
meilleure ; leurs époques leur paraîtront également meilleures et plus grandes.

Évolution spirituelle : telle est donc notre destinée dans
ce monde et dans l'autre ; évolution graduelle à nombreuses
étapes, à laquelle il est impossible d'assigner une limite.
Et la passion de la vie n'est pas de la faiblesse égoïste, mais
un facteur de l'énergie universelle. On doit maintenir sa
force intacte, lors même que notre lassitude nous pousse à
nous croiser les bras dans un repos sans fin ; elle doit survivre et annihiler les « douleurs qui conquièrent la vérité ».
Si les Grecs considéraient comme une λιποταχία, comme une
désertion du poste assigné dans la bataille, le fait de quitter
par le suicide la vie terrestre, combien plus lâche est le désir
de déserter le Cosmos, la résolution de ne plus rien espérer,
non seulement de la planète, mais de l'ensemble des choses.

Or, l'homme peut maintenant se sentir chez soi dans l'Univers infini ; la plus forte peur est passée ; la vraie sécurité
commence à être acquise. La plus forte peur était celle de

l'extinction ou de la solitude spirituelle ; la vraie sécurité réside dans la loi de la télépathie.

Je vais expliquer ma pensée. A mesure que nous considérions les différents aspects successifs de la télépathie, nous en avons vu la conception s'élargir et s'approfondir graduellement au cours de notre étude. Elle s'est montrée à nous au début comme une transmission quasi-mécanique d'idées et d'images d'un cerveau à un autre. Et à la fin nous l'avons vue revêtir une forme plus variée et plus imposante, comme si elle exprimait la véritable invasion par un esprit distant. Nous avons pu assigner à son action une étendue plus grande qne n'importe quel espace de la terre ou de l'océan, comblant l'abîme qui sépare les esprits incarnés des esprits désincarnés, le monde visible du monde invisible. On dirait qu'il n'existe pas de limite à la distance de ses opérations, pas plus qu'à l'intimité de ses invasions.

L'amour qui, selon la définition de Sophocle, pousse « les bêtes, les hommes et les dieux » avec la même force n'est pas l'effet d'une impulsion charnelle ou d'un caprice émotionnel. On peut plutôt définir maintenant l'amour, comme nous l'avons fait pour le génie, dans des termes qui lui donnent un sens nouveau, plus en rapport avec les phénomènes que nous avons décrits. Le génie, avons-nous dit, est une sorte de clairvoyance exaltée, mais non développée. L'invasion subliminale qui inspire le poète ou le musicien lui donne une perception profonde, mais vague, de ce monde invisible dans lequel le voyant ou le médium jette un regard plus étroit mais plus précis. De même l'amour est une sorte de télépathie exaltée, mais non spécialisée, l'expression la plus simple et la plus universelle de cette gravitation mutuelle ou de cette royauté des esprits qui sont à la base de la loi de la télépathie.

Telle est la réponse à la peur d'autrefois ; la peur a fait de la sociabilité de l'homme une chose extérieure et de sa solitude une chose intérieure ; elle nous a fait considérer les liens qui nous unissent à nos semblables comme résultant de la lutte pour l'existence, comme engendrés par les besoins de la puissance et de la cohésion grégaires ; et on craignait que l'amour et la vertu ne disparaissent comme ils sont nés. Telle est la réponse à ceux qui craignent que des centres séparés de vie consciente ne soient condamnés à être toujours étrangers, sinon hostiles les uns aux autres, que les unions et les sociétés ne soient toujours intéressées et illusoires et l'amour un armistice momentané au cours d'une guerre infinie et inévitable.

Ces craintes disparaissent, dès que nous reconnaissons que c'est par nos âmes que nous sommes unis à nos semblables, que le corps sépare lors même qu'il semble unir, de sorte que « jamais l'homme ne vit ni ne meurt pour lui seul », mais en un sens plus profond que celui de la métaphore, « nous sommes tous membres les uns des autres ». Comme les atomes, comme les soleils, comme les voies lactées, nos esprits sont des systèmes de forces qui vibrent continuellement sous la dépendance mutuelle de leurs forces attractives.

Tout ceci n'est encore que vaguement esquissé ; ce sont les premiers contours d'un schéma de pensée qu'il faudra des siècles pour développer. Mais pouvons-nous supposer que, lorsque la conception du lien existant entre les âmes aura pris racine, les hommes voudront retourner à l'ancien exclusivisme, à l'ancien état de controverse ? Ne verront-ils pas que cette connaissance qui élargit le monde est à la fois ancienne et nouvelle, que *die Geisterwelt ist nicht verschlossen* ? Que les révélations de ce genre ont toujours existé, mais qu'elles prennent maintenant pour nous un sens plus profond, grâce à la science plus profonde de ceux qui les envoient et de nous autres qui les recevons ?

Nous avons ici sûrement une conception à la fois plus large et plus exacte qu'aucune de celles qu'on ait jamais connues, de cette « éducation religieuse du monde » sur laquelle les théologiens aimaient tant à insister. Nous n'avons besoin ni d' « intervention surnaturelle », ni de « plan de rédemption ». Nous n'avons qu'à admettre que le même processus qui se manifeste de nos jours s'était toujours manifesté entre ce monde et l'autre.

Supposons que pendant que les hommes incarnés ont évolué de l'état sauvage à l'état civilisé, les hommes désincarnés en aient fait autant. Supposons qu'ils soient devenus plus empressés et plus capables de se servir, pour leurs communications avec la terre, des lois qui président aux relations entre le monde matériel et le monde spirituel.

D'après cette hypothèse, des phénomènes automatiques se produiraient qui ne seraient pas modifiés intentionnellement par le pouvoir spirituel. Il a toujours dû exister des points de contact où les choses invisibles se heurtaient aux choses visibles. Il y a toujours eu des « migrations clairvoyantes » aux cours desquelles l'esprit du shaman ou du sorcier discernait des choses éloignées sur la terre par la puissance excursive de l'esprit. Il y a toujours eu des apparitions au moment de la mort, effets conscients ou inconscients du choc qui sépare l'âme du corps, et toujours il y a eu des « hantises », lorsque l'esprit, déjà désincarné, revoyait, dans un rêve perceptible à d'autres, les scènes qu'il avait connues autrefois.

C'est sur la base de ces phénomènes que se sont développées (pour ne parler que de l'Europe civilisée) la religion divinatoire d'abord, la religion chrétienne ensuite. Les cadeaux en or, offerts par Crésus à l'oracle de Delphes, nous fournissent, en faveur de la clairvoyance de Pythie, le seul témoignage que nous pouvions attendre de la part d'une tradition qui nous vient de l'aube de l'histoire.

Et puis, ne comprendrons-nous pas mieux et le caractère unique et la réalité de la révélation chrétienne, en la considérant comme le dégré culminant d'une évolution plutôt que comme une exception, comme étant appelée non à détruire la loi cosmique, mais à en achever la réalisation ? Pour la première fois dans l'histoire humaine arriva alors du monde invisible un message tel que tous les cœurs l'avaient désiré, un message donnant satisfaction aux besoins émotionnels fondamentaux non seulement de cette époque, mais de toutes celles aussi qui allaient suivre. *Intellectuellement* ce message ne pouvait pas satisfaire toutes les époques à venir, vu l'évolution de la connaissance et du pouvoir qui devait s'accomplir aussi bien du côté des esprits incarnés que de celui des esprits désincarnés.

Personne au moment de la révélation ne soupçonnait cette uniformité, cette continuité de l'Univers qu'une longue expérience a presque transformées pour nous en axiome. Personne ne prévoyait le jour où la demande d'un miracle se transformerait en une demande d'une loi supérieure.

Ce tempérament scientifique nouveau ne constitue pas, d'après moi, le privilège exclusif des habitants de cette terre. Le monde spirituel, je crois l'avoir montré, présente des manifestations du même tempérament. Mais ces manifestations se produisent, et doivent se produire, conformément au schéma de l'évolution normale. Elle doivent reposer sur l'éducation, sur la séparation de ce qui chez nous autres mortels fait partie de l'invisible, participe du monde immortel. Des deux côtés le processus doit être rapide et continu. Nous nous trouvons en présence non plus de quelques événements isolés dans le passé (susceptibles d'être interprétés d'une façon ou d'une autre, mais à jamais renouvelables), mais plutôt d'un état de choses réel et se confondant avec le monde, que nous reconnaissons avec une clarté grandissante d'année en année et qui change dans des directions que nous sommes à même de prévoir de mieux en mieux. Ce nouvel aspect des choses a besoin d'une nouvelle généralisation, d'un nouvel arrangement ; il nous montre la possibilité d'une synthèse provisoire de la foi religieuse qui formera la véritable conclusion de cet ouvrage.

Esquisse provisoire d'une synthèse religieuse.

J'ai des raisons d'espérer que nous ne sommes pas éloignés d'une synthèse religieuse qui, malgré son caractère provisoire et rudimentaire, n'en finira pas moins par être plus en rapports avec les besoins rationnels de l'homme qu'aucune de celles qui l'ont précédée. Cette synthèse ne peut être obtenue ni grâce à la simple domination d'une des religions existantes ni par des processus de syncrétisme ou d'éclectisme. Le condition préalable nécessaire de son existence consiste dans l'acquisiton réelle, soit à l'aide de découvertes, soit à la suite de révélations, de nouvelles connaissances utilisées de façon que toutes les principales formes de la pensée religieuse puissent, par une expansion et un développement harmonieux, former de simples éléments constitutifs d'un tout plus compréhensif. Et je crois qu'il a été acquis jusqu'à présent assez de ces connaissances, pour qu'il me soit permis de soumettre à mes lecteurs les conséquences religieuses qui me semblent en découler.

A cet effet, notre conception de la religion doit être à la fois profonde et compréhensive, conforme à la définition que nous en avons déjà donnée et qui est celle d'une réponse normale et saine de l'esprit humain à tout ce que nous connaissons de la loi cosmique, c'est-à-dire à tous les phénomènes connus de l'univers considérés comme un *tout* intelligible. Cependant la réponse subjective de la plupart des hommes à tout ce qui les environne tombe souvent au-dessous du niveau de la véritable pensée religieuse. Elle s'éparpille en désirs, elle est emprisonnée par des ressentiments ou déformée par des peurs superstitieuses. Ce n'est donc pas de ces hommes-là que je parle, mais de ceux auxquels le grand spectacle a inspiré une tendance vague tout au moins vers la Source de toutes choses, chez lesquels la connaissance a fait naître la méditation et des désirs élevés. Je voudrais voir la science, épurée d'abord par la philosophie, se transformer ensuite par la religion en une flamme brûlante ; car à mon avis nous ne saurions être trop religieux. Je désire que l'univers qui nous environne et nous pénètre, son énergie, sa vie, son amour, éclaire en nous, dans la mesure où nous nous y prêtons, ce que nous attribuons à l'âme universelle, en disant : « Dieu est l'amour », « Dieu est la lumière ». L'énergie inépuisable de bienveillance omnisciente qui réside en l'âme universelle doit se transformer en nous en une adoration et une collaboration enthousiastes, en une obéissance ardente à ce que nos meilleurs efforts nous permettent de discerner comme étant le principe régulateur en nous et en dehors de nous.

Mais si nous nous formons de la religion un idéal aussi haut, en l'élevant au-dessus de l'obéissance aveugle et de la crainte intéressée, au point de rendre la soumission à lui entièrement voulue et de borner ses exigences à des réponses purement spirituelles, nous avons le droit de nous demander s'il est juste et raisonnable d'être religieux, de considérer avec une dévotion aussi complète un univers en apparence incomplet et irresponsable et un principe régulateur que tant de gens ignorent ou mettent en doute.

Le pessimiste professe cette opinion que l'existence des êtres sensibles constitue une erreur déplorable dans le schéma des choses. L'égoïste *agit* tout au moins selon la maxime que l'univers n'a aucune signification morale et que chacun pour soi «est la seule loi indiscutable». J'ose penser que de la réponse au pessimiste et à l'égoïste se dégage l'idéal de nos connaissances nouvelles. Il persiste, il est vrai, une difficulté plus subtile que les âmes généreuses sentent instinctivement. « Le monde, disent ces personnes, est une résidence imparfaite, et il est de notre devoir de faire de notre mieux pour l'améliorer. Mais qu'est-ce qui nous force à ressentir, et la fraction minime de notre bonheur personnel justifie-t-elle un pareil sentiment, un *enthousiasme religieux* pour un univers dans lequel même un seul être aura été de par sa sensibilité voué à des douleurs inévitables ? »

La réponse à ces scrupules moraux ne peut en grande partie être dictée que par la foi. Si nous savions en effet qu'il n'existe rien au delà de la vie terrestre, ou (ce qui pis est) que cette vie a entraîné ne serait-ce que pour une seule âme des souffrances infinies, ce serait de notre part un escamotage moral que d'attribuer le pouvoir et la bonté à la cause première, personnelle ou impersonnelle, d'un pareil sort. Mais si nous croyons à l'existence d'une vie infinie, avec des possibilités infinies d'amélioration humaine et de justification divine, alors il semble exact d'affirmer que l'univers est (d'une façon qui nous échappe) ou parfaitement bon ou bien en train de le devenir, puisqu'il peut le devenir grâce en partie à l'ardeur même de notre foi et de notre espérance.

Je ne fais que mentionner ces difficultés de début ; je n'y insisterai pas ici. Je parle à des hommes décidés, en vertu de leur instinct ou de leur raison, à être religieux, à s'approcher dans une vénération dévouée d'une Puissance et d'un Amour infinis. Notre désir est simplement de trouver le moyen le moins indigne de penser à des choses qui nécessairement dépassent notre pensée finie.

Nous pouvons diviser les meilleures émotions religieuses en trois variétés, trois courants qui roulent parallèlement et dont chacun surgit à mon avis de quelque source cachée dans la réalité des choses.

Je placerai en premier lieu, le sentiment obscur des penseurs indépendants appartenant à différentes époques et à différentes contrées et que je désignerai, pour éviter toute définition discutable, sous le nom de *religion des sages anciens*. Sous cette dénomination (quoique Lao-Tzû ne soit peut-être rien de plus qu'un nom) il nous a été présenté dans un résumé sommaire par le grand sage et poète de notre propre époque ; et des mots tels que religion naturelle, panthéisme, platonisme, mysticisme ne font qu'exprimer ou intensifier les différents aspects de la conception principale qui forme la base du sentiment en question. C'est la conception de la coexistence et de l'interpénétration d'un monde réel ou spirituel et d'un monde matériel ou phénoménal, croyance née dans beaucoup d'esprits à la suite d'expériences à la fois plus décisives et plus concordantes que celles qu'ils aient jamais connues. Je dis : plus décisives, parce qu'elle supposent l'apparition et l'action d'un sens qui est « le dernier et le plus vaste », d'une faculté qui permet d'embrasser, je ne dirai pas Dieu (car quelle faculté

finie est capable d'embrasser l'infini ?), mais tout au moins
quelques indices vagues et fragmentaires d'un véritable
monde de vie et d'amour. Plus *concordantes* aussi, et ceci
pour une raison qui, jusqu'en ces derniers temps, aurait semblé un paradoxe, car la corroboration mutuelle de ces signes et messages ne dépend pas seulement de leur concordance fondamentale jusqu'à un certain point, mais aussi
de leur inévitable divergence au delà de ce point, lorsqu'ils
passent du domaine des choses senties dans celui des choses imaginées, de la région de l'expérience réelle à celle de
la foi dogmatique.

La religion des Sages anciens est d'une antiquité inconnue. D'une antiquité inconnue sont également les différentes
religions orientales qui dans les temps historiques ont atteint leur point culminant dans la religion de Bouddha.
Pour le Bouddhisme tous les univers qui se pénètrent forment autant de degrés par lesquels l'homme suit sa marche
ascendante, jusqu'à ce qu'il soit délivré de toute illusion et
plongé ineffablement dans le tout impersonnel. Mais la doctrine de Bouddha a perdu tout contact avec la réalité et n'est
pas fondée sur des faits observés et reproduisibles.

Le christianisme, la plus jeune de toutes les grandes religions, repose incontestablement sur une base formée de
faits observés. Ces faits, tels que la tradition nous les
fait connaître, tendent assurément à prouver le caractère
surhumain du fondateur du christianisme et son triomphe
sur la mort et en même temps l'existence et l'influence d'un
monde spirituel qui est la véritable patrie de l'homme.
Tout le monde reconnaît que ces idées se trouvent à l'origine de la foi. Mais depuis les premiers jours le christianisme a été élaboré en codes moraux et rituels adaptés à la
civilisation occidentale, et certains croient qu'il a gagné

comme règle de vie ce qu'il a perdu en fait de simplicité spirituelle.

Au point de vue du sage ancien, les concordances profondes de tous ces différents systèmes religieux effacent leurs oppositions formelles. Mais, je le répète, ce n'est pas de la soudure de ces systèmes, ni du mélange des meilleures parties de chacune des synthèses existantes, que naîtra la synthèse nouvelle que je prévois. Elle naîtra de la renaissance même de nos connaissances, et dans ces nouvelles connaissances chacune des grandes formes de la pensée religieuse trouvera son développement indispensable, je dirai presque prédestiné. Depuis son enfance notre race avait trébuché sur une voie défendue ; et actuellement les premières leçons de sa première enfance lui révèlent que beaucoup de ce à quoi elle avait cru instinctivement a sa source, sa racine dans la réalité même.

Je vais donc dire ce que je crois savoir ; je vais résumer la conclusion religieuse qui découle de l'observation et de l'expérience, avant même que nos découvertes puissent être citées devant le tribunal de la science, pour en recevoir leur consécration définitive.

Je dis : la *conclusion religieuse,* car les observations et les expériences sur lesquelles je m'appuie, je les suppose connues ; ces observations, expériences et inductions ont amené plus d'un chercheur, et je suis du nombre, à une croyance à l'intercommunication directe ou télépathique non seulement entre des esprits incarnés, mais encore entre des esprits incarnés d'un côté et des esprits désincarnés de l'autre. Une telle *découverte* ouvre aussi la porte à la *révélation.* Grâce à la découverte et à la révélation, certaines opinions ont été provisoirement formulées concernant le sort des âmes délivrées des corps. En premier lieu et avant tout, je crois qu'on

est autorisé à considérer leur état comme celui d'une évolution infinie dans la sagesse et dans l'amour. Leurs amours
terrestres persistent, et au-dessus de tout, ces amours supérieurs qui cherchent à se manifester dans l'adoration et le
culte. Il ne semble pas qu'il soit possible de tirer de leur
état des arguments quelconques en faveur d'une des théologies existantes. Là-dessus les âmes semblent moins bien
renseignées que nous autres mortels n'avions cru l'être. Mais
du haut de la position privilégiée qu'elles occupent dans
l'Univers, elles voient qu'il est bon. Je ne veux pas dire par
là qu'elles sachent quoi que ce soit sur la fin ou l'explication
du mal. Mais le mal leur paraît une chose moins terrible
qu'asservissante. Il n'est incarné dans aucune autorité puissante, il forme plutôt un état de folie isolé dont des esprits
supérieurs cherchent à débarrasser les âmes dénaturées. On
n'a pas besoin pour cela de la purification par le feu ; la connaissance de soi-même est la seule punition et la seule récompense de l'homme. Dans ce monde, l'amour est vraiment
la condition de la préservation personnelle ; la communion
avec les saints n'est pas seulement l'ornement de la vie,
mais en assure l'éternité. Or, la loi de la télépathie nous
montre que cette communion se produit déjà de temps à
autre dans ce monde-ci. Dès à présent l'amour des âmes répond à nos invocations. Dès à présent l'amour associé à nos
souvenirs, l'amour qui est lui-même une prière appuie et
réconforte ces âmes délivrées dans leur chemin ascendant.
A cela rien d'étonnant, puisque nous sommes par rapport à
eux comme des compagnons de route enveloppés d'un brouil-
lard ; « ni la mort, ni la vie, ni la hauteur, ni la profondeur, ni aucune créature » ne sont capables de nous éloigner
du feu central de l'univers, ni de cacher pour plus d'un moment l'inconcevable unité des âmes.

Quel est le système qui ait fourni une confirmation aussi profonde de l'essence même de la révélation chrétienne? Jésus-Christ fit naître « la vie et l'immortalité ». Par son apparition après la mort corporelle, il a prouvé l'immortalité de l'esprit. Par son caractère et son enseignement, il a prouvé la paternité de Dieu. Tout ce que son message contenait de données démontrables est ici démontré ; toutes ses promesses de choses indémontrables sont ici renouvelées.

Je vais hasarder une opinion osée et prédire que, grâce aux nouvelles données que nous possédons, tous les hommes raisonnables croiront avant un siècle à la résurrection du Christ, tandis que, sans ces données, personne n'y croirait plus avant un siècle. Les raisons qui me dictent cette prédiction sont suffisamment claires. Notre conviction toujours croissante de la continuité, de l'uniformité de la loi cosmique nous a progressivement imposé cette conclusion que l'*unicité* d'un incident constitue précisément sa réfutation inévitable. Notre siècle de science se pénètre de plus en plus de cette vérité que les relations entre le monde matériel et le monde spirituel ne peuvent pas être d'un caractère uniquement moral ou émotionnel ; qu'elles doivent être l'expression d'un grand fait fondamental de l'Univers, impliquant l'action de lois aussi permanentes, aussi identiques d'une époque à l'autre que nos lois connues concernant l'énergie et le mouvement. Et en ce qui touche spécialement cette affirmation centrale, la vie de l'âme se manifestant après la mort corporelle, il est clair qu'elle peut de moins à moins se faire prévaloir de la tradition seule et doit de plus en plus chercher sa confirmation dans l'expérience et l'étude modernes. Supposons par exemple que nous ayons recueilli quelques-unes de ces histoires et que ces his-

toires n'aient pas résisté à l'analyse critique, tous les phénomènes qui y sont relatés pouvant être attribués aux hallucinations, à des défauts de descriptions et autres sources
d'erreur ; pouvons-nous nous attendre à ce que des hommes
raisonnables admettent que tel phénomène merveilleux, qui
se réduit toujours à néant lorsqu'on le soumet à une analyse
dans un milieu anglais moderne, soit digne de foi dès qu'on
affirme qu'il s'était produit dans une contrée orientale, à une
époque éloignée et superstitieuse ? Si les résultats des « recherches psychiques » avaient été purement négatifs, les
données (je ne dis pas l'*émotion*) du christianisme n'auraient-
elles pas reçu un coup irréparable ?

D'après mon opinion personnelle, nos recherches nous
ont donné des résultats tout différents, largement positifs.
Nous avons montré que sur un grand nombre de faits qu'on
peut attribuer à l'erreur, au mensonge, à la fraude et à l'illusion, il existe des manifestations indiscutables qui nous
parviennent d'au delà du tombeau. L'affirmation centrale du
christianisme reçoit ainsi une confirmation éclatante. Si nos
propres amis, des hommes comme nous autres, peuvent
parfois revenir nous parler d'amour et d'espérance, un esprit plus puissant peut bien avoir été à même de se servir
des lois éternelles avec une puissance supérieure. Rien ne
nous empêche d'admettre que, quoique nous soyons tous
« les enfants du Tout-Puissant », le Christ ait pu se rapprocher plus que nous autres, par une voie qui nous est inconcevable, de ce qui est infiniment éloigné.

Ce n'est donc pas à moins, mais à plus de vénération que
l'homme se trouve ainsi appelé.

L'affirmation vague et imparfaite de la révélation et de la
résurrection est de nos jours confirmée par de nouvelles découvertes et de nouvelles révélations ; par la découverte de

la télépathie qui nous apprend que des communications directes peuvent s'établir soit entre des esprits incarnés, soit entre des esprits incarnés d'un côté et des esprits désincarnés de l'autre ; par les révélations contenues dans les messages ayant leur source dans les esprits désincarnés et qui montrent d'une façon directe ce que la philosophie n'a pu que soupçonner : l'existence d'un monde spirituel et l'influence qu'il exerce sur nous.

Nos nouvelles connaissances confirmant ainsi les anciens courants de pensées corroborent d'un côté le récit de l'apparition du Christ après la mort et nous font voir d'un autre côté la possibilité d'une incarnation bienfaisante d'âmes qui, avant leur incarnation, étaient supérieures à celle de l'homme. Voilà pour le passé. Anticipant ensuite sur l'avenir, elles confirment la conception bouddhiste d'une évolution spirituelle infinie, à laquelle est soumis le Cosmos tout entier. En même temps, revêtant un caractère de réalité de plus en plus prononcé, le fait de notre communion avec des esprits affranchis nous fournit à la fois un soutien immédiat et nous fait entrevoir la perspective d'un développement infini, lequel consistera en une accroissance de sainteté, en une interpénétration de plus en plus intime des mondes et des âmes, en une évolution de l'énergie en vie, et de la vie en la triple conception de la sagesse, de l'amour et de la joie. Ce processus, s'effectuant d'une façon différente pour chaque âme en particulier, est lui-même continu et cosmique, toute vie naissant de l'énergie primitive et se divinisant pour devenir la joie suprême.

TABLE DES MATIÈRES

CHARTRES. — IMPRIMERIE DURAND, RUE FULBERT.

www.ingramcontent.com/pod-product-compliance
Lightning Source LLC
Chambersburg PA
CBHW071954270326
41928CB00009B/1438